O GRIMÓRIO DA MAGIA NATURAL

*Rituais Mágicos e Espiritualidade
da Terra para Bruxos Solitários*

O GRIMÓRIO DA MAGIA NATURAL

*Rituais Mágicos e Espiritualidade
da Terra para Bruxos Solitários*

FLÁVIO LOPES

Publicado em 2022 pela Editora Alfabeto

Direção Editorial: Edmilson Duran
Consultor Editorial: Claudiney Prieto
Ilustração da capa: Augusto Ribas
Diagramação e finalização: Décio Lopes
Revisão de Textos: Luciana Papale

DADOS INTERNACIONAIS DE CATALOGAÇÃO NA PUBLICAÇÃO (CIP)

Lopes, Flávio

O Grimório da Magia Natural: Rituais Mágicos e Espiritualidade da Terra para Bruxos Solitários / Flávio Lopes – 1ª edição. São Paulo: Alfabeto, 2022.
488 p.

ISBN: 978-65-87905-34-1

1. Wicca 2. Ciências ocultas 3. Magia 4. Bruxaria 5. Paganismo 6. Neopaganismo I. Título

---

Índices para catálogo sistemático:
1. Wicca

Todos os direitos reservados, proibida a reprodução total ou parcial por qualquer meio, inclusive internet, sem a expressa autorização por escrito da Editora.

EDITORA ALFABETO
Rua Protocolo, 394 | CEP: 04254-030 | São Paulo/SP
Tel: (11) 2351-4168 | editorial@editoraalfabeto.com.br
Loja Virtual: www.editoraalfabeto.com.br

Dedicatória

Dedico esta obra a três lindas e fortes mulheres, com quais eu posso contemplar diferentes aspectos da Deusa e encontrar o aconchego de seu abraço.

À Nadini Lopes, minha querida amiga, iniciadora e Alta Sacerdotisa do primeiro Coven legítimo da Tradição Gardneriana no Brasil, por quem tive a honra de ser trazido para o interior do Círculo a fim de aprender seus mistérios. Por todos os esforços e dedicação que há tantos anos você entrega à Bruxaria, por todas as suas palavras de apoio, carinho e incentivo, por todas as experiências maravilhosas que vivenciamos juntos, dentro e fora do Círculo. Obrigado por sempre me convidar a voar mais alto e me fazer sonhar! Que você encontre nesta obra e em todos os meus esforços a continuação e preservação do seu legado.

À Sabrina Augusto, também Alta Sacerdotisa da Tradição Gardneriana e uma querida amiga, companheira e irmã, junto de quem tenho o privilégio de trilhar o caminho dos Deuses Antigos. Por todas as aventuras, projetos, conversas filosóficas e momentos mágicos que partilhamos e que me transformam. Obrigado por sempre trazer o melhor de mim à tona! Que você encontre nesta obra a sabedoria e o compromisso com a Arte que sua própria trajetória me inspira.

À Camille Lopes, minha amada irmã, a quem tenho o privilégio de ver crescer e desabrochar, transformando-se em uma linda mulher com quem também posso aprender todos os dias. Por todos os seus valores, sua força, companheirismo e alegria. Que você encontre nesta obra minha reverência ao Sagrado Feminino, que também floresce no mundo através de você!

Sumário

Introdução 13

Capítulo um | O Despertar dos Filhos da Terra 19

Capítulo dois | Um Mundo Vivo e Cheio de Deuses 57

Capítulo três | A Alma do Lugar e os Espíritos da Natureza 95

Capítulo quatro | O Corpo Selvagem da Bruxa 129

Capítulo cinco | Feitiços e Rituais na Natureza 151

Capítulo seis | Métodos Naturais de Adivinhação 195

Capítulo sete | Dançando com o Sol e as Plantas 245

Capítulo oito | Dançando com a Lua e o Mar 275

Capítulo nove | Magia com Plantas 303

Capítulo dez | Magia com Animais 351

Capítulo onze | A Magia dos Cristais 405

Capítulo doze | Culinária e Alimentação Mágica 419

Capítulo treze | O Inverno da Alma e as Crises Espirituais 463

Palavras finais 481

Bibliografia 485

Índice de Exercícios

Exercício 1: Meditação da Teia da Vida 22

Exercício 2: Abençoando os Sentidos com os Elementos 79

Exercício 3: Sentindo a Terra 81

Exercício 4: Transformando-se na Terra 82

Exercício 5: Sentindo o Ar 83

Exercício 6: Transformando-se no Ar 84

Exercício 7: Sentindo o Fogo 85

Exercício 8: Transformando-se no Fogo 86

Exercício 9: Sentindo a Água 86

Exercício 10: Transformando-se na Água 87

Exercício 11: O Equilíbrio Interior dos Elementos 88

Exercício 12: Harmonizando-se ao Espírito do Lugar 105

Exercício 13: Sentindo as Forças Naturais 106

Exercício 14: Criando um Altar na Natureza 107

Exercício 15: Comunicando-se com os Elementos 109

Exercício 16: A Oferenda do Viajante 114

Exercício 17: Uma Libação para a Terra dos Ancestrais 115

Exercício 18: Abluções – Purificando e Vitalizando com a Água 138

Exercício 19: Banho de Fogo – Purificando e Vitalizando com a Chama . . .140

Exercício 20: Ação dos Ventos – Purificando e Vitalizando com o Ar ... 142

Exercício 21: Banho de Argila – Purificando e Vitalizando com a Terra....144

Exercício 22: Saudação ao Espírito Selvagem do Cornífero 150

Exercício 23: Consagrando Água para Purificação 159

Exercício 24: Ancorando-se nas Forças da Terra ....\...... 160

Exercício 25: Lançamento Formal de um Círculo na Natureza 161

Exercício 26: Encerramento Formal de um Círculo na Natureza...... 163

Exercício 27: Lançamento Simplificado do Círculo................. 164

Exercício 28: Encerramento Simplificado do Círculo 165

Exercício 29: Um Círculo das Águas 166

Exercício 30: Acendendo o Fogo dos Desejos..................... 167

Exercício 31: Criando uma Chama Solar......................... 169

Exercício 32: Um Banimento com a Chuva....................... 176

Exercício 33: Potencializando com a Chuva 177

Exercício 34: Purificando com a Chuva.......................... 177

Exercício 35: Banindo com as Águas de um Rio................... 178

Exercício 36: Bênção das Águas Naturais 178

Exercício 37: Para contornar um Problema....................... 180

Exercício 38: Potencializando um Desejo com a Maré Enchente...... 180

Exercício 39: Um Círculo de Conchas para os Desejos............. 181

Exercício 40: Abrindo Caminhos com a Força do Mar 182

Exercício 41: Abandonando o Passado na Maré Vazante 182

Exercício 42: Afastando Alguém Indesejado com a Maré Vazante 183

Exercício 43: Contemplação do Silêncio da Caverna............... 184

Exercício 44: Encantamento da Pedra para Proteção............... 186

Exercício 45: Jarro de Força e Resistência 186

Exercício 46: Círculo Protetor das Pedras 187

Exercício 47: Purificando e Energizando um
          Objeto com a Ajuda da Terra 188

Exercício 48: Captando Impressões das Plantas 189

Exercício 49: Feitiço de Amor com a Roseira. 191

Exercício 50: Despertando a Visão Psíquica com o Salgueiro 191

Exercício 51: Curando um Coração Partido 192

Exercício 52: Feitiço de Proteção da Árvore 193

Exercício 53: Encantamento de Cura com as Plantas. 193

Exercício 54: Capnomancia – Adivinhação pelo Ar. 212

Exercício 55: Piromancia – Adivinhação pelo Fogo. 217

Exercício 56: Hidromancia – Adivinhação pela Água 223

Exercício 57: Ceromancia – Adivinhação pela Terra 227

Exercício 58: Saudação ao Nascer do Sol. 253

Exercício 59: Acendendo o Sol Interior 254

Exercício 60: Bebendo o Sol. 255

Exercício 61: Preparando Água Solarizada 256

Exercício 62: Saudação ao Nascer da Lua 297

Exercício 63: Acendendo a Lua Interior. 299

Exercício 64: Conexão com o Manto Negro da Noite 299

Exercício 65: Bebendo a Lua 300

Exercício 66: Preparando Água Lunar 301

Exercício 67: Potencializando Ervas para Magia 318

Exercício 68: Testando os Ingredientes 323

Exercício 69: Preparando Cones de Incenso 324

Exercício 70: Vestindo uma Vela para Fins Mágicos 337

Exercício 71: Preparando Tinturas Mágicas 341

Exercício 72: A Confecção Ritual de um Sachê Mágico 347

Exercício 73: Projetando sua Consciência para um Animal 374

Exercício 74: Convocando as Inteligências Animais nos
Quadrantes do Círculo Mágico 375

Exercício 75: Um Escudo Protetor com as Inteligências Animais 376

Exercício 76: Enviando Poder com a Imagem Astral de um Animal... 378

Exercício 77: Criando um Totem Mágico 380

Exercício 78: Entrando em Contato com a Alma-Grupo 392

Exercício 79: Feitiço de Inteligência da Coruja.................... 393

Exercício 80: Para Facilitar a Projeção Astral e os Sonhos Proféticos .. 394

Exercício 81: Enviando uma Mensagem Psíquica à Alguém......... 394

Exercício 82: Encantamento do Cachorro para Proteção do Lar...... 395

Exercício 83: Purificação Através do Ovo 395

Exercício 84: A Bênção das Abelhas para Inspiração............... 396

Exercício 85: Paralisando Inimigos com a Teia de Aranha.......... 397

Exercício 86: Usando a Máscara Animal......................... 401

Exercício 87: Preparando um Amuleto Animal 402

Exercício 88: Iniciando o Contato Mágico com um Cristal 411

Exercício 89: Programando um Cristal com um Propósito Mágico ... 412

Exercício 90: Aprofundando o Contato com um Cristal............. 413

Exercício 91: Receita de Pão Ritual............................. 438

Exercício 92: Receita de Vinho Temperado para Sabbats 445

Exercício 93: Consagração de Bolos e Vinho para o Dia a Dia....... 448

Exercício 94: Ativando o Caldeirão da Abundância................ 455

Exercício 95: Sacrificando a Efígie do Rei dos Grãos............... 457

Exercício 96: Cozinhando na Presença dos Ancestrais 459

Exercício 97: Contemplação da Lua Negra 470

Introdução

Ela espera, espera,
Entoando a canção,
Os seus filhos despertarem,
E se lembrarem de quem são.

– Cântico Wiccaniano

Escutar a Voz da Natureza é uma urgência. Resgatar nosso lugar na delicada teia da vida, onde cada organismo desempenha um papel único para manter o equilíbrio dinâmico, é mais do que uma aspiração poética ou romântica – é uma extrema necessidade. Nosso sucesso ou fracasso nessa árdua tarefa vai determinar não apenas o nosso próprio futuro, mas também o destino das futuras gerações que caminharão sobre este mundo. E para nós, Bruxos, para quem a reencarnação é não apenas uma crença, mas uma dádiva da Grande Mãe, essa tarefa é ainda mais importante e urgente, pois nossas ações no presente moldam a realidade na qual esperamos renascer.

Por muito tempo na História da Humanidade, a Deusa foi silenciada e esquecida. Seus templos destruídos, seus bosques e fontes sagradas profanados, suas histórias distorcidas e seus muitos nomes apagados. Todo o caos em que nos encontramos agora é um resultado de nosso afastamento da presença da Mãe – não que ela esteja distante, afinal, a Natureza nunca pode estar longe; somos Natureza. Somos, todos nós, uma manifestação única da Alma do Mundo, e ao contemplarmos os olhos uns dos outros, são os infinitos rostos dela que podemos admirar.

Em um tempo em que a Terra chora e a humanidade sofre de tantos males físicos, sociais e psicológicos, é apenas o colo da Mãe que pode trazer a cura para nossos espíritos segregados; e é somente bebendo do Cálice da Vida que ela nos oferece que poderemos nos tornar inteiros de novo, não apenas em nós mesmos, mas com todo o Universo. É urgente que nos lembremos! É urgente que possamos devolver à Natureza seu véu de mistério e sacralidade. Nossas almas anseiam por esse reencontro; e é assim que milhares de novas Sacerdotisas e Sacerdotes da Alma do Mundo, em suas múltiplas e mais variadas expressões, têm despertado ao redor do globo, ouvindo a antiga canção que a Natureza nos sussurra. Se este livro está agora em suas mãos, talvez você também tenha escutado.

Esta obra foi escrita e desenvolvida quase que totalmente durante a pandemia do coronavírus – um desafio para a humanidade que ainda não terminou. Este terrível episódio da História humana é mais uma oportunidade que nos convida a enxergar que, por trás das maravilhas e do poder que a humanidade acredita que conquistou sobre a Terra, a Natureza ainda é soberana, e pode nos destruir e dizimar com o sopro de uma partícula invisível aos nossos olhos. Neste momento, onde tantos sofrem a perda de pessoas amadas e a insegurança do futuro, trilhar um caminho religioso é uma oportunidade de colocar os eventos de nossa vida – tanto individuais quanto coletivos – à luz da espiritualidade, de modo que possamos transformar dor em sabedoria.

Os seres humanos sempre temeram os terremotos, furacões, maremotos e tempestades – expressões violentas da fúria da Natureza. Mas agora, de maneira muito mais sutil e imperceptível, notamos o quanto ainda somos criaturas frágeis diante do seu poder. A Natureza não precisa de nós; somos nós quem precisamos de suas águas límpidas para viver, do ar puro para respirar livremente sem o uso de máscaras, do seu calor temperado para que nossas peles não se tornem doentes com a luz do sol, da terra fértil para nos fornecer alimento. Somos nós quem precisamos da Terra! Com um sopro invisível, ela pode nos dizimar.

A proposta deste livro é contribuir para essa necessidade de nosso tempo. Muito mais do que apenas mais um manual de Magia Natural para que os seres humanos se utilizem da natureza para alcançar seus desejos egoístas e mesquinhos, esta é uma obra de tealogia, que trata da construção de uma verdadeira espiritualidade Pagã que seja centrada na terra, para qual a Magia Natural é uma ferramenta capaz de reestabelecer nossa relação de respeito pelo mundo. Todos os rituais, feitiços, exercícios e práticas mágicas que você encontrará neste manual devem servir a este propósito de conexão e contemplação da Alma do Mundo. Como Neopagãos, artífices de novas religiões inspiradas em mitos e Deuses do passado, somos nós quem devemos trazer as respostas e os meios para curar os males de nosso tempo, e, por isso, esta obra também convidará você a pensar sobre o que significa viver uma vida de verdadeira reverência à Terra.

Praticar Magia Natural é também um exercício espiritual, capaz de trazer cura a nós mesmos, aos outros à nossa volta e ao mundo. Preparando incensos, óleos e infusões, celebrando rituais para sacralizar mais uma vez rios e florestas e aprendendo a contemplar a beleza de cada nascer do sol com nossos cânticos, tornamo-nos agentes da profunda mudança de atitude que este tempo exige de nós. Nossas práticas mágicas e religiosas não devem ser refúgios para nos escondermos da realidade e fugirmos dos problemas à nossa volta, mas ferramentas poderosas que nos ajudem a esclarecê-los e solucioná-los. Não há tempo a perder. Cada dia vivido sem o verdadeiro compromisso em aprofundar nossa experiência espiritual é um desperdício de tempo e recursos – por isso a Arte sempre será, em essência, solitária: em última análise, este é um caminho que depende de nossa própria vocação e compromisso.

Espero que as reflexões, conceitos filosóficos, questionamentos, imagens mentais e exercícios aqui propostos possam contribuir para o desenvolvimento de seu caminho pessoal, abrindo seu corpo, mente, espírito e coração à presença dos Antigos Deuses da Floresta, que clamam por nós e nos oferecem a cura para os males de nosso tempo.

Que possamos mais uma vez nos curvar em assombro e reverência diante do Mistério da Natureza para contemplar suas lições!

Flávio Lopes
Solstício de Verão de 2021

A Deusa não é uma entidade ou um espírito que nos observa de algum lugar fora do mundo. Ela é o mundo.

Quando ela inspira e expira, os ventos se movem, a Lua cresce e mingua, as quatro estações do ano sucedem uma à outra.

No pulso do seu coração, as sementes germinam e os frutos amadurecem.

Quando Ela sorri, o choro dos recém-nascidos rompe o silêncio e atravessa o infinito.

Ela é o útero de onde toda a vida se levanta, o túmulo onde toda vida há de descansar, para que possa nascer mais uma vez.

Incriada e Criadora de Todas as Coisas. Mais antiga que o próprio Tempo.

Ela não precisa ser invocada, pois todos os lugares são o corpo Dela: a montanha, a caverna, o céu e o coração humano.

O mundo é seu Templo. Todos os sons da natureza são reverências a Ela: o canto dos pássaros, o farfalhar das folhas ao vento, o rugido do trovão.

Que seu Amor flua por nós, a partir de nós, e que a cada dia possamos dançar ao som da sua canção, que faz os planetas girarem e as estrelas nascerem.

Blessed be!

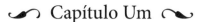

Capítulo Um

O Despertar
dos Filhos da Terra

Ouçam as palavras da Deusa Estrela;
Ela, que na poeira dos pés traz as hostes dos céus,
E cujo corpo envolve o Universo.

– A Carga da Deusa

A Bruxaria é uma religião da terra, e um Bruxo vivencia sua magia vinte e quatro horas por dia. Ao contrário do que muitos podem pensar, não praticamos magia apenas dentro de nossos Círculos Mágicos em noites de Sabbat ou Esbat, fazemos de nossas próprias vidas um eterno ritual em celebração aos Deuses Antigos. Despertamos para os níveis sutis da realidade e percebemos a delicada teia de energia e encantamento que existe ao nosso redor e que permeia toda a nossa vida. Sentimos as marés de poder crescente e minguante da Lua e do Sol, e dançando irmanados aos poderes da natureza, fazemos nossa magia acontecer.

A Antiga Religião desperta os nossos ouvidos para a primeira canção do mundo, fazendo com que nos harmonizemos com os ritmos da vida para aprender a criar mudanças concretas dentro e fora de nós. Todo Bruxo é um filho da Terra, uma criança da Grande Mãe. Para nós, o mundo material não é um conjunto inerte e sem vida de átomos e moléculas reunidos ao acaso, mas, sim, um grande ser vivo – o próprio Universo é o corpo de nossa Deusa, e esse corpo está sempre se movendo através dos ciclos de vida, morte e renascimento. Para os Bruxos, o Universo é uma grande Mulher que dança, e somos todos irmanados e unidos pelo compasso de seu coração.

Não voltamos os olhos para um mundo distante na busca pelos Deuses Antigos: eles estão a todo o momento ao nosso redor, no calor do Sol e na luz pálida da Lua, no vento que sopra sobre os nossos rostos, em cada semente que desabrocha e em cada fruto que amadurece. Para a Antiga Religião, o Sagrado é imanente e está manifestado em toda a natureza ao nosso redor. Um Bruxo não apenas acredita nos Deuses, mas vive ao lado deles. Como diriam os antigos iniciados dos mistérios órficos, somos filhos da Terra e do Céu Estrelado, e não há parte de nós que não seja dos Deuses. Quando aprendemos a enxergar o divino ao nosso redor, presente em tudo o que há, descobrimos que nunca estamos verdadeiramente sozinhos. Voltamos para casa.

Mas afirmar que os Deuses são a própria natureza manifestada tem algumas implicações concretas na maneira como vivemos nossa vida e nos relacionamos com o mundo à nossa volta. Quando afirmamos que o mundo material é sagrado, tiramos do ser humano o seu papel como o protagonista do Universo para que ele ocupe seu devido lugar na Teia da Vida ao lado de todos os outros seres – cada um com uma função única a ser desempenhada. Não mais podemos ver a Terra e seus filhos de maneira utilitária. Nada existe apenas para servir aos fins humanos; todos nós compartilhamos do mesmo Universo. Somos irmãos não apenas uns dos outros, mas das florestas, dos rios, dos pássaros, das serpentes, das rochas, do céu e dos oceanos.

Por isso, todos os Bruxos têm diante da vida e da natureza uma sensação de maravilhamento e de encantamento. A vida é o grande presente da Deusa para nós e, por isso, vemos suas bênçãos a cada dia no nascer do sol ou no brotar de uma planta através do concreto – a força da vida não pode ser detida, a dança da Deusa nunca poderá parar.

O ser humano moderno criou a ilusão de que pode controlar e dominar o mundo natural. Orgulhamo-nos das cidades de concreto que construímos para viver, distanciados e isolados das intempéries do mundo natural, mas os poderes dos elementos ainda são implacáveis. Quando o corpo da Deusa se agita, a Terra vibra em terremotos, o Ar se enfurece em tornados, o Fogo consome na erupção dos vulcões e a Água abraça a todas as coisas em enchentes e inundações – e não há nada que podemos fazer, a não ser inclinar nossa cabeça em assombro e reverência. Em sua dança interminável, a Deusa precisa destruir para que possa continuar seu eterno trabalho de criação. E nós, seus filhos, não encaramos isso como o "mal", mas, ao contrário, reverenciamos seu imensurável poder.

Enxergar o mundo manifestado como o corpo da Deusa também implica em uma atitude de equilíbrio e respeito diante da natureza. Isso significa que devemos caminhar sobre a Terra com responsabilidade e consciência de nossas ações. Vivemos um tempo em que todo o mundo natural sofre com as ações humanas e seus abusos, e uma Criança da Terra não pode simplesmente ignorar e fechar os olhos para a destruição da vida ao nosso redor.

Se afirmamos que a natureza é o nosso templo, também cabe a nós revermos nossas ações e atitudes para minimizar os impactos que causamos. Como você tem cuidado do corpo da Deusa? Para começar, antes devemos aprender a sentir a Teia da Vida que nos une a todos como um só organismo.

EXERCÍCIO 1
Meditação da Teia da Vida

Feche os olhos e respire profundamente, relaxando o corpo e deixando que a sua mente entre em um estado alterado de consciência. Perceba seus pés firmes no chão que o sustenta, que lhe dá abrigo e alimento. Concentre-se no ar que entra e sai dos seus pulmões, perceba o ritmo e o fluxo do oxigênio passando por você. Note como cada inspiração o preenche de vida e energia. Sinta essa vitalidade vindo da Terra e insuflando você com suas dádivas.

E assim, concentrando-se no fluir da respiração que vem para dentro e para fora em um ritmo perfeito no pulsar do coração da Terra, perceba como o elemento Ar é capaz de viajar dentro e fora de você, conectando esses dois mundos, cruzando o véu de ambas as realidades. Por meio de sua respiração, você é capaz de se misturar ao lado de fora. Perceba como todos nós, seres vivos e respirantes, compartilhamos do mesmo Ar. Nesse exato momento, uma pessoa do outro lado do mundo também respira, movendo o ar para dentro e para fora, e vocês estão conectados. Da mesma maneira, também respiram as plantas e os animais na superfície de todo o globo terrestre. Por intermédio dessa força invisível que permeia todo o nosso Planeta, estamos todos unidos. Deixe que a sua respiração e o elemento Ar conecte você a todos os seres vivos. Honre o elemento Ar que há dentro de você.

Sinta então o calor do seu corpo, o pulsar do seu coração. Concentre-se nesse ritmo pessoal e interno e, enquanto você continua respirando, sinta o seu corpo se esquentar. Lembre-se de que esse calor é fruto da liberação de energia que acontece dentro de você. Esse calor é um produto do trabalho de cada célula queimando, através da sua respiração, os nutrientes que você consumiu. Sentindo o calor, honre o elemento Fogo dentro de você.

Então lembre-se de tudo o que você comeu nesse dia e pense de onde cada alimento veio – como cada um nasceu, cresceu e então foi ceifado para que a sua vida pudesse continuar. Perceba a quantos lugares diferentes você está conectado por meio da sua alimentação e honre nesse momento o espírito de todos os seres vivos que padeceram para formar a carne do seu corpo. Cada parte de você carrega em si as histórias e poderes de muitas, muitas outras formas de vida. E assim, honre o elemento Terra dentro de você.

Agora sinta a água no seu corpo e lembre-se de que todo ser humano é composto em sua maioria por água. Concentre-se no fluir do seu sangue, na sua saliva e também em todos os seus fluidos corporais. Deixe a sua mente vagar, imaginando de onde veio a água que você bebeu ao longo do dia. Essas águas que já foram chuva, rio e lago. Essas águas que já correram pela terra e carregam tantas histórias e memórias, que agora vivem dentro de você. Todas essas águas que fluíram e se encontraram no seu corpo e que, pelo seu suor, sua saliva e suas lágrimas, continuam correndo pelo mundo, carregando as suas memórias e emoções. Honre então o elemento Água que flui através de você.

Sinta os Quatro Elementos que compõem o seu corpo. Perceba como cada um deles vem de diferentes partes do mundo e como cada elemento está constantemente se renovando, entrando e saindo, passando por você e mantendo o fluxo da vida. Deixe que nesse movimento, nessa dança da força dos Quatro Elementos, dissolva-se a ideia da separação entre todos os seres, e também a ideia de que tudo é fixo, rígido e estagnado. Perceba como cada criatura está intimamente ligada à Teia da Vida, e como tudo, o tempo todo, troca energia.

Respire mais uma vez. Deixe essa consciência trazer força a você. Deixe que a sua respiração renove as suas energias. Libere o que precisa sair, deixe vir pelo ar que você respira as bênçãos de que precisa nesse momento. Agradeça à Deusa, à Grande Mãe, cujo corpo é a própria Terra, pela dádiva da vida. E assim, prepare-se para encerrar essa meditação e retorne.

Devolvendo os Deuses para a Matéria

Chamamos pelo termo "Guarda-chuva Paganismo", ou Neopaganismo, os movimentos religiosos modernos que se baseiam nas crenças e práticas dos povos pré-cristãos da Europa e que buscam, cada uma a sua maneira, resgatar o culto perdido de suas deidades. Existem diversas religiões Neopagãs, e a Bruxaria Moderna é apenas uma delas.

A própria comunidade Neopagã tem explicado o termo "Pagão" a partir de sua origem no latim *paganus*, que significa "campestre"[1]. Ou seja, as religiões consideradas Neopagãs são aquelas que buscam na própria terra, na natureza e seus ciclos, as bases para a sua espiritualidade. Elas partem do pressuposto de que o ser humano perdeu seus vínculos com os ritmos da Terra e que, de alguma maneira, essa é a causa da grande bagunça na qual nos encontramos. Uma das propostas das religiões Neopagãs é de enfatizar esse vínculo entre nós mesmos e o restante do mundo – e não simplesmente *religar*, como o termo "religião" costuma ser compreendido. Uma vez que é impossível se desligar e cortar o vínculo entre o ser humano e a natureza, esta distinção não é real.

Dentro do pensamento Neopagão, em especial das diversas espiritualidades voltadas à Deusa, tem surgido uma grande crítica ao pensamento dualista que separa matéria e espírito. Se nossa Deusa é uma Grande Mãe – *mater*, a matéria – responsável pelo nascimento de todas as formas de vida, o mundo material não pode ser compreendido como afastado do sagrado. Se a própria matéria é, em si mesma, uma manifestação da divindade, uma espiritualidade baseada na Terra é aquela que cria uma relação consciente entre nós mesmos e o universo ao nosso redor, enfatizando a sacralidade do aqui e agora desta vida, e não colocando as suas expectativas em uma vida após a morte.

---

1. Existem outras definições para o termo "Pagão" que também poderiam se aplicar aos movimentos modernos de espiritualidade Neopagã. Para uma discussão completa a respeito do termo, consulte o capítulo 1 da obra *The Triumph of the Moon*, de Ronald Hutton.

Mas pensar dessa maneira não é tão fácil quanto parece. Temos vivido muitos e muitos séculos sob a noção dualista onde a divindade é percebida como distante do mundo, e aprendemos a raciocinar e a ler a realidade fazendo todos os tipos de oposição entre espírito e corpo, divino e humano, natural e cultural, racional e emocional. Nossa cultura também dá valor a todos os atributos que são considerados "masculinos" em todos esses pares de opostos, atribuindo ao feminino e, consequentemente, à mulher (e à noção de "Deusa") atributos secundários ou até mesmo maléficos. Superar a dualidade típica do pensamento religioso judaico-cristão para viver uma espiritualidade verdadeiramente baseada na Terra exige que ganhemos consciência de como temos a tendência de simplesmente replicar em nossas próprias práticas Pagãs uma visão de mundo e relacionamento com a deidade que são característicos do pensamento das religiões dominantes. Dentro do pensamento filosófico, essa postura foi chamada de "não dualismo"; como prática e experiência espiritual, recebeu o nome de *henosis* na corrente neoplatônica.

Antes de prosseguirmos, preciso fazer uma ressalva. As tradições Neopagãs têm, nas últimas décadas, estabelecido sua identidade ao redor de uma "prática", e não necessariamente de uma "crença" (referindo-se a um discurso metafísico). Trazendo isso para a Wicca, significa que nossa identidade coletiva é mais definida em termos do que nós praticamos (Sabbats, Esbats, etc.) do que da maneira como interpretamos essas experiências ou compreendemos a natureza do sagrado. Para muitas pessoas, a experiência espiritual Pagã estará completa com seus cantos e danças ao redor da fogueira nas noites sagradas; para outras, entretanto, um diálogo racional que busque responder aquelas tradicionais perguntas feitas a todas as religiões é importante – o que é a deidade? Por que o mundo foi criado? Qual o propósito da existência? Como guiar nosso comportamento? O que acontece depois da morte?

Dizer que nos definimos por aquilo que fazemos, e não pelo que acreditamos, entretanto, não é um discurso completamente plausível na prática, porque mesmo aquilo que se faz em um ritual já está baseado em determinadas ideias e depende de certos pressupostos. Como

Pagãos, ao invés de passarmos por um processo de catequese, somos orientados a buscar em nossas próprias experiências as respostas para essas perguntas. O modelo que apresento a seguir é fruto das minhas próprias experiências como Pagão por mais de uma década, somadas também aos meus estudos filosóficos ao longo desses anos. Traçar as origens de todas essas noções, ou mesmo aprofundar-me em suas implicações é uma tarefa que infelizmente transcende o princípio desta obra. Mas espero que para aquelas pessoas que, como eu, têm sentido falta de uma compreensão filosófica mais profunda acerca de nossas práticas, as sessões seguintes possam servir de alimento e estímulo à reflexão. Por favor, não tome tudo o que você ler a seguir como verdade – não é meu objetivo convencer ninguém a concordar comigo, mas, como de costume, criar um convite à reflexão e ao diálogo. No fim, cabe a cada um de nós encontrar as respostas racionais que melhor sirvam às nossas próprias práticas, e em um caminho que preza tanto pela diversidade como o Neopaganismo, é incompatível acreditar que qualquer pessoa pode nos oferecer uma "visão de mundo" completa e estabelecida. Não tome as minhas palavras dessa maneira, e nem as de nenhuma outra pessoa. Concentre-se em sua prática e as respostas virão.

O que você vai ler a seguir é um pequeno esboço daquilo que chamamos de "Tealogia": discursos (sim, porque são muitos e bastante variados – não há *uma única* tealogia) sobre a natureza da Deusa de um ponto de vista da deidade imanente, ou seja, centrada na natureza. Espero, desta maneira, despertar o interesse de mais praticantes brasileiros sobre o tema e fomentar seu estudo e discussão.

A Deusa como Princípio da Unidade

Para além da multiplicidade de Deusas e Deuses dos panteões pré-cristãos que os Neopagãos reverenciam e resgatam, há uma percepção intuitiva da Unidade – um princípio coeso que é a fonte de tudo, inclusive dos próprios Deuses e anterior a eles. Diferentes Tradições e caminhos espirituais, Neopagãos ou não, usam termos próprios para essa percepção da Unidade, mas muitos Bruxos se referem a esse princípio original que tudo contém e tudo cria simplesmente como "a Deusa" ou "a Grande Mãe". Essa intuição da unidade por trás da pluralidade divina pode ser encontrada em diversas filosofias Pagãs dos povos politeístas do passado, como o conceito do motor imóvel de Aristóteles ou o Uno da filosofia neoplatônica. No hermetismo, esse princípio é expresso em sua primeira lei, chamada de Lei do Mentalismo: "o Todo é Mente; o Universo é mental" – apesar de muitos Bruxos preferirem a metáfora do "corpo" e não da "mente" para expressar essa totalidade: "o Todo é o Corpo da Deusa".

A Deusa dos Bruxos não é um espírito, uma entidade ou uma mulher cósmica que está em algum lugar olhando para nós, como costumamos imaginar o Deus cristão – sentado em seu trono com uma grande barba branca em meio às nuvens. Ela é o corpo vivo do mundo, o próprio fluxo de vida, morte e renascimento que há em toda a natureza. Não há nada que possa estar fora da Deusa, e nada possui uma "centelha espiritual", uma vez que *tudo é divino*. A ideia de uma centelha espiritual precisa contrastar com alguma substância que não participe da natureza da deidade, o que não é o caso quando adotamos uma visão de mundo não dual.

É nesse fluxo de energia vital, como você foi capaz de sentir no exercício anterior, que nos conectamos com a Deusa. Não há nenhuma necessidade de invocá-la de um lugar distante para que ela venha até nós – mas ainda assim o fazemos, pois nossas mentes são limitadas e necessitam de ferramentas para que possam alterar sua percepção. Para estar em contato com a Deusa, basta senti-la dentro e fora de você, fluindo por você, existindo através de tudo o que há – inclusive de cada um de nós. Na verdade, se a Deusa é o Todo, não há maneira de não estarmos em contato com ela, não é mesmo? A Deusa não é simplesmente uma ideia ou conceito abstrato; Ela é uma realidade, e nós participamos intimamente dela. Nada está além ou fora da Deusa – tudo o que existe participa e se move através de seu corpo sagrado.

Quando pensamos nela como o princípio universal, chamamos a Deusa de *Incriada e Criadora de Todas as Coisas*. Ela já existia na Escuridão Primordial, antes que qualquer coisa nascesse e se manifestasse, e já carregava em seu ventre todo o potencial da vida. Tudo o que existe se eleva dela, e ao fim do seu tempo, tudo se desmanchará de volta em seu ventre para que possa dar origem a algo novo. A Deusa é eterna e perene. Ela já estava aqui há muito tempo antes de tudo existir, e permanecerá quando tudo se for. Na verdade, ela nem mesmo é uma "Criadora" no mesmo sentido da divindade judaico-cristã, pois isso implicaria que ela estivesse fora do processo de criação. Ao contrário, dizemos que a Deusa deu à luz o Universo, nascido de seu próprio corpo. Tudo o que existe é uma extensão dela própria, e nada, absolutamente nada, pode estar fora da Deusa. Ela é tanto a inteligência criadora quanto a manifestação que é criada; Mãe e Filha; causa e efeito; princípio e fim.

Nossa mente tem grande dificuldade para compreender esse conceito, porque sempre definimos algo em comparação com aquilo que ele não é. A única maneira de percebermos os limites que definem e, portanto, diferenciam uma coisa da outra, é percebendo os contrastes e distinções. A noite é compreendida em oposição ao dia; o quente é compreendido em oposição ao frio; e assim por diante.

Uma das perguntas fundamentais que as religiões e muitas filosofias fazem é: "por que estamos aqui?"; por que motivos o mundo existe? A noção de Unidade nos ajuda a compreender esse princípio: a Unidade absoluta é estática, imóvel e inconsciente – e por isso muitos mitos da Criação começam com uma "noite primordial", a "escuridão antes do tempo", ou mesmo um "ovo cósmico" – que fazem referência ao momento antes da manifestação do mundo, quando todas as infinitas possibilidades da Deusa dos Dez Mil Nomes ainda estavam imanifestas, reunidas e inseparadas. Isso é às vezes chamado de "o caos primordial".

Solitária, majestosa, plena em si mesma, a Deusa, Ela, cujo nome sagrado não pode ser jamais dito, flutuava no abismo da escuridão, antes do início de todas as coisas.

— *A Dança Cósmica das Feiticeiras*, Starhawk

O nome da Deusa "não pode ser jamais dito" porque dizê-lo significa limitá-la e restringi-la a uma forma[2]. Tente pensar por um instante no que é Totalidade. Se você fizer esse exercício mental, vai perceber que isso é impossível, pois definir algo necessariamente é delimitar e excluir, e o Infinito não pode, por definição, ser limitado. Para que algo possa ser observado e, dessa maneira, definido ou compreendido, é preciso que haja também um observador – é preciso de uma experiência polarizada.

Nas Tradições de Bruxaria que se concentram exclusivamente ou que dão uma ênfase muito maior à figura da Deusa, como as Tradições Diânicas e os caminhos que se definem como "orientados para a Deusa", essa dualidade será expressa pelo princípio de que "todas as Deusas são a Deusa", e o contraste será produzido mediante comparação e experiência com uma multiplicidade de deidades femininas que enfatizam diferentes atributos e temas da vida humana. Entretanto, a maneira mais tradicional de se praticar Wicca está centrada no casal divino da Deusa da Lua e do Renascimento e do Deus Cornífero da Morte, e o princípio da dualidade é trazido pela figura masculina.

Ao contrário do que se imagina popularmente, mesmo nos ramos mais tradicionais da Arte, a Deusa possui certa preponderância, representada pelo papel de destaque assumido pela Alta Sacerdotisa do Coven. Wicca é, em todas as suas manifestações, a Religião da Deusa, mesmo quando o Deus de Chifres caminha ao seu lado como um igual. Quando o Deus nasce da Deusa, ele produz o contraste necessário que torna as formas visíveis: ele faz nascer a consciência.

---

2. É claro que ao dizermos "a Deusa" estamos pressupondo, por exemplo, que se trata de uma potência feminina. Em algumas Tradições de Bruxaria, esse princípio universal é retratado como andrógino em natureza, contendo masculino e feminino dentro de si. Quando nos referimos à potência original como feminina, essa é uma metáfora, uma figura de linguagem poética utilizada para enfatizar seus atributos de criar, nutrir, alimentar, sustentar a partir de si mesma, de seu próprio corpo, e não do lado de fora da criação, como costuma ser retratado o deus monoteísta judaico-cristão. Mas se a Deusa a tudo envolve, não pode ser limitada a um ou outro gênero ou restringida a sexo biológico.

Por isso, em *Aradia: o Evangelho das Bruxas*, o nome do Deus das Bruxas italianas é Lúcifer, que nada tem a ver com o diabo cristão, mas que é o Deus romano, cujo nome significa "o Portador da Luz", representando a própria consciência: Diana foi a primeira a ser criada, antes de toda a criação, e nela estavam contidas todas as coisas; e de sua própria essência, a escuridão primeira, ela se dividiu em luz e sombra. Lúcifer – seu irmão e filho, ela mesma e sua contraparte – era a luz.

O Véu de Ísis

Eu sou tudo o que é, que foi e será.
Nenhum mortal jamais levantou meu véu.

– Ísis de Sais

O véu da Deusa representa a impenetrabilidade dos mistérios da natureza e os princípios ocultos por trás da manifestação visível do mundo.

Uma metáfora muito comum e antiga para se referir à Deusa como a Alma do Mundo e ao princípio da Unidade está no véu usado por Ísis, que, aqui, representa não apenas uma deidade romano-egípcia, mas a própria Deusa dos Dez Mil Nomes, a senhora da totalidade "cujo corpo envolve o Universo". A imagem de Ísis Velada e Ísis Desvelada representa exatamente os princípios de imanência e transcendência, material e espiritual, visível e invisível – duas partes do todo que são igualmente sagradas.

Ísis Velada: é a Deusa visível, coberta com o manto verde da terra – o véu da matéria. É a natureza manifestada, e seu véu representa que, apesar de sermos capazes de enxergar sua forma, seus mistérios estão ocultos à nossa compreensão. O véu pode ser enxergado, entretanto, a própria face da Deusa permanece secreta. Quando contemplamos a natureza, é Ísis Velada a quem encaramos. Podemos contemplar nos movimentos do Universo os processos místicos que são movidos pela Deusa Oculta.

Ísis Desvelada: é a Deusa invisível, o Mistério do oculto que está além do véu da manifestação material. É a Senhora do Conhecimento, cuja essência está além da compreensão humana. A filosofia e a religião são maneiras de buscar "erguer o véu" para que as verdades essenciais sobre a vida possam ser aprendidas e vislumbradas – mas sua natureza está além das limitações do entendimento humano e, por isso, seu véu nunca pode ser completamente removido.

Como personificação da Natureza encarnada, a imagem de Ísis Velada, às vezes igualada à Ártemis ou Diana, indica que os processos íntimos que regem o movimento do Universo nos são inacessíveis. Com o desenvolvimento do pensamento racional e o avanço do desenvolvimento da ciência, representações do véu da Deusa sendo retirado surgiram, simbolizando que seus mistérios haviam finalmente sido descobertos – um grande engano. O pensamento científico de grande valor e estima é capaz de nos explicar o "como" dos processos químicos, físicos e biológicos que acontecem no Universo, mas ainda assim não consegue tocar os mistérios do "porquê", ou mesmo do *o quê*. A sociedade moderna, com sua cultura de dominação e exploração da Terra, não removeu o véu da natureza – apenas o dessacralizou.

Devemos ser capazes de contemplar mais uma vez a essência misteriosa e maravilhosa da Grande Mãe, que é ao mesmo tempo Matéria e Alma, Visível e Invisível – a Unidade fundamental, em cujo corpo existimos e nos movemos.

A POLARIDADE: A DEUSA DA FERTILIDADE E O DEUS DE CHIFRES

Ao passo que a Deusa é o ciclo eterno de nascimento, vida e morte, a potência primeira da qual tudo se manifesta e a canção que faz com que tudo se mova, o Deus de Chifres é seu filho e consorte amado, o Primeiro Criado, o Viajante, o Condutor da Dança Espiral do Êxtase. Ele é tudo o que nasce, vive, morre e renasce – tudo aquilo que se manifesta pelo poder da Deusa e que se move por intermédio do amor dela. Assim como todo bebê antes de nascer é parte do corpo de sua mãe e formado a partir dessa mesma substância, o Deus nasce a partir da própria Deusa e se move mediante os ritmos dela, retornando a ela e renascendo a cada novo ciclo. Como nos diz o Evangelho das Bruxas, ele mesmo é, em última análise, uma parte dela.

O nascimento do Deus a partir da Deusa tem também um efeito sobre ela: torna-a visível quando contrastada com ele. Agora, "a Deusa" torna-se a "Deusa da Fertilidade", a "Deusa da Lua" ou a "Deusa Tríplice". Há alguns símbolos especiais que são elegidos para que possamos vê-la e nos relacionar com ela na natureza. A Lua nos céus é o seu grande emblema, o movimento eterno da luz do luar, crescendo e minguando constantemente, lembrando-nos de seu movimento e poder, conectando-nos às marés da vida. A cada noite quando surge nos céus, ela está diferente; assim como a vida na Terra, que é eterna mudança e transformação.

É por intervenção dos ciclos lunares que ela ganha seu título de Deusa Tríplice: na fase crescente, ela é a Donzela que corre livre pelos campos; na cheia, a Mãe de todas as criaturas; e na minguante, a sábia Anciã de todos os finais. Quando dizemos que a Deusa é tripla, estamos enfatizando um de seus aspectos essenciais, que também é um aspecto essencial da natureza, pois elas são a mesma coisa: esse aspecto é a *mudança* e o *movimento*. A Donzela representa todos os inícios, a Mãe simboliza toda a plenitude, a Anciã todos os finais. Isso nos revela que a Deusa (e, portanto, o mundo) não é estática e imóvel, mas está sempre se movimentando em ciclos, o que muitas vezes foi ilustrado na figura da Deusa que dança. Esse movimento dá origem ao princípio Tempo, e é por meio dele que o Deus é movido e transformado ao longo da Roda das Estações.

Mas além da Lua, a Deusa também é vista como a Mãe Terra, que acolhe em seu ventre sagrado as sementes das colheitas que semeamos a cada Roda do Ano, em seu drama anual ao redor do Sol – de uma perspectiva terrestre, ela é o eixo da circunferência ao redor da qual ele orbita e é movido, produzindo as mudanças celestes dos ciclos de luz e escuridão, calor e frio, e os ritmos terrestres da vegetação e da vida animal. A força que movimenta a Roda é o Amor: a eterna busca de encontro e união entre os princípios que antes eram unidos e foram separados para que o mundo pudesse se formar. Toda a dança de mudança no Universo, o desabrochar de cada flor, o chocar de cada ovo, o nascimento de cada estrela – tudo isso é uma expressão do amor divino entre Deusa e Deus, que se movem pelo Tempo e o Espaço em uma eterna busca amorosa e que cria o mundo a cada instante.

O Deus, assim como a Deusa, não é um espírito ou uma entidade que está fora do mundo – ele é igualmente imanente, apenas outro ponto de vista, oferecendo a aparente experiência dual necessária para que o mundo possa se fazer conhecido. Por isso, a figura do Deus está particularmente associada à noção de *consciência* – e o principal símbolo a partir do qual nos relacionamos com ele é o Sol, que ilumina o mundo e o torna visível para nós. Ao diferenciar-se em Deusa e Deus, a Unidade pode contemplar-se, amar-se e buscar reunir-se mais uma vez.

> Foi esta a primeira fascinação, ela sussurrou uma canção, como o zumbir de abelhas (ou como o giro da roda de fiar), como um tear urdindo a vida. Ela teceu as vidas de todos os homens; todas as coisas foram tecidas pela roda de Diana. Lúcifer girava a roda.
>
> – *Aradia: O Evangelho da Bruxas*

Esta famosa representação que serve de base para as imagens modernas do Deus de Chifres das Bruxas é um detalhe do Caldeirão de Gundestrup, datado do século 1 AEC, encontrado na Dinamarca.

Como o Manifestado, ele é o Viajante, aquele que sofre as ações da mudança impulsionadas pela Deusa: o Sol que anualmente renasce no inverno, cresce na primavera, encontra seu auge no verão e morre durante o outono. Vemos esse mesmo ciclo de vida e morte do Sol a cada dia na alvorada e no entardecer. Ele também é a semente plantada que germina no ventre da Grande Mãe e se eleva para então ser o grão maduro que é ceifado para alimentar a vida. Ele é o gentil Homem Verde das matas, cujo rosto é formado por todas as folhas do mundo – a epifania do Sol brilhante crescendo sobre a Terra.

Ainda, os animais selvagens também pertencem ao seu domínio, lembrando-nos de que o poder da vida é indomado e nunca poderá ser contido. Por sua relação com a diferenciação, o Deus de Chifres representa aquilo que há de mais autêntico em cada um de nós, a dádiva e os prazeres de estarmos aqui, vivos neste mundo, que é o Corpo dela. Ele nos lembra da nossa ligação íntima com a terra, e da verdade que todos parecemos ter esquecido: nós também somos animais.

O desenvolvimento do Deus de Chifres acompanha o desenvolvimento da própria humanidade: primeiro ele é o Caçador, representando a vida paleolítica do homem das cavernas que precisava criar ferramentas e armas para alimentar a tribo. Aqui, ele é a dinâmica incessante entre caça e caçador, vida e morte, puro instinto animalesco. Quando a humanidade aprende a agricultura, ele se torna o Senhor da Vegetação, o grão que anualmente é plantado, amadurecido e sacrificado para alimentar os filhos da Terra. E quando eles morrem e viajam ao Outromundo, encontram o Deus como o Senhor da Morte.

Como a Deusa é sempre eterna, é apenas por intervenção do Deus que ela pode conhecer os mistérios da morte e a experiência da finitude. Por isso ele também é o Confortador e o Consolador, o Guardião do Portal entre os Mundos e, quando morremos, é para os domínios dele que nossos espíritos viajam – pois são os passos dele que cada um de nós segue na inextinguível dança de vida, morte e renascimento. Ela é a Eterna Canção, e ele é seu Dançarino, que em amor e devoção conduz cada um dos filhos da Deusa através de seus ritmos sagrados. Ele já conhece o caminho, e é a sua mão que buscamos nos momentos em que nossa vida parece sair do compasso. É ele quem nos ensina a dançar em eterna reverência à Mãe de Todas as Coisas, mesmo nos momentos mais difíceis e dolorosos. A Deusa é o eixo giratório no centro do mundo, e o Deus é a circunferência da Roda que coloca todas as coisas em movimento, em uma dança de reverência a ela.

E graças ao poder da Grande Mãe, a Senhora do Renascimento, que tudo o que morre pode retornar a esse mundo e viver novamente. Ao fim da noite mais escura, o Sol se elevará no horizonte para nascer de dentro do ventre da Terra, e depois do inverno mais rigoroso, a semente que aguardava oculta no interior do solo germinará. E nós também retornaremos, e vamos nos reencontrar, e nos lembraremos uns dos outros e nos amaremos novamente na eterna dança da vida, a eterna dança do Amor da Grande Mãe e seu Consorte. A reencarnação não é percebida como uma punição ou castigo divino, mas como a manifestação do eterno amor dos Deuses em suas múltiplas e variadas experiências. É disso que se trata a fertilidade da religião das Bruxas.

Em nossa busca pelo encontro com a natureza e as forças da vida, cada um de nós é também o próprio Deus de Chifres, dançando em amor os ritmos e ciclos que são dela. Por meio da existência de cada ser, os Deuses se miram no espelho do mundo, desejam-se, amam-se e criam todas as coisas. Nossa vida não é nada menos do que uma expressão única, individual e, portanto, unicamente divina e sagrada dos ritmos de amor entre a Deusa e o Deus. Nossa alma é uma manifestação da Totalidade, a própria Deusa, mas é apenas na singularidade do nosso ser, na dádiva do Deus, que expressamos todo o potencial divino presente em nós, manifestando no mito que é nossa própria vida uma das infinitas possibilidades que a Deusa representa. Como o arco-íris que torna perceptível cada uma das sete cores presente na luz, cada um de nós torna determinados aspectos da deidade visíveis. Somos todos pequenos deuses caminhando pelo mundo – e não apenas "nós, humanos", mas tudo o que existe. Não há nada que seja menos ou mais sagrado, próximo ou distante da Deusa. Cada ente do Universo manifesta a singularidade de uma experiência única.

Bruxos não "acreditam" nos Deuses, como se fossem algo completamente distante do mundo e que não podem ser conhecidos e experimentados. Nós aprendemos a enxergá-los a cada momento, em tudo o que existe ao nosso redor. Nossa tarefa não é a de nos aproximarmos dos Deuses, mas a de ganhar consciência de que tudo, inclusive nós mesmos, somos a própria divindade experimentando a si mesma de maneira única. Viver nossa vida buscando expressar a verdade de nossa alma, aquilo que há de mais singular em cada um de nós, é a mais verdadeira oferenda que podemos depositar sobre o altar dos Deuses.

Diferentes Planos de Existência

No pensamento esotérico há o bem conhecido conceito dos diferentes planos de existência, como o plano material, plano astral, plano etéreo, etc. De um ponto de vista em que o divino está afastado do mundo, quanto mais caminhamos em direção ao plano físico, mais nos afastamos da divindade. Como Pagãos que enxergam a própria Terra como divina, os diferentes planos de existência são simplesmente outras camadas da realidade – nenhuma é mais ou menos divina que a outra.

Nossa percepção e compreensão do mundo é limitada por nossos sentidos e capacidades cognitivas. Sabemos que outros animais podem escutar sons que não ouvimos, ou enxergar cores que são invisíveis para nós. O que chamamos de "plano físico" é simplesmente a camada da realidade que podemos apreender diretamente pelos nossos sentidos: tato, olfato, visão e paladar. Os outros planos de existência correspondem à aspectos do mundo que transcendem a essa percepção, mas com os quais podemos, em certa medida, interagir em estados alterados de consciência ou em outros tipos de percepção.

Já que até agora utilizamos a metáfora do Corpo da Deusa, vamos olhar para o nosso próprio corpo físico e expandir essa compreensão para todo o Universo. Quando vemos uma pessoa, tudo o que somos capazes de enxergar é a sua "superfície": a pele, os cabelos e toda a sua aparência exterior. Mas os músculos, ossos, veias, artérias, sangue e todo o resto que compõe aquele corpo e permite que ele funcione da maneira como observamos externamente está lá, tudo ao mesmo tempo – só não somos capazes de enxergar essas outras camadas com nossos olhos físicos. Se o corpo for aberto e atravessarmos cada camada, então elas se tornarão visíveis a nós, mas ainda assim, não completamente. Usando apenas nossos olhos físicos, somos incapazes de observar o interior de uma célula, por exemplo, e contemplar seus intensos processos metabólicos – mesmo que ao olhar para a pele de uma pessoa estejamos olhando diretamente para suas células, não seremos capazes de enxergá-las. A constituição do nosso corpo físico, limitada, como tudo na natureza, não nos permite essa percepção.

O mesmo acontece com o Universo: existem planos de força e ação que regulam o seu funcionamento e participam da manifestação daquilo que é fisicamente visível, mas que simplesmente não temos sentidos capazes de percebê-los, e que foram genericamente chamados de "planos interiores". Alguns desses níveis de realidade podem ser apreendidos por nossas capacidades cognitivas, ou podemos intuí-los tendo como base a observação e a experimentação: a filosofia, por exemplo, permite-nos alcançar o plano imaterial do mundo mental; a física é uma ciência que se dedica a compreender de que maneiras a energia se movimenta pelo mundo – só para citar dois exemplos.

Aquilo que chamamos simplesmente de "plano astral", ou "planos espirituais", ou "reinos internos" também estão lá – e podemos interagir com eles em estados alterados de consciência. Costumamos nos referir a todos esses planos como "sutis" porque estão além da nossa capacidade de apreensão direta. Mas todos coexistem ao mesmo tempo e estão diante de nossos olhos limitados, que não podem enxergá-los. As tecnologias rituais das diversas religiões e caminhos espirituais são como o microscópio do cientista ou o aparelho de raio X, e nos permitem conhecer esses mundos. Ao praticarmos uma espiritualidade Pagã baseada na terra, eles nos interessam tanto quanto o próprio plano material, que é a base da nossa experiência religiosa. Na verdade, uma vez que compreendemos que o divino está na própria natureza, precisamos cada vez menos de "outras realidades" e podemos operar no aqui e agora para nutrir nossa relação com o sagrado.

A Deusa e os Dez Mandamentos

Para compreendermos o mundo como a própria manifestação dos Deuses, existem alguns aspectos dualistas bastante característicos de uma visão de mundo judaico-cristã que precisamos começar a questionar e abandonar. Buscando novas alternativas para nos relacionarmos com a realidade e guiarmos nossos próprios comportamentos e escolhas, talvez muitos deles podem ser expressos por um único axioma:

SE TODO O UNIVERSO É A DEUSA,
A DEIDADE IMANENTE É AMORAL.

Temos a péssima tendência de tentar humanizar todas as coisas e atribuir a elas um comportamento tipicamente humano. Fazemos isso, inclusive, com os Deuses. Será que a Deusa, enquanto um único organismo vivo que é a totalidade Universo, pensa? Será que quando o dia nasce, a Deusa diz para si mesma: "hoje eu vou surpreender a Juliana de uma maneira que ela ficará impactada"? Pensar assim é acreditar que a Deusa e Juliana são distintas e separadas, e não que Juliana é, em seu próprio fluxo de vida, um acontecimento que manifesta a Deusa. A tendência moderna na qual as pessoas buscam por descobrir sua "Deusa Mãe" ou o seu "Deus Pai" nos mostra que, mesmo em religiões alternativas, muitas pessoas ainda não estão preparadas para abandonar o padrão freudiano de relacionamento familiar com o sagrado estabelecido pela cultura judaico-cristã, onde buscamos agradar a deidade sendo bons filhos para conquistar seus favores. Ainda temos a necessidade de nos sentirmos escolhidos e especiais.

Dentro de uma perspectiva monoteísta judaico-cristã, "Deus" está sentado em uma nuvem e fica assistindo a vida de cada um de nós, certamente dando boas risadas enquanto marca em seu caderno de pontos aqueles que foram bons meninos e merecem o presente de Natal no fim do ano: a vida eterna ao seu lado no final da existência. Ou ainda que merecemos ser punidos com bons castigos para aprendermos a nos comportar do jeito que ele próprio decidiu ser o melhor. Essa avaliação divina é baseada em uma série de mandamentos impostos sobre a humanidade, como leis, as quais os seres humanos devem obedecer, concordar e acatar. Essas leis surgem de cima para baixo, e nos são impostas. Os Sacerdotes dessas divindades – todos homens, aliás – são aqueles investidos do poder de nos fornecer a absolvição divina que assegurará o nosso bem-estar do outro lado. Nesse paradigma, dependemos muito da boa vontade dos outros, seja de Deus, seja dos homens investidos com seu poder. Nada disso é compatível com uma visão de mundo que enxerga a realidade manifestada como a própria divindade.

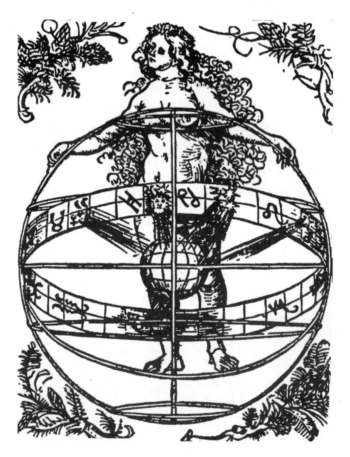

Em sua imanência, a Deusa não pode ser entendida como uma criadora, uma vez que isso implicaria em uma "criação" separa dela. Ao contrário, ela é entendida como a própria força da vida, cujo corpo é o Universo.

Se afirmamos que somos os próprios Deuses vivendo de maneira única, tendo uma experiência que expressa uma de suas infinitas possibilidades, isso quer dizer que todos nós, fazendo o que quer que façamos, estamos participando igualmente da natureza do sagrado simplesmente porque não existe um "lado de fora". As religiões doutrinárias que nos dão uma série de mandamentos para que possamos obter a boa recompensa ao fim da vida, cumprem uma função social muito importante – regulam o comportamento humano, dizendo o que é adequado e o que é condenável, oferecendo uma recompensa única: a promessa de uma feliz vida eterna ao lado de anjinhos que tocarão, por toda eternidade, harpas celestiais para nós (e não importa se para você isso não soe como um Paraíso). Todas essas promessas e ameaças ajudam a manter as pessoas na linha; e o ser humano, como todos bem sabem, tem lados simplesmente terríveis que não cansam de nos surpreender.

Aqui, no entanto, estamos diante de um sério problema. Afirmar que tudo no mundo é igualmente divino porque tudo no mundo é uma experiência da Deusa nos traz sérios dilemas morais, como talvez você já tenha antecipado. Por que precisamos nos comportar, sermos bonzinhos e não matarmos uns aos outros? Por que precisamos cuidar da natureza se qualquer experiência, até as mais terríveis, já são a Deusa se manifestando? Se eu, que estou escrevendo essas palavras em uma tarde fria de outono, sou tanto a Deusa quanto o é um empresário que mantém funcionários em condições análogas à escravidão trabalhando para o seu próprio lucro, por que raios tenho eu que me esforçar para ser uma pessoa melhor? Se não há um inferno a temer, uma vida eterna a conquistar como recompensa, e se tudo o que eu faço é uma expressão divina, por que não dar vazão a qualquer loucura de maneira indiscriminada? Esse tipo de pensamento é o que filosoficamente se chama de *niilismo*. Mas a Arte não é um caminho *niilista*; temos uma solução para esse dilema ético.

Se, por um lado, podemos afirmar que sim, o Universo inteiro é completamente amoral – o que podemos constatar pela simples observação de que existe muita gente má no mundo, e muitas vezes nada acontece com essas pessoas –, por outro lado também podemos afirmar que nós, apesar de sermos todos parte de um único organismo vivo, não temos a consciência da totalidade; de maneira empírica, temos apenas uma consciência humana e, portanto, precisamos nos comportar de maneira tipicamente humana. Deixemos a amoralidade para o Todo; concentremo-nos em ser boas células humanas da maneira mais saudável possível.

A amoralidade do Universo também é uma constatação empírica; um leão caçando uma zebra para se alimentar não é bom ou mau (aliás, é mau do ponto de vista da pobre zebra, mas bom aos olhos dos filhotes famintos – tudo depende do ponto de vista que você deseja adotar).

Para dar um exemplo mais próximo da nossa realidade: o *coronavírus*, que no momento em que escrevo esta obra infelizmente leva milhares de vidas todos os dias no Brasil, não é bom ou mau em *essência* – o vírus não é uma punição divina para a humanidade que não sabe se comportar. Ele é apenas um vírus sendo um vírus, desempenhando o seu papel na natureza – e fazendo-o muito bem, diga-se de passagem. O fato de que isso toma as vidas humanas e as destrói é, de um ponto de vista da Totalidade, só uma fatalidade, da mesma maneira que milhões de pés de alface são destruídos todos os dias para prepararmos a salada do nosso almoço. O único motivo pelo qual valorizamos mais a vida humana do que o pé de alface é porque somos humanos (e estamos muito corretos em fazer isso, pois ao nos preocuparmos com as vidas humanas, desempenhamos também o nosso papel, para a tristeza dos pés de alface). Mas se esse vírus mortal é tanto uma expressão da Deusa quanto as nossas próprias vidas, de que adianta nos voltarmos a ela e implorar: "Ó Deusa, seja boazinha e remova essa peste do nosso mundo", como se essa fosse uma das sete pragas lançadas pelo Deus cristão contra o povo Pagão do Egito?

Agora, isso não significa que só porque o vírus é uma expressão divina vamos nos conformar e deixarmos a população ser dizimada (postura essa que infelizmente temos visto em algumas das figuras de liderança atuais do país), ou então agir de maneira nada solidária com as pessoas que perderam seus entes queridos. É preciso dar uma resposta humana a essa realidade. Quando a zebra percebe que vai virar o almoço do leão, ela não pensa: "essa é uma experiência do Todo, vou deixar o leão faminto me devorar"; ela responde à situação como zebra e corre por sua vida, tendo de se preservar. No caso da pandemia, devemos dar ao vírus uma resposta que seja típica da humanidade, usando de nossas próprias habilidades para assegurar a sobrevivência do maior número de pessoas possíveis: criamos políticas de distanciamento social, desenvolvemos vacinas e tomamos uma série de outras medidas que apenas seres humanos podem tomar. Ao mesmo tempo, devemos nos solidarizar com todas as pessoas que são assoladas por essa terrível fatalidade. No momento em que perdemos uma pessoa amada e nosso coração se parte, não há filosofia que dê conta dessa experiência – e assim deve ser. A vida é para ser vivida e experimentada, e não simplesmente pensada de maneira distante da experiência.

Não podemos cair no sofisma de que:

1. O Universo é amoral;

2. Sou uma manifestação do Universo;

3. Logo, devo me comportar de maneira amoral, porque somos uma manifestação humana do Universo.

Faz parte dessa experiência humana a capacidade de raciocinar, julgar, avaliar, pensar, ponderar e pensar no que é melhor para o Todo. É verdade que você participa da natureza da Deusa tanto quanto um assassino em série; mas já que somos agraciados com a experiência da individualidade, a pergunta de ouro é: que tipo de experiência divina você manifesta e deseja manifestar.

Essa não é uma questão muito complicada – vou demonstrar. O que você, ser humano, considera como mais apropriado? Criar um mundo onde todas as pessoas tenham acesso a condições dignas de vida e possam ter uma existência feliz, ou discriminar outros seres humanos com base em seu tom de pele, orientação sexual ou identidade de gênero? Vamos lá, não é tão difícil assim! Temos que concordar que em nossa vida cotidiana, quando somos surpreendidos por todo o tipo de acontecimentos esdrúxulos, talvez a resposta daquilo que é melhor em se fazer nem sempre seja tão óbvia. Como saber de que maneira reagir e responder às adversidades da vida? As Bruxas também já responderam a essa pergunta:

SEM A NINGUÉM PREJUDICAR,
FAÇA O QUE DESEJAR.

Essa afirmação é conhecida como a Rede Wiccaniana. De maneira simples, o que ela postula é que *devemos viver considerando o bem coletivo*. É impossível viver verdadeiramente sem prejudicar a nada ou a ninguém. O simples fato de precisarmos nos alimentar todos os dias já faz com que a nossa própria existência cause danos e impacto ao mundo. Não prejudicar a ninguém significa viver de maneira harmônica com o mundo à nossa volta, não apenas com as pessoas, mas com todos os seres que compõem esse Universo compartilhado.

É importante considerar o bem coletivo não simplesmente porque devemos ser bonzinhos, mas pelo simples fato de que, se sabemos que não há distinção real entre cada um de nós e o mundo, *algo só pode ser verdadeiramente bom para o outro quando é bom para a coletividade.* Isso não significa que devemos ser todos iguais, mas que um mundo pleno dá espaço para que todas a diferenças se expressem de maneira harmônica; quando cada engrenagem do relógio cumpre sua função em plenitude, ele funciona em sincronia com os ritmos da natureza. Danos sempre hão de acontecer, pois a vida se alimenta de vida; já a pandemia do coronavírus, em especial sua ocorrência no Brasil, é um claro exemplo de como violar esse código de conduta e dos sérios impactos que isso acarreta.

Criar um mundo melhor pode ser, inclusive, uma atitude bastante egocêntrica: "quero que o mundo seja melhor, porque isso me faz ter uma experiência melhor". Não é sobre ser uma pessoa comportada ou boazinha; é sobre ser inteligente e realizar o potencial mental com o qual a natureza nos imbuiu.

Isso resolve o nosso dilema niilista: o empresário que escraviza os funcionários para que possa obter uma margem melhor de lucro pode ser tanto a Deusa quanto você e eu, mas ele *falha em realizar o seu potencial como ser humano*, porque seu interesse capitalista desconsidera o sofrimento das outras pessoas e o bem comum. Considerar que todas as coisas são sagradas não nos isenta de uma responsabilidade com o mundo ou com as outras pessoas, muito pelo contrário; exige de nós um posicionamento muito firme de respeito e valorização da vida, inclusive para defendermos esses valores quando eles forem desrespeitados e transgredidos. A Bruxaria não é um caminho de conformação, mas de desobediência, mudança e transgressão. Bruxos querem mudar o mundo porque são capazes de sonhar um mundo melhor.

Se o Universo é um grande organismo vivo, devemos ser células que trabalham para o bom funcionamento deste corpo, não para atacá-lo e destruí-lo. Infelizmente, a humanidade tem se tornado, coletivamente, como um câncer para o corpo da Grande Mãe. Ter consciência de que cada um de nós faz parte da urdidura deste grande organismo pode nos ensinar a ter relações mais saudáveis com ele. Nada está isolado, é isso que nos diz a Lei Tríplice:

TUDO O QUE FIZER, DE BOM OU MAU,
RETORNARÁ A VOCÊ DE MANEIRA TRIPLICADA.

Esse talvez tenha sido um dos aspectos mais deturpados e mal compreendidos da Wicca no senso comum e discussões superficiais propagadas por pessoas que tem um conhecimento raso da Arte. A Lei Tríplice não é uma lei jurídica, como um mandamento do deus monoteísta judaico-cristão, que serve para nos ameaçar e para nos comportarmos. Ela é uma lei da natureza, da mesma maneira como a gravidade o é – e tão amoral quanto ela. A Lei Tríplice nos ensina que todas as nossas ações reverberam por meio da Grande Teia e colaboram para moldar a realidade ao nosso redor. Toda ação tem não apenas uma, mas diversas reações em cadeia, e toda reação também pode ser atribuída a uma multiplicidade de causas. Tudo está conectado no grande organismo que é o Corpo da Deusa. Tornar o mundo um lugar pior retornará a você de maneira "triplicada", porque você também vive no mundo. Provocar o sofrimento humano intencionalmente se transformará em sofrimento para você também, porque a única maneira de fazer alguém sofrer é criar um mundo de sofrimento, onde você também habitará.

Na Bruxaria, você não vai encontrar doutrinas de comportamento. A Wicca não nos oferece qualquer tipo de código de conduta social: não há nada que "a Wicca" pense sobre o consumo de carne animal, o aborto, o tabagismo ou uso de outras substâncias, o suicídio, ou qualquer outro comportamento humano, porque a ideia é que você, a partir da sua autenticidade, dê a resposta mais apropriada para cada uma dessas indagações dentro do seu próprio contexto, expressando o potencial que só você é capaz de realizar no mundo.

Esse tipo de código de ética coletivo cria massificação e por isso nega a experiência da autenticidade. O que a Wicca nos oferece é uma compreensão de mundo como um único organismo, o qual alguns de nós chamam de Deusa. Com os nossos rituais, observações e práticas, aprendemos como esse organismo funciona. Cabe a você, Bruxo ou Bruxa, avaliar do seu próprio ponto de vista, que é único, e considerar em cada situação o que é que significa "não prejudicar a ninguém". Por isso, você vai encontrar Bruxos com diferentes opiniões sobre todos esses assuntos. Mas é claro, há aquelas opiniões em que simplesmente já chegamos a um consenso: destruir o Planeta Terra para que uma mínima porcentagem da humanidade tenha mais dinheiro não é nada legal, por exemplo.

Os Deuses não dirão a você o que fazer, nem lançarão maldições caso você escolha errado –, mas cada uma das suas ações provocará resultados em sua própria vida, e você deverá lidar com as consequências.

Sair da dicotomia de bem e mal nos ajuda a deixar uma visão de mundo infantilizada, baseada em punições e recompensas, para assumirmos um lugar mais maduro de responsabilidade, não apenas sobre nós, mas também sobre o nosso entorno. Bruxos fazem magia e participam ativamente da criação do mundo. Cabe a você, tendo como ponto de partida a sua própria relação com os Deuses, determinar o que deve ou não ser feito – e, mais uma vez, lidar com as consequências disso. Trabalhar em harmonia com a Lei Tríplice significa operar de acordo com as leis do Universo para fazer surgir a realidade que você deseja. Tornamo-nos protagonistas de nosso próprio mito pessoal.

Bruxaria, Política e Contracultura: o Grito de Transgressão

Simbolicamente, a Bruxaria sempre foi o lugar de afirmação do oprimido, o grito pela liberdade e seu direito em existir. Como uma prática liminal e transgressora, a Bruxa sempre foi a desafiadora, aquela que combate e se opõe aos sistemas de dominação e opressão. Bruxaria é rebeldia – não a rebeldia infantil que simplesmente choca ou decide desobedecer com o único propósito de contrariar, mas a rebeldia madura que resiste, luta e combate os grilhões do medo, da culpa e da vergonha. Por isso, a Bruxaria é também contracultural.

Ter a Deusa como um símbolo do Divino em um mundo que nos impõe suas verdades patriarcais é um ato político e transgressor. Afirmar a sacralidade da Terra em uma sociedade que a destrói em nome de seus próprios interesses é um ato político e transgressor. Celebrar a mulher como uma epifania do Poder Criador quando a cultura tenta subjugá-la é um ato político e transgressor. Empoderar gays, lésbicas, bissexuais, pessoas transgênero, não binárias ou qualquer outra expressão da diversidade do ser que é condenada em nossa sociedade, dando a elas um espaço para expressarem sua maneira única de manifestar algumas das infinitas possibilidades da Deusa, é transgredir e mudar a realidade.

Praticar e ensinar magia como uma forma ativa de transformar a realidade ao nosso redor e resgatar o nosso poder pessoal é um ato político e transgressor. Afirmar que toda forma de vida é sagrada e que a diversidade é uma manifestação divina é um ato político e transgressor.

Bruxos sabem que a melhor maneira para transformar o mundo é operar a partir de seus símbolos sagrados, porque a simbologia do sagrado que é dominante constitui o alicerce de qualquer comunidade, ditando seus valores e sua estrutura social. Afinal, quem ousaria desafiar algo que é supostamente intocável, a "palavra de Deus"? Bruxas questionam. Não apenas para se opor, mas para libertar.

Nós desafiamos. Bruxas sempre foram aquelas que romperam a ordem estabelecida, e a Bruxaria sempre foi o caminho dos oprimidos, daqueles que estão nas margens da sociedade. Mas é justamente na margem, com um pé em cada mundo, que trazemos a mudança do reino do sonho para a realidade concreta. Todo Bruxo é um parteiro de um novo Universo, um agente da mudança.

Em tempos em que a intolerância se debate e dá novos golpes contra a liberdade de expressão da vida, é importante que, como praticante de Bruxaria, você saiba que é uma peça fundamental para a mudança. Sempre que precisar desafiar o mundo, pare um pouco, respire fundo, ancore sua energia na terra e centre-se. Traga à tona a visão pessoal do mundo que você quer ver florescer. Manifeste os nossos valores e aquilo que é sagrado para nós, e saiba que você nunca está só. Deixe que a força de todos nós, que somos muitos por todo o Planeta, chegue até você e o fortaleça. E então, vá para o mundo lá fora e não tenha medo – seja mudança e cause essa mudança no mundo. Não se cale e não se esconda; não se diminua. Traga a mudança que deseja ver acontecer ao mundo.

Bruxaria e Magia Natural

Bruxos têm uma visão e postura positivas diante da vida, e se enxergam como seres dotados de potência e poder para transformar a realidade ao seu redor. Se nós participamos da realidade da deidade, isso significa que somos todos agentes, participantes ativos na construção da realidade ao lado dos Deuses Antigos. Todo Bruxo deve se responsabilizar por sua própria existência e tomar as atitudes necessárias para alterar aquilo que está em desarmonia. A Bruxaria nos dá muitas ferramentas para que esse trabalho sagrado possa ser feito, e a Magia Natural é uma delas.

A Magia Natural é um dos elementos que faz parte da vivência dos Bruxos – ela consiste no uso de materiais como ervas, cristais, incenso e velas para provocar mudanças concretas na realidade. Todo Bruxo pratica magia, mas nem todas as pessoas que praticam Magia Natural são Bruxos. A magia faz parte de outros caminhos espirituais, e inclusive pode ser praticada sem nenhum pano de fundo devocional.

Muitos gostam de descrever a magia como uma ciência, a *ciência oculta*: compreendendo o funcionamento dos outros planos de existência, as camadas da realidade que estão "debaixo da pele visível do mundo", como falamos anteriormente, podemos operar de acordo com os seus princípios para provocar as mudanças desejadas, da mesma maneira que um médico é capaz de usar seu conhecimento para operar mudanças visíveis no corpo humano. A magia é a tecnologia da Bruxaria.

Uma pessoa presa em uma visão de mundo judaico-cristã acredita que o ser humano é mais especial que o resto do mundo, pensa que tem o direito de dominar o mundo e por isso tende a ver as pedras, os óleos, os incensos, as ervas e outros materiais naturais do ponto de vista do *ingrediente*: eles olham para o mundo e pensam: "como será que isso pode me servir?". Bruxos sabem que são apenas mais um dos muitos seres que expressam a própria divindade, e quando fazem magia, não utilizam os elementos naturais como meros *ingredientes*, mas como *seres* dotados de *alma* que *participam* da sua magia ao invés de simplesmente servirem aos seus propósitos. Para praticarmos magia de maneira Pagã, é preciso abandonar a visão utilitarista do mundo onde nos compreendemos como seres superiores para entender que tudo o que utilizamos para um feitiço ou ritual também faz parte do corpo vivo da Deusa e é dotado de alma e consciência, e por isso devem ser manipulados com respeito e reverência. Todos os nossos *ingredientes*, sejam eles ervas, pedras ou instrumentos rituais, atuam tanto sobre a nossa própria alma quanto nós atuamos sobre eles.

Um Bruxo, ao praticar magia Pagã, não simplesmente olha para a natureza e pensa de que maneiras ela pode servi-lo ou realizar sua vontade, mas também se coloca como um agente da natureza, perguntando: "como eu posso servir à natureza para transformá-la?"; quando nos fazemos essa pergunta, assemelhamo-nos aos antigos alquimistas, comprometidos em realizar no mundo a Grande Obra.

Também nunca é demais reafirmar que a mais poderosa magia é aquela que modifica a causa, e não o sintoma, ou seja, aquela que modifica a sua consciência, e não o resto do mundo ao seu redor. Isso significa que nossa magia deve nos fortalecer para enfrentarmos os nossos problemas e dificuldades, e não servir como um escape da realidade. Não há atalhos na magia – precisamos encarar todos os nossos medos e desafios. A magia pode nos ajudar e nos fortalecer nesse percurso, mas nunca poderá fazer o trabalho difícil por nós.

Os Princípios Básicos da Magia Natural

Existem alguns princípios fundamentais que regem à prática da Magia Natural e ao seu funcionamento. Para que possa entender as práticas e as classificações mágicas que serão fornecidas nos capítulos seguintes, você vai precisar antes entender e reconhecer esses princípios em ação.

A Lei das Correspondências

Este princípio mágico nos informa que todas as coisas que crescem e existem na Terra possuem correspondências com as "forças superiores" – os princípios planetários, astrológicos ou espirituais. Isso significa que todas as plantas, animais, cristais, seres humanos – e todo o resto – são dotados de determinadas qualidades que podem ser acessadas quando entramos em contato com elas.

É desta lei que se derivam as correspondências associativas que nos fornecem os atributos mágicos de cada ingrediente em nossos rituais – cada coisa é marcada por um padrão único, uma alma, capaz não apenas de servir como ingrediente passivo em nossas operações mágicas, mas de atuar como um agente sobre nosso próprio ser, despertando suas potencialidades em nossa consciência. Quando praticamos Magia Natural, estamos exercitando o contato com a Alma do Mundo em seus aspectos mágicos, místicos e simbólicos; estamos nos permitindo ser moldados e transformados por eles ao mesmo tempo em que os manipulamos em nossas práticas. Muitas vezes, são as propriedades físicas que são usadas para determinar as correspondências mágicas de um determinado item: sua cor, textura, aroma, sabor, aparência, etc.

Sobre cada alma humana, o princípio das correspondências pode ser visto como nosso próprio mapa astral – esse registro do céu no momento de nosso nascimento traz as marcas astrológicas que definirão nossa existência. Ao passo que ninguém pode fugir do seu mapa astral, podemos refinar cada um de seus aspectos e interações: a força de Áries pode se expressar como raiva, impaciência e destrutividade, ou então como iniciativa, coragem e capacidade de inovação, a força para desbravar novos territórios. É nosso trabalho refinar cada uma dessas expressões em nossa própria alma, para que possamos trazer ao mundo os aspectos mais elevados da potencialidade de nossa vida. Nosso mapa astral é o manual de instruções de nossa própria existência, e a Magia Natural nos oferece uma maneira de buscar ampliar seus potenciais.

Também é deste mesmo princípio que tem origem a famosa Lei das Assinaturas, postulada pelo mago e alquimista Paracelso. Sua lei é baseada no princípio de *similia similibus curantur*, que significa "semelhante cura semelhante". Por meio deste princípio mágico, as propriedades ocultas das ervas poderiam ser descobertas e transformadas em remédio pela semelhança dos vegetais com partes do corpo humano, por exemplo. Isso nos leva a outro princípio mágico importante.

A Lei do Contágio

Se a Lei das Correspondências nos informa que tudo o que existe é dotado de uma alma que possui determinadas qualidades que lhe são próprias, a Lei do Contágio nos explica sobre a interação dessas forças mágicas. Pelo contato, geralmente o físico (mas não apenas), um determinado padrão energético pode ser transmitido de uma forma para outra.

Quando nos abençoamos com um óleo mágico, tomamos um banho de ervas, purificamos um ambiente com incenso ou visitamos um lugar sagrado é ao princípio mágico do contágio que estamos nos voltando – esperamos que essa força expanda sua ação e impregne também a nós mesmos ou a um ambiente.

Esse também é o princípio por trás da culinária e da alimentação mágica – ao ingerir um alimento ou bebida preparado com determinados ingredientes, estamos sorvendo da força vital e do padrão energético produzido por eles, assimilando-os a nós. Sempre que utilizamos ervas, cristais ou partes animais em nossa magia, por exemplo, é este princípio que está em atividade.

O contágio mágico também pode acontecer em níveis da realidade que estão além do plano físico. Quando fazemos meditações ou visualizações em nosso ritual, também estamos nos colocando em contato com imagens e padrões de energia que esperamos que nos contagiem com suas propriedades energéticas. E ainda, o princípio do contágio pode ser observado em nosso dia a dia – pensamentos, ideias, emoções e sentimentos são todos contagiantes e estamos suscetíveis a esse efeito em todas as nossas relações e atividades do cotidiano. Esse princípio mágico nos ensina que somos todos seres "permeáveis", ou seja, a individualidade não é tão real assim. Nada está isolado, e tudo o que entra em contato produz influência um sobre o outro.

A Lei do Contágio também é o que nos permite fazer magia a distância, pois também postula que um vínculo mágico é estabelecido entre nós e tudo aquilo que tocamos. Por isso, quando desejamos trabalhar magia para outra pessoa, é preciso de um tipo de *elemento de ligação*, muitas vezes chamado de "testemunho", que pode ser tanto uma parte do corpo (fios de cabelo, unhas, sangue, etc.) como um objeto pessoal daquele a quem a magia é direcionada. Uma vez em contato, essa ligação permanece nos planos sutis, permitindo que a pessoa seja contagiada magicamente por aquilo que é feito com seu testemunho.

A Lei da Similaridade

Este princípio também é chamado simplesmente de "magia simpática" ou "magia imitativa", e postula que efeitos mágicos podem ser obtidos pela imitação do resultado desejado. O princípio da similaridade está na base das ações mágicas de todo ritual ou feitiço – aquilo que é feito deve ser semelhante ao efeito que se deseja produzir.

Dessa maneira, quando desejamos destruir, banir ou eliminar algo de nossa vida, é preciso também destruir, quebrar, rasgar ou partir uma representação dessa mesma coisa. Se desejamos atrair ou aproximar, então devemos carregar conosco, junto ao nosso corpo, algo que represente aquilo que desejamos conquistar. Para purificar, lavamos ou varremos – e assim por diante. A ação mágica deve mimetizar o resultado esperado.

Diversas simpatias populares ou práticas da magia folclórica estão baseadas neste princípio.

O Dilema da Consciência Humana

Quando olhamos para o mundo manifestado, percebemos que tudo nele tem o seu lugar, e que há uma ordem e organização coletivas que são inerentes à própria realidade, com cada coisa desempenhando bem o papel que lhe cabe. As abelhas polinizam as flores e fazem mel, as sementes germinam, os frutos amadurecem, os pássaros aprendem a voar, os cardumes de peixes encontram seu caminho por entre as águas. Acima de nós, os astros celestes se movem como instrumentos de uma orquestra: todos ordenados em rotas geométricas, calculáveis e previsíveis. O Sol brilha, a Lua cresce e míngua, as estações sucedem uma à outra.

Isso é bastante expresso pelo número quatro: os quatro Elementos da natureza, as quatro direções sagradas, quatro estações do ano, quatro fases na vida do ser humano, quatro reinos naturais, quatro fases da Lua. O número quatro representa o eterno fluxo ordenado da natureza manifestada. Tudo conhece o papel que tem a desempenhar no corpo da Deusa. Tudo. Com exceção do ser humano.

Isso é tanto fonte de grande prazer quanto de muito sofrimento. Somos os únicos seres sobre a Terra que precisam encontrar o seu lugar no mundo, mas também os únicos capazes de nos perguntarmos sobre o sentido da vida, de onde viemos ou para onde vamos. Há uma inquietação natural no ser humano capaz de nos fazer produzir grandes maravilhas, mas que também pode acabar nos corroendo por dentro. Justamente por isso, o símbolo da Bruxaria é o Pentagrama: ele representa não apenas os Quatro Elementos mais o Espírito, mas também o próprio ser humano, que se eleva além do número quatro, símbolo da natureza ordenada, para se tornar o cinco – a consciência de nossa própria individualidade. O Pentagrama que carregamos em nosso peito é uma eterna lembrança de nossa condição única. E quando o enxergamos como um símbolo do corpo humano, a ponta do Quinto Elemento está justamente em nossa cabeça, o centro da consciência.

Quantas pessoas não sofrem profundamente porque não são capazes de encontrar seu lugar na vida? Quando tudo parece perder o sentido, é para os ritmos da Terra que devemos nos voltar, e buscar na harmonia que é inerente a todo o Universo a sabedoria para prosseguirmos em nossa jornada. O ser humano aprendeu a se achar mais especial e melhor que todo o resto da natureza por ser possuidor da razão e do pensamento lógico, mas se esqueceu de que com a bênção da consciência, veio também a dor de se sentir separado de todas as coisas. A Arte nos ajuda a recordar que essa separação é meramente ilusória.

Essa é uma das razões dos Bruxos enxergarem o mundo natural como sagrado: tudo o que nele existe é dotado de sentido e significado. Se falta um senso de propósito em nossa vida, é apenas porque durante muito tempo nossa espécie se afastou dos ritmos naturais da Terra e nos tornamos surdos para a canção que movimenta o mundo. A Bruxaria pode abrir nossos ouvidos para que escutemos mais uma vez a voz sábia que sussurra a nós no vento que sopra através nas folhas e no som das águas de um rio correndo em direção ao mar. E a magia é uma poderosa ferramenta para que possamos voltar ao nosso eixo e seguirmos nosso próprio fluxo.

Ao mesmo tempo em que a religião da Deusa nos coloca em contato com a totalidade do Universo e das forças da natureza, ela também nos conscientiza da sacralidade de nossa própria existência personalizada como seres individuais e nos chama para a realização desse potencial único que carregamos conosco. Como seres humanos, somos limitados; não podemos mudar o mundo inteiro por intermédio de nossas próprias atitudes. Mas podemos mudar a nós mesmos e a realidade ao nosso redor e, pela experiência da nossa próprias vida, conhecer os Deuses. Por isso o autoconhecimento é um elemento tão essencial na prática da Arte. Nada do que você leu até agora neste capítulo é exatamente novo; essa é uma sabedoria muito antiga. Já diziam os antigos gregos: "conhece a ti mesmo, e conhecerás os Deuses e o Universo".

~ Capítulo Dois ~

Um Mundo Vivo e Cheio de Deuses

Todas as coisas estão
repletas de Deuses.

– Tales de Mileto

É preciso abrir os olhos da alma uma vez mais para enxergar as forças que povoam o mundo. Um Bruxo que deseja usufruir dos poderes da Magia Natural precisa, em primeiro lugar, despertar para a Natureza que existe ao seu redor e sair do paradigma comum pelo qual somos ensinados a pensar e perceber o mundo à nossa volta.

A imensa maioria de nós está em grandes centros urbanos e vive isolada do mundo natural. Nossas cidades, grandes prisões de concreto, são construídas de maneira a nos privar o máximo possível das intempéries da natureza. Pense por alguns instantes em como nosso estilo de vida e relação com as forças naturais são completamente diferentes do ser humano primitivo, que não tinha eletricidade para fugir da escuridão ou abrigo para se esconder do frio e da tempestade. O avanço da civilização humana nos levou a um estado de desconexão com o mundo natural, como se, de alguma maneira, nós não participássemos mais dele – o que não poderia ser menos verdade!

A natureza é indomável, impossível de ser contida ou controlada. Mesmo na selva de pedra das grandes metrópoles, podemos ver uma flor tímida que insiste em romper o concreto e crescer, e se ouvirmos com atenção, ainda poderemos escutar o canto dos pássaros saudando os primeiros raios do Sol. A Terra permanece viva ao nosso redor, e nós precisamos escutá-la cantar sua canção.

A Vênus de Willendorf é uma estatueta com mais de 25.000 anos. Descoberta na Áustria em 1908, tornou-se um importante ícone do reavivamento da espiritualidade da Deusa.

Os Desafios Modernos de uma Espiritualidade da Terra

Se pensarmos nas imagens simbólicas da Bruxa do passado, nossa mente instantaneamente se torna repleta de cenas na floresta, com as velhas feiticeiras que viviam afastadas da cidade e ainda em contato direto com o reino natural. Entretanto, a Bruxaria Moderna foi formulada para ser uma alternativa compatível com o nosso tempo e a nossa realidade; ela não é uma prática campestre que vai exigir grandes retiros na natureza, ou uma aventura nas profundezas de um bosque para coletar uma misteriosa flor que desabrocha à meia-noite. A maioria de nós consegue suas ervas em lojas de produtos naturais ou mesmo naquelas especializadas em artigos religiosos. Somos Bruxos urbanos e temos a comodidade de, com apenas alguns cliques em nossos celulares, conseguirmos fazer com que ingredientes de qualquer parte do mundo cheguem até a nossa casa.

Alguns dizem que isso fez da nossa uma geração de Bruxos preguiçosos e desconectados com os verdadeiros poderes da Terra. Outros defendem a ideia de que tudo se transforma com o tempo, e a Antiga Religião também deve se adaptar às necessidades e à realidade da Bruxaria Moderna. A verdade é que não há uma resposta certa para essas perguntas, e cabe a cada um de nós encontrar aquilo que funciona melhor e é compatível com nosso estilo de vida.

Mas eu acredito que a Bruxaria não é uma Arte que deve ser sempre confortável, e um dos desafios de um Bruxo é exatamente sair de sua zona de conforto e se desafiar a ousar. Se por um lado é verdade que a imensa maioria de nós simplesmente não tem tempo de cultivar todas as ervas que serão usadas para um incenso ou de produzir seus próprios instrumentos mágicos, por outro lado isso não significa que nós devemos o tempo todo escolher o caminho mais fácil. Se você já está trilhando o caminho da Arte há algum tempo, reflita por um momento: como a prática da Arte tem aproximado você da natureza e seus ciclos de maneia concreta, e não apenas teórica?

Isso não quer dizer que os produtos que você compra para um ritual não têm seu valor. A grande moeda de troca do momento histórico em que vivemos é exatamente o tempo, e ele pode muito bem se expressar na forma de dinheiro quando você compra itens necessários para os seus rituais. Afinal, você precisou doar do seu tempo e energia para conseguir o dinheiro que pagaria por todas essas coisas. Quando compramos flores, frutos, velas ou qualquer outros itens para oferecer aos Deuses no ritual, muitas vezes o verdadeiro sacrifício que estamos fazendo é o do nosso tempo de trabalho, na forma de dinheiro, para adquirir esses itens. Mas há outra maneira de tornar o tempo uma oferenda, e isso é investir numa relação com algo que você mesmo pode produzir. Na perspectiva Pagã, investir tempo na sua relação com a Terra é investir tempo na sua relação com o sagrado.

Existe uma razão para que a Bruxa mítica que ecoa em nossas mentes, eternizada em nosso imaginário popular, tivesse que cultivar ou colher suas próprias ervas, confeccionar seus instrumentos rituais, manter um livro escrito à mão e tantos outros exemplos desse tipo. Sempre que dedicamos nosso tempo para todas essas atividades, estamos cultivando uma relação mágica nos planos sutis. Quando você se dedica a cuidar de suas ervas, por exemplo, está desenvolvendo uma conexão espiritual com cada uma delas – e todos aqueles que cultivam um jardim mágico próprio, por mais simples que ele seja, sabem exatamente do que eu estou falando. É como se de alguma maneira houvesse um encontro de nossas almas; participamos do florescer da planta, e ela, por sua vez, participa de nossos rituais. Há uma troca. Ela deixa de ser um item ou um ingrediente, vista apenas como um bem de consumo que pode servir aos nossos propósitos, e passa a ser um ente dotado de alma que "participa" da magia junto de nós. A Bruxaria implica em outra maneira de pensar, compreender e se relacionar com o meio à nossa volta – uma maneira que é permeada pela noção do sagrado.

Outro exemplo: numa época de tantos aparelhos eletrônicos, escrever qualquer coisa à mão se torna cada vez mais raro; manter um Livro das Sombras ou Diário Mágico com sua própria caligrafia é uma maneira de se fundir ao espírito de cada palavra, que será grafada por suas próprias mãos, mas com um jeito único de escrever. Um texto digitado é impessoal; algo escrito à mão com cuidado e reverência é único e guarda uma magia própria. Quando queremos mandar uma mensagem verdadeiramente especial e significativa para alguém, ainda temos a tendência a fazer isso à mão, pois parece que imprimimos na palavra escrita o afeto que há por trás de cada uma delas.

É verdade que cada vez temos menos tempo e estamos sempre correndo contra o relógio, mas é preciso encontrar um meio-termo. Se a Bruxaria é uma religião contracultural que nos ensina a questionar e romper com os padrões vigentes da época, isso quer dizer que também precisamos nos permitir fazer esse tipo de questionamento. Se tempo é algo tão precioso assim, quanto deste tempo você dedica para cultivar relações com as forças naturais que participam da sua Bruxaria?

BRUXARIA E PANTEÍSMO

Panteísmo é a ideia de que toda a Natureza ou Universo manifestado corresponde à própria divindade ou a um princípio criador universal. A deidade não é transcendente e distante, mas imanente e manifesta no próprio Universo. Nesse sentido, o sagrado não está na natureza, mas é a própria natureza. O conceito de panteísmo é bastante abrangente e possui diferentes variações, admitindo tanto a noção de que não há diferença entre divino e manifesto, até a noção de que por trás da dinâmica da natureza existe um princípio universal que permanece inalterado.

Ao dizermos que acreditamos em uma Alma da Terra, um princípio divino que reúne todo o Universo como parte de um único organismo vivo ou consciência, estamos expressando uma ideia panteísta. Diferentes Tradições e vertentes da Arte darão a essa totalidade um nome diferente:

alguns chamarão esse princípio universal de o Todo, o Uno, a Unidade, a Natureza ou, simplesmente, a Deusa. Dentro de uma visão panteísta, o Universo não é *criado* pela deidade, mas é ela própria.

A principal metáfora usada por Bruxos para descrever sua percepção panteísta da realidade é o *corpo da Deusa*: apesar de percebermos cada coisa no Universo como separada e independente, tudo na verdade é uma célula no corpo dessa grande divindade, e não há nada que esteja fora da Deusa, porque ela é o próprio mundo. A vegetação que cresce verdejante é o seu belo cabelo; os rios que cortam a Terra são as veias de seu corpo, levando vida, nutrientes e abundância; as fontes de água doce são os olhos e a boca da Deusa; o oceano de águas salgadas é o seu útero, do qual toda a vida se levantou; o vento e a brisa são o sopro de vida dela; o calor do fogo é o seu espírito; o céu noturno é o seu manto estrelado, que nos envolve e nos abraça. E todos nós, humanos, animais, vegetais e outras formas de vida, somos partes do corpo da Deusa, cada um com uma função dentro da dança sagrada da natureza, movidos pelo compasso do coração da Terra.

Esse princípio universal Divino, que dá origem a todas as coisas, pode ser pensado como o quinto elemento, chamado de Espírito ou Éter, muitas vezes compreendido como aquele que é formado pela reunião dos outros quatro elementos, Terra, Ar, Fogo e Água.

Você provavelmente conhece o experimento do prisma de vidro, no qual se projeta um feixe de luz branca (semelhante à luz do sol) através dele que, ao sair pelo outro lado, decompõe-se nas cores do arco-íris. Esse feixe de luz branca que carrega em si o potencial de todas as outras cores é o princípio originador, o quinto elemento, e as cores que saem do outro lado, cada uma com características específicas, corresponderia à noção dos quatro elementos, que são *especializações* de um mesmo princípio.

Para além das dualidades e diferenças do mundo, há um princípio originador que une a todos nós, do qual todos nos levantamos e ao qual vamos retornar. Tudo o que existe é formado pela mesma substância original, que no processo de manifestação, assume uma forma única.

BRUXARIA E ANIMISMO

A famosa frase que abre este capítulo, "todas as coisas estão cheias de Deuses", foi dita pelo filósofo pré-socrático Tales de Mileto, tido como o primeiro filósofo ocidental, e que se debruçou na busca por compreender a origem de todas as coisas. Para ele e para muitos filósofos posteriores, deveria haver um único princípio fundamental responsável pela manifestação da natureza. Sua frase poderia ser traduzida como: "em tudo o que existe na natureza, há um princípio inteligente".

Sempre digo que um Bruxo solitário nunca está só, mas sempre em contato com os Deuses Antigos e com os espíritos naturais e as forças com os quais se relaciona: os Quatro Elementos, os Ancestrais e também cada planta, erva, pão, vinho, flor, semente e fruto que faz parte dos seus rituais. A Bruxaria é uma Arte que celebra a vida, e nós a praticamos em comunhão com muitos outros seres animados e cheios de vida, sejam eles habitantes do plano físico ou não.

Por isso devemos abrir os nossos olhos para enxergar mais uma vez a Terra povoada de espíritos e aprender a nos relacionarmos com eles, sempre com uma atitude de respeito e reverência. Os espíritos da natureza já estavam aqui muito antes de nós, e permanecerão por muito tempo depois que partirmos. Nunca trate um cristal, uma folha ou um grão como um mero ingrediente em seu ritual – aprenda a enxergá-los como seres repletos de espírito e consciência e eles despertarão para participarem ativamente da sua magia.

Houve um tempo em que a humanidade sabia como ouvir a voz dos ventos e escutar a sabedoria das águas murmurantes dos rios correndo em direção ao oceano. Houve um tempo em que a humanidade aprendia com a fala silenciosa das árvores e se curvava em assombro diante da soberania da tempestade e do trovão. Ao encontrar uma planta, nossos ancestrais não se perguntavam "para que será que ela pode me servir?", mas a enxergavam como outro ser vivo, pleno em si mesmo, que compartilhava desse mundo conosco. Houve um tempo em que todos nós – humanos, animais, plantas e minerais – éramos irmãos na imensa Teia da Vida, todos filhos da Grande Mãe.

> **Animismo** é uma percepção de mundo onde todas as coisas – pessoas, animais, lugares, plantas, fenômenos naturais, pedras e outros objetos considerados inanimados – possuem alma, são dotados de algum tipo de consciência e estão em direta relação uns com os outros o tempo todo. O ser humano é apenas mais uma dessas inteligências em contato direto, o tempo todo, com outras forças visíveis e invisíveis.

O animismo é um conceito que foi amplamente associado às sociedades chamadas de primitivas ou tribais, muitas vezes explicado academicamente como um pensamento ingênuo e menos evoluído, em contraste com a nossa compreensão científica de mundo dos tempos atuais. Hoje sabemos que as chuvas são provocadas por um conjunto de condições climáticas, que os eclipses são fenômenos astronômicos, que o crescimento da vegetação acontece por determinados elementos bioquímicos no solo. Será que ainda há espaço para um pensamento animista em pleno século 21?

Ao contrário do que pode parecer, uma visão anímica de mundo não precisa se opor a uma visão racionalista e científica, muito pelo contrário. Se a Bruxaria é a Arte dos Sábios, e a sabedoria é o que apreciamos e buscamos, não devemos ser supersticiosos. Para nós, Bruxos modernos, aprender a desenvolver uma consciência anímica não serve para explicar fenômenos da natureza, mas para que pensemos justamente em nossa maneira de nos *relacionarmos* com ela.

Já discutimos como a degradação ambiental que vivemos tem uma relação direta com a profanação da natureza, que deixou de ser percebida como sagrada. Desenvolver uma relação anímica com o mundo não significa agir de maneira supersticiosa, mas compreender que em todos os elementos do mundo natural há uma centelha espiritual. Não devemos abrir mão de tudo aquilo que a ciência nos ensina sobre o mundo, mas *acrescentar*, em nosso dia a dia, a noção de que tudo o que existe é participante de uma mesma realidade, e que estamos o tempo todo em relação uns com os outros, com o ambiente e com forças que estão além da percepção ou compreensão da limitação de nosso pensamento humano, condicionado pelas capacidades de nosso corpo biológico. Não apenas o ser humano transforma a natureza, mas a natureza também transforma o ser humano o tempo todo. Não há separação.

Quando associamos determinados eventos sociais ou acontecimentos com o movimento dos astros, por exemplo, estamos percebendo o mundo de maneira anímica, pois reconhecemos que há uma interconectividade entre nossa vida na Terra e o movimento dos planetas – não porque necessariamente eles são os "causadores" desses acontecimentos, mas porque há, de algum modo, uma sincronicidade entre os fenômenos –, uma relação causal e simultânea, em que o microcosmo se vê refletido no macrocosmo. Pensar animicamente não significa colocar uma consciência humana em todas as coisas, como se as pedras fossem capazes de raciocinar e pensar, ou como se você pudesse ter um diálogo com a planta do seu jardim. Essa é uma atitude bastante antropocêntrica, na verdade, pois atribui características específicas do ser humano para o resto da natureza. Ao contrário, significa entender que por trás de tudo há alguma inteligência em operação.

O exemplo do Sol: um relacionamento Pagão com a natureza

Sabemos que o Sol é uma imensa bola de fogo suspensa no Universo e que sofre diversas explosões em sua superfície, emitindo para nós energia na forma de luz e calor, que tem determinados impactos sobre o nosso Planeta e sobre a nossa pele. Quando passamos protetor solar para nos expor ao sol em um dia quente de verão, estamos nos relacionando com ele tendo como base esse conhecimento científico. Ainda assim, podemos nos voltar ao Sol como um princípio espiritual e nos relacionarmos com ele também nos valendo do ritual, da meditação e da magia. Com o Sol, podemos aprender mais sobre nós próprios e a nos conectarmos ao sagrado ou a energizar um amuleto que será magicamente carregado. Veja

– não é preciso escolher entre uma maneira puramente científica ou simbólica de ler e compreender a realidade. É possível, nas ocasiões apropriadas, relacionar-se com o mundo de ambas as maneiras, selecionando o paradigma mais adequado à ocasião.

O Sol foi, desde tempos muito antigos, um símbolo da realidade espiritual, do bem e das verdades superiores. Como Pagãos, também sacralizamos a materialidade de nossa relação com o Sol físico.

Vamos explorar mais profundamente o exemplo anterior: de nada adianta eu me expor ao Sol e fazer a ele uma prece para que não me queime, pois *a natureza do Sol é justamente emitir luz e calor*. Devemos trabalhar *em harmonia* com essa natureza, e não acreditar que nós, produto final da poeira das estrelas, tenhamos o poder de modificá-la. Fazer isso, além de ingênuo, seria:

Considerar-me merecedor de um tratamento diferenciado: se tudo na Natureza é igualmente sagrado, de nada adianta eu desejar que a Terra seja mais generosa comigo do que com o meu vizinho, ou que o

Sol queime a moça evangélica ao meu lado na praia, mas só me traga um suave bronzeado porque sou Pagão. Essa atitude reflete uma noção de pensamento antropocêntrica, onde nos consideramos mais especiais que o resto do mundo e, por isso, merecemos um tratamento especial por parte das forças da natureza. Quando fazemos isso, estamos apenas passando um verniz Pagão sobre uma maneira de se relacionar com o mundo que ainda é típica do monoteísmo judaico-cristão, dizendo: "Ó Papai Sol, eu acredito que você é sagrado, diferente dessas outras pessoas ignorantes, e por isso mereço as suas bênçãos mais que os outros".

Negar a natureza fundamental das coisas: sempre digo que a Bruxaria deve nos aproximar da realidade, e não nos afastar dela. Acreditar que eu posso, por um ato de magia, modificar a atuação do Sol sobre mim, significa trabalhar contra a sua natureza fundamental. É claro que a magia sempre atuará dentro daquilo que para nós é o fantástico e inexplicável, mas nossas práticas mágicas devem estar em harmonia com os princípios da natureza que já conhecemos, e não caminhar contra eles. É por isso que os rituais da Bruxaria acontecem segundo as fases da Lua e as estações do ano: trabalhamos em harmonia com aquilo que a natureza manifesta. A compreensão superficial desse princípio fez com que diversas superstições sobre a magia se propagassem – crenças limitantes como "só é possível fazer um banimento na Lua minguante", por exemplo, o que não é necessariamente uma verdade mágica.

Negar o conhecimento: as escolas de mistério iniciáticas, tanto do ocidente quanto do oriente, sempre foram conhecidas por possuírem "segredos" capazes de conceder ao ser humano poderes que o tornariam diferente dos demais. Em sua ânsia por se sentirem "mais especiais", muitos acabam procurando ordens secretas e outros grupos do tipo, trilhando um caminho que muitas vezes apenas serve para supervalorizar seu próprio ego. Se este é seu objetivo, não se dê esse trabalho; vou revelar agora qual é o segredo: trabalhar em harmonia com as leis que regem o Universo. Um ocultista é aquele que observa o mundo, compreende o seu funcionamento e então opera a partir desses princípios, em harmonia com eles, para provocar as mudanças desejadas. Isso é magia. As sete leis herméticas são um exemplo clássico de uma compreensão desses princípios, dentre tantos outros possíveis. Ora, se você já sabe que se expor prolongadamente ao sol pode causar danos à sua pele, é muito mais simples usar um protetor solar do que conjurar anjos e demônios para que defendam o seu corpo contra a radiação (apesar de isso ser menos divertido, é claro).

Pensar animicamente significa perceber que, por trás da aparente aleatoriedade da vida, há uma inteligência que flui através de todas as coisas. Significa fertilizar simbolicamente o mundo e rejeitar a sua esterilidade espiritual. Descemos do pedestal da superioridade humana para perceber um mundo povoado por almas. Trazemos a natureza de volta à vida. Devolvemos a ela o véu dos mistérios.

Aos pés da antiga estátua da Deusa Diana, de Éfeso, uma das sete maravilhas do mundo antigo, o filósofo Heráclito depositou sua famosa frase "Physis kryptesthai philei" – a natureza tende a se ocultar – referindo-se aos mistérios da vida.

Animismo: um antídoto para uma visão utilitarista do mundo

Para nos tornarmos Bruxos, precisamos aprender a ver a Natureza com o olhar inocente de uma criança mais uma vez. É preciso maravilhar-se com o desabrochar de uma flor, com a singela beleza do nascer do sol, com a majestosa imponência de uma velha e imensa árvore. Devemos ser capazes de olhar sob a superfície e encontrar o espírito vivo de cada um desses seres, permitindo que nossa própria alma se comunique com eles e possa comungar de sua sabedoria. Um Bruxo que sabe ouvir as vozes dos Espíritos da Natureza nunca se sentirá sozinho.

Hoje, as pessoas se voltam às plantas, cristais e até mesmo aos Deuses com olhos utilitários. Se no passado o ser humano buscava se relacionar com os Deuses para servi-los, agora as pessoas se aproximam dos Deuses pensando no que podem ganhar deles, em como eles podem ser úteis e satisfazer seus desejos mesquinhos!

Lembre-se, Bruxo: a *Natureza é soberana e ela não precisa de você*, individualmente falando. Nenhuma planta precisa de você para crescer, tampouco os Deuses, que explodem as estrelas, criam e engolem mundos inteiros, precisariam de você para qualquer coisa, de um ponto de vista utilitário na dinâmica da natureza. Aqueles que se aproximarem das forças naturais com pobreza de espírito, sentindo-se superiores a eles, nunca poderão se comunicar de verdade com nenhum desses poderes, pois estarão ocupados demais contemplando o próprio umbigo. Como Bruxos nos irmanamos a cada um deles, reconhecendo que temos todos a mesma origem sagrada, e trabalhamos juntos, em cooperação, nunca em dominação.

DESENVOLVENDO UMA RELAÇÃO SAGRADA COM A TERRA	
Tenha uma atitude de reverência pelo mundo natural.	Utilize os recursos naturais, como a água ou os alimentos, com respeito.
Observe diariamente os ciclos do Sol e da Lua.	Faça do cuidado de uma planta ou jardim uma atividade contemplativa.
Harmonize-se com os quatro elementos.	Evite usar plantas e cristais de maneira egoísta.
Perceba a interconectividade entre todos os entes do mundo natural.	Busque enxergar a inteligência que há por trás das coincidências da vida.
Alimente-se com reverência.	

Os Quatro Elementos

A maneira mais comum pela qual os Bruxos nutrem uma relação anímica com o mundo é percebendo os quatro elementos da natureza, que correspondem tanto às potências espirituais interiores da nossa própria personalidade quanto aos componentes fundamentais que criam a realidade manifestada à nossa volta.

Na Bruxaria, temos uma visão quaternária do mundo: tudo pode ser compreendido e explicado por meio dos quatro elementos da natureza. Quando nos conectamos aos elementos, a separação entre dentro e fora é temporariamente suspensa e conseguimos perceber que as forças que fluem em nosso ser são as mesmas que dão forma e vida para toda a realidade.

Ao trabalhar com os elementos, aprendemos que todas as coisas são formadas a partir dos mesmos princípios energéticos, e assim, podemos nos irmanar a todos os outros seres na imensa Teia da Vida. Nossa respiração nos liga aos céus, ventos e brisas; o calor de nosso corpo faz de nós um pequeno sol de fogo incandescente brilhando sobre o mundo; nossa saliva, sangue e lágrimas nos conectam aos lagos, rios e mares; nossos ossos são irmãos de todas as pedras, rochas e cristais.

OS ELEMENTOS COMO PRINCÍPIOS FUNDAMENTAIS

Antes de se manifestarem como os elementos do mundo físico, as energias elementais são *princípios espirituais abstratos*, dotados de determinadas características e propriedades que formam dois pares polarizados de opostos: O QUENTE e o FRIO, O SECO e o ÚMIDO. Os quatro elementos se originam da interação desses princípios, chamados de "qualidades". Cada elemento possui uma qualidade principal e uma secundária, que são mostradas respectivamente na tabela a seguir.

Os elementos QUENTES, Ar e Fogo, são considerados expansivos, leves, projetivos e ascendentes. Para compreender essa ideia, basta pensar que os ventos pertencem ao domínio celeste e que a chama de uma vela, não importa como seja manipulada, sempre vai apontar para o alto. Por isso, tanto o Fogo quanto o Ar são representados por triângulos com um vértice apontando para cima. Ambos possuem uma natureza projetiva: o Fogo arde e irradia luz e calor; o Ar sopra, deslocando-se de um lugar ao outro. A qualidade quente predomina no elemento Fogo como principal e é secundária no Ar, que possui como qualidade fundamental a umidade.

Ao passo que os elementos quentes, por sua qualidade projetiva, estão associados à ideia de separação, os elementos FRIOS, a Água e a Terra, são considerados elementos que provocam a união, a relação, a mistura, a agregação. Sua natureza é receptiva, constritiva, densa e descendente. Tanto a Terra quanto a Água se movem para baixo, obedecendo a gravidade, e por isso ambos são simbolizados por um triângulo com o vértice para baixo. Sua receptividade se expressa na qualidade da Água como solvente, ou seja, criadora da conexão e da unidade, reunindo componentes, e da Terra, como aquela que mantém a forma, cria a estrutura passiva, a firmeza e a rigidez; também é a Terra que recebe as sementes em seu interior. A qualidade FRIA predomina nas características do elemento Água, mas também está presente em certa medida na Terra como sua característica secundária, já que seu princípio dominante é o SECO.

OS ELEMENTOS E OS PRINCÍPIOS DA REALIDADE			
Elemento	Plano de Manisfestação	Qualidade Principal e Secundária	Funções
Terra ▽	Físico	Seco e frio	Estrutura, forma fixa, sustentação, nutrição, rigidez, estabilidade, segurança, concretização.
Ar △	Mental	Úmido e quente	Movimento, criatividade, resiliência, relacionamento, dinamismo, expressividade, expansão.
Fogo △	Espiritual	Quente e seco	Vigor, transformação, ação, direcionamento, separação, autonomia, instintividade, paixão.
Água ▽	Emocional	Frio e úmido	Fluidez, maleabilidade, dissolução, agregação, conexão, purificação, vitalidade, harmonia.

Os elementos considerados SECOS, ou seja, a Terra e o Fogo, são associados à rigidez e a inflexibilidade. São mais fixos e menos maleáveis ou adaptativos. Essa qualidade predomina no elemento Terra, vista na estabilidade das rochas, árvores e montanhas, mas também está presente em certa medida no Fogo, que consome as substâncias para manter sua forma. Esses são ELEMENTOS INDIVIDUAIS: por representarem a preservação da forma fixa, estão associados à noção daquilo que nos torna diferente do entorno. Isso é muito claro quando pensamos astrologicamente: os signos de Fogo (Áries, Leão e Sagitário) são conhecidos por valorizarem a sua independência e buscarem a autodescoberta, a manifestação dos potenciais pessoais e o entendimento da própria vontade. Já os signos de Terra (Touro, Virgem e Capricórnio) estão associados à noção de valor pessoal e produtividade, trabalho e a expressão das habilidades que lhes são próprias.

Finalmente, os elementos ÚMIDOS são aqueles que trazem flexibilidade e maleabilidade. O Ar, no qual essa qualidade predomina, é expansivo e preenche todo o ambiente – pense no que acontece quando você queima um incenso ou abre um frasco de perfume, por exemplo: todo o ambiente é preenchido com sua fragrância. A Água, que tem a umidade como característica secundária, também se espalha para preencher seu receptáculo e, fluida e maleável, ela se adapta à forma de cada recipiente. Os elementos ÚMIDOS também podem ser chamados de elementos SOCIAIS, pois a umidade está associada à noção de estabelecer relações. As emoções, que são associadas à Água, são sempre de nós para outra pessoa, assim como a comunicação, ligada ao Ar. Isso se expressa inclusive na astrologia, onde os signos de Ar (Gêmeos, Libra e Aquário) são associados à capacidade de relação social, enquanto os signos da Água (Câncer, Escorpião e Peixes) tem características reflexivas de empatia e sensibilidade.

Resumindo, o padrão energético que chamamos de TERRA é uma força fixa e agregadora, ao passo que o AR manifesta as qualidades opostas de maleabilidade e separação. A energia que chamamos de ÁGUA é maleável e agregadora e, finalmente, seu oposto, o FOGO, é expansivo e fixo.

AS PROPRIEDADES DE CADA QUALIDADE ELEMENTAL	
Quente	Projetivo, expansivo, leve e ascendente.
Frio	Receptivo, constritivo, denso e descendente.
Seco	Estável, rígido, inflexível, estruturado.
Úmido	Mutável, maleável, flexível, adaptável.

Como princípios abstratos, os elementos podem se expressar na nossa personalidade, por exemplo, ou nas marés energéticas das estações do ano. Nesse sentido, eles são forças arquetípicas, ou seja, cada elemento expressa um determinado padrão de qualidades que pode se manifestar de diferentes formas. Quando trabalhamos com a magia dos elementos, precisamos pensar nessas qualidades e tendências de comportamento para descobrir um ou mais deles que tenham maior relação com o nosso propósito mágico.

As marés elementais estão associadas também a determinados tempos e épocas nas quais são predominantes:

OS ELEMENTOS COMO EXPRESSÕES DE TEMPO				
Elemento	Horário	Estação do Ano	Fase da Lua	Fase da Vida
▽ Terra	Meia-noite	Inverno	Nova	Morte/Gestação
△ Ar	Amanhecer	Primavera	Crescente	Infância e Adolescência
△ Fogo	Meio-dia	Verão	Cheia	Vida Adulta
▽ Água	Entardecer	Outono	Minguante	Velhice

Cada um desses momentos nos ciclos da natureza está sob a regência de um dos elementos, facilitando o contato com sua energia. Ao praticarmos Magia Elemental, por exemplo, podemos optar por realizá-la em qualquer uma dessas fases, conforme nossa necessidade.

Não encontramos os elementos apenas como padrões abstratos, mas também como manifestações físicas na natureza ao nosso redor e, nesse sentido, recebem diversas associações e poderão ser percebidos tanto em nível macrocósmico como microcósmico. Vejamos cada um deles.

Macrocosmo: corresponde à realidade exterior de maneira ampla, ou seja, tanto a manifestação da natureza no Planeta Terra quanto à imensidão do Universo à nossa volta, que são regidos por determinadas leis e princípios que podem ser observados e estudados.

Microcosmo: diz respeito a qualquer pequena manifestação onde se possam observar os mesmos princípios do macrocosmo e se perceba um "universo em miniatura". É muito comum pensarmos o ser humano como um pequeno universo, mas outras coisas também podem ser consideradas microcósmicas, como o Círculo Mágico das Bruxas, que é uma pequena representação da própria totalidade do mundo.

Macrocosmo e Microcosmo estão unidos pelo princípio hermético que nos ensina que *o que está em cima é como o que está embaixo, e o que está embaixo é como o que está em cima,* ou *como acima é abaixo, como dentro é fora.* Ao conhecermos um, compreendemos também o outro, pois todos são expressões da totalidade. Por isso, quando nos harmonizamos à natureza, harmonizamos também nossa alma.

Os elementos como manifestações no macrocosmo

Quando pensamos no mundo manifestado, podemos atribuir uma regência elemental a cada uma de suas porções, às vezes chamadas de "esferas sublunares": o Fogo corresponde ao Sol, trazendo luminosidade e calor e também a profundeza da Terra, onde há lava. Já o Ar preside sobre os céus. A imensa porção líquida do mundo, o mar, corresponde ao grande domínio da Água. E a terra firme, o continente, está sob a regência do elemento Terra.

Ao pensarmos no mundo como o próprio Corpo da Deusa imanente, cada um dos elementos se torna então uma parcela desse corpo, e também atuam como os princípios dinâmicos que o tornam vivo e dão origem a todas as coisas.

OS ELEMENTOS NO CORPO DA DEUSA			
Elemento	Domínio	A Deusa Imanente	Manifestação Natural
▽ Terra	O solo	O Corpo da Deusa (sua estrutura)	Montanhas, rochas, metais, plantas, sementes, frutos, flores, cavernas, o solo, campos, florestas.
△ Ar	O céu	O Sopro da Deusa (sua respiração)	Brisa, ventania, nuvens, a respiração. Lugares elevados e mais próximos do céu.
△ Fogo	O sol	O Espírito da Deusa (o metabolismo)	Sol, relâmpago, incêndio, fogueira, deserto, lava, núcleo fundido da Terra, as estrelas.
▽ Água	O mar	O sangue e útero da Deusa (nutrição e fecundidade)	Chuva, rios, cachoeiras, lagos, fontes, nascentes, o mar, poços, a umidade.

Os elementos como manifestações no microcosmo

Também podemos encontrar os quatro elementos em nós, seja como partes de nosso próprio corpo físico ou como partes mais amplas do nosso ser nos diferentes níveis da realidade.

No corpo humano podemos perceber o elemento Terra naquilo que nos dá estrutura, forma e substância: nossos ossos e também nossos músculos. A pele, órgão responsável pelo tato, também está particularmente relacionada a esse elemento. O Ar se expressa no corpo humano de maneira mais óbvia pela respiração, mas também pelo sistema nervoso, comunicando informações e lavando-as de um lugar ao outro. Já o Fogo se expressa no nosso metabolismo e está especialmente associado aos órgãos digestivos, responsáveis por consumir, separar e romper os alimentos, da mesma maneira que faz uma fogueira com a madeira que a alimenta. Já a Água está em todos os fluidos corporais.

OS ELEMENTOS E AS PARTES DO SER				
Elemento	Corpo Físico	Sentido	Aspectos do Ser	Funções da Consciência
▽ Terra	Esqueleto e músculos	Tato	Corpo Físico	Percepção sensorial
△ Ar	Respiração, sistema nervoso	Olfato	Corpo Mental	Raciocínio e comunicação
△ Fogo	Metabolismo e digestão	Visão	Espírito Ego	Intuição e instinto
▽ Água	Sangue e fluidos	Paladar	Corpo Emocional	Emoção e afeto

Os elementos também são aqueles que mediam a nossa experiência com o mundo. A partir do toque, podemos sentir a firmeza e a solidez de todas as coisas, e pela alimentação absorvemos formas para manter nossa própria forma – estamos em conexão com o elemento Terra. Quando nos comunicamos, o pensamento é transformado em impulso nervoso e levado à boca, e quando pronunciamos as palavras, elas viajam pelo Ar até os ouvidos das outras pessoas, a informação é transformada em impulso nervoso e devolvida ao cérebro; também os perfumes e aromas podem ser percebidos graças a esse elemento. Quando nos exercitamos, nosso corpo se esquenta e irradia energia pulsante como o sol; quando nos apaixonamos, sentimos o desejo visceral e ardente dentro de nós. Quando nos banhamos, a Água leva as impurezas para longe, e a água que bebemos nos nutre e preserva nossa vida.

A relação dos sentidos com os elementos também parece bastante autoexplicativa: o tato está associado à Terra, porque tem relação ao toque; o olfato corresponde ao Ar porque, ao inalarmos, criamos um movimento intencional de movimento do ar ao nosso redor; a visão tem ligação com o Fogo, porque depende da manifestação da luz; o paladar se relaciona à Água, porque na saliva líquida de nossas bocas, onde o alimento começa a se dissolver, também experimentamos o sabor. O quinto sentido, a audição, é associada ao quinto elemento, o Éter, que nas culturas orientais (e, de alguma maneira, também nas ocidentais) corresponde ao princípio do Espaço – exatamente porque o som viaja através do espaço para chegar até nós.

Os cinco sentidos têm uma importância essencial, pois é apoiado neles que podemos ganhar consciência da realidade à nossa volta. Muitos Bruxos se preocupam excessivamente com o desenvolvimento de um sexto sentido, mas não percebem que os seus cinco sentidos estão, muitas vezes, atrofiados. Praticar uma espiritualidade baseada na Terra é valorizar a importância de estar no corpo.

EXERCÍCIO 2
Abençoando os Sentidos com os Elementos

Esta é uma prática ritual simples que pode ser realizada antes de uma meditação, contemplação ou outra atividade que você realizar diante de seu altar pessoal. Ela também pode ser feita como uma prática diária para despertar o corpo e os sentidos.

Você vai precisar de um incenso apagado, uma vela apagada, um cálice com água (pode ser saborizada ou outra bebida de sua preferência) e um cristal, flor ou pote de sal ou areia para representar o elemento Terra.

Os quatro itens deverão estar dispostos à sua frente, sobre seu altar ou outra superfície, de modo que o item que representa a Terra esteja posicionado ao Norte, o incenso ao Leste, a vela ao Sul e a bebida ao Oeste. Se desejar, acrescente no centro um símbolo da Deusa e/ou Deus.

Inicie respirando por alguns instantes e relaxando. Então acenda a vela, dizendo:

FOGO SAGRADO QUE CONCEDE O DOM DA VISÃO.
CHAMA BRILHANTE DA INSPIRAÇÃO.

Em seguida, acenda o incenso. Se estiver usando incenso em forma de cone ou vareta ele pode ser aceso na vela do Fogo. Diga:

DESPERTANDO O OLFATO, REVERENCIO O AR.
O SOPRO DA VIDA A SE RENOVAR.

Eleve a taça de bebida com ambas as mãos na altura do coração e contemple-a por alguns instantes. Então tome um gole, dizendo:

ÁGUA SAGRADA, SEMPRE FLUINDO E TRAZENDO SABOR.
CONCEDA A MIM ALEGRIA E AMOR.

Pegue o item que representa o elemento Terra, segurando-o com as mãos e sentindo seu peso, temperatura e textura. Se estiver com um pote de sal ou areia, sinta com as pontas dos dedos, estimulando o tato e diga:

TERRA E TATO, CORPO E MUNDO EM UNIÃO.
ABRAÇO DA DEUSA QUE TRAZ FORÇA E SUSTENTAÇÃO.

Segurando a representação do elemento Terra em uma mão e a sua taça na outra, tome mais um gole e perceba cada um dos quatro sentidos ao mesmo tempo: o sabor do líquido, o peso, textura e temperatura da representação da terra, o perfume do incenso e a luz da vela. Contemple por alguns instantes e então entoe três vezes um nome da Deusa de sua preferência, estimulando o quinto sentido, a audição, usando um nome sagrado. Ao fazer isso, projete a energia gerada por essa prática para as atividades do seu dia, ou para onde precisar, sabendo que o equilíbrio dos elementos foi estabelecido e nutrido por este ritual.

O Trabalho com os Quatro Elementos

Nossa vida é formada pela união temporária dos quatro elementos da natureza, que se reúnem para assumir uma forma específica (nossa identidade). Quando nascemos, os ventos que sopram pelo mundo se transformam na nossa respiração e os produtos da Terra são consumidos para se tornar a nossa carne. Os rios, lagos e cachoeiras correm por nossas veias, e o calor do sol é a dinâmica metabólica que anima a nossa existência. Quando chegar a nossa hora e morrermos, nosso sopro retornará aos céus e será mais uma vez a brisa gentil a soprar dentre as flores nos prados; nossa carne será alimento para a Terra e se transformará em todas as plantas e sementes que germinam; nosso sangue e lágrimas retornarão aos rios, e se elevarão como a chuva, e se precipitarão para encontrar o mar; e o calor de nosso corpo se elevará como centelha luminosa, de volta ao radiante sol, e descerá mais uma vez ao núcleo incandescente da Terra. Nossa noção de individualidade se desmancha no Todo.

Dos elementos nós nos levantamos, e a eles retornaremos. Tudo é formado por esses quatro princípios fundamentais, o que faz de nós irmãos de cada estrela no céu, cada grão nos campos, cada cristal oculto no interior da terra e cada peixe nas profundezas do oceano.

Todos nós temos um ou dois elementos com os quais sentimos naturalmente mais afinidade, e que são, de alguma maneira, mais fáceis de serem acessados. Mas o objetivo de todo Bruxo é o equilíbrio, então não basta trabalhar apenas com os elementos que nos fazem mais confortáveis – na verdade, exercitar o contato com as forças elementais que nos sentimos menos conectados é o que pode nos ajudar a desenvolver certas habilidades e estados de consciência que são menos expressivos em nós.

Por isso, a primeira coisa que você deve se perguntar antes de prosseguir com os exercícios deste capítulo é exatamente quais são os elementos mais fáceis e difíceis de serem acessados por você.

Para trabalhar com a energia dos elementos na magia e nos rituais é preciso aprender a se colocar em um estado de consciência que você esteja diretamente conectado à sua força. Isso vai ajudar a elevar o seu Poder e a concentrar a energia de um determinado elemento em seu corpo para ser direcionada à um feitiço, alvo ou ambiente, por exemplo. Também pode ajudar a manter um determinado padrão de consciência associado àquele elemento em específico.

EXERCÍCIO 3
Sentindo a Terra

Você vai precisar de algo para criar uma conexão com o elemento Terra neste exercício. Pode ser uma pedra ou um cristal, um pote com areia, terra ou, se você puder fazê-lo sentando-se sobre o solo ou diante de uma árvore, será ainda melhor.

Fique em uma posição confortável e respire algumas vezes para relaxar e entrar em um estado de concentração e serenidade. Faça esse exercício de olhos fechados. O objetivo é experimentar a realidade física da Terra usando o tato. Quando estiver em um estado de consciência apropriado, estenda as mãos e toque a sua representação do elemento Terra. Não tente pensar ou racionalizar a experiência. Deixe que o toque, a Terra do seu corpo, estabeleça uma conexão com a Terra da manifestação desse elemento. Sinta a textura, a temperatura, desperte a sensibilidade das suas próprias mãos.

Então, lentamente, recolha as mãos. Agora, procure estimular o tato em seu próprio corpo. Gentilmente, sinta as palmas e as costas das mãos. Perceba como seu próprio corpo reage ao toque. Ainda devagar, estenda o movimento dos seus dedos até seus pulsos e deixe-o se prolongar pelos braços. Sinta a textura do seu couro cabeludo, dos músculos da face. Deixe os dedos deslizarem pelos contornos do seu rosto, encontrando suas próprias planícies, declives e elevações. Permita que o exercício siga de maneira intuitiva e sinta o seu corpo por meio de seu próprio toque, sempre gentil e carinhoso.

Para finalizar o exercício, sinta a potência do elemento Terra dentro de si e agradeça mentalmente a ele. Faça anotações em seu diário mágico sobre as sensações experimentadas nessa prática.

EXERCÍCIO 4
Transformando-se na Terra

Sente-se em uma posição confortável e respire profundamente algumas vezes para se colocar em um estado alterado de consciência, provocando um leve transe. Então, volte sua atenção para dentro e busque a Terra dentro de si: a firmeza de seus ossos e a consistência dos seus músculos. Conecte-se a força desse elemento em você, e leve sua atenção para a região do períneo, na base da coluna.

Sinta ali a força da gravidade atuando sobre você, puxando seu corpo para baixo. Sinta seu ponto de equilíbrio e sua estabilidade e, aos poucos, comece a visualizar uma pequena rocha se formando nessa região do seu corpo. Perceba seu peso, sua estrutura densa e rígida, e quando conseguir alcançar essa percepção, vá deixando aos poucos que ela se expanda, como se lentamente o seu corpo fosse se transformando em rocha. Não tenha pressa, deixe que esse processo seja natural.

Perceba as suas pernas se tornando rígidas e sólidas como rocha firme, e deixe que a sensação suba pelo seu corpo, até que você tenha se transformado em uma grande montanha. Sinta a firmeza e a solidez do elemento Terra em você, a estabilidade, a resistência e a quietude desse elemento vibrando pelo seu corpo. Conecte-se à imobilidade da Terra e deixe que seus atributos fluam por você. Misture sua consciência com a consciência da própria Terra, e aprenda as lições que ela tem a lhe transmitir.

EXERCÍCIO 5
Sentindo o Ar

Para este exercício, nada além de seu próprio corpo e respiração são necessários. Fique em uma posição confortável e leve sua atenção para sua própria respiração. Perceba o fluxo do ar que entra e sai dos seus pulmões. Perceba como esse fluxo e ritmo conectam o espaço interno do seu corpo com o ambiente externo. Ganhe consciência desse fluxo de Ar e perceba como esse é o elemento da relação, da comunicação e da conexão entre todas as coisas. Respirando, somos capazes de nos conectarmos à grande Teia da Vida.

Depois de ganhar consciência da sua própria respiração e da presença do ar dentro e fora de você, leve as mãos perto do rosto e sinta sua própria respiração. Exale o ar dos pulmões nas palmas e costas das mãos. Sinta sua temperatura. Então brinque com seu próprio sopro: faça respirações lentas e profundas para liberar ar quente, ou ciclos de inspiração e expiração mais rápidos e intensos para soprar uma grande rajada de ar frio. Estenda a mão longe do rosto e tente soprar forte o bastante para sentir o movimento do vento que seu sopro provoca.

Então feche os olhos e vá mudando os padrões de respiração. Perceba as mudanças que isso provoca no seu corpo. Faça ciclos de respiração nos quais você contém o ar dentro dos pulmões antes de liberá-lo; depois alterne com respirações mais intensas e sem pausas entre elas. Experimente as diferentes formas de respirar e veja como todas elas modificam o seu próprio corpo.

Para encerrar, use da própria respiração para agradecer ao elemento Ar, dentro e fora de você.

EXERCÍCIO 6
Transformando-se no Ar

Faça este exercício em pé. Comece o exercício da mesma maneira que o anterior, sentindo sua própria respiração. De olhos fechados, concentre-se no ar que entra e sai de seus pulmões. Leve sua atenção ao centro do seu peito, na região dos pulmões, e respire conscientemente ali. Deixe o seu peito se expandir na respiração. Faça inspirações profundas, preenchendo o fundo dos pulmões e sentindo que todo o volume deles é lentamente preenchido pelo ar.

Então comece a imaginar que a cada inspiração, você traz mais ar para o seu corpo. Preencha-se com o poder desse elemento, até que você começa a se perceber como formado exclusivamente de Ar.

Concentre-se no ritmo da sua respiração e comece a transformar esse ritmo em movimento. Mova gentilmente os braços à medida que inspira e expira. Vá deixando que esse movimento se expanda para outras partes do seu corpo e comece uma dança simples, mas livre e desinibida, ao ritmo da sua própria respiração, como se ela fosse uma música. Sinta a leveza do Ar e busque reproduzi-la por intermédio de seus próprios movimentos. Deixe que a sua consciência se misture completamente ao Ar. Sinta-o a partir de você.

Então, lentamente, diminua seus movimentos até parar completamente. Respire mais algumas vezes, agradecendo ao elemento Ar e encerre.

EXERCÍCIO 7
Sentindo o Fogo

Use uma vela acesa para esse exercício. Sente-se diante dela, relaxe e se prepare para meditar como preferir. O objetivo é abrir-se para a conexão com o Fogo através da sensação. Traga a chama para perto de você e perceba se consegue sentir sua emanação de calor de alguma maneira.

Agora, estenda uma de suas mãos e a aproxime do fogo. Não tenha pressa – faça isso lentamente e procure ganhar consciência do ponto onde o calor do fogo começa a se tornar perceptível para sua pele. Quando isso acontecer, coloque toda sua atenção nessa sensação. Devagar, aproxime sua mão cada vez mais, concentrando-se na sensação e tentando fazer com que ela se expanda para todo o seu corpo. Imagine que você é capaz de capturar esse calor pela pele, e que então ele se espalha vindo de você. Se fizer de maneira correta, poderá sentir todo o seu corpo se aquecer e, se praticar, poderá fazer isso com cada vez menos estímulo direto do Fogo.

Somente então aproxime sua mão do fogo para senti-lo completamente. Perceba o quanto você consegue se aproximar dele, seja pelas laterais ou colocando a palma da sua mão acima da chama. Perceba o quanto consegue se aproximar sem se machucar e tome cuidado para não se queimar. Sinta o desejo do fogo em consumir, em se expandir e crescer. Deixe que essa mesma paixão se espalhe por você.

Permita que o exercício prossiga de maneira intuitiva. Para encerrar, agradeça ao Fogo e apague a vela da maneira como preferir.

EXERCÍCIO 8
Transformando-se no Fogo

Faça este exercício como extensão e continuação do anterior.

Continue se preenchendo com o calor da vela, absorvendo sua força e energia. Enquanto faz isso, vá visualizando que seu corpo começa a se transformar em uma grande fogueira. Traga sua atenção para a região do Plexo Solar (um palmo acima do umbigo) e respire ali. Sinta o seu corpo se aquecer e permita-se entrar em combustão como o Fogo com os olhos da mente.

Ao fazer isso, sinta a consciência do Fogo se misturando à sua. Deixe a paixão, a vontade, a força e a determinação se expressarem por seu ser. Permita que o Fogo purifique você. Perceba do que esse Fogo interno precisa para continuar brilhando firme. O que o alimenta? Deixe que ele se expresse fluindo de você.

Então, lentamente, ganhe consciência do seu corpo mais uma vez e vá encerrando o exercício e recobrando os sentidos.

EXERCÍCIO 9
Sentindo a Água

Faça este exercício com um recipiente de água diante de você ou mesmo em uma fonte natural. Ou também ele pode ser feito durante o banho, no mar ou em uma piscina.

O exercício tem o mesmo padrão dos outros elementos. Sinta a temperatura da água sobre sua pele e as sensações que ela desperta em você. Perceba seu movimento e seu fluxo. Ganhe consciência em como ela lava e purifica seu corpo. Perceba como a própria temperatura do seu corpo vai mudando conforme você permanece em contato com a água.

Então, simultaneamente, comece a perceber a água do seu próprio corpo – sua saliva, seu sangue. Ganhe consciência de que este líquido que toca o seu corpo está, na verdade, tocando também a sua própria água, manifestada como a umidade da sua própria pele.

Entregue-se à Água e aprenda com ela a lição de liberar, de deixar ir, de confiar. Deixe que esse elemento ensine a você suas lições. Para encerrar, agradeça a Água e traga essa consciência para dentro de você.

EXERCÍCIO 10
Transformando-se na Água

Este exercício pode ser feito como uma extensão do anterior, onde você se conecta com Água do lado de fora de si, ou então ganhando consciência da Água e dos fluidos do seu próprio corpo.

Em um estado de meditação, você vai aumentar a percepção da Água em seu corpo. Tente sentir a umidade (caso seu corpo não esteja em contato direto com a água), concentre-se nela e deixe que cada vez mais partes do seu corpo se tornem Água. Pense na Água que forma seu corpo físico: ela já foi chuva, rio, mar. A Água que hoje compõe o seu corpo está aqui há muito tempo, muito antes de você, e ao fim de sua vida, continuará fluindo pelo mundo e assumindo outras formas. A Água do seu corpo guarda a memória de ser todas essas expressões da natureza: todos os rios do mundo fluem por você. Suas lágrimas já foram chuva. Sua saliva já foi um lago numa parte longínqua do mundo. Deixe a consciência da Água despertar em você. Deixe que a Água em você se lembre de tudo o que já foi. Perceba toda a sabedoria e memória que você carrega consigo.

Dessa maneira, experimente a consciência de ser Água. Observe suas emoções e sentimentos. Deixem que eles atravessem você e fluam através de seu corpo. Para encerrar, agradeça à Água e ganhe consciência dos outros elementos que formam o seu corpo.

EXERCÍCIO 11
O Equilíbrio Interior dos Elementos

Este é um excelente exercício para iniciar o dia e abençoar nossas atividades. De pé, de frente para o Leste, feche seus olhos e respire profundamente, trazendo toda a sua atenção ao seu corpo e ao momento presente. Quando estiver em um estado tranquilo e sereno de consciência, torne a sua respiração um pouco mais forte e comece a visualizar que o seu corpo vai crescendo de tamanho: primeiro tornando-se maior que a sua casa, então, maior que o seu bairro, que a sua cidade. Continue crescendo até que o chão vá desaparecendo. Cresça em direção ao Universo e deixe que o Planeta Terra desapareça sob os seus pés como um grão de poeira. Enquanto faz isso, construa mentalmente a sensação de ser gigantesco.

Então volte a sua atenção para o alto, acima da sua cabeça, e perceba uma esfera luminosa brilhando ao longe, mas alinhada ao seu tronco. Respirando profundamente, atraia essa luz e visualize que um feixe luminoso desce dessa esfera e entra pelo topo da sua cabeça, envolvendo todo o seu corpo e percorrendo-o para baixo, saindo pelos seus pés e desaparecendo de vista. Deixe que essa luz branca purifique você, e diga:

PELA FORÇA DO ESPÍRITO, QUE ABENÇOA TODO NOVO NASCIMENTO,
EU ME PURIFICO PARA RECEBER A ENERGIA DE CADA ELEMENTO.

Abra seus braços em direção ao Leste e visualize diante de si, na cor amarela, um grande Triângulo Elemental do Ar, com seu vértice para cima e cortado horizontalmente. Deixe que ele brilhe diante de você e então invoque:

SAUDAÇÕES AOS PODERES DO AR,
SOPRO, VENTANIA E LUZ BRILHANTE, VINDE!

Agora visualize dentro do Triângulo Elemental um céu límpido, iluminado pelos primeiros raios do sol, e sinta a brisa do vento soprando através dele na sua direção e entrando pela sua respiração. Sinta como se você fosse inteiro feito desse Elemento. Traga as mãos ao seu coração em reverência. Sem sair do lugar, gire o seu corpo para ficar de frente para o Sul.

Abra os braços e visualize diante de si, na cor vermelha, um grande Triângulo Elemental do Fogo, com o vértice para cima. Deixe que ele se torne quente e brilhante na sua mente e então invoque:

SAUDAÇÕES AOS PODERES DO FOGO,
MAGMA, RELÂMPAGO E SOL INCANDESCENTE, VINDE!

Visualize dentro do Triângulo o Sol do meio-dia brilhando acima da cratera de um vulcão e deixe que o calor se espalhe por todo o seu corpo, como se você fosse feito desse Elemento. Traga aos mãos ao seu coração em reverência. Gire o corpo para ficar então de frente para o Oeste.

Abra os braços para essa direção e visualize diante de si, na cor azul, um grande Triângulo Elemental da Água, com seu vértice para baixo. Deixe que ele brilhe na sua mente e então invoque:

SAUDAÇÕES AOS PODERES DA ÁGUA,
CHUVA, RIO E OCEANO PROFUNDO, VINDE!

Visualize dentro do Triângulo um grande oceano e, atrás dele, veja o pôr do sol. Sinta as águas fluindo por todo o seu corpo, como se você fosse feito desse Elemento. Traga as mãos ao coração em reverência. Gire o corpo para ficar então de frente para o Norte.

Abra os braços para essa direção e visualize diante de si, na cor verde, um grande Triângulo Elemental da Terra, com o vértice para baixo e cortado horizontalmente. Deixe que ele se torne nítido e brilhante no olho da sua mente e então invoque:

SAUDAÇÕES AOS PODERES DA TERRA,
FLORESTA, MONTANHA E CAMPO FÉRTIL, VINDE!

Visualize dentro do Triângulo uma floresta densa à meia-noite, com uma grande montanha ao fundo. Sinta como se você fosse feito completamente desse Elemento. Então traga as mãos ao coração em reverência. Gire o corpo para ficar de frente ao Leste mais uma vez.

Abra os braços e as pernas, assumindo a posição do Pentagrama, enquanto vê com o olho da mente os quatro Triângulos Elementais ao seu redor. Diga:

MEU CORPO É O TEMPLO VIVO DOS ELEMENTOS,
ONDE OS MISTÉRIOS DOS DEUSES SÃO CELEBRADOS.
PELA LEVEZA DO AR, PELO CALOR DO FOGO,
PELA FLUIDEZ DA ÁGUA, PELA RESISTÊNCIA DA TERRA,
ABENÇOADOS SEJAM OS ELEMENTOS DENTRO E FORA DE MIM.

Lentamente, feche as pernas e vá trazendo as mãos em direção ao coração mais uma vez, visualizando que os quatro Triângulos ao seu redor acompanham esse movimento, e então traga-os para dentro do seu peito. Quando os quatro Triângulos se tocam dentro do seu coração, transformam-se numa esfera de luz branca brilhante que irradia por todo o seu corpo. Respire profundamente uma vez e, ao expirar, eleve a cabeça para trás, estenda os braços para cima e sopre em direção aos céus, liberando essa energia para o alto.

OS ELEMENTOS NOS FEITIÇOS

As ações mágicas associadas aos nossos feitiços podem ter uma relação com as forças elementais e imitarem a sua ação para despertar o seu poder. Na tabela a seguir, você vai saber mais sobre as ações rituais e seus possíveis significados simbólicos, que, como sempre, também vão depender da intenção maior do ritual, as palavras utilizadas e outros elementos característicos da sua prática. Estes são apenas exemplos que podem ajudar você a compreender o simbolismo de ações rituais envolvendo os elementos para criar suas próprias práticas mágicas.

AÇÕES MÁGICAS COM OS ELEMENTOS

Ação	Elemento	Significado
Afundar	Água/Terra	Remover da percepção; enviar para o interior; Aprofundar uma experiência.
Aquecer	Fogo	Potencializar e energizar (aumentar o calor); ativar e fecundar (fertilizar); aumentar e expandir a energia.
Beber	Água	Internalizar; misturar algo a si mesmo; assimilar.
Dissolver	Água	Misturar dois ou mais entes separados; estabelecer uma relação íntima; dissipar/destruir (perder a forma).
Elevar / Pendurar	Ar	Abençoar ou espalhar a energia no ambiente; apresentar às forças mais sutis.
Enterrar	Terra	Destruir (sepultar/deixar apodrecer); fixar e desenvolver (plantar/nutrir).
Falar	Ar	Comunicar o desejo às forças presentes; expressar (trazer de dentro para fora); determinar e orientar (dar uma ordem); projetar uma intenção (de mim para o mundo).
Iluminar	Fogo	Trazer clareza; produzir consciência; trazer brilho, ênfase ou prestígio; revelar o que está oculto.
Lavar	Água	Purificar, renovar (renascimento).
Moldar	Terra	Concretizar o desejo (criar uma forma fixa).
Molhar	Água	Nutrir e abençoar (dar vida); desfazer a rigidez/tornar flexível.
Queimar	Fogo	Destruir uma forma rígida (liberar a energia contida); elevar um desejo aos planos mais sutis (transpor da Terra para o Ar).
Soprar	Ar	Dar vida (respiração); movimentar (lançar ao vento); Preencher (como um aroma que se espalha); mandar algo para longe de mim; enviar algo para um alvo distante.

Rituais Naturais em Ambientes Internos

A prática da Wicca é, na imensa maioria das vezes, doméstica. Ela é realizada em nossas próprias casas, geralmente em um cômodo que serve temporariamente como templo. Poucas são as pessoas que possuem espaço em seus lares que possa servir como um templo pessoal fixo, e mais raras ainda são aquelas que possuem a privacidade para praticar à céu aberto. Entretanto, existem maneiras de tornar a experiência com rituais internos mais natural.

Contemple a Lua antes de um Esbat: acrescente uma etapa em sua preparação para os rituais de Lua cheia em que você possa tirar algum tempo para estar de fato em contato direto com a luz do luar. Se você toma um banho ritual antes do início da sua cerimônia, por exemplo, pode sair dele e permanecer alguns instantes sob a Lua. Talvez, usando um óleo lunar, você possa consagrar o seu corpo. Ou, se vai usar um pote de água ou uma taça de vinho, pode levá-las a um lugar onde a Lua é visível e deixar que o reflexo dela brilhe sobre o líquido por alguns instantes. Também pode fazer um exercício de centramento sob o luar, visualizando que os raios da Lua descem do céu e banham você e o seu corpo, preenchendo-o com a sua força *antes* do rito, para que leve consigo esse poder.

Contemple o Sol antes de um Sabbat: se você costuma realizar seus rituais de Sabbat durante a noite, pode fazer da manhã e da tarde daquele dia um período de preparação, passando algum tempo ao ar livre e observando o Sol. Se estiver em um Sabbat de primavera, por exemplo, pode se expor ao Sol durante a manhã e fazer algum tipo de meditação, saudação ou contemplação. Se for um Sabbat de verão, pode fazer isso durante o pico solar; se estiver em um tempo de outono ou inverno, contemplar o pôr do sol antes de começar a prática pode ser bastante especial. Da mesma maneira que no Esbat, você poderá abençoar objetos ou ingredientes que serão usados no seu ritual sob a luz solar.

Celebre o Sabbat em um período do dia correspondente: esta pode ser uma alternativa, caso você não realize todos os seus rituais durante a noite. Você pode escolher uma faixa de horário em que o pequeno ciclo diário do Sol corresponda ao período solar anual a ser comemorado. Desta maneira, teríamos:

CORRESPONDÊNCIA ENTRE OS SABBATS E AS HORAS DO DIA	
YULE	Por volta da meia-noite.
IMBOLC	Pouco antes do amanhecer.
OSTARA	Durante o nascer do sol.
BELTANE	No meio da manhã.
LITHA	Por volta do meio-dia.
LAMMAS	No meio da tarde.
MABON	No momento do pôr do sol.
SAMHAIN	Nas primeiras horas da noite.

Traga elementos da natureza para o seu Sabbat: você pode coletar itens da sua região que reflitam o que está acontecendo na natureza naquele período, como folhas, ramos verdes, flores, pinhas, grãos ou mesmo um pouco de solo. Incorpore itens regionais do lugar onde você mora na celebração ou na preparação dos materiais ritualísticos que você vai utilizar.

Tenha elementos orgânicos em seu altar: isso é muito importante, pois além de vitalizar o ritual e a cerimônia, traz outras formas de vida para dentro do seu Círculo. Flores frescas cortadas em um vaso de água, grãos, sementes, frutas, guirlandas, trigo e outros itens podem ser utilizados de acordo com o simbolismo e a correspondência de cada ritual. Wicca é uma celebração às forças da vida; quanto mais elementos naturais presentes, melhor.

Vista-se de céu quando possível: se estiver realizando o seu ritual solitariamente na privacidade da sua casa, sem a possibilidade de ser surpreendido por olhares curiosos, experimente praticar em nudez ritual. Inclua em sua cerimônia algum tipo de bênção sobre o corpo, no início ou no final do ritual, onde você possa trazer a força gerada pela prática para o seu interior. Durante toda a cerimônia, preste atenção nas sensações do seu corpo e acolha-as como parte da celebração.

Confeccione o que puder: coloque a mão na massa sempre que possível. Prepare seus incensos, asse o pão do ritual, confeccione alguns de seus instrumentos cerimoniais, use as ervas que você cultiva ou colhe. E faça tudo isso com uma atitude de respeito e reverência, reconhecendo a sacralidade de todos os materiais utilizados. Transforme-os para o seu uso ritual e deixe que a essência de cada um deles também atue sobre você. Lembre-se de que a palavra Bruxaria, *Witchcraft* em inglês, significa "a Arte dos Sábios", e que arte aqui tem o sentido do ofício do artesão. Produzir o que será usado no ritual, não apenas de maneira mecânica, mas como uma tarefa sagrada, liga-nos à alma da terra.

Devolva algo à natureza ao final: se você consagrar pão, vinho ou outro alimento para consumir em seu ritual, separe uma porção em oferenda em um recipiente para depositar mais tarde em um jardim ou aos pés de uma árvore. Lembre-se de diluir qualquer bebida alcoólica com água antes de colocá-la na terra. Se usou flores, grãos, ramos ou outros elementos naturais para a celebração, também poderá colocá-los de volta na terra. Devolver à natureza parte dos elementos usados em seu ritual fecha um ciclo: aquilo que foi produzido pela terra e transformado pelas mãos humanas pode retornar ao solo para alimentar a vida após ser abençoado pelos Deuses. Quando fazemos isso, liberamos a força do ritual para a terra e deixamos que ela siga seu curso natural, além de expressar a consciência de nossa conexão com as forças naturais e a reverência em receber suas dádivas.

~ Capítulo Três ~

A Alma do Lugar e os Espíritos da Natureza

> Salve, Natureza,
> Mãe de todas as coisas!
>
> – Plínio, o Velho

Os bruxos sempre se comunicaram com o espírito da terra. Eles eram aqueles que escutavam a voz do vento no farfalhar das folhas ou o sussurro das águas nos rios correndo em direção ao mar. Para que possamos resgatar a consciência da nossa íntima relação com a natureza, precisamos resgatar também a capacidade de estabelecer um elo de comunicação e inspiração entre nós próprios e as forças telúricas que são, ao mesmo tempo, antigas e primitivas, e também completamente presentes e relevantes para o momento.

Deuses Antigos e Modernos em uma Nova Espiritualidade da Terra

A principal função de um ritual Pagão para os povos que viviam em íntima relação com o ambiente era a de estabelecer e nutrir uma relação com essas forças essenciais para a vida, sem o auxílio das quais não seria possível sobreviver. Hoje, após dois mil anos de cristianismo, os Neopagãos têm a tendência de continuar a desenvolver uma relação com os Deuses Antigos que é muito psicológica e pouco prática, telúrica e concreta – espiritualidades que tem uma aparência Pagã no seu verniz superficial, mas que permanecem bastante judaico-cristãs em essência.

Abominamos a presença de anjos em nossos rituais e somos enfáticos ao dizer que Maria não pode ser uma representação divina da Deusa dos Deus Mil Nomes, mas quando a natureza se manifesta por meio de catástrofes, cataclismos, pestes ou qualquer outro aspecto destrutivo, rezamos para a Deusa ao tom de "livrai-nos de todo o mal" para que nos salve ao invés de compreendermos que esses são movimentos naturais do mundo, e não uma punição divina para educar os seres humanos por mau comportamento (como se a Deusa fosse uma coisa fora da natureza que escolhe criar um furacão, terremoto, erupção, tempestade ou doença com a função de punir ou educar a humanidade, considerada mais especial do que o resto do Universo). Isso é verdade não apenas naqueles ramos no Neopaganismo que tem uma influência maior de sistemas de magia cerimonial, mas também para todo o tipo de reconstrucionismo ou mesmo nas espiritualidades mais ecléticas centradas na Deusa.

As deidades da colheita, por exemplo, tornaram-se divindades associadas à prosperidade financeira e do prestígio social, às quais não pedimos o essencial para a sobrevivência em uma íntima relação com o que cresce da terra, mas suplicamos pelo modelo de sucesso imposto por uma motivação de lucro que, em sua raiz, destrói a própria Terra. Invocamos e tentamos atrair para nossos rituais a presença de diversas deidades associadas ao inverno, às doenças, ao envelhecimento e ao granizo, para que nos tragam "a cura da alma" – deidades essas que originalmente os povos Pagãos tentavam afastar, repelir ou apaziguar mediante elaborados rituais para que não trouxessem a destruição física e concreta. Nesses casos, é um terrível engano pensar que estamos, de alguma maneira, praticando qualquer coisa minimamente parecida com o que faziam esses povos antigos que chamamos de Pagãos. Nenhum deles precisava se sentar em uma roda para meditar sobre as dificuldades da vida com uma deidade do granizo – eles estavam ocupados demais tentando não morrer de frio!

Certamente, os tempos mudaram. Nossas necessidades e compreensão dos fenômenos do mundo são completamente diferentes dos povos Pagãos do passado, e as espiritualidades modernas devem, é claro, atender às necessidades de seus praticantes e se adequar ao seu tempo. Mas se pretendemos reivindicar para nós o termo "Pagão", devemos buscar reestabelecer uma relação com a terra de maneira concreta, e não apenas poética. Quantos Neopagãos que afirmam praticar uma espiritualidade baseada na terra sabem, de fato, quais são as árvores que crescem no bairro onde moram ou tem consciência da fauna com a qual dividem o espaço urbano? Se transformarmos o discurso de "espiritualidade da terra" em uma mera alegoria estética, será que merecemos, de fato, a nos chamarmos de Pagãos? Essa é uma pergunta que cedo ou tarde teremos que nos fazer.

A Deusa Tripla e seu consorte, o Deus de Chifres, são exemplos de maneiras orgânicas de uma espiritualidade da terra se desenvolver. Eles não são, ao contrário do que gostamos de pensar, deidades antigas, ou "as primeiras deidades dos povos europeus". Eles são Deuses modernos[3], novos, que emergem das necessidades do espírito de seu tempo e que se

---

3. Para saber mais sobre como a noção da Deusa e do Deus de Chifres da Wicca foi construída e moldada em tempos modernos, principalmente através de narrativas propagadas pela comunidade acadêmica dos séculos passados, recomendo os capítulos 2 e 3 da obra *The Triumph of the Moon*, de Ronald Hutton.

vestem com as imagens e representações das estatuetas pré-históricas ou das pinturas rupestres, porque a alma humana contemporânea precisa resgatar sua relação com o primitivo.

Encontramos os mitos da Deusa Tríplice e do Deus de Chifres nas explicações sobre o tempo em que os primeiros seres humanos dependiam da caça e da coleta, ou o desenvolvimento da agricultura, como se de fato estivéssemos cultuando aqueles mesmos Deuses, o que não é verdade! Todos esses são *metamitos*: mitos modernos (construídos principalmente por teorias arqueológicas, muitas vezes ultrapassadas e já descartadas) sobre as supostas práticas espirituais do passado. Todos os relatos sobre uma Deusa da pré-história e um Deus dos primeiros caçadores são alegorias modernas ou discursos construídos pelo pensamento acadêmico moderno, ou seja, são novos mitos que serviram de base para o surgimento de um novo movimento espiritual genuíno – pouco importa se são históricas ou arqueologicamente acurados (e na maioria das vezes não são).

Um exemplo clássico de metamito são as obras de Margaret Murray. Elas já foram amplamente aceitas na comunidade Pagã como metodologicamente falhas – isso não impediu que suas ideias tivessem um papel de incrível importância para moldar a Wicca, uma das religiões que mais cresce no Ocidente e que é praticada por milhões de pessoas ao redor do mundo. Mas, curiosamente, se por um lado todos criticam Murray, por outro ainda continuamos a contar inocentemente histórias sobre as estatuetas de adoração às Vênus primitivas ou das pinturas das cavernas como se fossem verdades escritas em pedra, na maioria das vezes sem qualquer conhecimento de que esse discurso nasceu no seio da academia, e não em um contexto propriamente religioso. Isso nos ensina que, quando o assunto é religião, o que importa não é a verdade histórica, mas a relevância e o poder que o símbolo ainda exerce sobre a humanidade. Assim, temos a Deusa Tripla e o Deus de Chifres, novas deidades que são comumente aceitas exatamente porque transmitem um ar de antiguidade, mas que na verdade atendem às necessidades da humanidade contemporânea em seus anseios espirituais por se perceber mais uma vez como parte da natureza. Suas histórias e imagens apelativas são capazes de resgatar nossas ligações primitivas com a terra.

Diferentemente dos povos antigos, nos quais dizemos basear nossas práticas Neopagãs, não mantemos uma relação direta com os ciclos das colheitas, a pecuária ou com os animais selvagens. Talvez simplesmente "imitar" o que os antigos faziam não tenha qualquer relevância para nós, que dependemos muito mais do wi-fi em nossos trabalhos do que do alimento que plantamos em nossas casas para garantir o nosso sustento. O que difere, portanto, dos povos antigos, é que nossa espiritualidade moderna não é uma prática organicamente construída que expressa a nossa relação crucial e interdependente com o ambiente que vivemos, mas principalmente uma construção intelectual, racional e romântica. Podemos ser Pagãos morando no vigésimo andar de um prédio no centro da cidade, com o nariz metido em livros sobre mitologia dos antigos povos europeus, mas incapazes de observar a flor que desabrocha neste mesmo instante na praça do outro lado da rua.

O Neopaganismo é um conjunto moderno de manifestações religiosas que ainda está tateando e dando seus primeiros passos em comparação com outras religiões milenares e muito bem estabelecidas ao redor do globo; nossas raízes ainda estão sendo lançadas sobre o solo do tempo. Se desejamos construir novas expressões religiosas que verdadeiramente tenham profundidade espiritual e sejam capazes de criar uma conexão genuína com a natureza à nossa volta, precisamos nos fazer todas essas perguntas incômodas. Em um tempo que assiste ao florescimento de tantos misticismos rasos que são essencialmente estéticos e comerciais, e não necessariamente profundos ou eficazes, precisamos nos atentar para que nossa religião não acabe se tornando apenas mais um produto de passatempo nos momentos de tédio no fim de semana, ou um mero produto a ser vendido; isso se esperamos que as novas espiritualidades Pagãs realmente prosperem.

O Espírito do Lugar

Uma das maneiras de praticar uma espiritualidade que seja verdadeiramente telúrica é aprendermos a nos abrir para a própria alma da terra na forma do espírito do lugar. Se toda a natureza é viva e tudo está repleto de alma – a alma do mundo –, então os lugares também possuem um espírito com o qual nós nos relacionamos, mesmo que não tenhamos a consciência disso.

É muito importante dizer que quando me refiro a nos comunicarmos com a essência divina de rios, árvores e pedras, isso não significa criar um diálogo com elas. Lembre-se de um dos valiosos conselhos dados no meu livro anterior, *Bruxaria Solitária*:

> Devemos ter cuidado para que a nossa prática mágica não nos faça ingressar em um mundo de fantasia e fuga da realidade. A arte mágica tem esse grande potencial, precisamos nos tornar vigilantes. Conectar-se à terra é abrir-se para a sua realidade, e não se fechar em nossas próprias fantasias.

Quando entramos em sintonia com os espíritos da natureza, essa "comunicação" se dá muito mais pelas sensações do que palavras racionais criadas pelo ser humano. É comum sentirmos um formigamento ou como se estivéssemos, de alguma maneira, envolvidos por sua energia. Poderemos nos sentir inspirados, ou mesmo enxergar com os olhos da mente situações ou cenas. Na maioria das vezes, você apenas saberá: uma ideia completa e estruturada vai invadir sua consciência.

Eu diria ainda que esse é um estado de consciência que aprendemos a desenvolver e mantemos o tempo todo. Enxergar a Terra como viva não deve ser uma "prática" simplesmente, mas uma maneira de nos relacionarmos com o mundo. Para isso, precisamos cultivar um estado de reverência e amor pela natureza.

Os antigos romanos personificaram a noção da alma de um determinado lugar na figura do Genius Loci, muitas vezes representado em posse de uma serpente, cornucópia ou pátera.

Muitas vezes esse tipo de "comunicação" se dá, justamente, abrindo-se para os sentidos físicos, mantendo uma atitude de respeito e reverência com o mundo natural e deixando que o nosso próprio corpo experimente a natureza. O objetivo é perceber a maneira natural do lugar se expressar, uma contemplação da sua essência, e não criar um diálogo como se ele fosse personificado. Diálogos são experiências humanas; ao buscar entrar em contato com o espírito do lugar, abra seus sentidos para percebê-lo pelo que realmente é, e permita-se senti-lo. A sensação da brisa sobre o nosso rosto, da água gelada de um rio em nossa pele ou o frescor da sombra de uma árvore podem tocar nosso próprio espírito de maneiras muitos significativas.

Então, em qualquer um dos exercícios a seguir, se começar a escutar um diálogo em sua mente como se essas forças da natureza fossem pessoas interagindo com você, fazendo perguntas, expressando senso de humor ou qualquer outro traço essencialmente humano, simplesmente pare! Sua mente está lhe sabotando. Tenha cuidado para não projetar os seus próprios pensamentos nestes exercícios. A melhor maneira de fazer isso é concentrar-se na *sensação*, e não na palavra racional.

Buscando um lugar na natureza

Para começar a desenvolver uma relação com a alma viva da Terra, será preciso encontrar um lugar acessível que você possa visitar com alguma frequência, e que seja o mais natural possível. Para muitos de nós, isso se dará em parques, praias, rios ou lagos de nossa cidade. Quando você tiver a oportunidade de se afastar dos centros urbanos e passar algum tempo em contato mais direto com uma natureza que tenha sofrido menos interferência humana, poderá também fazer lá esses exercícios, mas para os fins práticos que vai aprender aqui, será preciso ter um local que possa visitar semanalmente.

Nosso objetivo será aprender a sentir a corrente das forças naturais e começarmos a enxergar a natureza como povoada de espíritos e consciências sagradas que não *estão*, mas que *são*. A cada jornada até esse lugar na natureza, procure usar roupas leves, que permitam que você se movimente. Leve consigo algumas oferendas simples, como água, grãos da sua cozinha, uma fruta ou pedaço de pão. Você também pode levar seu Diário Mágico para anotar suas impressões ao fim de cada exploração.

Na antiga cultura Pagã romana, encontraremos a figura do Genius Loci, que significa exatamente o "espírito do lugar". Tratava-se de um ser inteligente responsável por guardar e proteger um determinado lugar – não apenas na natureza, mas também nas construções artificiais criadas por mãos humanas. Ele costumava ser representado como uma figura humana carregando uma *patera* (prato de oferendas) ou cornucópia.

O espírito do lugar não é, necessariamente, uma "presença espiritual", como um tipo de "entidade", mas o conjunto de características que a realidade física e concreta do ambiente comunica à realidade física e concreta do seu próprio corpo. Falar no espírito do lugar não é dizer que o lugar *tem* um espírito, como se ele fosse mal-assombrado ou protegido por um guardião, cuja realidade está separada dele próprio; reconhecer o espírito de um local é afirmar que cada lugar é, em sua literalidade física, uma expressão espiritual e divina em si mesma. Por isso, apesar de o termo "espírito do lugar" ser mais comum, eu particularmente prefiro a expressão "alma do lugar", que estará mais associada à própria imagem natural. Considere, por exemplo, uma paisagem de Mata Atlântica e outra do Cerrado – dois ecossistemas completamente diferentes. Naturalmente, aquilo que podemos chamar de "alma do Cerrado" nos transmitirá sensações e impressões que são muito diferentes da "alma da Mata Atlântica", pois essa alma é a própria expressão natural de tais paisagens.

O espírito ou alma do lugar não precisa ser visualizada com uma forma definida como faziam os romanos – na verdade, eu acredito que a maneira mais fácil de entrar em contato com essa essência é não a personalizar e não criar imagens sobre ela, mas enxergar as imagens que *já estão* ali. Não é uma atividade mediúnica ou sobrenatural – é, na verdade, supernatural.

Quantas vezes nós, desatentos, passamos pelos lugares e nem mesmo os observamos direito? Quantos de nós podemos descrever com algum nível de precisão um local que visitamos, seja ele um ambiente natural, como uma praia, ou uma construção humana, como um restaurante? Todos esses lugares tem uma atmosfera própria, uma essência vital. Esse é o espírito ou alma do lugar, seja ele uma mata selvagem ou o prédio de um banco. Para contemplá-lo, é preciso abrir-se para o ambiente da mesma maneira que faríamos diante de uma obra de arte, permitindo que sua expressão nos toque. A melhor maneira de percebê-lo é evitar entrar em imaginações de nossa própria mente e abrirmos nossa percepção sensorial para estar presente, de maneira respeitosa e serena, em um lugar, deixando que ele comunique a nós sua própria natureza. Para os ambientes que são construções e ocupações humanas, então a atividade típica desenvolvida ali será parte do que compõe a alma do lugar, que também permanecerá em harmonia com a força da terra presente, que é muito mais antiga.

Os exercícios a seguir foram idealizados para ambientes naturais, mesmo aqueles que são encontrados no meio das grandes cidades. Para praticá-los, escolha um parque, reserva, bosque, montanha, praia, rio ou qualquer outro lugar na natureza.

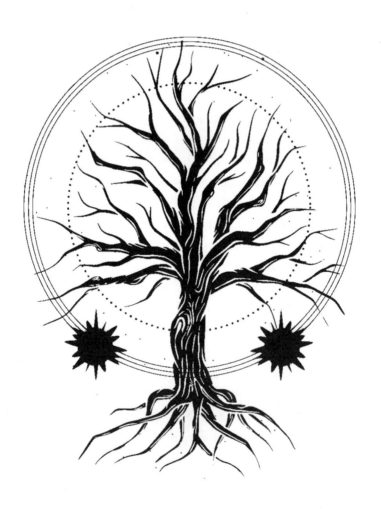

EXERCÍCIO 12
Harmonizando-se ao Espírito do Lugar

Ao chegar ao lugar escolhido, pare alguns instantes para fechar os olhos e respirar profundamente, sentindo o poder do lugar, harmonizando sua própria energia pessoal e abrindo-se energeticamente para as forças naturais que estão ali. Lembre-se: sensação, e não pensamento! O contato direto com o vento, a terra em nossos pés e os raios solares em nossa pele tem um poder revitalizante imediato, recarregando nossas energias e mudando quase que instantaneamente o nosso próprio padrão energético.

Tire alguns momentos para estabelecer essa conexão mágica e deixe que a infinita energia que flui da terra chegue até você. Use a sua respiração para se conectar a esse ambiente e agradeça por ele o acolher e o receber e, neste momento, afirme mentalmente a sua intenção de estabelecer uma relação mágica com as forças naturais que ali habitam.

Então abra os olhos e olhe à sua volta – deixe que a própria natureza mostre a você um lugar apropriado para fazer uma pequena oferenda de água fresca, mel, pão ou frutos. Você sentirá esse lugar o atraindo igual a um imã. Vá até ele e deposite ali uma pequena porção do que levou como oferenda. É muito importante que você ofereça algo que possa alimentar a terra, e que, de maneira nenhuma, seja agressiva às plantas ou animais que vivem ali. O que você quer é alimentar a terra, e não a matar! Então deposite no solo parte da sua oferenda, talvez aos pés de uma árvore ou em qualquer outro lugar onde se sinta chamado, cuidando para guardar uma porção do que você levou para fazer uma segunda oferenda ao terminar a sua prática. Faça isso com reverência e peça que os espíritos da terra recebam seu presente amistoso, peça para que eles abençoem a sua prática. Então mude a sua postura: ingresse nesse ambiente como você faria em um Círculo Mágico, com júbilo e reverência.

O Grimório da Magia Natural

Agora você está pronto para começar a explorar algumas práticas mágicas nesse lugar. É importante que mantenha esse espírito de respeito e abertura durante todas as atividades. Os exercícios podem ser feitos mesmo em lugares bastante movimentados, e não exigirão nenhum tipo de privacidade especial.

FAZENDO OFERENDAS NA NATUREZA	
APROPRIADAS *Nutrem o solo,* *plantas e animais*	• Água, leite ou suco natural • Bolos e pães • Farinha ou fubá • Frutas e grãos • Mel • Flores
NÃO APROPRIADAS *Agridem, destroem* *ou poluem*	• Bebidas alcoólicas não diluídas • Sal • Velas • Óleo • Produtos industrializados • Substâncias tóxicas para o solo ou animais

EXERCÍCIO 13
Sentindo as Forças Naturais

Este primeiro exercício é bastante simples: você fará uma contemplação ativa do ambiente natural que escolheu para a prática. Caminhe por ele lentamente e deixe que a própria natureza guie seus passos e sua atenção. Pare por alguns instantes sempre que sentir que deve e observe com cuidado o que há ao seu redor. Sinta as diferentes energias que existem neste ambiente e observe a vida que muitas vezes passa despercebida aos nossos olhos apressados: os insetos trabalhando, os diferentes tons nas cores das folhas de uma única árvore, a presença de pássaros ou outros pequenos animais. Seu único objetivo é sentir e explorar com os cinco sentidos: tato, visão, olfato, audição e, se tiver uma oportunidade segura, também o paladar (cuidado com frutos contaminados ou plantas tóxicas!). Deixe que os seus cinco sentidos tragam a você as impressões e as sensações desse ambiente e abra a sua intuição para sentir o movimento das energias ao seu redor.

EXERCÍCIO 14
Criando um Altar na Natureza

Este é um exercício que pode ser bastante divertido e instrutivo, que vai ajudar você a perceber com mais atenção o ambiente natural. O seu objetivo será encontrar quatro itens naturais desse lugar, um para representar cada elemento da natureza. Pedras, rochas, pétalas, flores, galhos, ramos, barro ou mesmo um pouco de água de uma fonte natural servirão. Não se prenda apenas às representações convencionais dos elementos – talvez na beira de um rio você encontre uma pedra rolada marcada pela ação da Água e que se mostre a você como um representante desse elemento, por exemplo. Ou quem sabe você não encontre uma flor de cada cor para representar cada um dos elementos? O objetivo do exercício é não se deixar conduzir apenas pela sua racionalidade, mas se abrir para que o ambiente mostre a você quatro itens que represente as forças elementais. Veja na tabela a seguir algumas sugestões.

Após recolher esses quatro itens, encontre um lugar onde possa se sentar e fazer uma pequena meditação. Descubra onde estão os quatro pontos cardeais e disponha os itens coletados em um pequeno altar à sua frente, posicionando o item que representa a Terra na direção Norte, Ar no Leste, Fogo no Sul e Água no Oeste. Ainda, se preferir, disponha esses quatro itens à sua volta, de modo que você fique sentado no centro deles.

Agora, feche os seus olhos e sinta os quatro elementos dentro de você: o Ar da sua respiração, o Fogo no calor do seu corpo, a Água em seus fluidos corporais e a Terra dos seus ossos e da sua carne. Sinta também os Elementos ao seu redor, manifestados em cada item que você recolheu, abra-se para as inspirações que podem vir até você neste momento de contemplação. Peça que haja equilíbrio dentro e fora de si. Peça que você possa perceber a Alma da Terra e deixe que essa união e consciência sejam uma bênção manifestada sobre você. Ao encerrar, faça também uma pequena bênção ao lugar, mentalmente ou em voz alta, e deixe ali os itens que você coletou.

REPRESENTAÇÕES NATURAIS DOS ELEMENTOS				
	AR (secundário)	FOGO (secundário)	ÁGUA (secundário)	TERRA (secundário)
AR (primário)	Penas	Fumaça	Materiais perfumados	Folhas jovens
FOGO (primário)	Pólen; pinhas e cones	Chama; raios; produtos de queimadas	Mel	Grãos e sementes
ÁGUA (primário)	Orvalho; água da chuva	Águas termais	Água doce natural	Água do mar; seiva e óleos
TERRA (primário)	Ramos de trepadeiras; ninhos	Areia; rochas vulcânicas; cinzas; folhas e cascas secas	Frutos e flores; seixos e conchas.	Solo; sal; cristais e rochas; Escamas, pele, pelo e ossos[4]

---

4. Obviamente, quando encontrados na própria natureza, e nunca retirados intencionalmente de um animal.

EXERCÍCIO 15
Comunicando-se com os Elementos

Continuando nossa exploração mágica de um lugar natural, agora é hora de buscar inspiração nos próprios elementos da natureza. O primeiro passo é escolher com qual dos elementos você quer meditar: Ar, Fogo, Água ou Terra? Então feche os seus olhos por um instante e procure sentir esse elemento dentro de você, no seu próprio corpo. No caso da Terra, concentre-se nos seus ossos e músculos; para o Ar, perceba a sua respiração; se for o Fogo, sinta o calor do corpo; ou se optar pela Água, ganhe consciência da sua saliva, sangue e fluidos corporais.

Após sentir esse elemento dentro de si, peça que ele ajude você a encontrar uma expressão externa dessa mesma força e então continue caminhando e explorando o lugar natural até achar um local onde a força daquele elemento em particular está concentrada: uma árvore antiga ou colina para a Terra, um lugar onde haja brisa para o Ar, um ponto de calor para o Fogo ou um pequeno lago para a Água, por exemplo.

Quando encontrar, coloque-se em uma posição confortável e, de olhos fechados ou abertos, contemple esse elemento e procure deixar que a sua consciência se misture à dele, como se você lentamente se transformasse nessa representação externa do elemento, estabelecendo uma conexão. Então, basta colocar-se em um estado de receptividade e abrir-se para qualquer inspiração que possa surgir.

Você também pode optar por fazer este exercício de maneira ativa quando estiver em um ambiente onde a força de um elemento está concentrada. Se for visitar uma caverna, por exemplo, poderá usar essa mesma técnica para se harmonizar com a Terra, ou se visitar uma cachoeira, use o exercício para se conectar com a força da Água.

Ao finalizar, faça um agradecimento silencioso à força do elemento e abençoe esse lugar.

A Terra Natal e o Lar dos Ancestrais

Os seres humanos que vieram antes de nós nasceram e se foram, mas as pedras, florestas, rios e paisagens naturais permanecem desde o princípio, mudando lentamente com a dança do tempo, ou sendo destruídas, contaminadas e dizimadas pela ação humana. São os espíritos da Terra e sua antiga força que estabelecem a conexão entre nós e os Antepassados, pois unem o passado e o presente em sua geografia, permitindo-nos sorver de sua sabedoria arcana para construirmos um futuro melhor. Quando partirmos, nós nos reuniremos às presenças primitivas e potências telúricas que continuarão a inspirar aqueles que viverem sobre o solo.

Existem diversas explicações e interpretações para a tão antiga prática de sepultar os mortos e enterrá-los em posição fetal. Muitos acreditam que essa é uma demonstração da crença no renascimento, afirmando que, ao devolver o corpo dos mortos para terra, estão plantando-os, como sementes, de volta ao útero da Grande Mãe. Há algo de muito belo e profundo se considerarmos a relação de nossos antepassados, em tempos pré-globalização, com a sua terra. Vamos nos voltar a ela por algum momento.

Hoje, com toda a tecnologia alcançada pelo ser humano, podemos nos deslocar pela superfície do globo com imensa facilidade, conhecendo diversos países e continentes, ou mesmo as diferentes regiões dentro de nossa própria nação, tão diversa em termos de flora, fauna e clima, que é capaz de congregar realidades naturais muito distintas.

Vivemos em uma era onde há um tráfego intenso não apenas entre regiões do Brasil, mas também entre diferentes países, e uma quantidade muito significativa das pessoas acaba se mudando para viver em uma terra muito distante do lugar de seu nascimento pelas mais diversas razões. Esse trânsito tão grande é muito recente em comparação com toda a história da humanidade, onde a grande maioria das pessoas estava destinada a permanecer no entorno de poucos quilômetros do lugar onde nasciam. Hoje, o mundo é nossa casa.

Para os povos primitivos, o lugar onde nasciam e viviam não era apenas um detalhe cultural que poderia ser modificado se assim desejassem, mas uma parte intrínseca de sua realidade, impossível de ser destacada e separada de sua cultura, religião e organização social – na verdade, tudo isso costumava ser uma coisa só. Para eles, aquilo que hoje nós chamamos de "espiritualidade" não era um mero capricho adotado como uma distração contra o tédio de suas vidas, mas uma expressão direta da relação entre os seres humanos e o entorno onde viviam – entorno esse que era repleto de forças e presenças, que hoje nós chamamos de "espíritos da natureza", como se de algum modo estivessem também "separados" dela, mas que eram percebidos, na verdade, como "consciências", "entes", ou até mesmo como "pessoas" não humanas.

Todos esses seres, juntamente da própria essência viva da terra, faziam parte não apenas da *crença* desses povos, mas também de sua própria compreensão de mundo, compondo uma delicada teia social que seria percebida como "sobrenatural" por nossa cegueira moderna que só é capaz de enxergar semelhantes, mas que era, para eles, completamente natural. Nessa complexa teia social, o ser humano era apenas mais um dos componentes, e não "a criatura especial" escolhida por um Deus para governar, dominar e destruir. Para nossos ancestrais, estabelecer e manter uma boa relação com as forças da natureza era essencial para assegurar a continuidade da vida humana.

Ser enterrado era, portanto, retornar a matéria do seu corpo à própria terra de onde ela saiu, que alimentou o corpo com seus frutos, que o viu crescer, que proporcionou suas experiências sociais e religiosas e que, agora, vai usar dessa mesma substância para dar sequência ao ciclo eterno da vida, morte e vida. Cada ser era uma expressão da vida da própria terra, diferenciando-se dela apenas temporariamente, para então se desmanchar mais uma vez em seu interior e viver de outras maneiras. Nesse sentido, não há grandes distinções entre a alma individual, a alma coletiva do povo e a própria alma da terra – são essencialmente expressões da mesma unicidade. Ainda hoje, esse

112 | O Grimório da Magia Natural

conhecimento instintivo se manifesta, mesmo que não tenhamos consciência dele, quando, após a cremação de um ente familiar, por exemplo, suas cinzas são devolvidas à terra natal daquela pessoa.

É por isso que tanto *a terra dos ancestrais* quanto *os ancestrais da terra* podem ocupar lugares importantes dentro de uma espiritualidade centrada na natureza. Para nós, que somos um povo tão miscigenado, talvez faça mais sentido falar em *as muitas terras dos ancestrais*, já que raramente podemos reivindicar uma ascendência única, mas congregamos em nosso sangue um pedaço de cada canto do mundo. Conhecer os lugares de origem de nossas famílias e as terras que sustentaram suas vidas pode ser uma experiência pessoal bastante poderosa. Muitos Bruxos gostam de ter em seu altar dos ancestrais um pouco de solo, uma pedra ou outro elemento natural que recolheram em uma visita a um desses lugares onde seus antepassadas viveram. Essa é uma maneira de resgatar nossas origens, nosso passado.

Já os *ancestrais da terra* nos ensinam a sacralizar o presente, o lugar onde hoje habitamos, mas que antes foi o local de morada não apenas de outros seres humanos, mas de fauna e flora que não estão mais aqui, mas cuja impressão mágica permanece e continua a se comunicar conosco. O próprio fato de nos relacionarmos com o ambiente de maneira sagrada, reconhecendo suas forças, é um jeito eficaz de criar uma relação com os ancestrais de determinado lugar.

Reconhecendo em nossas práticas tanto *a terra dos ancestrais* quanto *os ancestrais da terra*, celebramos o encontro entre esses diferentes tempos e lugares, trazendo-os ao presente – *além dos limites do tempo e do espaço*, fazemos magia, manifestamos o sagrado. Ao fazer isso, também estamos reverenciando diferentes partes de nossa própria alma: nossa bagagem cultural e familiar, que certamente é influenciada pelas experiências daqueles que viveram antes de nós em outras terras e que nos transmitiram essas impressões mágicas de outras regiões, quanto a própria terra que hoje nos acolhe e nos alimenta, nutrindo-nos e sustentando nossa vida. Cada ser humano encarna e expressa um encontro único entre tempos e lugares distintos.

A Alma de um Lugar Distante

Quando viajamos numa curta jornada até outra cidade ou mesmo a uma longa distância para outro estado ou país, estamos deixando a nossa própria terra e nos dirigindo a um lugar na natureza que tem suas próprias particularidades. Quanto mais você se afastar do seu lugar de origem, mais diferente será o clima, a vegetação, os animais e a própria topografia. Os exercícios anteriores são bastante interessantes de se fazer fora da sua cidade natal, para que você sinta como cada ecossistema possui características próprias e únicas. Você poderá sentir que a essência energética de uma área de Mata Atlântica é completamente diferente da força que emana numa região de Cerrado, por exemplo.

As estatuetas dos Lares, espíritos domésticos do Ancestrais no antigo Paganismo romano, eram colocadas à mesa durante as refeições, uma vez que tinham um importante papel na manutenção da coesão familiar.

Harmonizar-se com as energias de um novo ambiente é bastante importante e ajuda você a perceber melhor a própria alma do lugar. Buscar contato com as energias naturais de um local que você está visitando pela primeira vez pode ser uma experiência mágica muito interessante.

Antes de viajar, escolha algo da sua natureza local para levar como uma oferenda: pode ser um pouco de água que você coletou de uma fonte próxima, algumas folhas de uma árvore, flores que você mesmo tenha colhido, uma pequena porção de terra ou, em caso de viagens mais distantes, até mesmo uma moeda do seu próprio país. Ainda, se você confeccionar seus próprios incensos, poderá preparar uma pequena mistura com ervas que você mesmo tenha coletado na região onde mora e usá-la como uma oferenda aromática.

EXERCÍCIO 16
A Oferenda do Viajante

Ao chegar em seu destino, procure por um ambiente natural onde possa fazer uma pequena meditação. O local tradicional para fazer isso seria perto de uma estrada ou via de acesso à cidade, mas a prática pode ser feita em qualquer ambiente natural.

Coloque-se em uma posição confortável e então faça um exercício de ancoramento, visualizando que seus pés se transformam em raízes que se afundam no solo e penetram suas camadas mais profundas. Dessa maneira, estabeleça uma ligação energética com a terra e traga a energia para cima através das suas raízes, saudando as energias do lugar.

Então, mentalmente ou em voz alta, apresente-se aos espíritos da terra:

EU, (NOME), QUE VENHO DE (LUGAR),
SAÚDO OS ESPÍRITOS DESTE LUGAR.

Em seguida, faça a sua pequena oferenda, colocando em um lugar da natureza o elemento natural coletado por você em seu local de origem, como um presente às forças desse ambiente. Peça por sua proteção e suas bênçãos durante a sua estada. Então faça uma contemplação por alguns instantes, abrindo seus cinco sentidos para perceber a natureza. Se possível, caminhe em silêncio por alguns instantes, observe, ouça, sinta os aromas, toque. Deixe que seu corpo desperte e se comunique com o ambiente ao seu redor.

Antes de partir e retornar à sua casa, seria interessante refazer este exercício, agradecendo as forças do lugar por acolherem você, e pedindo para que o abençoem com um retorno seguro. Caso se sinta inspirado a fazê-lo, colete um pequeno elemento natural do local e leve-o de volta com você, depositando-o no mesmo lugar onde coletou sua primeira oferenda antes de viajar, fechando assim o ciclo.

EXERCÍCIO 17
Uma Libação para a Terra dos Ancestrais

Este é um pequeno rito para se conectar à alma do lugar quando você estiver viajando para uma região onde seus antepassados já viveram. A alma de um lugar não é formada simplesmente pelas paisagens naturais, mas também pelas expressões culturais características do povo que vive em contato com elas. Então você poderá considerar um lugar como "terra dos ancestrais" sempre que ela expressar uma atmosfera topográfica ou cultural que tenha uma relação direta com os seus antepassados, mesmo que eles não tenham, literalmente, vivido naquela porção de solo onde vai realizar a sua prática.

Então, por exemplo, se parte da sua família veio de outra cidade no seu país, qualquer lugar dela poderá ser um ponto de conexão com a noção de "terra dos ancestrais". Se caminhar mais no tempo e identificar um determinado país de onde parte da sua família veio, então, pela identidade cultural compartilhada, todo aquele país pode ser considerado como uma terra dos ancestrais, mesmo que em uma viagem você não tenha a oportunidade de visitar exatamente a cidade ou local específico onde eles viveram. O espírito cultural e a identidade nacional compartilhada sobre aquela terra já vão servir, de alguma maneira, para estabelecer essa conexão.

A estrutura dessa prática é muito parecida com o exercício anterior. Você vai precisar de um elemento que seja característico do seu lugar de origem, a terra atual onde a sua família ou você se estabeleceu para fazer uma conexão. Como aqui estamos falando de consciências familiares, ou seja, coletivas, talvez você queira utilizar algum elemento que tenha um valor compartilhado pelos outros membros da sua família – como um pouco de terra ou folhas coletadas no jardim da casa dos seus avós, um fruto ou ingrediente natural de uma receita típica familiar, ou qualquer outra coisa nesse sentido.

Comece com o exercício 13 para sentir as forças naturais do lugar e se harmonizar a elas, então prossiga com o exercício 14 para estabelecer um altar natural com as representações elementais que encontrar ali. Ou talvez você possa coletar essas quatro representações dos elementos em diferentes lugares que visitar durante a sua viagem, e então realizar essa libação quando tiver reunido todas elas.

Após localizar essas quatro representações e escolher um local onde não pode ser perturbado, tenha com você também a sua oferenda familiar. Disponha as quatro representações dos elementos formando um pequeno círculo à sua frente, cada uma na direção apropriada. Se estiver fazendo isso sobre o solo, diretamente, pode usar um galho ou pedra para desenhar a circunferência desse pequeno círculo no chão (que não precisa ser como um Círculo Mágico ao seu redor, mas uma pequena circunferência diante de si, como uma mandala). Reconheça por um momento a expressão dos poderes dos quatro elementos por meio desses itens regionais – um encontro entre a potência universal elemental e a alma desse lugar. Então diga:

EU, (NOME), QUE VENHO DE (LUGAR), SAÚDO A ALMA DESTE LUGAR, POIS TAMBÉM SOU SEU FILHO. TERRA SAGRADA SOBRE A QUAL VIVERAM MEUS ANTEPASSADOS, EM NOME DAQUELES QUE AQUI ESTIVERAM, EU A SAÚDO E REVERENCIO.

Se desejar, nesse momento nomeie as pessoas da sua família que viveram em relação com essa terra, ou ao menos um sobrenome que tenha relação com esse lugar. Deposite a sua oferenda familiar no centro desse círculo e continue:

EU TRAGO [NOMEIE O ITEM] DE [SUA CIDADE] COMO UMA OFERENDA AOS ESPÍRITOS DESSA TERRA. QUE POR INTERVENÇÃO DESSE ATO, SEJAM NUTRIDOS E ALIMENTADOS, DA MESMA MANEIRA COMO NUTRIRAM E ALIMENTARAM OS MEUS.

Nesse momento você deve fazer, dentro da circunferência dos elementos, uma libação de água, mel, suco natural ou outra substância (que pode ter sido adquirida no lugar onde você está, e não precisa ser da sua terra de origem). Enquanto faz isso, diga palavras espontâneas que expressem seus sentimentos e intenções para essa libação. Traga à sua mente as pessoas da sua família e peça que as bênçãos dessa terra cheguem também até elas e, a partir delas, a você.

Siga com uma contemplação, de olhos fechados ou abertos, entrando em conexão com as forças do lugar. Deixe que qualquer imagem, sentimento, sensação, ideia ou impressão chegue até você. Permita-se absorver as energias desse lugar. Faça um agradecimento espontâneo e encerre.

Os Mortos e a Sustentação da Vida Sobre a Terra

A Wicca é muitas vezes descrita como uma religião de fertilidade, e isso tem uma relação muito importante com os mortos, pois eles são aqueles que, após serem enterrados e devolvidos ao solo, presidem sobre o poder de fazer a vida germinar mais uma vez. São os mortos, habitando nas profundezas da terra, que possuem o poder de fazer emergir de seu lar a nova vida. Por isso os antigos buscavam não apenas a harmonia com as forças vivas da natureza, mas também com a presença dos ancestrais e antepassados que ainda permaneciam, de certa maneira, em relação com o seu povo, tanto de maneira mais intuitiva, dos sonhos, da sabedoria e da inspiração, quanto de maneira concreta, auxiliando as sementes a germinarem embaixo da terra.

A grande maioria de nós não vive em ambientes rurais e nem tem qualquer contato com a terra onde nosso alimento é produzido. Que vantagens, então, podemos encontrar no resgate dessa antiga memória do poder dos mortos sob a terra? Em primeiro lugar, ela nos torna parte da história da própria humanidade. Ao nos lembrarmos que são os mortos quem presidem sobre o alimento que mantém nossa vida, lembramos também que eles são nossa origem – não viemos de *lugar nenhum* e terminaremos *em qualquer lugar*; expressamos a continuidade das histórias, valores e poderes daqueles que viveram antes de nós.

Em segundo lugar, honrar a memória dos mortos nos coloca em contato com a nossa própria mortalidade e nos dá a consciência de que nós também um dia não estaremos mais aqui. A contemplação da finitude da vida como a conhecemos, e ao mesmo tempo a esperança do reencontro com aqueles que já se foram, ajuda-nos a dar sentido à própria existência. Da mesma maneira como os recursos da natureza não são eternos, nosso tempo também não é.

Desse modo, a nutrição que o contato e a reverência aos mortos nos proporcionam é muito mais que física, provocada pelo crescimento do cereal. É também espiritual, pois nos fornece sua sabedoria e a consciência de que devemos aproveitar a vida enquanto podemos. Ela é um presente, mas com prazo de validade. Cultivar nossa relação com os mortos nos lembra de que todos temos uma mensagem nesta vida para dar ao mundo, e faz com que possamos nos comprometer com nossa verdadeira vontade aqui e agora.

Conhecendo os Elementais

Na literatura esotérica clássica, são abundantes as descrições e registros sobre seres que chamamos popularmente e coletivamente como "elementais". Praticamente todas as culturas antigas que deram ênfase à prática mágica vão trazer diversos tipos de seres e criaturas com habilidades sobre-humanas. A universalidade desses relatos, mesmo entre povos que nunca tiveram contato entre si, realmente nos leva a considerar que existem muitas outras inteligências que povoam o mundo e o animam, com as quais compartilhamos este espaço.

No início deste capítulo, vimos que muitos dos antigos rituais e cerimônias daqueles que viviam em maior intimidade com o ambiente natural tinha como objetivo estabelecer uma relação positiva e frutífera com a alma do lugar e seus outros habitantes, todos percebidos como semelhantes dentro de sua dinâmica social. Mas ainda hoje há pouca informação sobre o tema e os elementais costumam ser compreendidos de maneira bastante romântica, conforme retratados em clássicos da Disney e outras animações infantis.

No discurso popular do senso comum, onde o antropocentrismo se mantém e continuamos nos percebendo como o centro do Universo, os elementais assumem uma função infantilizada na sua relação com os seres humanos. Vamos diretamente ao ponto: por que raios um elemental iria querer esconder as suas chaves? Tenho certeza que essa é uma acusação feita por alguém bastante distraído e que simplesmente não sabia onde colocava seus pertences. Continuar repetindo esse tipo de discurso é enfadonho e superficial, além de condicionar a existência de outras formas de inteligência a uma função única de irritar ou ajudar os seres humanos, mantendo uma visão de mundo na qual a humanidade ocupa o lugar mais elevado da criação. Vamos desfazer alguns desses mal-entendidos.

Representados de maneiras fantásticas, os elementais eram vistos como forças primitivas que habitam o espírito de cada elemento da natureza.

O que é um Elemental

Para que possamos compreender os elementais de acordo com as tradições de mistério ocidentais, precisamos dar um passo além em nossa compreensão dos quatro elementos.

Já falamos no capítulo dois que os quatro elementos não são simplesmente substâncias físicas, mas padrões energéticos específicos responsáveis por criar, manter e animar a realidade material. Foi Paracelso que nos disse que todo elemento tem, portanto, um caráter duplo: um substrato físico e visível, e outro sutil ou etéreo, invisível, que atua em outros níveis da realidade. Da mesma maneira como a manifestação física das forças elementais, o plano material é habitado por uma série de criaturas e inteligências, o mesmo é verdadeiro para o plano mais sutil onde suas energias operam, que é chamado de "plano das forças". São essas as inteligências que Paracelso chamou de elementais, dividindo-os em quatro classificações gerais: os gnomos da Terra, os silfos do Ar, as ondinas da Água e as salamandras do Fogo. As literaturas antigas, entretanto, nos dá listas muito mais abundantes, como sátiros, faunos, dríades, ninfas, etc.

O plano das forças, de maneira simplificada, corresponde àquele nível da realidade que está entre os planos físico e astral, onde as imagens astrais são animadas, preenchidas e potencializadas pelas substâncias elementais, recebendo densidade e, então, manifestando-se no plano material. Dentro do plano das forças (às vezes chamado de "plano etérico"), cada um dos quatro elementos constitui um tipo diferente de substância e, por isso, cada um possui o seu próprio reino elemental. A densidade diferente entre cada um deles impede que esses reinos se misturem (da mesma maneira que um peixe não consegue viver em cima de uma árvore), mas graças ao plano físico, que congrega as quatro potências elementais em seus aspectos mais densos, eles podem interagir.

Não somos capazes de perceber diretamente esses outros planos de existência, porque nossa percepção é limitada aos nossos cinco sentidos do corpo humano, e não porque elas estão "distantes" de nós. Na verdade, tudo está aqui, mas como só conseguimos enxergar cores ou escutar sons que estejam dentro de uma determinada faixa do espectro de frequência, por exemplo, chamamos essa realidade diretamente percebida por nós de "plano físico", e outros níveis de frequência desse espectro, que não percebemos diretamente, mas com os quais podemos interagir, de "plano astral", "plano das forças", etc. É por isso que não somos capazes de enxergar os reinos elementais, por exemplo. A literatura mágica clássica nos revela que havia determinadas ocasiões especiais em que esses seres se tornavam visíveis e podiam ser observados, mas esse não deve ser nosso "objetivo".

A grande diferença entre um ser humano (ou uma planta ou animal) e um elemental é que nós somos compostos por complexas combinações dos quatro elementos, ao passo que cada elemental é formado exclusivamente pela substância de um único elemento. Tendo sua existência confinada a um único substrato, o corpo dos elementais não sofre o atrito causado pelo encontro das forças elementais e, por isso, é muito mais duradouro. Porém, de acordo com Paracelso, eventualmente eles também morrem, e até mesmo podem adoecer. Após a morte de um elemental, entretanto, nenhuma consciência individual é preservada: ele apenas se desfaz na matéria-prima de seu elemento e deixa de existir, pois uma vez que ele não tem corpos sutis ligados a outros planos, como o ser humano, não há veículos que possam criar ou preservar um senso de identidade.

O ser humano possui um corpo sutil chamado de "corpo etérico", que existe na mesma camada da realidade que os elementais, o "plano das forças". Durante a vida, o corpo etérico constantemente é vitalizado pelas energias dos quatro elementos, mantendo a integridade e o funcionamento do corpo físico. É por isso que quando estamos em ambientes naturais, diretamente expostos às manifestações mais vívidas dos elementos, como praias, lagos, montanhas, florestas, cavernas e rios, nós nos sentimos vitalizados e "recarregados". Assim que ocorre a morte física, o corpo etérico se desfaz nos quatro reinos elementais, retornando sua substância sutil a cada um dos elementos e dando início ao processo de decomposição do corpo físico, o que leva ao desprendimento dos outros corpos sutis em diferentes camadas da realidade.

Mas afirmar que cada elemental é composto exclusivamente pela substância de um único elemento também é dizer que a ação daquele elemental estará restrita às possibilidades de manifestação da substância do qual é formado. Isso quer dizer que, oferecer uma maçã e pedir a um gnomo que gentilmente devolva as suas chaves é impossível, porque como um elemental da Terra, gnomos são incapazes de pensar. Eles apenas podem conhecer aqueles atributos que são típicos do seu elemento: a sensação, por exemplo. Da mesma maneira, os silfos do Ar são puro pensamento, imaginação e criatividade, as ondinas da Água pura emoção, fantasia e sonho, as salamandras pura paixão, agressividade e desejo. Tentar se comunicar com um elemental como se ele fosse dotado do mesmo tipo de consciência que os seres humanos é como desejar bom dia a uma cadeira e esperar que ela responda em voz alta. Definitivamente, esse não é seu modo de funcionar. De nada adianta pedirmos ao Fogo para que não queime as nossas mãos. Se o tocarmos, ele nos queimará. O mesmo se aplica aos elementais.

Isso fez com que certos caminhos de magia pensem que os seres humanos são mais "evoluídos" que os elementais, e por isso podem dominá-los, controlá-los ou escravizá-los. Como praticantes de uma espiritualidade da terra, nosso objetivo não é controlar a nada além de nós mesmos; estabelecemos com as forças da natureza uma relação de equilíbrio e irmandade. Considerar que o ser humano é mais "evoluído" que um elemental é injusto, pois está julgando a ambos por uma perspectiva humana, onde só nós podemos vencer.

Se por um lado é verdade que a consciência elemental é mais "rústica" e crua em comparação à humana, por outro lado os elementais são capazes de experimentar o elemento do qual são feitos de maneira muito mais pura e profunda do que nós jamais poderíamos fazer. Isso faz com que cada tipo de elemental experimente seu elemento de maneira muito mais verdadeira. Afirmar a superioridade humana sobre os elementais é como dizer que nós somos melhores que os pássaros. No entanto, apesar de todas as fantásticas e maravilhosas conquistas que o intelecto humano produziu, ainda não somos capazes de simplesmente abrir as asas e levantar voo. Cada ser se realiza ao máximo dentro das condições únicas que os formam e, neste sentido, existem aspectos da relação entre os elementais e os reinos dos elementos que jamais poderemos experimentar enquanto seres humanos.

Por isso, se esperamos travar contato com elementais, não adianta querermos nos comunicar com eles como faria uma criança cristã rezando ao papai do céu e esperando que ele atenda a seus desejos. A única maneira de fazer isso é despertando e aprimorando a nossa própria capacidade de sentirmos e nos comunicarmos com as forças elementais dentro de nós e, assim, estabelecer algum tipo de contato com esses seres. A maioria dos exercícios elementais deste livro tem como função desenvolver esses "músculos dos elementos" dentro de nós. Mas sempre que alguém me questiona sobre como estabelecer uma comunicação com elementais, eu os pergunto: "para quê?"; a que propósitos serve esse objetivo? Na maioria das vezes, não há boas respostas para essa pergunta.

Na verdade, nós já estabelecemos comunicação com os elementais de maneira involuntária o tempo todo, uma vez que coexistimos na mesma realidade. Apenas não temos consciência disso. O ritual é um ambiente especial onde as forças elementais podem ser concentradas e onde eles podem interagir, pois uma vez que sua ação é limitada ao seu próprio plano elemental, a única maneira de eles interagirem entre si é no plano mais denso da realidade, onde as forças elementais se misturam e coexistem pelo mundo material.

Uma das razões pela qual Bruxos sempre possuem em seus altares as manifestações físicas dos elementos – sal, água, a fumaça do incenso e o fogo do carvão ou da vela – é porque esses materiais oferecem o substrato material capaz de atrair e condensar as forças dos elementais e, assim, operamos em níveis mágicos da realidade mais próximos da manifestação. Como a maioria dos objetivos de nossos rituais estão relacionados a provocar algum tipo de mudança no mundo material, como facilitar uma cura, manifestar desejos ou afastar o que é indesejado, o uso dessas substâncias materiais facilita o processo mágico, pois não trabalhamos apenas nos planos interiores da imaginação criativa, mas também trazemos as energias mais densas da natureza para condensarem e manifestarem o que queremos de maneira sólida.

Os elementais naturalmente se concentram nas porções da realidade onde a força elemental da qual são constituídos é abundante: por isso as ondinas estão nos rios, os silfos na atmosfera, os gnomos em florestas, minas e cavernas e as salamandras dentro das fogueiras. Mas existem outras manifestações de potências elementais que também podem criar uma atmosfera apropriada para a proliferação de um determinado tipo de elemental, como temperamentos emocionais, por exemplo.

Um ambiente como uma biblioteca, onde se cultiva a concentração, o pensamento, o raciocínio e a lógica, tem naturalmente uma atmosfera etérea que condensa a potência do elemento Ar, permitindo, assim, a presença facilitada dos silfos – ou, talvez, por ser um lugar onde se cultiva o foco, o silêncio e o saber concreto, elementais da Terra também podem estar presentes. Um cemitério, onde as pessoas constantemente estão entristecidas, saudosas e nostálgicas vai concentrar naturalmente a presença de elementais da Água.

O que acontece é que isso acaba gerando um sistema de retro-alimentação: à medida que a energia do elemento é concentrada nesses ambientes, fazendo deles propícios para a existência de um determinado tipo de elemental, eles se proliferam ali. Isso vai reforçar a atuação do elemento em questão, potencializando essa atmosfera que, ao interagir com o nosso próprio corpo etérico, provoca em nós respostas automáticas associadas àquele padrão elemental. Quem nunca sentiu o peso sepulcral do silêncio ao entrar em uma caverna, ou uma súbita inspiração ao visitar um teatro?

Assim, compreendemos de que maneira os elementais vitalizam a alma de um lugar, seja por sua geografia, seja pelo tipo de atividade humana que se realiza ali. Compreender essa riqueza de forças e energias com as quais estamos em contato direto o tempo todo nos mostra que qualquer noção sobre individualidade é tola. A noção de que um mago deve ser capaz de "controlar a si mesmo pela força da vontade" é ingênua, pois a cada segundo interagimos com outras forças, às quais nem sempre temos consciência. Nossa percepção da realidade é limitada, assim como nossa atuação sobre ela também é. Não há controle de maneira absoluta. O melhor que podemos fazer é ganhar consciência de todos esses campos de relação entre diferentes tipos de inteligência e, aprendendo a interagir com elas, estabelecemos harmonia e nos movimentamos na direção de nossos objetivos.

Os Elementais e a personalidade humana

Para concluir o raciocínio sobre os seres elementais e seu papel na magia, é importante discuti-los não apenas como forças externas ao ser humano, mas também como princípios que estão em atuação em nossa própria personalidade, que também carrega as forças dos elementos.

O Mago Cerimonial que domina um espírito elemental ou "demônio" representa, na verdade, o domínio sobre as próprias forças caóticas interiores através da magia.

Muito famosas são as imagens medievais que mostram o Mago Cerimonial no interior de seu Círculo Mágico de proteção, onde não pode ser atingido por nenhum mal, enquanto conjura fora do Círculo, sobre o Triângulo de Evocação, um espírito elemental para que apareça do lado de fora para ser controlado e comandado por sua vontade, incapaz de ferir o Mago. No pensamento popular, essas cenas são interpretadas como um tipo de escravidão mágica, onde um espírito da natureza é conjurado e subjugado para obedecer ao Mago. Mas há uma pergunta importante de ser feita: que criatura elemental é essa que o Mago pretende controlar?

Sobre isso, voltemo-nos à obra de Éliphas Lévi, *Dogma e Ritual da Alta Magia*, que nos diz:

> Existem, portanto, realmente silfos, ondinas, gnomos e salamandras, uns errantes e tratando de encarnar, outros já encarnados e vivendo na Terra – estes são os homens viciosos e imperfeitos.

Nesse sentido, podemos entender que todos os nossos comportamentos viciosos e expressões mais densas das forças de cada elemento em nossa personalidade constituem, também, elementais (da mesma maneira que nossas qualidades e forças de caráter). Quando o Mago Cerimonial se vale do poder do ritual para conjurar e controlar essas criaturas, é para os próprios aspectos mais densos de sua personalidade que ele se dirige. A preguiça, a inércia, a teimosia e o conservadorismo, por exemplo, podem ser pensados como elementais da Terra em ação na nossa própria personalidade; a mitomania, fofoca, volatilidade e dispersão podem ser pensados como elementais do Ar; os desejos excessivos, paixões cegas, agressividade e vícios nas sensações de prazer são todos elementais do Fogo dentro de nós; e, finalmente, o ciúme, a negatividade, a melancolia, a dependência emocional e o medo podem ser compreendidos como elementais da Água que se expressam em nós.

Pense neles como um tipo de subpersonalidade que muitas vezes é forte o bastante para provocar em nós algum comportamento automático e repetitivo, do qual temos dificuldade de nos livrarmos e de contrariarmos. Pelo uso das técnicas de Magia Elemental, essas forças da personalidade podem ser conjuradas, externalizadas, contidas e subjugadas para que sejam transmutadas e refinadas.

Considere por alguns instantes quantas forças interiores agem contra você e o impedem, de alguma maneira, de realizar aquilo que realmente quer fazer – esses são os elementais interiores que precisam ser dominados e vencidos. Esse ato de subjugar os nossos próprios elementais interiores pode também ser compreendido como um processo de refinamento da energia elemental. À medida que equilibramos a força de cada elemento dentro de nós, esses padrões também são refinados e transmutados, deixando de ser percebidos como perigosos pela consciência e passando a obedecê-la, agindo não contra seus propósitos, mas a favor.

O Pentagrama é o instrumento simbólico capaz de auxiliar o magista nessa função – por isso o utilizamos tanto para banir quanto para invocar. Éliphas Lévi prossegue, dizendo que:

> O Pentagrama expressa a dominação do Espírito sobre os elementos, e é por meio desse signo que se acorrenta os silfos do Ar, as salamandras do Fogo, as ondinas da Água e os gnomos da Terra.
>
> Munido desse signo e disposto convenientemente, podes ver o infinito mediante essa faculdade, que é como o olho de tua alma, e te fazer servir por legiões de anjos e colunas de demônios.

Se fizermos uma releitura dessa passagem sem compreender os elementais como forças externas a serem subjugadas, mas aspectos de nossa própria personalidade, então saímos do campo da "escravidão mágica" para ingressar na "arte da alquimia interior", trabalho este que também está presente na Wicca, uma vez que ela é a "arte de moldar". De nada adianta querer controlar o espírito de tempestades, montanhas ou oceanos, se não somos capazes nem mesmo de lidar com nossas pequenas falhas de caráter em nosso dia a dia. Só poderemos aspirar a fazer esses grandes feitos mágicos do lado de fora, quando alcançarmos em nossa própria alma a grandeza elemental equivalente.

Enquanto nossas águas internas forem poluídas, não conseguiremos nos comunicar com as águas puras de um rio; enquanto nossos pensamentos forem dispersos, jamais nos relacionaremos com a força de um vendaval. Por isso, decidi omitir qualquer exercício ou operação ritual aqui para "comunicação" com elementais, uma vez que isso poderia subverter o objetivo deste tipo de trabalho, que é a transformação do ser, para transformar-se em um mero passatempo no intuito de saciar nossas mentes entediadas. Aqueles que se voltarem ao trabalho interior com os quatro elementos, vão aprender a fazer isso de maneira simples e eficaz.

~ Capítulo Quatro ~

O Corpo Selvagem da Bruxa

> Tudo o que existe está vivo.
> Tudo o que está vivo é a Deusa.
>
> – Starhawk

Afirmar que a natureza é sagrada também é reconhecer a nossa própria sacralidade. E ela começa no corpo. Em um caminho tão rico como a Wicca, onde nos debruçamos sobre o estudo de diversas mitologias pré-cristãs, conhecimentos esotéricos de diferentes tipos, materiais filosóficos e pesquisas históricas, pode ser muito fácil deixar-se levar pelo estudo racional e se esquecer que há, na Bruxaria, uma essência que é visceral. Há conhecimentos que só podem ser aprendidos pela experiência do corpo.

Costumamos nos referir à Bruxaria como uma prática. As pessoas não a "professam", mas, sim, a "praticam". Muitas pessoas definem a Wicca simplesmente como um caminho religioso de contato com os Deuses, mas, na verdade, ela é em sua essência algo que nós fazemos: lançamos um Círculo, convocamos os poderes dos elementos, celebramos os oito Sabbats, entoamos cânticos e palavras de poder, dançamos ao redor do altar, pulamos a fogueira nos dias sagrados, manipulamos as ervas, óleos e cristais, sentamos sob a Lua para meditar.

Neste sentido, a Wicca não é só uma crença filosófica ou religiosa, mas principalmente um ofício. Para nós, a prática vem antes da teologia, e nós nos definimos por aquilo que fazemos muito mais do que por aquilo em que acreditamos. Você vai encontrar diversos Wiccanianos com compreensões muito diferentes sobre a natureza dos Deuses, códigos de ética e muitos outros temas, mas ainda assim é a nossa prática, com todas as suas possíveis formas e variações, que criam nosso núcleo de identidade central e permitem que nos reconheçamos como membros de um mesmo caminho. A verdade é que na maioria do tempo é muito difícil falar sobre "a Wicca" como algo unificado; existem diferentes caminhos, Tradições e sistemas para se praticar e vivenciar a Wicca, todas elas bem diferentes entre si. É essa multiplicidade entre as muitas maneiras possíveis de se trilhar o caminho Wiccaniano que faz ele tão rico e significativo para o século 21.

Se a Arte é muito mais definida por sua prática, o corpo ocupa um lugar de destaque nesse sistema mágico e religioso porque, afinal, é com o corpo que executamos nossos rituais. Mesmo quando nos sentamos silenciosamente e fechamos os olhos para meditar, esta ainda é uma experiência essencialmente corporal – usamos técnicas de respiração, relaxamos os nossos músculos, concentramo-nos, formamos imagens. O próprio uso da mente é também um uso do corpo físico, e a imensa maioria de nossas técnicas mágicas envolve, antes de qualquer outra coisa, respirar e reconhecer a nossa presença no corpo – isso é chamado de centramento. Antes de nos elevarmos a outros mundos e buscarmos a conexão com os Deuses em diferentes níveis da realidade, estabelecemos fundações sólidas e seguras no aqui e agora. Isso é o que Bruxos chamam de ancoramento. Ao fim de nossas práticas, fazemos o que se chama de "aterramento", fechando as portas para os planos interiores e finalizando as práticas mágicas para que voltemos à vida cotidiana, agora transformada por nossa magia.

Centramento é o ato mágico de estabelecer uma conexão profunda com o seu próprio centro de consciência, reconhecendo as diferentes partes de você e focalizando-as através do seu corpo. É um encontro com a sua própria totalidade no momento presente.

Ancoramento significa estabelecer uma conexão entre o nosso próprio centro e a Terra, o mundo material, para que durante nossos trabalhos mágicos não usemos apenas de nossa própria energia, mas também das energias telúricas e naturais. Ancorar é lembrar que nosso trabalho começa e termina no plano material.

Aterramento é uma maneira de usar o ancoramento para devolver para terra todos os excessos de energia ao fim de nossa prática. Também significa encerrar a nossa conexão com outros planos de existência e níveis da realidade para retornar plenamente ao mundo físico. Quando concluímos práticas de alteração de consciência, como meditações, rituais, transes ou trabalhos oraculares, precisamos "trazer de volta" nossa conexão para o plano material.

O objetivo mágico e espiritual de um Bruxo não é transcender a realidade e escapar do plano material, mas acessar outros planos de energia para ativamente modificar essa realidade. Se por um lado reconhecemos que o plano físico é apenas uma das camadas da natureza e da realidade, é no próprio plano físico que operamos nossas mudanças e modificações. Partimos do físico e a ele retornamos. Enquanto outros caminhos espirituais visam uma pura ascensão do espírito, cada vez mais desligada do plano material e fixada em níveis mais sutis da realidade, os Bruxos fazem um caminho duplo: eles se elevam através das esferas, fazem sua magia, e então retornam, trazendo para a realidade manifestada todas essas forças. Bruxaria é um caminho da Terra, porque Bruxaria é um caminho de manifestação. E manifestação diz respeito ao corpo. A manifestação material não está longe ou afastada do espírito; é a expressão concreta do espírito.

O Corpo e o Espírito: Dois Extremos de um Espectro

É muito comum que em diversos caminhos religiosos e movimentos espirituais modernos escutemos a frase: "o corpo é um templo". Acredito que isso seja uma verdade parcial: o corpo não é apenas o templo, mas também o adorador, e em alguns casos, o próprio objeto de adoração.

Se perguntarmos à maioria dos Bruxos qual é o templo onde realizam suas práticas religiosas, prontamente obteremos a resposta de que é o Círculo Mágico. Sim, isso é verdade. Mas o Círculo Mágico não nos acompanha o tempo todo; ele é lançado para nossos rituais de Sabbat e Esbat para que possamos reverenciar os Deuses, provar do delicioso sabor do vinho, dançar, inalar as fragrâncias inebriantes do incenso e entoarmos os cânticos sagrados. A experiência do Círculo modifica o nosso corpo – e quando encerramos o ritual, saímos dele mais conscientes de nossa própria corporeidade. Durante os rituais, nós *estamos* no Círculo; mas durante toda a vida nós *somos* o corpo (não só ele, mas ele também).

Muitos caminhos religiosos que visam libertar o espírito da matéria, enxergando-os como realidades antagônicas, prontamente vão dizer que não somos um corpo, mas que temos um corpo meramente temporário, e que ele não reflete em nada quem somos verdadeiramente. Não vejo isso como verdade; a realidade do corpo não pode ser negada. É com ele que levantamos de nossas camas todas as manhãs, tomamos banho e nos alimentamos, trabalhamos, estudamos, conversamos, pensamos, produzimos, brigamos, abraçamos, sentimos prazer. É no corpo que experimentamos os sentimentos – o frio na barriga ao nos apaixonarmos, a tensão muscular da raiva, o aperto no peito da preocupação ou a saudade e a leveza da felicidade. É com o corpo que nossa própria mente trabalha e opera, fazendo sinapses e conexões com seus impulsos nervosos. A experiência do corpo é uma experiência de consciência.

É claro que não somos *apenas* um corpo. Muitos Bruxos optam por trabalhar com o sistema de chacras e corpos sutis, reconhecendo as diferentes partes que compõem a totalidade de si. Nosso Círculo Mágico, com seus quatro quadrantes, expressa isso de uma maneira tipicamente Wiccaniana: existimos simultaneamente nas realidades material, emocional, mental e espiritual. Dentro do Círculo, ganhamos consciência e trabalhamos com essas outras partes do nosso ser, não para nos separarmos do corpo, mas para integrarmos todas essas partes a ele. É o corpo que lança o Círculo, com seus gestos e palavras de poder, e convoca os sagrados poderes dos elementos, dos guardiões e dos Deuses Antigos.

Isso não significa que nós não acreditamos na sobrevivência do espírito após a morte, ou na continuidade da vida quando não estivermos mais encarnados, muito pelo contrário; só não nos preocupamos muito com isso. Bruxos vivem no momento presente, por isso sua religião, ao invés de celebrar fatos históricos, como fazem a maioria dos caminhos religiosos convencionais, opta por celebrar o que está acontecendo na natureza agora, neste instante. A Wicca nos convida a saborear todas as delícias do momento presente, ao mesmo tempo que nos ensina que tudo é transitório, temporário e passageiro. E agora, neste momento, estamos aqui, no plano físico. Vamos nos concentrar nele. Deixemos para aprender os mistérios da vida espiritual além do corpo quando o momento chegar, afinal, a maioria de nós nem dá conta apenas da existência no próprio corpo!

O Corpo Pagão na Cidade

Para aqueles que vivem em cidades grandes, a prática ritual em ambientes naturais é um verdadeiro desafio. Na maior parte do tempo, o mais próximo de um lugar natural que temos acesso e que nos permite estar em contato com a potência direta dos elementos são as praças, parques ou pequenas reservas no meio da metrópole. Caso você viva em uma cidade litorânea, tem o privilégio de acesso a outros tipos de ambiente natural, que também podem se tornar espaços de contemplação à natureza.

A verdade é que mesmo dentre as torres de concreto das grandes cidades, a natureza ainda está lá – nós é que muitas vezes não a percebemos. Um bom exercício é começar a ganhar consciência dos pequenos encontros com as forças naturais que você faz no dia a dia. Não precisamos entrar no meio de uma grande floresta, há quilômetros da civilização, para estar em contato com as forças da terra, e a Bruxaria Moderna certamente foi desenvolvida para o contexto urbano. Quando praticamos Bruxaria nas cidades, devolvemos a elas o sopro de vida do qual tantas vezes elas carecem.

É claro que, de um ponto de vista imanente, tudo é natureza – inclusive o concreto de nossas ruas, os elevadores dos prédios comerciais e o intenso tráfego dos carros. "Além da natureza, só há mais natureza". Mas o que acontece é que nos ambientes urbanos, a força dos elementos é encontrada em seu estado menos puro – estão contaminados, poluídos, degradados. O ar que respiramos não é nada saudável, as chuvas são ácidas, as águas de rios e córregos muitas vezes estão extremamente comprometidas, a terra que cresce nosso alimento é envenenada com agrotóxicos, os efeitos da radiação solar em decorrência da destruição da camada de ozônio são comprometedores. Se os elementos ao nosso redor estão adoecidos, e se são eles que formam e sustentam o nosso corpo, é fácil perceber que todos nós também adoecemos e nos distanciamos de nosso próprio potencial.

O ambiente natural, em contraste com o cenário urbano, tem a capacidade física de ampliar o nosso contato com expressões puras e saudáveis dos elementos da natureza, o que terá um efeito sobre nós, tanto físico quanto psíquico. Acredito que seja desnecessário explicar ou enfatizar este argumento: certamente você já sentiu o bem-estar proporcionado pelo contato direto com a natureza.

Todos os nossos rituais têm início com uma purificação, e todos os itens utilizados em práticas mágicas devem ser primeiro purificados antes de serem consagrados. Na verdade, a purificação é um aspecto central na imensa maioria das práticas religiosas ao redor do mundo.

> **Purificar** significa tornar puro, ou seja, livre de impurezas. Através de atos purificatórios, eliminamos tudo aquilo que não faz parte essencial de uma determinada substância – seja ela a água que vamos beber ou a que vamos utilizar para aspergir o Círculo Mágico. O trabalho interno de purificação da personalidade do Bruxo faz parte da essência do trabalho Wiccaniano, já que um dos significados da palavra Wicca é exatamente "moldar", "transformar". Mas de um ponto de vista imanente, de nada adianta termos mentes ou emoções puras se nossos corpos estiverem poluídos.

Não nos parece apropriado utilizar água contaminada para fazer oferendas e libações para os Deuses. Queremos oferecer a eles o melhor em nossos rituais, não é mesmo? Devemos ter a mesma preocupação com nós mesmos e as oferendas que realizamos ao nosso próprio corpo: a qualidade do ar que respiramos, do alimento que ingerimos, da água que bebemos, da luz solar a qual nos expomos. Na maioria das vezes, a vida corrida e agitada das grandes cidades faz com que essa seja a última de nossas preocupações – nossas refeições são as mais fáceis na correria do dia a dia, e quando temos tempo de lazer, geralmente os alimentos mais saborosos que desejamos consumir não são nada

saudáveis. E tudo bem – isso não é nenhum tipo de "pecado Pagão".
O que importa é desenvolver uma percepção clara de nossas ações
sobre nós mesmos e fazer nossas escolhas de um lugar de consciência,
e não de automatismo ou impulsividade inconsequente. Lembre-se:
radicalismos de todos os tipos, no geral, não são saudáveis, pois tendem
a deixar de contemplar algum aspecto da realidade.

Ninguém precisa se transformar em um neurótico alimentar e
viver comendo apenas aquilo que planta em seu jardim – a menos que
queira –, mas podemos, gentil e lentamente, ganharmos consciência
da importância do cuidado com nosso próprio corpo e nossa saúde
e, dentro de nossas próprias possibilidades, realizarmos pequenos
esforços de autocuidado, reconhecendo também nossos desejos,
prazeres e vontades. Talvez, para você, a importância de manter uma
vida saudável já seja parte do seu dia a dia, mas para muitos de nós, isso
será mais difícil do que realizar uma complexa prática ritual em latim,
por exemplo. Cada Bruxo tem seus próprios desafios no caminho da
busca pelo centro. O caminho é múltiplo, e não pode haver um único
método que sirva para todos.

VITALIZANDO O CORPO COM OS QUATRO ELEMENTOS

Muitas das nossas atividades do dia a dia podem se transformar em
momentos de contemplação e conexão com a energia dos elementos,
fazendo com que possamos percebê-los dentro e fora de nós o tempo
todo. Começar a ganhar consciência de como os elementos estão
presentes ao nosso redor é uma maneira de nos abrirmos para a prática
da Magia Natural com os elementos, afinal, antes de manipulá-los,
precisamos percebê-los.

A seguir você pode conferir uma tabela com maneiras de sentir a
força dos quatro elementos da natureza no dia a dia. Essas atividades
podem ser feitas sempre que sentir necessidade de se conectar mais
profundamente com as propriedades mágicas de um dos elementos:

NUTRINDO-SE DO PODER DOS ELEMENTOS	
Terra	Caminhar de pés descalços no solo Jardinagem Comer conscientemente Visitar uma caverna Visitar um cemitério Trabalhar com pedras, cristais e metais Manter contato com animais Atividades físicas de consciência corporal.
Ar	Praticar exercícios de respiração Visitar lugares altos Observar as nuvens e o voo dos pássaros Expor-se ao vento Tocar um instrumento musical Dançar; cantar; correr.
Fogo	Expor-se à luz do sol Acender uma fogueira Visitar um ambiente natural em época de seca Contemplar os relâmpagos durante uma tempestade Atividades físicas intensas Práticas sexuais.
Água	Visitar rios, nascentes, lagos, cachoeiras ou o mar Contemplar uma tempestade Molhar-se na chuva Banhar-se em fontes naturais Beber água pura conscientemente Nadar.

Quando estamos em ambientes naturais, com um grau reduzido de comprometimento na qualidade dos elementos, a energia vital é mais abundante. É por isso que nos sentimos vitalizados quando entramos em contato com a natureza, até mesmo em práticas simples, como permanecer descalço na grama em um dia ensolarado. Nossas roupas e sapatos mantêm o nosso corpo constantemente isolado da ação dos elementos do mundo – o que, no caso das cidades, é muito bom na verdade. Mas tudo isso reduz a qualidade de nossa própria vitalidade, pois estamos o tempo todo nos isolando das forças elementais.

EXERCÍCIO 18
Abluções – Purificando e Vitalizando com a Água

Práticas rituais de lavagem do corpo para purificação são chamadas coletivamente de "abluções". Em ambientes naturais, esta prática pode ser realizada pela submersão total do corpo em um rio, lago, cachoeira ou oceano. Iniciamos nossa vida envolvidos por uma bolsa de água no ventre de nossas mães. A água é um poderoso símbolo de purificação, porque representa o renascimento a partir das águas que primeiro envolveram nossos corpos. Ao realizar esta prática, faça isso de maneira consciente, percebendo a temperatura do seu corpo e da água, que tende a ser fria em fontes naturais. Perceba como o seu corpo reage a ela e como vai se adaptando à temperatura até se tornar confortável.

Abra sua percepção e permita-se sentir a água com todos os sentidos. Misture-se a ela e deixe que limpe não apenas o seu corpo, mas também a sua mente, suas emoções e seu campo energético. Faça isso com uma atitude de reverência.

Em nossas casas, podemos transformar nosso próprio banho diário em uma atividade de purificação. Se desejar, ele poderá ser preparado com ervas específicas que proporcionem relaxamento e renovação.

Realize esta prática em estado de relaxamento e procure aliviar qualquer tensão mental ou emocional que tenha com você. Permita que a Água lhe mostre aquilo que precisa fluir para fora e ser levado, o que deve deixar ir, e também o que deve ser renovado, purificado.

Se possível, imediatamente após essa purificação, beba um copo de água potável e pura para que os efeitos estejam também dentro de si.

BANHOS E A RESPOSTA ENERGÉTICA DO CORPO

Banhos frios são excelentes para purificar, despertar a consciência e entrar em um estado mais concentrado. É um banho que vai causar um choque e despertar uma resposta energética mais intensa do seu corpo. Também são excelentes para estimular a circulação, porque o sangue vai se mover mais rápido para tentar manter a temperatura do corpo estável. A temperatura ideal para um banho frio é algo levemente abaixo da temperatura ambiente, de modo que o choque térmico não seja tão intenso, mas ainda assim, efetivo. Evite esse tipo de banho se a sua temperatura corporal já estiver reduzida ou se você estiver doente.

Use banhos frios como um ato mágico sempre que você precisar despertar energia, vencer a inércia, aumentar a concentração e o estado de alerta e fazer purificações mais profundas. O banho frio vai despertar uma resposta dos elementos Fogo e Ar dentro de você.

Banhos quentes são famosos por seus efeitos opostos: eles acalmam e relaxam. Podem ajudar a eliminar a tensão após atividades cansativas ou estressantes e também são benéficos por purificar o sistema respiratório, desobstruindo nossa respiração. Podem induzir letargia. Evite banhos excessivamente quentes, pois eles podem trazer prejuízos à pele.

Use banhos quentes como um ato mágico sempre que precisar provocar estados de relaxamento mais profundo, como antes de meditações, rituais ou práticas oraculares. O banho quente vai despertar uma resposta dos elementos Água e Terra dentro de você.

EXERCÍCIO 19
Banho de Fogo – Purificando e Vitalizando com a Chama

O Sol tem a função natural de nos fornecer a energia ígnea do Fogo necessária para o nosso bem-estar. Expor-se periodicamente aos raios solares de maneira saudável é importante para promover a vitalidade do corpo. Nesse processo, a energia de nosso sistema é estimulada e renovada, promovendo uma limpeza sutil e natural de nosso campo energético.

Já a prática do banho de fogo envolve aspectos mais sutis da purificação e é feito, geralmente, utilizando a chama de uma vela ou uma lamparina. Em ambientes externos, ele pode ser praticado com uma fogueira ou com tochas, tomando todos os cuidados para evitar qualquer tipo de acidente. A ideia deste exercício é deixar que o calor das chamas do corpo entre em contato direto com nossa pele, literalmente "queimando" todos os miasmas energéticos nas partes mais sutis de nosso ser.

Ao passo que as purificações pela água têm um efeito direto e bastante objetivo sobre o nosso corpo físico, o banho de fogo pode ser feito em seguida como uma prática complementar para nos trazer consciência de aspectos mais interiores da purificação. A prática do banho de fogo vitaliza nossas mentes e oferece a energia polarizada necessária para que nosso sistema opere de maneira saudável.

Em ambientes internos, é possível praticar o banho de fogo acendendo uma chama em seu Caldeirão e dançando ao seu redor, como se dançasse com o próprio fogo, deixando que ele atue sobre você. Se optar por essa variação da prática, pode colocar determinadas ervas no fogo para potencializar seu efeito.

Se preferir uma purificação um pouco menos agitada para ambientes internos, faça o seguinte: em um pequeno prato ou recipiente raso (pode usar o seu Pentáculo, se tiver um), coloque uma vela branca de *réchaud*, se possível dentro de um pequeno suporte para evitar acidentes. Se desejar, coloque mais de uma vela, ocupando a maior parte possível da superfície do seu recipiente – tudo vai depender do quão desastrado você é. E pode também se quiser, decorar o entorno da vela com flores vermelhas ou outros materiais naturais que lembrem alguma associação com o fogo. O ambiente escuro e sem outras luzes oferece o contraste necessário para que a prática seja mais agradável.

Comece respirando de olhos fechados e ganhando consciência do seu corpo e do seu estado mental, energético e emocional. Firme o propósito de purificação em sua mente. Então, acenda a(s) vela(s) e eleve o recipiente com ambas as mãos acima da cabeça, em sinal de oferecimento. Traga o recipiente com a chama acima da sua cabeça e circule algumas vezes essa região, pedindo que o Fogo traga clareza mental e purifique sua mente. Depois disso, lentamente, vai descendo o recipiente pelo corpo, deixando-o a uma distância segura da sua própria pele, mas permitindo que a luz e o calor atuem diretamente sobre você tanto quanto possível. Banhe com a luz do fogo seu rosto. Se desejar, coloque uma mão de poder sobre a chama para que ela se aqueça e toque com ela sua face. Traga a chama em ambas as laterais da cabeça, na frente da garganta, e vá descendo pelo corpo, permitindo que a atividade se torne intuitiva. Perceba que partes do seu corpo precisam de menos ou mais ação da luz e calor do fogo.

Essa é uma prática muito bela para ser realizada em dupla ou mesmo em grupo, onde as pessoas tomam turnos: uma permanece imóvel para receber a purificação, enquanto a outra manipula o recipiente com a chama. Se feita em grupo, alguém pode recitar um texto sagrado sobre a ação do Fogo durante a atividade, ou o grupo pode entoar de maneira leve um cântico para induzir a um estado alterado de consciência; em práticas solitárias, você pode fazer, recitar ou entoar algo de sua preferência, enquanto eleva o recipiente no início da prática.

Ao receber a purificação pelo banho de fogo, permita-se entrar em estado contemplativo e deixe que o Fogo mostre a você o que precisa ser queimado, digerido ou iluminado.

Ao concluir o banho de fogo, eleve mais uma vez a chama acima da cabeça com ambas as mãos em oferecimento e agradecimento. Traga a chama diante do coração e contemple-a por alguns instantes, deixando que seu calor e luz o abençoem. Devolva o recipiente ao altar diante de você e deixe que a chama se apague naturalmente.

EXERCÍCIO 20
Ação dos Ventos – Purificando e Vitalizando com o Ar

Para essa prática, você vai precisar da boa vontade da natureza. Ela pode ser feita em dias em que o vento sopra mais intensamente, pois a prática consiste simplesmente da exposição ao ar em movimento. A melhor maneira de conseguir isso é em lugares altos, onde o vento sopra sem barreiras, ou em áreas amplas.

A prática é bem simples: fique naturalmente em uma posição confortável, em pé ou sentando, e deixe o vento agir sobre você, abrindo-se para perceber suas sensações. Pode, também, tentar identificar as propriedades elementais do vento soprando naquele momento:

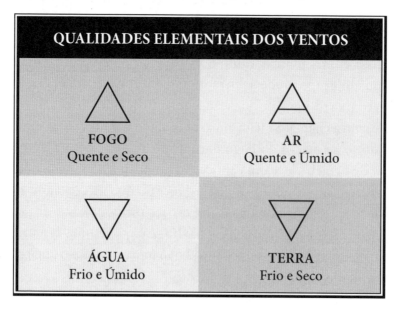

Caso queria praticar um tipo de purificação pelo elemento Ar e não tenha a presença significativa de vento, você pode fazer com seu ato de respirar um tipo de vento interno, usando o fluxo da sua própria respiração. Sente-se confortavelmente ou permaneça em pé e comece respirando lentamente pelas narinas. Ganhe consciência do ar que entra e sai, sua variação de temperatura e a maneira como seu corpo se expande e se esvazia enquanto você inspira e expira.

Ganhando consciência do corpo, procure sentir de que maneira o ar interage com a sua pele. Talvez haja uma brisa suave e gentil. Ou talvez repentinamente você sinta uma rajada de vento. Sinta sua temperatura e a umidade. À medida que inspira e expira, trazendo ar para dentro e para fora, traga-o para a intenção de purificar-se pelo poder do elemento Ar. Crie com a respiração o seguinte padrão:

- INSPIRAÇÃO: profunda em oito tempos, pelas narinas.
- RETENÇÃO: pulmões cheios por quatro tempos.
- EXPIRAÇÃO: profunda por quatro tempos, pelo fundo da garganta.

Mantenha em sua mente a intenção de purificação durante a prática. Encontre um ritmo confortável para esse padrão respiratório, colocando um pouco mais de força na sua exalação enquanto visualiza que expele tudo aquilo que precisa ser eliminado de dentro de você. Ao projetar o ar para fora pelo fundo da garganta, isso vai produzir naturalmente um som suave, como um "aaah" silencioso. O ar exalado será quente.

Também pode utilizar essa respiração para limpar os fundos dos pulmões. Para isso, contraia gentilmente o abdômen e, ao inspirar, projete o ar para a parte inferior dos pulmões. Se fizer isso corretamente, sentirá ele se preencher de baixo para cima, sem que a sua barriga se projete para frente. Uma leve expansão do peito acontece quando os pulmões estiverem quase completamente preenchidos. Como a expiração acontece na metade do tempo da inalação, você vai precisar inspirar com mais suavidade e expirar com mais intensidade para preencher e esvaziar os pulmões completamente. Não faça uma pausa entre expiração e inspiração – assim que esvaziar todo o ar, inale.

Faça isso por alguns ciclos de respiração. A cada exalação, relaxe os ombros para baixo e para trás, deixando o peito se expandir naturalmente. A prática prolongada vai produzir um efeito de relaxamento no corpo, ao mesmo tempo que um leve aquecimento e ativação energética vai ser produzido pela exalação ativa. Essa é uma boa prática de respiração antes de atividades que exijam concentração e foco.

Pratique no dia a dia ou em ambientes naturais para estabelecer uma relação com o elemento Ar.

EXERCÍCIO 21
Banho de Argila – Purificando e Vitalizando com a Terra

Esta prática vai fazer uma bela sujeira! Mas é excelente para aquelas pessoas que precisam intensificar a consciência do próprio corpo e sua presença nele. É uma técnica muito boa para todos aqueles que estão passando por momentos muito aéreos e precisam voltar para terra – e é isso que esse banho faz, literalmente. O banho de argila tem a capacidade de equilibrar os outros elementos em nós quando algum deles parece estar se sobressaindo.

Existem diversas argilas que podem ser adquiridas para essa prática, muitas delas utilizadas inclusive em tratamentos estéticos para a pele. Há também a opção mais simples (e menos divertida) que é o sabonete de argila.

O procedimento é bastante simples: você deverá acrescentar água lentamente à argila escolhida até obter uma textura de pasta, que deve ser espalhada pelo seu corpo após um banho de higiene comum, com a pele já limpa. Permaneça com a argila no corpo por mais ou menos quinze minutos, e então pode enxaguá-la.

A atividade pode ser facilmente personalizada como um ritual particular: use velas e incenso para criar o ambiente adequado onde você possa fazer disso uma contemplação com o elemento Terra. Você pode criar bênçãos e consagrações para a água e argila utilizadas, recitar uma invocação aos poderes do elemento Terra ou qualquer outra ação ritual que lhe pareça apropriada.

Enquanto a argila estiver em seu corpo, deite-se em um estado de relaxamento completo e foque sua atenção no corpo. Percorra-o, parte a parte, intensificando o relaxamento. Sinta o peso do corpo, deixe que qualquer nó ou tensão sejam eliminados. Faça desse um momento de contemplação ao corpo. Escute o que ele tem a lhe dizer e abra-se para a energia do elemento Terra.

Ao finalizar, use um hidratante na pele.

BUSCANDO O CORPO NÃO CIVILIZADO

Existe outro aspecto, menos físico e mais psicológico, que também está associado à busca por ambientes naturais. O cenário urbano é o contexto onde vivemos e reforçamos todos os dias nossos valores sociais – valores que, muitas vezes, estão em total desarmonia com a essência verdadeira de nosso ser. O processo civilizatório faz com que, naturalmente, controlemos nossos aspectos mais instintivos. Basta pensar em uma criança pequena que, ao ser educada, precisa aprender que há uma série de comportamentos que simplesmente não são adequados, além de passar por um difícil processo de adaptação social, aprendendo a lidar e controlar suas reações instintivas para se tornar "gente grande". Por um lado, isso é muito importante e extremamente necessário, a vida em comunidade seria impossível se não fosse dessa maneira.

Com isso, não quero dizer que todos devemos voltar a viver em cavernas. Se a humanidade não tivesse se submetido ao difícil processo civilizatório, talvez nossa espécie já teria sido extinta há milhares de anos e nenhuma das maravilhas humanas teria sido desenvolvida. Mas tudo aquilo que é exagerado se transforma em veneno para a alma. Deixar a cidade e buscar o ambiente natural também é psicologicamente sair por um momento das tensões de produtividade, competitividade, disputa e inimizade que se tornaram verdadeiros pilares de nossa cultura. Podemos diminuir o ritmo, relaxar e entrarmos em contato com outros aspectos do nosso ser, mais antigos e primitivos.

O contato com o ambiente não civilizado é muito desconfortável para muitas pessoas, em especial aquelas que aprenderam a viver baseadas apenas nas capacidades da mente. Nossas percepções corporais são atrofiadas em detrimento de nossas mentes rápidas e desenvolvidas. Se a Wicca é o caminho do equilíbrio e da integridade junto das forças naturais, precisamos aprender a despertar nossas percepções e memórias corporais; desenvolver o corpo deveria ser tão importante quanto treinar a mente, porque eles são *inseparáveis*, são essencialmente *a mesma coisa*.

> [...] e dançareis, cantareis, festejareis, fareis música e amor, tudo em meu louvor. Pois meu é o êxtase do espírito, e meu também é o prazer na terra.
>
> – Trecho da Carga da Deusa, retirada de
> *A Bíblia das Bruxas*, de Janet e Stewart Farrar

Nossos rituais são essencialmente festejos que se valem das experiências do corpo para manifestar o êxtase do espírito. Cantamos, dançamos, consagramos alimentos, sentimos o perfume dos incensos, contemplamos a beleza da Lua. Nós não fechamos simplesmente nossos olhos para contemplar realidades distantes; ao contrário disso, abrimos os nossos olhos, e então vemos os Deuses.

O processo civilizatório nos deu muitas bênçãos que são essenciais para nossa vida, mas os valores modernos nos quais nossas sociedades são baseadas estão em total desarmonia com nossos próprios ritmos corporais e os ritmos da Terra. Nossa organização social faz com que nos tornemos escravos de um sistema cujo último interesse é o nosso próprio bem-estar. Isso faz com que o corpo sofra diariamente com todas as expectativas sociais que são projetadas sobre ele, tanto por nós quanto pelas outras pessoas. Isso dá ao corpo pouco espaço para se expressar verdadeiramente. Para muitas pessoas, o corpo se torna um lugar de profunda ansiedade.

A Bruxaria Moderna surge como um grito de liberdade de nossos corpos e suas necessidades, desejos, ânsias e capacidades. Nossos corpos são vivos; eles devem ser respeitados e precisam se expressar em todo o seu potencial.

[...] E vós sereis libertos de toda escravidão; e como sinal de que sois realmente livres, estareis nus em vossos ritos.

– Trecho da Carga da Deusa, retirada de
A Bíblia das Bruxas, de Janet e Stewart Farrar

Os Wiccanianos mais tradicionais realizam todas as suas práticas mágicas em nudez ritual, aquilo que chamamos de "vestir-se de céu". Existem muitas razões para isso, e muitas vezes essa prática costuma ser explicada em termos psicológicos: despimo-nos de nossas vestes e, dessa maneira, também nos despimos das máscaras sociais que usamos no mundo, somos estimulados a entrar em contato com nosso próprio corpo, aprendendo no ambiente sagrado a nutrir uma relação positiva com ele e a percebê-lo como sagrado. Ganhamos consciência de que o corpo, vítima de tantos tabus sociais e padrões inatingíveis de perfeição, é apenas um corpo – ele é inocente, puro, no sentido mais genuíno da palavra, uma manifestação dos Deuses, o altar sagrado sobre o qual celebram-se seus mistérios.

Mas há também aspectos físicos que são importantes aqui: o corpo desnudo está exposto ao ambiente (a um ambiente *seguro*, sempre). Isso não simplesmente aumenta a nossa própria percepção dos efeitos das práticas sobre nosso próprio corpo, como permite que a fumaça do incenso, o calor das velas e a água gelada estejam em contato direto com ele, enquanto nossos pés descalços estão na terra. Para aqueles que têm o raro privilégio de dispor de um ambiente natural seguro o bastante para realizar suas práticas vestindo-se de céu, ainda terão o vento soprando sobre si e as estrelas e a Lua brilhando acima de suas cabeças.

À medida que o tempo passou, praticar Bruxaria vestido de céu tornou-se algo cada vez mais raro, apenas uma pequena parcela dos Bruxos ainda consegue manter essa prática. Certamente não há "uma maneira correta" de se praticar, e ninguém deverá se forçar a um estilo de prática com o qual está totalmente desconfortável, em especial quando isso envolve outras pessoas. Mas se neste livro estamos falando de Magia Natural, precisamos concordar que não há nada mais natural do que vestir-se de céu. Quando falamos da prática da Bruxaria em contextos urbanos, no conforto e na intimidade de nossa própria casa, vestir-se de céu é uma maneira de trazer o não civilizado para o ambiente ritual e reafirmar a sacralidade do corpo.

O Deus de Chifres e a Alma Selvagem

Wiccanianos cultuam um Deus cuja aparência mescla a imagem do homem e do animal. Às vezes ele é representado como um homem vestindo um capacete de chifres, em referência aos antigos caçadores, e outras vezes ele aparece como sendo metade homem e metade fera, com seus chifres e cascos. Ele ainda pode ser representado simplesmente em sua forma animal de cervo, touro ou bode, por exemplo. Diversos Deuses pré-cristãos são vistos como sua manifestação: Pan, Dionísio, Cernunnos, Herne, Dianus. Todos eles representam a intrínseca relação entre a humanidade e o mundo natural, como uma eterna recordação de nossa natureza mais básica e essencial: todos nós somos animais.

Cultuar o Deus de Chifres é uma maneira de nos conectarmos à nossa própria essência selvagem e animalesca. Ele é carne, osso e sangue. Os mitos modernos nos dizem que a origem de seu culto está nas sociedades dos homens caçadores do Paleolítico, que respondiam às suas necessidades fundamentais de alimentação e sobrevivência, vivendo em contato direto com os instintos mais primitivos de sua alma.

Não é de se espantar que sua imagem tenha se convertido na figura do diabo cristão por uma religião e sociedade tão obcecada em separar-se da realidade material e em demonizar todos os desejos do corpo. Se considerarmos os sete pecados capitais, mais da metade deles falam de experiências diretamente associadas ao plano material: gula, luxúria, preguiça, inveja e avareza; sobram a soberba e a ira. Isso cria no imaginário popular uma noção de que o corpo é o inimigo do espírito e, de acordo com as doutrinas dessas religiões, a fonte e a causa de nossa condenação ao sofrimento eterno após a morte. O Deus de Chifres, como um representante do corpo, tocando sua flauta e nos conduzindo no êxtase da dança, é a inconveniente verdade de que há uma parte de nós cuja natureza é indomesticável e que precisa se expressar de maneira positiva – quando isso não acontece, ela se manifesta da pior maneira possível, como a história já nos provou diversas vezes.

Tente imaginar por um momento a relação do ser humano primitivo com a natureza. Certamente isso deveria lhe causar uma reação de assombro e temor, como uma constante fonte de ameaça. Comparando o corpo do ser humano com os animais predadores, constatamos que estávamos relativamente desprotegidos e poderíamos nos tornar uma presa fácil. A noite trazia a escuridão, onde, identificar e perceber a aproximação de qualquer perigo, seria praticamente impossível. O frio dos meses de inverno era, genuinamente, um risco direto à vida.

O ser humano é uma criatura extremamente frágil em comparação com o restante da natureza, o que nos levou ao desenvolvimento da racionalidade e se tornou nossa marca registrada e nossa maior arma de sobrevivência. Temos a tendência negativa de às vezes chamar isso de "consciência", como se essa fosse uma condição exclusiva da humanidade, o que não é verdade. Todos os seres são conscientes, cada um à sua própria maneira. Mas essa consciência promoveu uma cisão. Perdemos uma parte de nosso ser.

O Deus de Chifres e de Cascos se levantou mais uma vez no século 21 para lembrar a humanidade de que ela também é animal, tão parte da natureza quanto qualquer outra coisa. Ao nos afastarmos dessa verdade, tornamo-nos adoecidos e clamamos pela cura e pela integração; a alma coletiva da humanidade clamou pelo remédio: e o som da flauta de Pan, dançando com seus cascos fendidos, voltou a ecoar, conduzindo nossos caminhos de volta à Deusa, à Grande Mãe. Precisamos dela. Mas também precisamos dele. É por meio da dança de integração dos opostos que podemos experimentar a totalidade.

EXERCÍCIO 22
Saudação ao Espírito Selvagem do Cornífero

Cruze os braços sobre o peito, o esquerdo sobre o direito, formando um X, com os punhos fechados repousando perto dos ombros, e abra as mãos no gesto de *Mano Cornuta*, elevando o indicador e o mindinho enquanto segura os dedos médio e anelar com o polegar. Nessa posição, entoe:

IO EVOÉ!
AGREUS! PHORBAS! SCOLITAS! LYTERIUS! LYSIUS! SABÁZIUS!
AGREUS! PHORBAS! SCOLITAS! LYTERIUS! LYSIUS! SABÁZIUS!
AGREUS! PHORBAS! SCOLITAS! LYTERIUS! LYSIUS! SABÁZIUS!

Com ambas as mãos ainda no gesto de *Mano Cornuta*, eleve o braço esquerdo para o céu, dizendo:

EKO EKO KERAUNIOS!

Mantenha o braço esquerdo estendido para o alto e leve a mão direita para baixo, estendendo o braço o tanto quando possível na lateral do corpo, e diga:

EKO EKO KHTHONIOS!

Cruze mais uma vez os braços em frente ao peito, e entoe:

IO EVOÉ!

Veja uma imagem do Deus Cornífero brilhando no centro do seu peito, no interior do seu coração, e reverberando seu poder por todo o seu corpo.

Capítulo Cinco

Feitiços e Rituais na Natureza

As obras da magia são, pois, obras da natureza,
a arte é instrumento da natureza.

– Marsílio Ficino

P raticar magia natural é mover-se de acordo com o ritmo da terra. Quando o assunto é magia, aprendemos que nossos propósitos devem estar alinhados às fases da Lua. Mas os movimentos lunares, solares ou mesmo planetários não são os únicos que podem nos mostrar os momentos adequados para a prática mágica: também podemos nos valer de determinados fenômenos da natureza ou de lugares especiais para realizar nossos ritos.

Neste capítulo, você vai encontrar alguns feitiços e rituais simples que podem ser feitos para aproveitar o poder de uma determinada corrente de força natural para seus propósitos mágicos. Como sempre, adapte o material que encontrar aqui à sua própria realidade, necessidades e estilo de prática.

O Círculo Mágico: Quando Lançar?

O Círculo Mágico é um espaço de adoração aos Deuses Antigos, o templo da Arte erigido como primeira etapa em todas as cerimônias Wiccanianas de Sabbat e Esbat. Agora, no que diz respeito à prática de Feitiçaria no dia a dia, ou mesmo para pequenas tarefas de contemplação e meditação, muitos Bruxos não sentem a necessidade de lançar um Círculo Mágico formal como fariam em uma cerimônia solar ou lunar. Já outros gostam de, ao menos reconhecer as quatro direções e estabelecer uma conexão pessoal com os Deuses Antigos. Ainda há aqueles que quando o assunto é feitiço, preferem fazer um ritual completo, inserindo a prática mágica dentro de sua cerimônia religiosa. Faça como achar melhor.

Normalmente se pensa assim: quanto mais simples e rápida for a prática, também mais simples e rápido pode ser o estabelecimento do Espaço Sagrado, e nem todas elas exigirão o Círculo. Em determinadas ocasiões, o simples fato de estar em um lugar da natureza que nos proporcione uma conexão especial com as forças da terra, já é o suficiente para nos inserir no espaço sagrado. E, se o objetivo não for a celebração de um Sabbat ou Esbat, muitos consideram que estar no ambiente natural já é, de alguma maneira, estar no lugar de adoração aos Deuses Antigos. Resumindo: não há uma regra; avalie o que fazer de acordo com suas próprias necessidades.

É preciso ter em mente que a Bruxaria Moderna foi pensada para o praticante que vive no contexto urbano e, dessa maneira, lançar um Círculo Mágico é também um modo de atrair, concentrar e ampliar as forças elementais em seu estado mais puro, uma vez que nas cidades os elementos encontram-se poluídos e degradados, como já vimos em capítulos anteriores. Fazer um ritual na natureza, ao ar livre, mesmo dentro de um Círculo Mágico, é bastante diferente, pois encontramos as forças dos elementos em seu estado mais bruto e puro.

Outra função do Círculo Mágico é elevar e concentrar o poder gerado em seu interior, mas quando fazemos magia com uma paisagem natural, isto é, valendo-nos das correntes de energia que estão em atuação ali e estabelecendo uma comunicação com a alma da terra, usamos muito pouco de nosso próprio poder e nos unimos às marés de força que já estão em movimento na natureza em seus próprios ritmos.

A seguir você vai encontrar algumas sugestões para o lançamento de um Círculo Mágico tanto em ambientes externos quanto internos, mais simples ou mais elaboradas, enfatizando suas energias naturais[5]. Experimente para descobrir seu estilo pessoal de prática, e sinta-se livre para criar suas próprias maneiras para estabelecer um Espaço Sagrado com base nessas informações.

ETIQUETA MÁGICA PARA RITUAIS NATURAIS

Quando lançamos um Círculo Mágico em nossas próprias casas ou ambientes similares, estamos operando "em nosso próprio território", por assim dizer. Agora, quando visitamos um ambiente natural e decidimos realizar um ritual ali, estaremos gerando, movimentando e utilizando energias em um espaço que tem seus próprios fluxos naturais, correntes de energia, espíritos e consciências que ali habitam. Da mesma maneira que mantemos algumas regras de boa convivência e educação quando visitamos a casa de alguém, quando praticamos magia ou fazemos rituais em lugares da natureza precisamos manter uma atitude e postura adequada.

Antes de começar a sua prática mágica, pode ser útil realizar alguns dos exercícios das lições anteriores para se harmonizar com as forças que ali estão. Isso pode ajudar você a identificar lugares de poder ou áreas que são mais apropriadas para uma prática mágica. Também é apropriado fazer uma pequena oferenda natural ao espírito do lugar e forças que ali habitam, abrindo sua consciência para perceber e

---

5. O passo a passo para as cerimônias Wiccanianas de Sabbat e Esbat de maneira mais formal, com o uso dos instrumentos mágicos, posturas e a entoação de palavras de poder já foi discutido extensamente no meu livro *Bruxaria Solitária*, publicado pela Editora Alfabeto.

reconhecer esses poderes (já discutimos no capítulo três os tipos de oferenda que são apropriados). Durante a sua visita, assegure-se de que causará o menor impacto possível para outras formas de vida – acredito que é totalmente desnecessário enfatizar a importância de não poluir ou deixar quaisquer resíduos que possam causar qualquer tipo de dano. Manter uma postura de respeito e reverência por todas as formas de vida que ali estão, mesmo aquelas que você não consegue perceber, é essencial durante todo o tempo.

Ao finalizar sua prática mágica, ou quando simplesmente for deixar aquele lugar, pode, da mesma maneira, fazer uma pequena oferenda, bênção ou prece de agradecimento. Entrar e sair de ambientes naturais com a atitude apropriada já é o suficiente para proporcionar a você uma experiência mágica, mesmo que não realize nenhum tipo de prática mais elaborada.

Estabelecendo um
Círculo Mágico na Natureza

Antes de lançar um Círculo é preciso determinar o espaço de seu perímetro. Em ambientes internos é mais fácil para fazer isso: podemos simplesmente lançar um Círculo cujas bordas toquem as paredes de um cômodo, por exemplo, e os quatro pontos cardeais podem ser marcados por velas, facilitando a percepção de sua circunferência. Outros, ainda, preferem marcar os limites do Círculo no chão fisicamente usando giz, flores, uma corda, pedras, velas adicionais ou qualquer outro item que o torne visível. Uma das razões para fazer isso é que, uma vez lançado, os limites do Círculo só podem ser atravessados de maneiras rituais para preservar a energia em seu interior, e caso seus limites não estejam claros, podemos acabar quebrando o Círculo por acidente.

O tamanho do Círculo não precisa ser tão grande: ele deve dar a você espaço o suficiente para se mover ao redor sem quebrar os seus limites. Quanto mais pessoas participando do ritual, naturalmente maior o Círculo precisa ser. Para a prática solitária o Círculo pode ser pequeno e discreto. Em ambientes externos onde pessoas alheias à prática poderão estar presentes, como parques ou lugares turísticos, criar um Círculo muito grande pode fazer com que outras pessoas cruzem seus limites, o que você não quer que aconteça – em algumas dessas ocasiões, talvez seja até melhor deixar o Círculo de lado e simplesmente fazer sua prática pessoal de maneira discreta.

Caso sinta que é preciso estabelecer o Círculo, há algumas opções que você pode adotar de acordo com suas possibilidades e preferências pessoais em ambientes naturais. Se estiver trabalhando diretamente sobre o solo, pode usar o seu Bastão, Athame ou mesmo um galho para riscar na terra uma circunferência – essa é uma maneira simples de tornar os limites do Círculo visíveis na areia de uma praia, por exemplo.

Se for desenhá-lo no chão, assegure-se que ele não terá a forma de um ovo, ou que pareça uma "ameba"; faça dele, realmente, uma forma circular. Para alcançar um formato perfeitamente redondo, você pode fincar um galho no solo, no ponto em que deseja que seja o centro do seu Círculo, e então atar um cordão ou fio ao redor dele. Estique esse cordão em qualquer direção até alcançar um tamanho que considere adequado para o raio de seu Círculo (metade do diâmetro), e então caminhe ao redor, marcando o chão, até voltar ao ponto inicial.

Outra opção é utilizar-se de materiais naturais para simplesmente marcar as quatro direções, ao invés de desenhar uma circunferência completa. Quatro pedras grandes, flores ou outros elementos naturais que você coletar ou levar consigo podem ser utilizados para esse propósito. Dependendo do tamanho do seu Círculo, disponibilidade, privacidade e, especialmente, segurança, uma pequena fogueira pode ser montada em cada um dos quatro quadrantes – essa é uma boa opção para os grandes festivais, mas pouco práticas para pequenos atos mágicos.

Para práticas mais simples, como uma contemplação ou um feitiço, uma opção rápida é simplesmente visualizar os limites do Círculo ao seu redor ou marcá-lo mentalmente de acordo com árvores ou outros elementos da paisagem que você saberá que não deve cruzar, e então lançá-lo energeticamente.

Uma vez que você tenha determinado os limites onde seu Círculo será lançado, agora é hora de estabelecê-lo energeticamente. Lembre-se das regras gerais para trabalho no Círculo Mágico:

Mover-se em sentido horário: essa é a direção em que a energia naturalmente flui no interior de um Círculo. Enquanto estiver dentro dele, lembre-se de manter sempre esse sentido de movimento.

Não cruzar seus limites: tenha ou não marcado os limites físicos do Círculo no chão, uma vez que lançá-lo, ele não deverá ser atravessado até que seja desfeito. Se precisar trazer algo ou alguém para dentro, ou sair temporariamente dele, será necessário criar uma porta. Falaremos sobre isso adiante.

Manter um estado interno de foco e harmonia: dentro do Círculo, estamos em um Espaço Sagrado e devemos agir dessa maneira, buscando despertar nossos sentidos internos ao mesmo tempo em que mantemos uma atitude adequada com o ambiente onde nossa prática acontece.

Ao lançar um Círculo, ele deverá ser desfeito ao fim da prática. Se optar por não o lançar (e a maioria das atividades deste capítulo dispensam completamente o uso do Círculo), finalize a prática com um agradecimento às forças do lugar e, sempre que possível, faça uma pequena oferenda.

Sobre o uso de ferro em rituais naturais

O Círculo Mágico pode ser estabelecido usando o seu Athame, Bastão, ou mesmo os dedos indicador e médio de sua mão de poder (aquela com a qual você escreve). Isso nos leva a outra polêmica da prática mágica.

Alguns Bruxos e praticantes de magia optam por não utilizar o Athame ou outros objetos de ferro quando realizam rituais em espaços externos na natureza, pois há uma crença de que ele seja um material agressivo, capaz de afastar os espíritos da terra. Historicamente, o

Athame foi usado pelos povos da Europa para repelir todos os tipos de "força sobrenatural" que achassem ruins: Fadas, Bruxas, Fantasmas, Elementais e outros. Essa superstição chega ao nosso tempo de muitas maneiras, e uma delas é a ferradura pendurada sobre a porta como um símbolo de boa sorte (na verdade, ela trazia "boa sorte" exatamente porque acreditava-se que tais seres não fossem capaz de atravessar a porta que tivesse uma ferradura de ferro sobre ela). Mas estava presente no pensamento antigo de muitas maneiras: pessoas que eram acusadas de Bruxaria, por exemplo, ou condenadas por serem "vampiros", eram pregadas em seus caixões para que não pudessem mais se levantar.

Mais uma vez, este é um exemplo de como uma noção supersticiosa pode se espalhar e ser repetida sem que ao menos saibamos suas origens ou nos demos ao trabalho de experimentar por nós mesmos e ver o que acontece. Quando o assunto é superstição, há certa tendência geral para se criarem determinados tabus que não podem ser explicados ou questionados.

Explicar todos os processos históricos que envolvem as ideias do ferro como um material negativo para o contato com as forças da natureza faria deste um longo e maçante capítulo, então deixarei o trabalho de pesquisa para aqueles que se interessarem pelo tema. De maneira resumida, o que vemos nessa superstição é a noção de que o novo pode superar o velho: quando as armas de ferro passaram a ser forjadas, elas se mostraram superiores às suas antecessoras, as armas de bronze, fazendo do ferro um símbolo da conquista e domínio sobre tudo o que é mais antigo ou "primitivo" – como o domínio do cristianismo sobre as religiões Pagãs, por exemplo.

O ferro nunca foi visto universalmente como um grande vilão no passado, e seu uso em práticas mágicas e cerimoniais de antigos povos Pagãos é abundante. As *Volvas* nórdicas, por exemplo, eram profetisas que usavam Bastões de metal em suas práticas. Sabemos que dentre os egípcios, entretanto, o ferro era considerado um metal de Seth, e por isso impuro para muitos usos religiosos.

Outros dizem que isso se dá porque as origens do ferro são estelares, então, apesar de ele ser coletado do interior da terra, é um produto das estrelas, fazendo com que seja agressivo para forças mais telúricas. Hoje sabemos que o ferro tem funções fundamentais na natureza, sendo essencial, inclusive, para a vida humana, pois desempenha um papel muito importante no transporte do oxigênio em nosso sangue, por exemplo. Sabemos que o ferro é um condutor natural de energia, o que faz dele um material presente em diversos instrumentos das Bruxas, como Athames, Espadas, Caldeirões e os pregos que calçam as estacas bifurcadas. E, em diferentes mitos, encontramos a figura mítica do Ferreiro associada à prática da Magia ou Bruxaria.

Mais uma vez, vemos que essa é uma acirrada disputa, com argumentos que parecem favorecer ambos os lados. Conheço pessoas que trabalham de ambas as maneiras e nenhum lado parece ter resultados melhores que o outro. Minha sugestão para você é: experimente e tire suas próprias conclusões, ao invés de simplesmente acreditar em qualquer tipo de "maneira certa" de se praticar. Para aqueles que não se sentirem confortáveis com o uso do ferro, o seu Bastão Mágico de madeira pode ser utilizado para cumprir a maior parte das funções do Athame em rituais ao ar livre.

Purificação

Todo ritual Wiccaniano começa com uma purificação pessoal e do ambiente. Ao fazer rituais em lugares da natureza, não há a necessidade de purificá-los, mas de harmonizar-se com as forças do ambiente.

A purificação pessoal pode ser feita com um exercício de respiração, visualizando que se projeta para fora tudo o que é incompatível e sorvendo a energia do lugar para dentro de si. O simples fato de permanecer descalço sobre o solo já é uma maneira de centrar e purificar suas energias pessoais.

Se houver água natural no ambiente, pode-se fazer a purificação pessoal lavando simbolicamente as mãos e o rosto com ela – ou mesmo fazer isso usando água limpa levada por você até lá. Se desejar, use o seguinte exercício para purificar-se com água:

EXERCÍCIO 23
Consagrando Água para Purificação

Você poderá simplesmente dizer estas palavras enquanto lava suas mãos, rosto ou outras partes do corpo em uma fonte natural de água. Outra opção é coletar um pouco de água limpa em um pote ou recipiente de material natural e então elevá-lo acima da cabeça com ambas as mãos e dizer:

ANTIGOS PODERES DA ÁGUA
QUE TESTEMUNHAM TODOS OS NASCIMENTOS.

ÁGUAS QUE LIMPAM E CURAM, ÁGUAS QUE NUTREM E RENOVAM,
ÁGUAS QUE LAVAM E LEVAM PARA LONGE TODAS AS IMPUREZAS.

COMO A CHUVA DELICADA QUE NUTRE O SOLO,
SEJAM FONTE DE VIDA, DE SABEDORIA, AMOR E COMPAIXÃO.

NÓS, QUE TAMBÉM SOMOS FILHOS DA ÁGUA,
PEDIMOS SUAS BÊNÇÃOS E A SAUDAMOS, DENTRO E FORA,
PARA QUE SUAS DÁDIVAS FLUAM ATRAVÉS DE NÓS.

QUE ASSIM SEJA!

Você então pode aspergir gotas da água sobre seu próprio corpo, tocando qualquer parte dele que sinta que precisa de purificação, ou simbolicamente lavar as mãos ou o rosto.

Se houver coletado um pouco da água em um recipiente, ao terminar a purificação devolva o restante da água à sua fonte natural ou jogue-a sobre a terra.

Depois de ter demarcado fisicamente o seu Círculo ou marcado os seus quadrantes nos quatro pontos cardeais, se optar por fazer isso antes de lançá-lo, é hora de construí-lo energeticamente. Você pode fazer isso com o seu Athame, o Bastão ou com os dedos indicador e médio da mão de poder (vou descrever a prática com o Athame, adapte como quiser). A seguir você vai encontrar algumas opções, menos ou mais cerimoniais, para estabelecer o Círculo da maneira que considerar mais apropriado.

ETAPAS PARA ESTABELECER UM CÍRCULO MÁGICO

Ancoramento: o praticante estabelece uma conexão com a terra e se preenche com sua energia, que será usada ao longo de toda a prática.

Lançar o Círculo: caminhe três vezes em sentido horário ao redor da circunferência, projetando-a com o Athame, Bastão ou a ponta dos dedos indicador e médio da mão dominante para formar o Círculo. O ato é finalizado com um Pentagrama de Invocação.

Convocar os Quadrantes: o poder das quatro direções e dos elementos da natureza é invocado ao redor do Círculo, indo em sentido horário, de Norte até Oeste.

Invocar os Deuses: a Deusa e o Deus são chamados para abençoar o espaço e participar da cerimônia. Fazemos isso voltados ao Quadrante Norte.

EXERCÍCIO 24
Ancorando-se nas Forças da Terra

Seja qual for a maneira de lançar o Círculo escolhida por você, a primeira etapa é a de estabelecer uma conexão com o ambiente e retirar dele a energia necessária para sua prática. Uma maneira simples para fazer isso é como segue:

Feche os olhos e comece a centrar-se, sentindo seus pés em contato com o solo e visualizando que eles se transformam em grandes raízes que entram no chão e se estabelecem em suas profundezas. Respirando, traga energia para cima por entre essas raízes e deixe que ela preencha todo o seu corpo até chegar ao topo da sua cabeça. Respire algumas vezes e sinta o fluxo energético fluindo naturalmente para cima, da terra para você, sem que precise fazer qualquer esforço. Essa conexão permanecerá durante a sua prática e vai ser essa a energia usada para lançar seu Círculo. Lentamente, desprenda-se da visualização, sabendo que a conexão estabelecida permanece.

Você pode adaptar essa técnica para o lugar onde está: perto do mar, por exemplo, pode sorver a energia das águas; em uma montanha ou caverna, o poder pode ser trazido das rochas, e assim por diante. Talvez haja uma árvore nos arredores que você sinta como especial e deseje tocá-la para trazer a energia através dela para o seu corpo. Ou talvez faça isso com uma grande pedra que esteja no solo e pareça cheia de vida e magia. Sempre que utilizar um elemento físico da paisagem para receber energia em sua prática, lembre-se de fazer uma pequena oferenda ao final, que pode ser tão simples quanto uma libação de água limpa ou uma bênção enviada com suas mãos.

EXERCÍCIO 25
Lançamento Formal de um Círculo na Natureza

Tome em mãos o seu Athame, o Bastão ou use as pontas dos dedos indicador e médio da mão dominante. Caminhe até o limite Norte da área que será consagrada como seu Círculo e aponte o Athame para baixo. Agora caminhe três vezes ao redor do perímetro em sentido horário, projetando a energia e visualizando que ela forma uma circunferência no chão abaixo de você, enquanto diz:

[1ª VOLTA] Ó CÍRCULO DA ARTE, EU TE CONJURO PELAS FORÇAS DA NATUREZA E EM NOME DOS VELHOS DEUSES.

[2ª VOLTA] Ó CÍRCULO DA ARTE, EU TE CONJURO PARA QUE SEJAS UM TEMPLO ESTABELECIDO ENTRE OS MUNDOS.

[3ª VOLTA] Ó CÍRCULO DA ARTE, EU TE CONJURO PARA QUE O PODER SEJA TRABALHADO SEGUNDO A MINHA VONTADE.

Agora, ao finalizar a terceira volta, desenhe com o Athame um Pentagrama de Invocação, dizendo:

QUE ASSIM SEJA!

PENTAGRAMA DE INVOCAÇÃO   PENTAGRAMA DE BANIMENTO

A próxima etapa é ir até cada um dos quatro quadrantes em sentido horário, a começar pelo Norte (onde você já vai estar ao terminar a terceira volta), e invocar os poderes dos Elementos. Para isso, faça um Pentagrama de Invocação diante do Quadrante e diga:

> Eu invoco os poderes do [Norte/Leste/Sul/Oeste],
> A morada do elemento [Terra/Ar/Fogo/Água]!
> Que suas bênçãos e magia estejam presentes neste Círculo.
> Sejam bem-vindos!

Após terminar a invocação do Oeste, caminhe mais uma vez até o Norte para completar o Círculo e dirija-se ao seu centro. Ali, de frente para o Norte, diga:

> Bela deusa da fertilidade,
> Senhora da terra e do luar,
> Poderoso deus do mundo selvagem,
> Sol ardente a brilhar.
>
> Abençoem e venham a este espaço,
> Preencham-no com teu amor.
>
> Envolvam-me em teu abraço,
> Gentil senhora e doce senhor.
>
> Sejam bem-vindos!

EXERCÍCIO 26
Encerramento Formal de um Círculo na Natureza

De frente para o Norte, eleve seus pensamentos aos Deuses Antigos em agradecimento, dizendo:

AMADA DEUSA DOS CAMPOS,
MÃE DA VIDA VERDEJANTE,
INDOMADO DEUS DA CAÇA,
PAI SELVAGEM E BRILHANTE,
AGRADEÇO POR VOSSA PRESENÇA,
VOSSO PODER E VOSSO AMOR.
CONCEDAM SEMPRE SUA BÊNÇÃO,
GENTIL SENHORA E DOCE SENHOR.

Caminhe mais uma vez em sentido horário por cada um dos quatro quadrantes, começando pelo Norte. Faça com o Athame um Pentagrama de Banimento, dizendo:

Ó ANTIGOS PODERES DO [NORTE/LESTE/SUL/OESTE],
A MORADA DO ELEMENTO [TERRA/AR/FOGO/ÁGUA].
AGRADEÇO POR VOSSA PRESENÇA E MAGIA NESTE CÍRCULO.
AO FIM DESTES RITOS SAGRADOS, PEÇO QUE LEVEM
CONSIGO MEU AMOR E REVERÊNCIA.
SIGAM EM PAZ!

Retorne ao Norte para completar o Círculo. Caminhe três vezes em sentido anti-horário, visualizando que a energia que foi projetada inicialmente para formar o Círculo é recolhida pela lâmina do Athame e retorne para terra a partir de seu corpo, dizendo:

Ó CÍRCULO DA ARTE, EU TE DESFAÇO PARA QUE RETORNE
AO SEU LOCAL DE ORIGEM, NO CORAÇÃO DO MISTÉRIO.
Ó CÍRCULO DA ARTE, EU TE DESFAÇO E QUE TODOS
OS EXCESSOS DE ENERGIA SEJAM LEVADOS POR TI.
Ó CÍRCULO DA ARTE, EU TE DESFAÇO
QUE ESTEJA ABERTO, MAS NUNCA ROMPIDO.
QUE ASSIM SEJA!

EXERCÍCIO 27
Lançamento Simplificado do Círculo

Esta é uma técnica mais simples, que pode ser feita apenas com as mãos. O Círculo será lançado ao seu redor e o ponto onde você se encontra será o centro.

Aponte o Athame, Bastão ou dedos indicador e médio para frente, na altura do peito, estendendo o braço diante de você, e projete a energia absorvida no centramento para fora, visualizando que ela chega até a distância que deseja estabelecer seu Círculo. Gire ao redor de si mesmo três vezes, formando a circunferência em torno de si e visualizando que a energia projetada forma os limites do seu Círculo.

Na primeira volta, quando apontar para cada uma das direções, diga o seguinte:

[NORTE] PELA TERRA, QUE É O CORPO DELA,
[LESTE] PELO AR, QUE É O SOPRO DELA,
[SUL] PELO FOGO, QUE É O ESPÍRITO DELA,
[OESTE] E PELAS ÁGUAS VIVAS DE SEU VENTRE SAGRADO.

Retorne ao Norte para terminar a primeira volta.
Ao circular a segunda vez, diga:

RAINHA DO CÉU, MAR, TERRA E MUNDO INFERIOR,
AMADA DEUSA, PREENCHA ESTE CÍRCULO COM BELEZA E AMOR.

Ao circular a terceira vez, diga:

DEUS SELVAGEM, BRILHANTE SOL, PODEROSO CAÇADOR,
TRAGA TUA FORÇA, MAGIA E ESPLENDOR.

Faça um Pentagrama de Invocação diante de você.
O Círculo está lançado, os elementos e Deuses Antigos convocados.

EXERCÍCIO 28
Encerramento Simplificado do Círculo

Circule três vezes como fez para lançar o Círculo, mas desta vez em sentido anti-horário, dizendo na primeira volta:

DEUS DE CHIFRES, RESPLANDECENTE,
NOSSO BRILHANTE E AMADO SENHOR,
ESTEJA NO MEU CORPO E MENTE
COM TUA FORÇA E TEU CALOR.

Na segunda volta:

GRANDE DEUSA DA BELEZA,
TERRA FÉRTIL E LUA BRILHANTE,
MÃE DE TODA NATUREZA,
VIDA SEMPRE EXUBERANTE.

Na terceira:

ELEMENTOS, EU AGRADEÇO,
TERRA E ÁGUA, FOGO E AR,
SEU PODER EU RECONHEÇO,
SEMPRE A ME ABENÇOAR.

Faça um Pentagrama de Banimento diante de você.

EXERCÍCIO 29
Um Círculo das Águas

Esse é um lançamento de Círculo que poderá ser utilizado quando você estiver trabalhando diante de uma fonte natural de água e desejar usá-la para criar seu Espaço Sagrado. Colete um pouco desta água em um recipiente de material natural, então caminhe três vezes ao redor do espaço onde deseja estabelecer o Círculo, usando as pontas dos dedos da sua mão dominante para aspergir a água, dizendo enquanto caminha:

NA AURORA DO TEMPO,
QUANDO A DEUSA DANÇOU SOBRE AS ÁGUAS,
OS RITMOS DE SEUS PÉS FIZERAM COM QUE ELAS SE MOVESSEM.

E AS ÁGUAS FLUÍRAM PELO MUNDO,
NUTRINDO OS FILHOS DA TERRA,
TORNANDO-SE A MORADA DOS PEIXES
E A BEBIDA DIVINA DE TODOS OS VIVOS.

OS RIOS SE ENCHERAM, AS ONDAS SE MOVERAM,
A CHUVA SE PRECIPITOU, E A CRIAÇÃO FOI LAVADA
E BANHADA PELA DÁDIVA DE SEU AMOR.

ÁGUA SAGRADA, ÚTERO DO MUNDO,
SANGUE DA TERRA REPLETO DE VIDA, COM TUA MAGIA,
CRIO UM CÍRCULO DE BELEZA EM HONRA
DA GRANDE MÃE E SEU CONSORTE AMADO.

ÁGUAS QUE MISTURAM E DISSOLVEM,
FAÇAM DE MIM UM COM A GRANDE MÃE.

ÁGUAS QUE SACIAM A SEDE, TRAGAM A CURA PROFUNDA.

ÁGUAS QUE CONCEDEM A VISÃO, DESPERTEM-ME.

QUE ESTE ESPAÇO SEJA ABENÇOADO,
QUE MEU CORPO SEJA CONSAGRADO
[ASPIRJA UM POUCO DA ÁGUA SOBRE SI],

E PELAS BÊNÇÃOS DA ÁGUA,
QUE POSSA A VIDA SEMPRE RENASCER.

Se terminar as três voltas antes de recitar todo o texto, simplesmente eleve o pote de água diante de si e visualize o Círculo formado ao seu redor enquanto continua. Deixe o pote de água sobre a terra ou o altar e prossiga com sua prática. Ao finalizar, basta verter a água sobre o solo e o Círculo estará aberto.

FEITIÇOS E PRÁTICAS MÁGICAS

As seguintes práticas poderão ser feitas nos locais indicados, ou mesmo em sua própria casa durante um fenômeno climático específico, como chuva e tempestade.

FOGO

EXERCÍCIO 30
Acendendo o Fogo dos Desejos

Essa é uma prática para ser feita em um dia de muito sol, idealmente perto do meio-dia. Você vai precisar de três velas brancas, vermelhas, amarelas ou alaranjadas. Pode deixá-las dentro de um suporte apropriado para o ar livre, de modo que não se apaguem, ou utilizar velas de *réchaud* em pequenos recipientes. Posicione as três velas formando um triângulo com uma ponta para cima, símbolo do fogo. Você poderá ligar as três velas, desenhando o triângulo com gravetos, paus ou pó de canela, flores amarelas ou alaranjadas ou qualquer outro item que represente o elemento Fogo.

Dentro do triângulo, coloque seu Caldeirão (se necessário, coloque-o sob um suporte resistente ao calor). Adicione um pouco de álcool de cereais em seu interior e acenda as três velas, dizendo:

FOGO QUE ARDE COM A POTÊNCIA DA VIDA.
FOGO QUE BRILHA COM TUDO O QUE É LIVRE.
FOGO QUE TRANSFORMA A TUDO O QUE TOCA.

Em seguida, acenda o fogo no interior do Caldeirão, dizendo:

ASSIM COMO ACIMA DE NÓS BRILHA O SOL RESPLANDECENTE,
ACENDEMOS SOBRE A TERRA O TEU FOGO INCANDESCENTE.

FERTILIZADOR, DOADOR DA VIDA, VIVIFICADOR,
IMPULSO DE CRIAÇÃO, AO SOM DE TUA FLAUTA,
TEUS FILHOS SEMPRE DANÇARÃO.

QUE SE MOVAM OS ELEMENTOS
E O MUNDO PARA REALIZAR MINHA VONTADE:
OS DESEJOS LANÇADOS NA CHAMA SE TORNARÃO REALIDADE.

Depois disso, esfregue bem as palmas das mãos, acelerando para produzir o máximo de calor possível e então segure entre elas um punhado de ervas solares secas (como alecrim, louro, camomila ou pétalas de girassol, por exemplo). Contemple em sua mente o desejo realizado e projete essa intenção junto ao calor de suas mãos para as ervas. Se desejar, respire profundamente para aquecer o sangue, então faça uma inspiração profunda, retenha o ar o máximo que puder e, lentamente, projete o ar pelo fundo da garganta sobre as ervas, magnetizando-as com um sopro quente. Então eleve as ervas brevemente diante das chamas e lance-as em seu interior. Se desejar, pode bradar, entoar ou simplesmente dizer uma palavra que represente a ativação do seu desejo.

Ainda mantendo a concentração na sua intenção realizada diante do fogo, traga com as mãos o calor dele para si, abençoando-se. Você pode, se assim desejar, entoar algum cântico do fogo enquanto circula ao redor do Caldeirão, direcionando para dentro dele o poder elevado, até que o fogo se apague.

EXERCÍCIO 31
Criando uma Chama Solar

Uma chama solar é o fogo produzido através do próprio calor do sol; isso pode ser feito em dias de luz abundante e calor intenso. Para isso, você vai precisar de um vidro côncavo, capaz de concentrar a luz solar, como uma lupa. Reúna folhas e gravetos secos e, se desejar, borrife algum material inflamável sobre eles para que o fogo possa pegar mais rapidamente. Usando o vidro ou lente, faça com que o sol seja refletido no material. Após alguns instantes, isso vai produzir fogo!

Este método pode ser usado para acender fogueiras mágicas para um ritual, ou você ainda pode "capturar" o fogo produzido com uma vela, acendendo-a nas chamas solares e levando-a para um ambiente interno. Essa vela, por sua vez, pode ser usada para acender outras velas que sejam parte de um ritual ou feitiço solar.

Tome cuidado ao fazer isso em lugares abertos ou cheios de vegetação – o fogo tem uma tendência a se espalhar rapidamente e sair do controle. Tenha água à mão para extinguir o fogo, se necessário, antes que ele cresça muito.

Preparando uma Fogueira Sagrada

Em rituais ao ar livre, em especial para práticas noturnas, uma fogueira pode se tornar o ponto focal do seu trabalho mágico. A Fogueira representa o próprio Sol aceso sobre a terra, e é um importante símbolo dos Sabbats Maiores, também chamados de Festivais do Fogo: Samhain, Imbolc, Beltane e Lammas. Em rituais realizados em épocas de primavera ou verão, a fogueira simboliza o poder fertilizador do Sol que é derramado sobre a terra; já nas épocas de outono ou inverno, representa nossa conexão com o espírito do sol e um chamado para que sua luz retorne ao mundo uma vez mais.

Rituais com fogueiras podem ser usados para reverenciar deidades solares ou ígneas, para queimar o que desejamos banir e eliminar da nossa vida, para potencializar desejos, para purificar ou simplesmente honrar os Deuses Antigos com uma boa festa, com canto e dança, onde oferendas como incenso ou ervas são lançadas no interior de suas chamas.

A fogueira pode servir como ponto focal em um ritual ao ar livre, substituindo a necessidade de um altar formal estabelecido.

Antes de Fazer a Fogueira: Preparação e Segurança

Se decidir preparar uma fogueira mágica para o seu ritual, a escolha do lugar adequado é de extrema importância para evitar que as chamas saiam do controle e você acabe provocando um incêndio – acredite, isso é mais fácil do que você imagina! Todo o tipo de precaução e cuidado não será demais ao trabalhar magicamente com o fogo.

É importante escolher uma área aberta para a sua fogueira há bons metros de distância das árvores ou outro tipo de vegetação. Se estiver em uma área de seca generalizada, o cuidado deve ser triplicado, porque a vegetação seca é o combustível perfeito para se provocar um desastre. Tenha ao menos um ou dois baldes de água à mão para conter as chamas caso algo comece a sair do controle. Você também pode usar uma base lisa, resistente e não inflamável para que a fogueira seja montada sobre ela, como uma pedra, por exemplo.

A terra batida é melhor para servir como suporte. Após escolher o lugar onde sua fogueira será montada, limpe o solo, removendo gravetos, folhas ou qualquer outro tipo de resíduo. A terra não deve estar molhada. Se possível, cave um buraco com ao menos dez centímetros de profundidade e largura suficiente para conter a estrutura da sua fogueira. Pedras poderão ser colocados do lado de fora, ao redor do buraco, para criar uma barreira física contra o fogo – todas essas são medidas de proteção para evitar que ele se alastre, e não são obrigatoriamente necessárias, caso esteja preparando a sua fogueira em um local seguro.

Também é importante observar o vento – ele poderá dificultar o acendimento da sua fogueira, ou mesmo impulsionar as suas chamas para árvores ou plantas próximas. Tenha isso em mente ao escolher o local e o tamanho da sua fogueira.

Materiais Necessários

Agora é hora de reunir os materiais que serão usados para compor a estrutura combustível da sua fogueira. Para isso, você vai precisar de materiais de diferentes densidades para que o fogo possa ser iniciado e mantido. Todos eles devem estar secos, caso não, serão resistentes ao calor do fogo e sua fogueira não acenderá. Evite também o uso de madeira podre ou material em decomposição.

COMPONENTES DA ESTRUTURA DA FOGUEIRA

Mecha: é o combustível mais básico que vai estar no interior da estrutura da fogueira, composto por folhas secas e gravetos finos. Isso é que vai produzir a primeira chama e acender os galhos maiores e a lenha. A mecha também pode ser formada com materiais como papel, folhas de jornal, palha ou papelão, por exemplo.

Acendalhas: galhos um pouco mais espessos, de até 3 cm de diâmetro. Eles vão compor a primeira parte da estrutura da sua fogueira, geralmente organizados em forma circular. É importante que haja espaço para que o oxigênio passe por entre esses gravetos, de modo a manter o fogo aceso.

Lenha: são as madeiras maiores e mais espessas que vão formar a última camada da sua fogueira. Empilhadas e organizadas ao redor da acendalha, de modo que seja a última camada a ser acesa pela fogueira. A lenha é responsável tanto por definir a forma e estrutura da fogueira quanto seus limites. Aqui também deve ser organizada de maneira a permitir que o oxigênio circule pela estrutura.

Combustível Adicional: mantenha mais lenha e gravetos de diferentes espessuras nas proximidades da fogueira para alimentá-la, se necessário, fazendo com que dure mais tempo.

Substância Inflamável: não é exatamente necessário, mas pode facilitar o trabalho. Álcool de cereais ou gel para acender churrasqueiras podem ser usados – apenas enquanto a fogueira estiver apagada! Uma vez acesa, não devem ser mais utilizados. Não os mantenha perto do fogo, pois podem causar graves acidentes.

Montando a estrutura da fogueira

Existem diferentes formatos e estruturas possíveis para se montar uma fogueira, e esta é apenas uma delas.

A Mecha – o combustível inicial: comece colocando a mecha em um monte no centro da área reservada para a fogueira, formando uma pequena pilha. Reserve uma parte deste material para ser adicionado depois que a estrutura das acendalhas estiver pronta.

O Cone de Acendalhas: reúna os gravetos das acendalhas e forme com eles um cone ao redor vertical da mecha, com os galhos apoiados uns nos outros, como uma oca ou pirâmide circular. Deixe-os levemente espaçados, de modo que não abafem o fogo, próximos o bastante para que possam transmitir a chama, fazendo com que toda a estrutura se acenda. Uma vez que a estrutura básica cônica com as acendalhas tenha sido formada, acrescente outros gravetos para ampliar o monte de acordo com o tamanho desejado para a sua fogueira. Preencha os espaços entre as acendalhas com mais mecha, tomando cuidado para não abafar o fogo.

Empilhe a Lenha: a lenha deverá ser organizada ao redor dessa estrutura. Uma boa maneira para se fazer isso é empilhando-a em uma estrutura transversal, de modo a compor algo parecido com um "jogo da velha": coloque duas lenhas paralelas, uma de cada lado da estrutura das acendalhas; sobre elas, posicione outras duas lenhas, agora de maneira transversal, formando um quadrado de dois andares. Continue empilhando a lenha dessa maneira até alcançar a altura desejada. É importante que essa pilha esteja segura e firme – você não quer lenhas acesas rolando por aí. Essa estrutura quadrada permite que o ar circule bem no interior da fogueira, podendo ser maior na base e mais estreita à medida que a sua fogueira se eleva, formando um tipo de pirâmide de quatro lados. Tenha em mente que quando mais alta for essa estrutura, mais alto também será o fogo.

Cada camada da estrutura da sua fogueira deve estar próxima o suficiente uma da outra para que o fogo possa ser transmitido, mas não perto o bastante para evitar que o ar circule, fazendo com que o fogo se apague.

Se a sua fogueira fizer parte de um ritual maior, então o ideal é prepará-la com antecedência, para que em sua cerimônia ela apenas precise ser acesa.

Acendendo a Fogueira

A lógica para o acendimento da fogueira é simples – a mecha é o combustível inicial que vai queimar mais rapidamente e fazer com que as acendalhas se acendam; elas, por sua vez, aumentam a intensidade do fogo e duram por mais tempo, fazendo com que as lenhas mais espessas sejam acesas.

Tudo o que você precisa fazer, então, é provocar a combustão da mecha. Isso pode ser feito com uma vela: acenda-a e coloque-a no interior da fogueira para que a queima tenha início. Se desejar, antes de acender qualquer fogo, coloque um pouco de álcool, óleo ou outro produto inflamável sobre as folhas, galhos e gravetos para facilitar o seu acendimento. Antes de lançar uma fagulha de fogo sobre a fogueira com uma vela ou fósforo, entretanto, leve o produto inflamável para bem longe. Se optar por usar um líquido inflamável, tome cuidado maior para acender o fogo, mantendo certa distância.

Uma vez que a primeira chama tenha sido produzida, pode ser necessário soprar ou abanar o fogo para fazer com que ele se espalhe pela fogueira. Quanto menor ela for, mais facilmente vai se acender. Se necessário, alimente o fogo inicial com gravetos secos para fazer com que o fogo cresça e se espalhe.

Consagrando o Fogo com Oferendas

Sua fogueira sagrada pode ser consagrada com ervas e madeiras especiais que serão lançadas em seu interior como oferendas ao espírito do fogo. Você pode preparar uma mistura de ervas secas solares, ou mesmo coletar determinadas árvores ou madeiras que tenham relação com a deidade invocada ou com o propósito da sua cerimônia.

Enquanto lança este material seco no interior das chamas como uma oferenda, saúde em voz alta o espírito do fogo e chame-o para que abençoe e proteja sua cerimônia. Diga em voz alta qual é o propósito da sua fogueira ritual e alimente-a com ervas que sejam compatíveis com esta intenção. Então, siga o seu ritual, como planejado.

Durante o rito, se necessário, alimente a fogueira com mais gravetos e lenha para mantê-la acesa.

Apagando sua Fogueira

É apropriado que, ao final da prática, você (e qualquer outra pessoa presente) faça novas oferendas de agradecimento ao fogo e às forças convocadas em sua cerimônia.

Se a sua fogueira não for muito grande, ela pode ser consumida durante toda a sua atividade ritual – basta parar de alimentar o fogo. Nunca deixe uma fogueira sem supervisão. O ideal é que uma fogueira ritual se apague naturalmente, quando toda a lenha for consumida. Caso o fogo não se apague quando você concluir sua prática e por motivos de segurança precisar extingui-lo, então use terra, areia ou pequenas quantidades de água.

Em casos de emergência em que o fogo começar a se alastrar para além dos limites da sua fogueira, grandes quantidades de água serão necessárias. Não jogue água apenas nas chamas, mas em todo o material seco inflamável – se o fogo estiver intenso o bastante, ele poderá resistir à água e voltar a se acender.

Quando a fogueira esfriar, então as cinzas podem ser recolhidas e guardadas por você para outras cerimônias e práticas rituais. Cinzas de fogueira sagrada guardam em si a memória do seu ritual e carregam a potência das deidades invocadas. Elas podem ser usadas para potencializar qualquer tipo de magia envolvendo o poder do fogo ou do sol, bem como são apropriadas para fazer sal negro ou salpicadas na porta de entrada e nas janelas da sua casa como proteção.

Água Doce e Salgada

Magia da Chuva

EXERCÍCIO 32
Um Banimento com a Chuva

Utilize este exercício sempre que desejar eliminar algo de sua própria vida ou romper padrões e ciclos repetitivos. Alguns minutos antes da chuva começar, utilize alfazema (ou alguma outra erva que achar pertinente, fina ou em pó) para fazer sobre a terra um pequeno símbolo que representa aquilo do que deseja se desfazer. Você pode criar um sigilo, por exemplo, ou mesmo fazer o símbolo da Água, um triângulo com a ponta para baixo.

Após formar o desenho sobre o chão (não precisa ser grande), projete para ele a imagem daquilo que deseja eliminar, colocando as palmas das mãos sobre o desenho e enviando sua intenção. Então comece a entoar repetidamente para elevar o poder:

CHUVA LAVANDO, ÁGUA QUE CAI,
AS ERVAS LEVANDO, A FORMA SE VAI.

Enquanto entoa, deixe que a imagem formada em sua mente comece a se dissolver. Você pode visualizar que a chuva cai sobre a cena e a desmancha, ou que as águas fortes de um rio fluem sobre ela e fazem com que se desfaça. Mantendo a visualização e deixando o cântico crescer gentilmente, você vai perceber que ele chegará a um pico. Quando isso acontecer, pressione gentilmente as mãos sobre o símbolo feito com as ervas e deixe-o ali, para que a chuva as carregue para longe.

EXERCÍCIO 33
Potencializando com a Chuva

Esta é uma prática que tem o mesmo funcionamento do exercício anterior, mas ao invés de utilizarmos a água da chuva para lavar e levar embora, ela vai servir para ativar nossas intenções e potencializá-las. Para isso, trace um símbolo que representa o seu desejo sobre o solo utilizando seu Bastão Mágico, ou um galho comum, e utilize o seguinte encantamento para carregá-lo de poder:

CHUVA CAINDO PARA O SOLO ALIMENTAR,
O SIGILO NUTRINDO PARA SE MANIFESTAR.

Enquanto repete algumas vezes com as mãos sobre o símbolo no solo, projete o poder para ele e visualize-o brilhando intensamente. Deixe que a chuva caia sobre ele e saiba que dessa maneira ela vai ativar seu desejo.

EXERCÍCIO 34
Purificando com a Chuva

Este é um rito para trazer purificação a um lugar, pessoa ou situação, e deve ser feito durante a chuva, em um espaço interno. Encha seu Caldeirão ou algum outro recipiente de material natural com água e acrescente algumas gotas da chuva que está caindo no momento.

Com uma flor, ramo verde, maço de ervas ou as próprias mãos, aspirja a água naquilo que deseja purificar: pelos cômodos da casa, sobre o corpo ou em um objeto que represente a situação ou pessoa para quem o rito de purificação se destina. Enquanto asperge, entoe repetidas vezes:

CHUVA, RIO, MANANCIAL,
LAVA, LIMPA E LEVA O MAL.

O restante da água deve ser colocado na terra quando a chuva passar.

Magia dos Rios, Lagos e Fontes

EXERCÍCIO 35
Banindo com as Águas de um Rio

Nas margens de uma fonte de água corrente, colete uma folha verde de uma árvore. Segurando-a em suas mãos, projete para ela o que quer que deseja banir: um problema, um pensamento repetitivo, um obstáculo, uma situação. Sinta o incômodo que isso provoca a você e informe à folha em suas mãos, pedindo que ela possa levar tudo para longe.

Então, deposite a folha dentro da água corrente, mas continue segurando-a firme; liberando-a somente após dizer o encantamento:

FOLHA TÃO LEVE, ÁGUA CORRENTE,
AFASTE DO CORPO, AFASTE DA MENTE.

Deixe a folha ser carregada pela água e saiba que, dessa maneira, aquilo que você não quer mais também se vai.

EXERCÍCIO 36
Bênção das Águas Naturais

Esta prática pode ser realizada em qualquer fonte de água doce natural, e tudo o que você precisa é do seu cálice ritual ou outro recipiente. Colete um pouco da água e eleve-a em frente ao coração por alguns instantes. Traga-a perto dos lábios e sussurre seu nome sobre ela. Diga:

SAÚDO E REVERENCIO A ANTIGA MEMÓRIA DAS ÁGUAS.
ÁGUAS QUE FORAM CHUVA, RIO E NASCENTE.

ÁGUAS QUE MATARAM A SEDE E FORAM PLANTA E ANIMAL.
ÁGUAS QUE FORAM SANGUE, SUOR E SALIVA.

ÁGUAS DOS VENTRES, QUE FLUEM A CADA NASCIMENTO,
ÁGUAS DOS FRUTOS QUE SÃO ALIMENTO.

SAÚDO E REVERENCIO A ÁGUA, QUE AO FLUIR ETERNAMENTE
SOBRE A TERRA TESTEMUNHA O FLUIR DE TODA VIDA.

POIS TODOS OS MOMENTOS IMPORTANTES SÃO MARCADOS
PELA PRESENÇA DA ÁGUA, QUE É CURA, SONHO E EMOÇÃO.

VOCÊS QUE CARREGAM AS ESPERANÇAS DO MUNDO,
VOCÊS QUE CONHECEM CADA LÁGRIMA DERRAMADA EM
SILÊNCIO E NOS ENSINAM O AMOR E COMPAIXÃO.

VOCÊS QUE ATRAVESSAM TODOS OS
SERES VIVOS EM SEU ETERNO MOVIMENTO.

COMPARTILHE CONOSCO SUAS LIÇÕES
DE PERSISTÊNCIA, FORÇA E DOÇURA:

QUE COMO A ÁGUA, TAMBÉM POSSA EU NUTRIR
O MUNDO POR ONDE PASSAR.

Segure o recipiente diante do coração e projete para o interior das águas o seu amor e reverência por alguns instantes, abençoando-a. Depois disso, usando os dedos, aspirja um pouco de água sobre o chão, dizendo:

QUE A TERRA SEJA NUTRIDA E ABENÇOADA.

Coloque um pouco de água na região abaixo do umbigo e diga:

QUE O CORPO SEJA CURADO E PURIFICADO.

Coloque um pouco de água entre as sobrancelhas, dizendo:

QUE OS PENSAMENTOS SEJAM REPLETOS DE SONHO E INTUIÇÃO.

Abençoe com a água a região do coração e diga:

QUE A ALMA SE LEMBRE DE QUE É VIVA PARA SEMPRE.

E vertendo de volta a água para a sua fonte natural, diga:

E QUE AS ÁGUAS SEJAM SEMPRE PURAS,
E ESPALHEM SUAS BÊNÇÃOS PELO MUNDO.

QUE ASSIM SEJA!

EXERCÍCIO 37
Para contornar um Problema

Você vai precisar de uma fonte de água corrente e um recipiente para coletar um pouco dela. Como em qualquer outra prática, comece estabelecendo uma conexão com o espírito do lugar e ancorando sua energia ali. Aproxime-se da água corrente e colete um pouco dela com o seu recipiente.

Projete a imagem da situação que precisa de mais fluidez – não apenas do obstáculo, mas daquilo que você deseja que flua através dele. Visualize-a e projete-a sobre as águas com o seu sopro, deixando que a água conheça a situação que você deseja contornar.

A ideia por trás desta prática é que a água sempre encontra uma maneira de fluir e passar por seus obstáculos; da mesma maneira que essa porção de água vai fluir, também fluirá a situação que você projetou para ela. Verta de volta a água em sua fonte natural, dizendo:

ÁGUAS QUE CORREM COM SABEDORIA E DISCERNIMENTO,
TRAGAM FLUIDEZ, VELOCIDADE E MOVIMENTO.

Magia do Mar

EXERCÍCIO 38
Potencializando um Desejo com a Maré Enchente

Esta é uma prática para ser realizada na praia, quando perceber que a maré está subindo (ou prestes a começar a subir). Desenhe na areia um ou mais símbolos que sejam cobertos pelas águas à medida que a maré sobe.

Para isso, utilize um Instrumento Mágico, como o seu Bastão, ou mesmo a ponta dos dedos, um galho ou uma concha. O símbolo escolhido deve ter relação com o desejo que quer energizar; você pode tanto criar um sigilo quanto usar um símbolo mágico conhecido – como um Pentagrama ou o triângulo elemental da Água, por exemplo –, ou mesmo criar um símbolo de maneira intuitiva.

Uma vez que o seu símbolo tenha sido criado, coloque as mãos sobre ele e respire profundamente, trazendo poder ao seu próprio corpo para transmiti-lo pelas mãos. Visualize em sua mente o símbolo tornando-se brilhante e sinta-o pulsando com o poder elevado. Diga:

SÍMBOLO DE AREIA NA MARÉ ENCHENTE,
REALIZE MEU DESEJO COM SUA FORÇA CRESCENTE.

ELEVEM-SE AS ÁGUAS, SOBE O MAR,
FAZENDO MEU DESEJO SE REALIZAR.

Deixe que as águas do mar cubram seu símbolo, absorvendo-o e fazendo com que se potencialize.

EXERCÍCIO 39
Um Círculo de Conchas para os Desejos

Este é um feitiço que pode ser feito em especial para pedidos relacionados ao amor e a amizade. Em sua visita à praia, colete algumas conchas. Então, use uma delas para marcar na areia a inicial do seu nome e projete para essa letra o poder, como no exercício anterior. Uma vez que tenha sido carregada, disponha as conchas em um círculo na areia ao redor da letra durante a maré enchente, enquanto firma sua intenção mentalmente. Da mesma maneira, deixe que as águas subam e potencializem o seu desejo.

EXERCÍCIO 40
Abrindo Caminhos com a Força do Mar

Realize esta prática enquanto a maré sobe. Marque na areia úmida uma pegada funda com ambos os pés. Dentro dela, use uma concha ou outro item natural para marcar palavras ou símbolos daquilo que deseja atrair para o seu caminho e deixe que a água do mar cubra e potencialize suas intenções.

EXERCÍCIO 41
Abandonando o Passado na Maré Vazante

Tenha em suas mãos algo natural para representar aquilo que deseja mandar embora: pode ser uma situação difícil, um obstáculo, uma situação do seu passado que quer deixar para trás, o peso emocional de uma lembrança ou uma experiência. Pode ser algo como uma pedra ou uma concha, por exemplo.

Comece segurando o objeto entre suas mãos e trazendo à mente aquilo que deseja se livrar. Experimente isso em sua mente com muita intensidade, projetando seus sentimentos e a imagem mental para o interior do objeto. Você pode fazer isso já dentro das águas, se desejar. Quando sentir a energia crescendo, segure firme o objeto e deixe que as suas mãos afundem na água – não deixe que ele escape.

Continue mantendo a concentração e deixe o pico emocional crescer. Quando ele chegar ao auge, sinta a próxima vez em que a água do mar será puxada ao fundo do oceano e libere o objeto, deixando que ele seja engolido pelo mar, levando-o para longe. Se desejar, mergulhe e peça ao mar que traga liberdade e renovação. Banhe-se nas águas da maré vazante e deixe que elas purifiquem você.

EXERCÍCIO 42
Afastando Alguém Indesejado com a Maré Vazante

Realize esta prática quando precisar afastar alguém que está causando danos, problemas, fofocas ou qualquer outro tipo de incômodo. Antes de ir à praia, use galhos, folhas ou outros materiais naturais para confeccionar um pequeno boneco – ele pode ser bastante rústico. Uma maneira simples de fazer isso é conseguindo alguns galhos mais compridos que devem ser unidos para formar o corpo do boneco (cabeça, tronco e membros), e um ou dois galhos mais curtos, que serão posicionados de maneira transversal para formar a linha dos braços. Você pode amarrar com algum tipo de ramo flexível ou mesmo com linha ou barbante. O resultado final será parecido com uma cruz: os galhos longos acima da linha dos braços representam a cabeça do boneco, e sua parte inferior corresponde ao corpo e às pernas. Se os galhos forem flexíveis, pode separar os mais compridos em dois montinhos na parte inferior, atando cada um deles para dar forma às pernas do seu boneco de galhos. Elementos naturais adicionais podem ser usados, se desejado e possível, para fazer a cabeça ou vestimenta da sua efígie natural.

Enquanto monta o seu boneco de gravetos, mantenha a concentração na pessoa que ele representa e em todo o mal que ela provoca a você. Ao finalizar, leve-o para a praia durante a maré vazante e caminhe para dentro da água. Molhe uma das mãos e aspirja o boneco com a água salgada, dizendo:

O OCEANO É O ÚTERO DO MUNDO, E DELE TODOS NASCEMOS.
NESSAS ÁGUAS TE FAÇO NASCER,
E TE NOMEIO [DIGA O NOME DA PESSOA].

Mantenha na mente a imagem da pessoa que deseja afastar e respire profundamente algumas vezes de maneira rápida, retendo o ar nos pulmões por alguns instantes antes de liberá-lo exalando com força. Isso vai gerar poder dentro de você. Realize este ciclo de respirações algumas vezes, acelerando gentilmente. Quando sentir o corpo tencionando ao máximo, faça uma última inspiração, retenha o ar o máximo que o conseguir e libere-o pelo fundo da garganta sobre o boneco, impregnando nele a imagem mental da pessoa indesejada.

Caminhe um pouco mais para dentro do mar, até onde se sentir confortável. Tenha ao menos a água levemente abaixo da altura dos joelhos. Coloque o boneco dentro da água e segure-o. Sinta as águas do mar fazendo força para puxá-lo para longe de você cada vez que as águas de uma onda se recolherem para o fundo do oceano. Enquanto sente a força de atração do mar, concentre-se no desejo de afastar essa pessoa de sua vida, sem causar-lhe dano ou mal: apenas que ela se vá e pare de criar problemas. Concentre-se até chegar a um pico de energia e, antes de liberar o boneco para que seja engolido pelas águas, diga:

ÁGUAS QUE RETORNAM PARA O OCEANO TÃO DISTANTE,
LEVEM [NOME] PARA LONGE, JUNTO DA MARÉ VAZANTE.

Na próxima vez que as águas forem puxadas para dentro do mar, libere o boneco e deixe que ele se vá. Saia do mar logo em seguida sem olhar para trás.

TERRA

Magia das Rochas, Pedras e Solo

EXERCÍCIO 43
Contemplação do Silêncio da Caverna

Esta é uma prática para ser feita no interior de uma gruta, quando possível. Antes de entrar, faça uma pequena oferenda do lado de fora: algo como uma libação de água, alguns farelos ou mesmo um punhado de ervas levado por você. Ao fazer isso, demonstre seu respeito às forças arcaicas que ali fazem morada, e peça para que elas possam se comunicar com você.

Ao entrar com reverência, procure se manter em silêncio o máximo possível, se for necessário falar, que seja apenas o essencial. Abra-se para a antiguidade e quietude do lugar, ganhando consciência de que o tempo de uma vida humana, em comparação com a estrutura de uma caverna, é totalmente irrelevante. Uma estalagmite, por exemplo, não cresce mais do que 25 milímetros ao longo de um século inteiro. Por isso cavernas são templos naturais erigidos ao próprio Tempo pela natureza – qualquer mínimo impacto humano resulta na perda de centenas ou milhares de anos de um delicado trabalho natural. Por isso, entrar nesse tipo de formação exige muito mais respeito, cuidado e reverência do que nossa entrada em qualquer templo construído por mãos humanas.

Se possível, sente-se por alguns momentos para meditar ou então faça da sua caminhada e contemplação uma meditação ativa. Deixe que as rochas transmitam a você suas lições de paciência e persistência. Lembre-se de que esses são lugares simbólicos do próprio ventre da Mãe Terra, onde nem mesmo a luz do sol pode tocar. Caminhar por uma caverna é explorar mais uma vez a noite primordial. Deixe que a alma do lugar lance sua força e beleza sobre a sua própria alma e receba suas bênçãos.

Absorva a energia do lugar para dentro de si com a respiração ou faça um exercício de ancoramento, projetando raízes de seus pés para sorver das forças primitivas do lugar. Tudo em silêncio – as forças que habitam esses ambientes são muito anteriores à palavra escrita ou falada e não podem reconhecê-la. Abra-se para as sensações do seu corpo físico ao longo de toda a atividade.

Ao sair, faça um agradecimento mental do lado de fora e uma nova pequena oferenda, trazendo com você a força desse lugar.

EXERCÍCIO 44
Encantamento da Pedra para Proteção

Escolha uma moeda de qualquer valor e a aqueça, passando-a por uma chama. Você pode fazer isso previamente em casa, usando uma vela, ou então no próprio ambiente natural, valendo-se de um isqueiro ou fósforo. Enquanto aquece a moeda, pense naquilo que deseja proteger: pode ser tanto uma pessoa quanto uma situação. Ao finalizar, use um sopro quente, projetado pelo fundo da garganta, como uma baforada, para imantar a moeda.

Agora, no ambiente natural, encontre uma pedra pesada. Se ela não for muito grande, pegue-a com as mãos e então crave a moeda no solo, empurrando-a para baixo, e coloque a pedra sobre ela. Se for uma pedra bastante grande, que não puder ser movida, enterre a moeda no solo abaixo dela. Verta um pouco de água sobre a pedra, dizendo:

PEDRA PESADA, TERRA ENVOLVENTE,
ABAIXO DO SOLO, LONGE DA VISÃO.

OCULTE DOS OLHOS, OCULTE DA MENTE
DE QUEM QUER QUE TENHA UMA MÁ INTENÇÃO.

Toque a pedra em agradecimento e saia sem olhar para trás.

EXERCÍCIO 45
Jarro de Força e Resistência

Este encantamento usa o poder das pedras para trazer força e resistência a qualquer coisa que esteja sendo ameaçada. Prepare uma moeda de qualquer valor como no exercício anterior, passando-a pela chama de uma vela e projetando para ela a imagem do alvo que você deseja proteger. Mantendo uma imagem fixa daquilo que deve se tornar mais resistente, imante a moeda com uma baforada quente do fundo da garganta. Você também pode sussurrar para ela o seu "nome", ou seja, aquilo que ela representa. Coloque essa moeda no fundo de um pequeno pote de vidro com boca larga.

Enquanto caminha por um ambiente natural, comece abrindo-se para a alma do lugar e comunicando mentalmente sua intenção de executar este feitiço. Procure coletar pedras não muito grandes para preencher este pote, permitindo-se atrair por elas de maneira intuitiva e não simplesmente escolhendo racionalmente. A cada pedra acrescentada, mentalize o seu alvo se tornando mais forte e resistente. Coloque o máximo de pedras possível e então tampe o seu pote. Ao voltar para casa, pode selá-lo com cera de vela preta ou marrom, se desejar, mas isso não é estritamente necessário. Guarde em um lugar escuro em sua casa, ou enterre-o até que a ameaça tenha passado. Depois disso, as pedras devem ser devolvidas à natureza e a moeda enterrada. O pote de vidro pode ser lavado e reutilizado.

EXERCÍCIO 46
Círculo Protetor das Pedras

Este exercício é muito parecido com o anterior. Prepare sua moeda da mesma maneira ou então escolha uma pedra no ambiente natural para representar seu alvo – segure-a por alguns instantes em suas mãos, perceba suas vibrações e, mentalmente, projete a imagem do seu alvo para ela, mantendo firme a intenção de proteção.

Então, colete algumas pedras no ambiente de acordo suas percepções. Quando sentir que tem um número de pedras adequado, faça o seguinte: comece colocando a moeda ou a pedra do alvo no solo e pressione-a contra a terra para tentar fixá-la ali. Enquanto faz isso, mantenha a concentração focada no que deseja proteger. Então, com as outras pedras, comece a construir um círculo ao redor da pedra-alvo em sentido horário. As pedras desse círculo podem se tocar ou não, dependendo de quantas tiver. Da mesma maneira, pressione cada pedra contra o solo enquanto vai dispondo-as em sentido horário. A cada pedra adicionada, sinta que a proteção mágica vai sendo construída. Para cada pedra disposta, repita:

CÍRCULO DE PEDRAS FIRMES NO CHÃO,
TRAGAM SUA FIRMEZA, FORÇA E PROTEÇÃO.

Ao concluir, contemple o círculo por alguns instantes e visualize-o brilhando intensamente, enxergando as pedras conectadas criando uma barreira instransponível. Use essa visualização criativa e sua intenção mágica para transmitir às pedras sua determinação mágica. Depois disso, faça um agradecimento mental às forças do lugar e saia sem olhar para trás. Se quiser, pode fazer uma pequena oferenda no interior desse círculo de pedras antes de partir, como verter um pouco de mel, leite ou água pura.

EXERCÍCIO 47
Purificando e Energizando um Objeto com a Ajuda da Terra

Uma maneira poderosa de neutralizar as energias de um determinado objeto antes que ele seja consagrado é enterrando-o e deixando-o descansar dentro da terra. Isso pode ser feito em um jardim, vaso ou mesmo em um ambiente externo (se escolher essa opção, assegure-se de fazer isso em um lugar no qual consiga encontrar o objeto depois, e que ele não seja encontrado por outras pessoas).

O tempo em que o objeto deve permanecer enterrado pode variar – indo desde uma única noite até um ciclo lunar completo, de Lua nova até Lua nova (ou de cheia a cheia). Comece colocando suas mãos sobre o solo, estabelecendo uma conexão energética com ele e usando do seu toque para enviar sua intenção psíquica, pedindo para terra que colabore com sua magia, purificando e energizando o objeto que será enterrado. Quando sentir uma resposta – uma sensação de calor ou um formigamento, por exemplo, ou ainda apenas uma percepção mental – use suas mãos ou outro artefato para cavar um buraco que possa acomodar seu objeto. Então, segure-o em suas mãos e projete para ele sua intenção por alguns instantes. Se desejar, pode soprar sobre ele de maneira rápida e intensa. Coloque-o no buraco e cubra de terra. Verta um pouco de água pura, leite ou mel como oferenda para selar seu ato mágico e, se for preciso, finque algum galho ou outro objeto que ajude a marcar e a identificar o local para que você possa encontrá-lo depois.

Esta é uma ótima maneira de purificar e energizar cristais, por exemplo, mas também pode ser usada com outros instrumentos ou objetos que não se decomponham e danifiquem o solo neste pequeno período de tempo.

Magia das Árvores e Plantas

EXERCÍCIO 48
Captando Impressões das Plantas

Este é um exercício que pode ajudar a nos abrirmos para captar sensações e sentimentos de outras formas de vida. Pode ser feito com qualquer ser, como animais ou pessoas, porém é mais fácil e confortável começar a praticá-lo com vegetais.

Escolha uma planta ou uma árvore com a qual deseja praticar e sente-se de frente para ela, de maneira que possa vê-la. Comece centrando-se e ancorando sua própria energia. Então, toque a planta diante de si ou coloque suas mãos na terra à frente dela. Abra-se para as sensações do tato e perceba que tipo de percepções a sua mão pode captar. Em seguida, comece um exercício de contemplação da árvore. Veja suas raízes, tronco, galhos, ramos folhas. Respirando profundamente, contemple lentamente cada parte dela com atenção e deixe sua percepção captar pequenos detalhes, como a textura de sua madeira, o formato de suas folhas, as diferenças em seus tons e cores. Colocando toda a sua atenção nessa percepção visual, procure não formular pensamentos sobre o que vê – não é preciso nomear nada, apenas observar.

Transferindo sua atenção e concentração para a visão, e não para o pensamento, você vai perceber que o fluxo de ideias diminui naturalmente. Essa contemplação induzirá um leve transe. Quando sentir que conseguiu chegar até esse estágio, mova-se gentilmente para a próxima etapa do exercício sem quebrar o estado de consciência.

Agora, procure observar algo na planta que produza uma noção de sensação: pode ser sua raiz em contato com a terra, pequenas formigas subindo pelo tronco, o vento balançando as folhas, ou qualquer outra coisa do tipo. Perceba essas sensações e veja se é capaz de sentir algo em seu próprio corpo – a secura da terra, a temperatura do vento, ou mesmo apenas um calor, frio ou formigamento em determinadas regiões.

A próxima etapa é mover a sua percepção de uma parte do vegetal para a sua totalidade. Experimente todas as camadas dele de uma única vez. Isso é bastante diferente da nossa própria percepção humana, porque costumamos nos concentrar demais na cabeça em detrimento do restante do corpo – afinal, é apenas com o rosto que experimentamos quatro de nossos cinco sentidos. A percepção da árvore, em contrapartida, é sempre totalizada – ela percebe tudo ao mesmo tempo. Busque experimentar essa consciência coletiva por um tempo e veja que tipo de sensações físicas podem surgir a você.

Talvez se a planta estiver mais seca, você possa sentir sede, por exemplo. Não racionalize. Abra-se para a experiência. Perceba que informações ou sensações é capaz de captar usando esta prática. Despertar esta sensibilidade vai auxiliar você a perceber também energias em ambientes, animais e outras pessoas. Este tipo de exercício pode provocar transes profundos – ou simplesmente parecer uma bobagem absurda nas primeiras vezes que tentar fazê-lo; tudo depende do tipo de pessoa que o pratica.

Para terminar, vá encerrando o transe com gentileza, retomando sua atenção para o seu corpo, movendo os dedos das mãos e dos pés, tocando sua própria pele e, se necessário, diga seu nome em voz alta. Isso vai ajudar a desligar o seu vínculo com a árvore.

EXERCÍCIO 49
Feitiço de Amor com a Roseira

Em uma noite de Lua crescente, escreva seu nome e o da pessoa amada em um pequeno pedaço de papel. Segure por alguns instantes com ambas as mãos, pressionando-o contra o seu peito e sentindo as batidas do seu coração. Respire algumas vezes, enviando poder para o papel junto de suas intenções de amor e romance. Enquanto faz isso, sinta que o seu coração projeta uma luz cor-de-rosa para o papel. Faça isso até sentir que ele está completamente carregado de poder.

Depois, queime-o na chama de uma vela e recolha as cinzas. Leve as cinzas até uma roseira e coloque-as na terra, perto de suas raízes sobre o solo, ou, se puder, cave um pequeno buraco ali para enterrá-las. Verta um pouco de mel ou de chá de verbena frio sobre a terra para nutri-la e, com as mãos sobre o solo, diga:

ESPÍRITO DA ROSEIRA QUE CRESCE EM BELEZA E ESPLENDOR,
RECEBA MINHA OFERENDA E FLORESÇA O AMOR.

Toque a roseira por alguns instantes e receba suas bênçãos. Se puder, colha uma das flores e use-a para preparar um banho mágico de amor.

EXERCÍCIO 50
Despertando a Visão Psíquica com o Salgueiro

Em uma noite de Lua cheia, sente-se com as costas apoiadas no tronco de uma árvore de salgueiro e, respirando, estabeleça uma conexão psíquica com a árvore. Transmita a ela seu desejo em ampliar sua intuição e desenvolver suas capacidades psíquicas. Quando sentir que é o momento, verta um pouco de água perto de suas raízes e escolha intuitivamente um dos ramos da árvore. Dê nele um pequeno nó ainda frouxo, de maneira a formar um pequeno aro; olhe através dele com o olho esquerdo, dizendo:

FILHA DA LUA, RAINHA DOS SONHOS E DA INTUIÇÃO,
ABENÇOE MEUS OLHOS E ME CONCEDA O DOM DA VISÃO.

Corte o ramo e leve-o consigo para casa. Coloque-o sob o seu travesseiro para trazer sonhos proféticos e operar nas partes mais profundas do seu ser enquanto você dorme. Quando as folhas secarem, queime o ramo.

EXERCÍCIO 51
Curando um Coração Partido

Quando passar por momentos difíceis e dolorosos, realize este encantamento de regeneração. Quando estiver triste, deixe que uma ou mais gotas de suas lágrimas caiam sobre um recipiente com um pouco de água fria. Também pode usar seu Cálice ritual, se tiver um. Essa água deve ser derramada aos pés de uma árvore jovem ou em algumas ervas – qualquer planta que transmita a você uma ideia de regeneração, renovação e criatividade. Verta a água com suas lágrimas no solo, enquanto fala:

QUE AS LÁGRIMAS DO MEU CORAÇÃO CAIAM SOBRE O SOLO ABENÇOADO E
O PODER DE RENOVAÇÃO POSSA SER MANIFESTADO.
QUE NASÇA NOVA VIDA COM AS ÁGUAS DE MINHA DOR
E QUE MEU PRANTO NUTRA A ALMA, DESPERTANDO O AMOR.

Medite por alguns instantes diante da árvore, erva ou arbusto e receba suas bênçãos de cuidado e renovação.

EXERCÍCIO 52
Feitiço de Proteção da Árvore

Tenha uma representação sua ou da pessoa que deseja proteger – pode ser uma fotografia, um pedaço de papel escrito, fios de cabelo ou qualquer outra maneira que se estabelecer uma ligação. Quanto menor for a representação, melhor.

Encontre uma árvore que seja grande, forte e resistente para realizar o seu encantamento. Faça a ela uma oferenda natural, enquanto transmite psiquicamente suas intenções e desejos de proteção. Veja com o olho da mente a força da árvore servindo como escudo para a pessoa a quem o encantamento se destina. Então, encontre uma abertura no tronco, ou cave um pequeno buraco perto da raiz e deposite ali a representação. Veja a árvore envolvendo a pessoa e protegendo-a de qualquer perigo, dizendo:

GALHO, RAIZ E TRONCO RESISTENTE,
PROTEJA O CORPO, ESPÍRITO E MENTE.

EXERCÍCIO 53
Encantamento de Cura com as Plantas

Usando folhas secas, projete para elas a imagem psíquica da doença que deseja banir, visualizando que ela deixa a pessoa afetada e é absorvida pelas ervas. Em seu Caldeirão, queime-as até que estejam reduzidas a pó. Leve as cinzas até uma planta jovem, em crescimento, e espalhe-as em sua base enquanto visualiza a pessoa completamente recuperada. Enquanto faz isso, repita algumas vezes, mantendo a visualização:

PLANTA QUE CRESCE, TÃO BELA E PURA,
LEVE A DOENÇA E PROMOVA A CURA.

Ainda mantendo a imagem mental da pessoa recuperada, faça uma oferenda de mel, água ou leite à planta, encerrando assim seu encantamento.

~ Capítulo Seis ~

Métodos Naturais de Adivinhação

> Porque a Natureza ama ocultar-se, e não suporta
> que o segredo da essência dos Deuses seja
> lançado em termos nus a ouvidos impuros.
>
> – Juliano

Para muitos dos povos antigos, adivinhar não era um processo sobrenatural, mas um diálogo com a alma da terra. Muitos dos processos usados eram, na verdade, maneiras de ler a própria natureza e seus fenômenos, captando os sinais que poderiam trazer os indícios daquilo que aconteceria em um futuro próximo ou distante. Isso significa que quando aprofundamos a nossa conexão com a terra e nossos olhos estão abertos para enxergá-la, podemos escutar suas mensagens sobre passado, presente e futuro.

Hoje, é muito popular que os métodos de adivinhação sejam chamados de práticas divinatórias ou oraculares. Para entendermos melhor este assunto, vamos dar uma olhada nas origens de alguns destes termos. A palavra "divinação" vem do latim *divinatio*, que por sua vez tem origem em *divinus*, que significa tanto "divino" quanto "profético", o que dá origem também à palavra "adivinhação". O termo grego comum para a arte de adivinhar era *manteia*, de onde temos o sufixo em português "mancia", utilizado para identificar as diferentes técnicas de previsões.

Já a palavra "oráculo" vem do latim *oraculum*, derivado do verbo *orare*, que significa simplesmente "falar", o que é a mesma raiz da palavra "oração". Hoje em dia, qualquer maneira de adivinhação costuma ser chamada de "método oracular", originalmente o oráculo era um tipo de adivinhação falada, como uma profecia, mas comunicada verbalmente. O termo "profecia" tem origem no grego *prophēteía*, e é frequentemente traduzido como "falar diante de", ou "falar em nome do divino".

Todas essas raízes etimológicas nos mostram que, apesar de centradas muitas vezes na própria natureza, a adivinhação é compreendida na raiz de seu significado como intimamente ligada aos Deuses: é uma ação divina. É por isso que sua prática era parte das funções de alguns dos Sacerdotes e Sacerdotisas de diversos templos antigos. É claro que as práticas de adivinhação do futuro não eram uma exclusividade do corpo sacerdotal de um povo – diversas técnicas e sistemas de previsão se desenvolveram pelo povo comum fora dos templos, para atender às suas mais diversas necessidades –, mas é interessante notar como esta arte parece estar intimamente associada à noção de serviço religioso e contato com o sagrado. Se este é um livro que trata das maneiras pelas quais podemos perceber e resgatar a sacralidade da Terra, o tema da adivinhação não poderia ficar de fora.

Olhando para o passado, encontraremos todos os tipos de sistemas de adivinhação, e parece que tudo – literalmente tudo – já foi utilizado de alguma maneira para fazer previsões sobre o futuro. Dentre os mais diferentes tipos de adivinhação podemos destacar a "tiromancia", que é a adivinhação pela observação do queijo; a "giromancia", uma técnica de adivinhação onde uma pessoa é colocada no interior de um círculo com as letras do alfabeto marcadas em sua circunferência, e então começa a girar, interpretando a letra sobre a qual ela cai; e a "aracnomancia", que prevê acontecimentos futuros observando o comportamento das aranhas.

Havia aqueles que interpretavam o movimento das nuvens no céus, a maneira pela qual as ondas do mar se chocavam contra a rocha, o voo dos pássaros, o correr dos cavalos ou de outros animais selvagens, o crescimento das plantas, a inspeção de determinados órgãos internos de animais sacrificados, as direções de onde soprava o vento... em um tempo onde não se podia distinguir entre a presença do divino e a própria natureza, observar os fenômenos naturais era escutar a voz dos Deuses.

Em nossos tempos modernos, onde prontamente temos explicações racionais que nos permitem compreender todos esses fenômenos, entendê-los como maneiras de adivinhação pode ser visto de maneira supersticiosa ou até mesmo tola. Não porque elas não funcionem, mas porque a nossa cultura tem, naturalmente, outra maneira de perceber, pensar e interpretar os fenômenos naturais. Não devemos ter esses povos antigos como tolos ou ignorantes das causas "verdadeiras" que provocavam os movimentos da natureza; muitas vezes, eles tinham plena ciência dessas causas. Mas isso não os impedia de também manter uma relação divinatória e sagrada com esses processos, algo que para nós, Bruxos do século 21, talvez seja impossível.

Não devemos chamar os povos antigos que viam presságios dos Deuses na natureza de supersticiosos – afinal, a própria noção de superstição é um termo moderno usado para dizer que o pensamento científico é o único detentor da verdade, e que qualquer outra maneira de percepção ou relação com o mundo é "menos verdadeira". Eles não eram supersticiosos; nós é que somos limitados por nossa própria maneira de enxergar a realidade. Não devemos julgar suas experiências com base em nossos próprios olhos "civilizados" e desencantados.

Por isso, predominam dentre os Bruxos de nosso tempo as técnicas mais "humanas" de adivinhação, como o tarô, as runas e outros sistemas simbólicos criados pelos seres humanos, e que passam à nossa mente racional um ar de segurança e eficácia maior. Mas aos olhos de um completo cético, fazer previsões sobre o futuro baseando-se em pedaços de papel embaralhados e sorteados ao acaso parece tão tolo quanto buscar presságios no voo dos pássaros!

Portanto, a escolha do método de adivinhação não pode estar dentre o que "funciona mais ou menos", mas o que funciona para você. É importante identificar os diferentes tipos de técnicas divinatórias e perceber com quais delas você vai conseguir estabelecer uma relação mais verdadeira. Procure não optar por um determinado sistema só porque "todo mundo usa" e ele é popular, mas porque ele parece, de alguma maneira, coerente e funcional para você.

AS DIFERENTES MANEIRAS DE ADIVINHAR

Antes de discutir as diferentes maneiras de praticar adivinhação, é preciso pensar em *como* escolher aquela que vai funcionar melhor para você. Gosto de pensar em três categorias para classificar os diferentes sistemas divinatórios que poderemos aprender. Cada categoria parece ser mais apelativa para um tipo de pessoa em particular.

A tabela a seguir é apenas um dos sistemas que podem ser usados para fazer essa classificação. Gosto dela porque nos ajuda a compreender as diferentes relações e estados de consciência que são necessários para usarmos diferentes sistemas divinatórios.

CATEGORIAS DOS MÉTODOS DE ADIVINHAÇÃO

Sistemas de Adivinhação Objetiva: são aqueles que dependem da racionalidade, matemática e lógica para serem interpretados, e não apresentam muito espaço para a interpretação pessoal. Aqui classificamos sistemas como a astrologia, a quiromancia e a numerologia, por exemplo, que, por serem lógicos, não dependem de estados alterados de consciência para serem praticados (o que, de fato, prejudicaria a interpretação). Esses sistemas devem ser aprendidos e decodificados racionalmente. A Adivinhação Objetiva pode ser colocada em um dos dois extremos das categorias de adivinhação.

Sistemas de Adivinhação Subjetiva: são aqueles que estão mais próximos do extremo oposto das categorias de adivinhação se comparadas à categoria superior. Baseados exclusivamente na experiência e na interpretação pessoal de seu praticante. Muitas delas são maneiras de contemplação, como as bolas de cristal, a chama de uma vela, a leitura da borra de café ou folhas de chá e adivinhação usando espelhos. Esses sistemas baseiam-se na noção de que primeiro uma imagem deve ser encontrada, para então ser interpretada. Depende de um estado alterado de consciência para ser realizado ou, ao menos, de sugestionabilidade.

Sistemas de Adivinhação Interpretativa: são aqueles que estão entre os dois anteriores: há um conjunto de símbolos pré-determinados que são manipulados de maneira aleatória, normalmente por sorteio ou arremesso, e então a relação entre os símbolos é realizada, levando em consideração um conjunto de significados. Essas costumam ser as ferramentas de adivinhação mais populares. Aqui, estão o tarô, o *lenormand*, as runas e o *ogham*, por exemplo. A maneira de interpretar varia de acordo com as pré-disposições do praticante, podendo ser mais lógica e linear ou mais simbólica e intuitiva.

Sistemas de Adivinhação Imaterial: são aqueles que dizem respeito ao segundo extremo de nossa classificação e que dependem do contato interior com níveis mais sutis da realidade ou com outras formas de consciência. Classificamos nesta categoria a adivinhação por meio de sonhos ou projeção astral, os oráculos e profecias, as jornadas xamânicas, o contato com espíritos e o trabalho com formas-divinas. Esses sistemas dependem da capacidade de entrar em estados profundos de transe, e não são facilmente acessíveis a todas as pessoas.

Identificar de que maneira prefere proceder para a prática divinatória – em estado alterado de consciência profundo, usando a mente racional para estabelecer padrões e relações, ou um lugar intermediário entre ambos – vai ajudar você a escolher um método para trabalhar. Entretanto, sugiro que experimente sistemas de diferentes classificações. Minha experiência prática tem mostrado que muitas vezes podemos nos surpreender: pessoas que são muito racionais e concretas em sua vida cotidiana podem ter um excelente desempenho em sistemas divinatórios mais subjetivos, e aquelas que são naturalmente mais simbólicas podem encontrar grande realização em aprender um sistema divinatório baseado na lógica racional para sua interpretação. Não use essas classificações como uma limitação, mas como uma ferramenta para vivenciar diferentes experiências. O objetivo da tabela é apenas explicar e organizar, e não estabelecer limites para a sua prática.

Sistemas de Adivinhação Objetiva

Os sistemas de adivinhação objetiva são todos aqueles que estão diretamente baseados no pensamento lógico, racional e sistematizado. Para utilizar essas ferramentas, você deve se familiarizar com o seu sistema e o conjunto de símbolos que compõem a sua linguagem. A conexão entre esses símbolos é direta, pré-estabelecida e não depende em nada de suas próprias percepções. São, muitas vezes, os sistemas divinatórios preferidos pelas pessoas que funcionam melhor por intermédio do pensamento lógico, pois eles deixam um espaço mínimo para interpretações pessoais e, por isso, nos dão prognósticos bem específicos se operarmos de acordo com "o manual de instruções" de cada sistema, transmitindo mais segurança. A astrologia talvez seja o mais conhecido método de adivinhação objetiva.

Todos esses métodos divinatórios objetivos possuem relação direta ou indireta com a matemática. Talvez as pessoas que estão conhecendo a astrologia não tenham essa sensação, uma vez que hoje a internet cumpre a função de fazer todos os cálculos que envolvem os movimentos planetários e suas posições, mas a própria dinâmica e funcionamento da carta celeste é completamente matemática. Talvez a numerologia seja a expressão de métodos objetivos que mais evidencie essa relação. Nem todas as pessoas que se sentem atraídas por um caminho de espiritualidade conseguem perceber como a matemática pode ser trazida para um contexto do sagrado, e algumas delas podem, inclusive, serem muito resistentes à ideia do uso de números e dados tão concretos em experiências com o numinoso. Mas quando pensada em um contexto de imanência, a matemática é aquilo que descreve a própria maneira do Corpo da Deusa de se movimentar e de se transformar. Entender a natureza numérica da realidade significa compreender a maneira pela qual a Deusa se manifesta no mundo. A filosofia clássica traz diversos exemplos de como os números podem ser usados de maneira pragmática e filosófica para proporcionar o conhecimento sobre os Deuses.

Sistemas de Adivinhação Subjetiva

Ao falarmos sobre os métodos de adivinhação classificados como subjetivos, como a contemplação da chama de uma vela ou a visão através de um cristal ou superfície reflexiva, estamos tratando de "métodos contemplativos", que dependem da nossa percepção intuitiva e não estão subordinados aos processos racionais da mente lógica. Por isso, eles costumam ser classificados como "métodos difíceis" e acabam gerando certo nível de desconforto nas pessoas. Essa "ansiedade de desempenho" faz com que muita gente tente convertê-los em métodos de interpretação simbólica, sugerindo um "método de interpretação", replicando um modelo como existe no trabalho divinatório com o tarô, por exemplo. Entretanto, as experiências de adivinhação subjetivas devem ser pessoais, e não sistematizadas. Isso significa que diferentes pessoas contemplando a borra do café em uma xícara, mesmo identificando símbolos iguais, poderão interpretá-los de maneira diferente – porque o que está sendo visto não é objetivo, como uma runa, mas algo que "se torna visto" de acordo com nossa própria experiência pessoal.

202 | O Grimório da Magia Natural

Os métodos subjetivos estão baseados na *experiência direta* daquele que a pratica. A maioria deles depende de um estado de consciência alterado para que sejam realizados; outros, dependem de nossas impressões pessoais sobre as imagens que são encontradas. A tentativa de criar manuais de interpretação que sistematizam e uniformizam essas ferramentas implica em assassiná-las subjetivamente, fazendo com que percam sua característica essencial, que está no campo da experiência pessoal. Essa é, mais uma vez, a necessidade de uma mente racional que foi castrada de sua habilidade para perceber a realidade de outras maneiras. Bruxos não devem ter medo de sonhar.

São duas as dificuldades relacionadas a esses métodos: em primeiro lugar, podemos enfrentar uma grande resistência racional para chegar ao estado de consciência apropriado para executá-las; em segundo lugar, a ansiedade em interpretar as imagens vistas e a insegurança em fazer isso "da maneira correta" acaba se tornando um empecilho. Perceba que tudo isso não tem relação com a eficácia desses métodos, mas com os sentimentos e ideias que eles nos provocam. A resistência de "eu nunca vou conseguir fazer isso" funciona como uma determinação mágica que impede a experiência e nos bloqueia antes mesmo de tentarmos. Mas magia é a arte de mudar a consciência por meio da vontade. Se a sua mente lhe diz que é incapaz de obter resultados com essas técnicas, lembre-se de que a prática oracular também é mágica e faça com que ela transforme a sua percepção.

Minha sugestão é: pare de levar essas experiências tão à série e encará-las com o mesmo rigor sistemático com o qual você interpretaria um mapa astral. As ferramentas dessa categoria dependem das nossas habilidades criativas e imaginativas, e realmente não vão funcionar se ficarmos presos em nossa própria cabeça. Se você sente que não será capaz de enxergar alguma coisa no espelho, bola de cristal ou fogo, permita-se tentar e experimentar, sem qualquer tipo de cobrança interior.

Em termos psicológicos, os sistemas de adivinhação que eu classifico como subjetivos na tabela anterior podem ser chamados de "técnicas projetivas". A bola de cristal, os padrões da borra de café no interior da xícara ou a fumaça do incenso diante de um espelho não formam símbolos objetivos por si só; somos nós quem enxergamos os símbolos ali, como no famoso teste psicológico das manchas, o Rorschach, onde a pessoa que está sendo testada deve ser apresentada a uma série de placas contendo manchas pictóricas para descrever o que vê. Enquanto que nos sistemas interpretativos como o tarô ou as runas os símbolos já existem e são pré-determinados, os sistemas subjetivos dependem de que nós primeiro "encontremos os símbolos presentes" para então interpretá-los.

Ao observar uma pessoa que está adivinhando o futuro pela contemplação da chama de uma vela, um psicólogo poderia dizer que o que está acontecendo nesta situação é o seguinte: o praticante projetará sobre os fenômenos sem qualquer significado aparente (o movimento e a aparência da vela), conteúdos de seu próprio inconsciente, que serão percebidos como informações externas a ele. Existem diversos testes psicológicos que são chamados de "testes projetivos", onde estímulos vagos são apresentados para a pessoa sendo avaliada, que deve descrever o que vê ali. Pessoas mais racionais e lógicas terão dificuldade em praticar métodos de adivinhação subjetivos exatamente porque duvidarão das impressões captadas, perguntando-se: "como vou saber se eu mesmo não estou influenciando no processo?" – o que é uma pergunta genuinamente importante.

Um Bruxo, entretanto, concordaria em partes com essa explicação; ao praticarmos essas técnicas de adivinhação, talvez realmente estejamos projetando conteúdo dos quais não temos conhecimento consciente, mas existe uma diferença fundamental entre um teste psicológico projetivo e uma técnica de adivinhação: o contexto no qual são realizados. Um Bruxo acredita que, por meio de suas práticas mágicas, pode entrar em contato com partes da realidade que estão além de si mesmo. Em uma adivinhação bem-sucedida, o que estaria sendo projetado pelo praticante, então, seriam as imagens que ele é capaz de captar pela substância do plano astral, identificando aquilo que está se formando ali e que tem a tendência de se manifestar no plano físico. Os sistemas de adivinhação subjetivos funcionam, portanto, como maneiras de sintonização para captarmos informações que não estão presentes na realidade objetiva ou acessíveis à consciência imediata. Os estímulos vagos fornecidos pelas folhas de chá e a fumaça do incenso nos ajudam a captar esse conhecimento de níveis mais sutis da realidade, como se as informações astrais fossem "impressas" ali para que possamos ler e interpretar.

Compreender esse fenômeno projetivo explica porque, durante uma mesma meditação guiada, por exemplo, algumas pessoas são capazes de captar informações genuínas sobre o futuro e que mais tarde se provarão corretas, enquanto outras vão ver o Capitão Gancho em seu barco a navegar pelos sete mares.

Em ambos os casos, é o mesmo processo que tem efeito: a contemplação de imagens psíquicas interiores. Se não formos capazes de entrar em um estado de consciência apropriado, não poderemos captar nada além de nossos próprios pensamentos e sentimentos. Particularmente, não acredito que seja possível usar qualquer um desses tipos de técnica de adivinhação subjetiva sem que, de alguma maneira, nosso próprio material psíquico influencie no processo (e é exatamente por isso que um "manual para interpretar a chama da vela" não passa de uma bobagem). Mas há maneiras de executar essa prática com um pouco mais de neutralidade. O autoconhecimento é uma ferramenta essencial para as pessoas que desejam se aprofundar em técnicas de adivinhação contemplativas ou de transe, pois isso ajuda a "limpar o caminho", fazendo com que cada vez menos as informações vindas dos planos interiores sejam contaminadas com seu próprio material psicológico. Praticar essas técnicas mais simbólicas e subjetivas significa, também, aprender a ser um "canal mais limpo" para que as informações possam fluir.

Esse mesmo processo de "interferência pessoal" pode ser usado a nosso favor nessas técnicas de adivinhação: quanto maior for o nosso próprio repertório simbólico, mais "fluentes" seremos nessa linguagem, e com maior riqueza seremos capazes de interpretar e "traduzir" os símbolos, imagens e impressões que surgirem durante essa experiência. Ao final deste capítulo, discutiremos as maneiras pelas quais poderemos interpretar as impressões captadas por todos esses métodos de adivinhação subjetiva.

Sistemas de Adivinhação Interpretativa

Os métodos classificados como interpretativos são todos aqueles que possuem um número específico de símbolos pré-determinados que carregam, cada um deles, um número atribuído de sentidos e significados. Esses símbolos são combinados por aleatoriedade, como embaralhar e escolher cartas em um sistema de cartomancia, ou o arremesso das runas, dentro do contexto de uma pergunta específica, produzindo determinada sequência. O praticante do método de adivinhação, deverá, então, interpretar a sequência simbólica com base nos significados pré--determinados, estabelecendo entre eles uma relação de sentido. Por isso, os sistemas de adivinhação interpretativa são aqueles que estão entre os objetivos e subjetivos – usamos tanto de informações pré-estabelecidas quanto de um valor intuitivo de associação simbólica para gerar nossa interpretação. Isso faz com que esses sejam os métodos mais populares, pois nossa deficiência em uma das áreas – lógica e simbólica – pode ser suprida pela outra.

Eles também permitem que diferentes níveis intuitivos sejam aplicados. Em uma leitura de tarô, por exemplo, uma pessoa de natureza mais racional pode se concentrar em estabelecer conexões objetivas entre as cartas de uma tiragem analisando seus números, naipes e outros elementos de cada lâmina. Uma pessoa de tendência mais intuitiva pode se concentrar em perceber os padrões simbólicos e de significado que permeiam todas as cartas de uma mesma tiragem, sem abrir mão do significado dado à cada uma delas.

Seja qual for a sua própria tendência pessoal, todos os métodos agrupados nessa categoria não podem ser completamente intuitivos. Se uma pessoa pergunta como anda seu casamento e a única carta virada é a Torre, não há espaço para dizer: "vocês têm um relacionamento sólido, duradouro, repleto de harmonia e serão felizes para sempre". Os métodos interpretativos exigem que você tenha conhecimento teórico e objetivo sobre os conjuntos de significado de cada um de seus símbolos, e as interpretações não podem ser contrárias a eles. Os processos intuitivos são usados para complementar a interpretação e nos indicar outras maneiras de criar associações entre os símbolos da leitura; nunca para determinar o seu conteúdo contrariando o que dizem os próprios símbolos. Em outras palavras: uma pessoa que lê runas ou *lenormand* por intuição simplesmente, não está de fato lendo o oráculo – da mesma maneira que alguém que simplesmente se apega aos significados já dados para cada um dos elementos desses sistema, de maneira totalmente racional, também está deixando de exercitar sua própria capacidade simbólica na interpretação.

Aprender um sistema de adivinhação interpretativa é como aprender um novo idioma, e ninguém se torna fluente em japonês por intuição ou memorizando um dicionário.

No entanto, uma vez que ganhamos certo domínio sobre uma nova língua, o processo de falar se torna, de certo modo, "automático". Os significados das palavras e a maneira de organizá-las para formar um todo coeso, tornam-se processos intuitivos. Assim como um estudante de inglês que precisa interromper sua frase para pensar onde deve colocar um verbo, alguém que está aprendendo a trabalhar com um sistema de adivinhação interpretativa também precisa raciocinar para estabelecer a conexão entre os símbolos da leitura. Em ambos os casos, é apenas a combinação entre repertório teórico e atividade prática que vai promover a fluência. Quanto mais você praticar e estudar, melhores serão suas interpretações.

Um bom exemplo que ajuda a diferenciar os sistemas de adivinhação interpretativa e subjetiva são os alfabetos divinatórios, como as runas e o *ogham*. Em ambos os sistemas, cada símbolo corresponde a uma letra do alfabeto e tem um valor fonético; mas além disso, representam um elemento natural que está associado à cultura onde esses alfabetos se originaram. Tanto no *ogham* quanto nas runas encontraremos um símbolo para a árvore da Bétula, *Beth* e *Berkana*, respectivamente. Entretanto, seus significados não são exatamente idênticos, porque cada um desses povos desenvolveu uma relação diferente com a bétula, e esse sentido atribuído por cada povo onde o oráculo se origina importa mais do que o significado pessoal que essa árvore tenha para você. Ambos têm significados pré-estabelecidos.

Aprender a trabalhar com esses sistemas oraculares, então, exige que estejamos familiarizados não apenas com os símbolos, mas com o seu significado dentro de uma determinada cultura. Agora, se você identificar o símbolo da bétula em um método de adivinhação subjetiva, e não interpretativa, como a contemplação da superfície da água, o que vai importar é o significado dela *para você*, e se esse não for um símbolo minimamente significativo em um nível pessoal, é praticamente impossível que ele surja nesses métodos, pois dependem de nosso próprio repertório simbólico.

Sistemas de Adivinhação Imaterial

Incluo nesta categoria todas as técnicas de adivinhação que não dependem da manipulação de objetos físicos ou da observação de fenômenos naturais, mas que estão fundamentadas no contato psíquico com níveis mais sutis da natureza. São experiências visionárias vivenciadas em estado de transe, que será mais ou menos intenso dependendo tanto da técnica utilizada quanto da capacidade de seu praticante em acessar e permanecer em níveis mais profundos de consciência.

A pessoa que costuma ter muita dificuldade com esse tipo de técnica é aquela que tem seus dois pés firmemente plantados sobre a realidade física – seus espíritos não conseguem voar. Geralmente, sentem que as experiências mais profundamente subjetivas e simbólicas, que estão completamente fora dos domínios solares da consciência racional, são duvidosos, perigosos ou fantasiosos de alguma maneira. Praticar essas técnicas de adivinhação exige que, ao menos por um momento, possamos nos libertar do controle obsessivo de nossos egos luminosos para caminharmos pela escura floresta dos planos interiores, onde as sombras difusas e incompreensíveis entre as árvores podem se comunicar conosco de maneiras que estão muito além de palavras.

Tais argumentos não são completamente infundados. Realmente, as práticas de adivinhação em estados de transe não são nada objetivas e, conforme discutido na sessão anterior, estão amplamente sob o risco da autossugestão e projeção de nossas fantasias interiores. Por isso elas também são as técnicas menos ensinadas publicamente e as que exigem níveis de preparação e habilidade muito mais intensos. Entretanto, nada disso é motivo de não as experimentar e descartá-las; na verdade, as experiências místicas das mais variadas religiões podem ser classificadas como sistemas divinatórios imateriais. Dentre eles, está a conexão íntima com os Deuses, quando nossas próprias consciências se unem e podemos, ao menos por um segundo, tornamo-nos como eles e vislumbrarmos sua grandeza pelas frestas do ser. É aqui, nos sistemas de adivinhação imaterial, que o sentido mais profundo da adivinhação como *divinatio* se manifesta.

A arte das profecias, a projeção astral, as viagens xamânicas e a canalização dos Deuses são todas técnicas que estão sob essa classificação. Muitas vezes, as técnicas dessa categoria envolvem uma série de questões de natureza epistemológica. Tomemos como exemplo a adivinhação pelo contato com os espíritos dos mortos. O termo do grego antigo *goēteía* foi utilizado tardiamente para se referir à conjuração e contato com espíritos, e a crença na possibilidade de contato com as almas daqueles que já se foram são abundantes na mitologia de todos os povos. Entretanto, pensar nesse tipo de prática hoje nos leva a uma série de perguntas: "o que são espíritos? Onde eles estão? Como podem se comunicar conosco? Por quanto tempo ficam disponíveis após a morte?" – essas e uma série de outras perguntas, profundamente significativas e relevantes, são essenciais de serem respondidas e compreendidas para embasar esse tipo de técnica. Acontece que os Bruxos não possuem respostas uniformizadas para esse tipo de pergunta, o que muitas vezes inviabiliza essas práticas ou simplesmente faz com que não concordemos uns com os outros.

O mesmo acontece para uma série de outras técnicas que também são classificadas dentro dos sistemas de adivinhação imaterial, o que torna a sua discussão nesta obra impossível; todas elas merecem um amplo espaço para análise e discussão, e isso fugiria das propostas deste livro. Excluí-las poderia indicar que não fazem parte das ferramentas disponíveis e que estão à disposição dos Bruxos, o que não é verdade. Portanto, somente as incluí aqui para título de conhecimento e ciência de sua existência, mas deixarei a discussão de suas técnicas e embasamentos metafísicos para outra oportunidade. Concentremo-nos, então, nas técnicas de adivinhação que estão em maior consonância com os aspectos mais materiais da natureza.

A Etapa Pré-Divinatória

Para todos os métodos de adivinhação que dependem em algum nível de um estado alterado de consciência, seja ele um mero estado de receptividade e sugestionabilidade para ler um jogo de runas ou um profundo estado de transe para se comunicar com os outros planos, há uma etapa pré-divinatória importante para a sua prática, que consiste justamente em ingressar no modo de consciência apropriado. Vejamos algumas maneiras de facilitar esse processo:

ALTERANDO A CONSCIÊNCIA PARA PRATICAR ADIVINHAÇÃO

Encontre o ambiente apropriado: diferentes métodos de adivinhação exigirão ambientes mais ou menos controlados, com diferentes tipos de iluminação, nível de barulho, etc. As técnicas de alteração de consciência são melhor realizadas em ambientes com um certo nível de privacidade. Livre-se de qualquer possibilidade de interrupção e de qualquer outro fator externo que seja fonte de distração ou de preocupação. Se possível, realize as práticas de adivinhação no interior do Círculo Mágico na presença dos Deuses Antigos.

Diminua a iluminação: da mesma maneira como é mais fácil imaginar alguma coisa de olhos fechados, diminuir a luminosidade ajuda a alterar a consciência. Reduza ao máximo qualquer luz artificial, tanto quanto possível, e opte por trabalhar à luz de velas um ambiente com a mínima iluminação necessária. Se o método escolhido exige que você enxergue com clareza símbolos fisicamente desenhados, tenha luz o bastante para que isso seja confortável. Técnicas mais abstratas funcionam melhor com um nível menor de luminosidade.

Acenda um incenso: escolha um aroma leve e agradável que facilite o relaxamento e a elevação da consciência. Olíbano, mirra, patchouli, lavanda ou estoraque são boas opções.

Beba algo quente: um líquido quente ajuda a entrar em um estado de relaxamento mais profundo. Opte por chás que estejam associados ao estímulo de experiências visionárias.

Respire, relaxe, centre e ancore: essas técnicas preliminares ajudam a preparar a pessoa para a experiência divinatória.

Explorando Técnicas de Adivinhação Subjetiva

As técnicas que veremos aqui podem ser genericamente incluídas sob a denominação de "perscrutação" (*scrying*, em inglês). Técnicas divinatórias de perscrutação são aquelas que envolvem a contemplação e a concentração em um ponto focal, como a bola de cristal, o espelho ou a chama de uma vela, para induzir a um estado de receptividade que nos permite captar informações de outros níveis da realidade.

Você vai encontrar em alguns livros de Bruxaria as explicações lógicas e os mecanismos mágicos que operam por trás dessas práticas, normalmente envolvendo a noção da luz astral e a capacidade da luz de reter informações. Todas essas explicações servem apenas para convencer a nossa mente racional de que não estamos perdendo nosso tempo com bobagens; por isso, não farei grandes explicações aqui sobre o que torna as práticas de perscrutação possíveis e eficazes. Neste livro de Magia Natural, meu objetivo é ajudar você a vivenciar experiências. Encontre as explicações que fizerem sentido para você, ou melhor, desenvolva-as a partir da prática. A eficácia desses métodos depende da nossa capacidade de atravessar as limitações da mente racional. Quem não consegue fazer isso não se dá bem com esse tipo de prática. Entretanto, paradoxalmente, a prática constante desses exercícios irracionais nos ajuda, por experiência, a nos abrirmos para camadas mais sutis da natureza, trazendo-nos à consciência legítima de que qualquer conceito, explicação ou definição que possamos criar sobre a realidade, por mais elaborados e logicamente satisfatórios que possam ser, nunca serão capazes de expressar a totalidade.

Por isso, se você é uma pessoa extremamente lógica e racional, o convite para os exercícios seguintes é o de buscar desenvolver os músculos atrofiados da sua subjetividade e as outras capacidades da sua mente. A lógica e racionalidade da mente humana são dádivas divinas; mas não são as únicas. Quando apoiamos toda a nossa relação com a magia e o sagrado sobre a razão, transformando a magia em uma "ciência" fria e calculada, afastamo-nos cada vez mais do maravilhamento que é possível sentir diante do Mistério. Da mesma maneira que pessoas extremamente simbólicas e intuitivas devem tomar cuidado para não se perderem em um universo de fantasia, permanecendo aprisionadas nas imagens dos planos interiores, as pessoas mais racionais devem aprender a se libertar das correntes limitadoras da racionalidade extrema. No fim, todos nós teremos nossos próprios desafios para vencer em nossa busca pessoal pela expansão da consciência e do encontro com a totalidade.

EXERCÍCIO 54
Capnomancia – Adivinhação pelo Ar

Capaz de conectar os planos material e espiritual, a fumaça do incenso foi usada em ritos de conjuração, evocação e adivinhação ao longo dos séculos.

A capnomancia é a adivinhação com a fumaça, que pode ser produzida por qualquer fonte de fogo e calor, inclusive uma grande fogueira. Para enfatizarmos aqui o elemento Ar e simplificar a prática, usaremos o incenso para este exercício. Você vai precisar do incenso da sua preferência: uma vareta, um cone, ou mesmo um carvão em brasa com uma mistura de resina ou ervas secas. Apenas certifique-se de que a opção desejada vai produzir uma quantidade significativa de fumaça, pois é nela que as imagens deverão ser enxergadas.

Sente-se de frente para o Quadrante Leste, com seu altar diante de você (ou simplesmente com os elementos que serão usados para a prática). Se optar por realizar esta divinação no interior de um Círculo Mágico traçado como parte de um ritual, talvez você queira sentar-se no próprio Quadrante Leste do Círculo, de costas para essa direção e de frente para o altar ao centro. Se esse for o caso, inicie a prática em pé, virando-se de frente para o Quadrante Leste e meditando ali por alguns instantes, fazendo um reconhecimento das energias que foram invocadas e estão presentes nesse Quadrante, para então virar-se para o centro e sentar-se. Se fizer a prática de maneira mais informal, fora de um Círculo lançado, simplesmente sente-se de frente para o Leste. Para enfatizar as correspondências elementais, você pode experimentar realizar essa prática durante a alvorada, alguns instantes antes do sol nascer, ou ao menos nas primeiras horas da manhã – entretanto, esta é apenas uma sugestão de experiência, e não uma regra limitante. A prática poderá ser realizada em qualquer momento apropriado.

Comece respirando, relaxando e centrando-se. Se estiver em um Círculo lançado, então já terá acendido seu incenso como parte da cerimônia. Neste caso, tome o incensário em suas mãos, se estiver queimando uma vareta ou cone de incenso; no entanto, se estiver usando um braseiro, deixe-o sobre o altar e segure nas mãos seu pote de grãos de incenso. Quando a prática é realizada fora de um Círculo, o incenso ainda estará apagado. Então tome em suas mãos a vareta, cone ou pote de grãos, assegurando-se de já ter acendido o carvão sobre o altar no caso do uso de um braseiro.

Segurando o item em suas mãos, comece ganhando consciência do Ar dentro de você, presente na sua respiração. Coloque toda a sua atenção no ar que entra e sai, percebendo a diferença de temperatura, respirando de maneira profunda e lenta, retendo os pulmões cheios por alguns instantes antes de esvaziá-los. Perceba como o elemento Ar preenche você de vida e se espalha por todo o seu corpo, e então retorna ao meio externo. Procure reverenciar o elemento Ar e seu poder desta maneira, a partir da respiração, sem que isso se transforme em um pensamento. Faça da consciência plena na respiração uma oferenda e saudação aos poderes do Ar. Mantenha a respiração profunda e contínua.

RESPIRAÇÃO DO AR

4 TEMPOS: INALAR

4 TEMPOS: EXALAR

4 TEMPOS: RETER

Traga à sua mente a pergunta que deseja fazer ou o tema sobre o qual deseja perscrutar. Concentre-se nessa ideia e imagem, ao mesmo tempo que mantém a consciência na respiração. Inspire, retenha e expire mantendo o foco mental no objeto da sua perscrutação. Expirando, você projeta a sua pergunta para fora, como o vento. Inspirando, você pede que o Ar traga as respostas. Enquanto retém o ar nos pulmões, permita que você e esse elemento se fundam, tornando-se um.

Não tenha pressa. Use esta etapa do exercício como uma maneira de relaxar e de se concentrar completamente, abrindo-se em receptividade e sintonizando-se com o elemento. Como qualquer exercício psíquico, a prática constante vai ajudar você a acessar estados de consciência cada vez mais profundos.

Quando sentir que sua conexão com o elemento se tornou intensa, eleve o recipiente de incenso com ambas as mãos acima da cabeça, em apresentação aos Espíritos do Ar, e visualize o triângulo deste elemento brilhando na cor amarela ao redor do recipiente. Respire algumas vezes nessa posição, tornando esse triângulo mais brilhante e mais intenso, consagrando o incenso para a sua intenção.

Lentamente, deixe a imagem do triângulo do Ar se dissipar, e traga as mãos para baixo. Prepare-se para abrir os olhos, levando o tempo que for preciso, sem quebrar o estado de consciência, ainda mantendo o foco consciente na sua respiração. Faça essa transição de maneira gentil.

Nesse momento, devolva o recipiente em suas mãos de volta ao altar e acenda a sua vareta ou cone, ou então jogue alguns grãos de incenso sobre o carvão em brasa. Traga mais uma vez a sua pergunta à mente.

Em um primeiro momento, não tente ver ou captar informação alguma. Apenas permaneça concentrado na sua intenção de maneira relaxada, sem tensão, enquanto inala o perfume do seu incenso. Se desejar, repouse as mãos sobre os joelhos com as palmas para cima e feche os olhos. Inale o aroma do incenso enquanto mantém uma concentração leve na sua pergunta, contemplando-a, e permita-se absorver a fumaça, o aroma, e com eles, a sabedoria do elemento Ar, o poder de Saber. Traga a sabedoria e o conhecimento para dentro. Se desejar, pode visualizar a fumaça do incenso sendo absorvida e transformando-se em uma luz dourada dentro de você, preenchendo seu corpo; ou simplesmente mantenha a concentração na sensorialidade da respiração e do aroma. Faça o que funcionar melhor para você.

Se estiver usando um carvão, será necessário alimentar constantemente o incenso, jogando mais grãos ou ervas sobre o braseiro. Quando sentir que estabeleceu uma conexão com o incenso, comece então a contemplar a fumaça. Observe seus movimentos, as formas que ela realiza, a maneira pela qual se eleva.

O exercício aqui é de atenção plena na fumaça do incenso. Lentamente, desprenda a mente da sua pergunta e passe a observar e a concentrar-se na fumaça em si. Veja onde ela se inicia e como ela se eleva, de maneira relaxada. Perceba as suas formas e movimentos. Quando algum pensamento invadir a sua mente ou você perder o foco, simplesmente reconheça-o e libere-o, retomando o foco da sua concentração. Se estiver realizando a prática em um lugar aberto, preste atenção também no vento que sopra ao seu redor e sobre a fumaça.

Nesse momento, a experiência se tornará diferente para cada pessoa. Se você for naturalmente mais visual, poderá buscar de maneira relaxada e sem criar tensões, ver imagens na fumaça do incenso, tanto de maneira física (observando sua forma) quanto de maneira intuitiva (as imagens que surgem na sua mente). Se você não é uma pessoa muito visual, então a observação da fumaça poderá despertar-lhe sentimentos ou sensações físicas, ou ainda determinadas informações podem simplesmente aparecer na sua mente. Não faça qualquer julgamento sobre o que surgir. Apenas mantenha um estado de contemplação e receptividade aqui.

A prática deve ser encerrada naturalmente quando a sua concentração começar a se dissipar em excesso e você não for mais capaz de resgatar o foco na atividade. Para as mentes não treinadas, esse tipo de exercício pode ser muito difícil, porque pensamentos intrusos vão invadir sua mente a todo o momento. Não há fórmula mágica – além da prática constante de magia – para solucionar esse problema. Quando isso acontecer, retome o foco. O fim da prática será naturalmente indicado pelo aumento da dificuldade em retomar o foco. Ou você pode simplesmente sentir que acabou.

Nesse momento, feche os seus olhos mais uma vez e traga o foco para a sua respiração. Use-a como um agradecimento ao elemento Ar. Em comunhão com esse elemento, traga o poder de movimento, inspiração e criatividade para o seu interior. Peça que o Ar sopre os ventos da mudança e da renovação, indicando os caminhos adequados. Que o Ar desperte os seus ouvidos, trazendo no vento as vozes e a sabedoria daqueles que vieram antes de nós, apontando as melhores direções para o futuro. Respirando, abençoe a sua garganta para que suas palavras sejam sempre gentis e poderosas e que sejam instrumentos de mudança e transformação, veículos da presença dos Deuses Antigos no mundo. Deixe que o Ar compartilhe com você sua capacidade de comunicar e escutar, de aprender e ensinar. O Ar é o elemento da vida social, das trocas e aprendizados coletivos. Que ele possa nos aproximar das pessoas certas que fazem o melhor de nossa alma vir à tona neste mundo.

Para encerrar, antes de abrir os olhos comece a ganhar a consciência dos outros elementos em você. A Água da sua saliva, o Fogo do calor interno do seu corpo ou do Sol brilhando sobre a sua pele, a Terra da sua carne. Toque o seu corpo, resgate a sensação de todos os quatro elementos, e assim encerre o exercício.

Anote todas as suas impressões, sentimentos, ideias e imagens durante a experiência sem qualquer julgamento. Notas sobre a interpretação da experiência são dadas ao fim deste capítulo.

EXERCÍCIO 55
Piromancia – Adivinhação pelo Fogo

A dança bruxuleante das chamas pode ser usada como ponto de concentração para captar imagens formando-se no astral, o que indicará as tendências para o futuro próximo.

A piromancia é a adivinhação pela contemplação do fogo, que pode ser de qualquer tipo. Por razões de praticidade, utilizaremos aqui uma vela. Caso deseje realizar a prática em um ambiente aberto, então uma fogueira será o mais indicado e o período noturno vai oferecer a escuridão necessária para o contraste natural, tornando as chamas mais visíveis. A prática em um ambiente interno pode ser feita a qualquer momento do dia, mas a mesma regra se aplica – quando mais escuro o ambiente, melhor. Elimine tanto quanto possível qualquer outra fonte de luz artificial. Para enfatizar a energia elemental, este exercício pode ser experimentado ao meio-dia, momento de pico solar e da maré do elemento Fogo.

Se estiver realizando essa prática dentro de um Círculo Mágico como parte de um ritual, então você naturalmente já vai ter outras velas acesas. Temos aqui algumas opções: você pode remover temporariamente as velas acesas do seu altar e colocá-las de lado, devolvendo-as a sua posição original ao fim da prática, ou pode se voltar de costas para o altar. Se houver uma vela acesa no seu Quadrante Sul, esta pode ser a chama de foco da sua divinação. Se você não costuma usar velas nos quadrantes em sua prática, então tenha uma vela apagada nessa direção, que será acesa para a contemplação.

Neste caso, você pode desejar criar uma vela especial para a adivinhação pelo Fogo. Essa vela pode ser marcada com símbolos para a Deusa, para o Deus e com triângulo elemental apropriado. Se desejar, pode também elevar o Poder Mágico e concentrá-lo na vela antes do seu primeiro uso. Essa vela ritualisticamente preparada pode ser utilizada em outras ocasiões para adivinhação, mesmo fora do Círculo Mágico. Entretanto, criar uma vela especial não é algo necessário; é apenas uma sugestão de prática.

No caso de praticar essa técnica em um ambiente externo, provavelmente a sua fogueira já vai estar acesa se estiver executando um ritual maior. Você também pode preparar um fogo especificamente para o exercício de adivinhação, acendendo-o no momento indicado. De toda maneira, na descrição a seguir darei variações para ambas as formas, com o fogo já aceso ou ainda apagado. Esta técnica pode ser praticada também como parte de outros rituais onde naturalmente já se acende um fogo ou fogueira, como em um Sabbat, por exemplo.

Se não for possível sentar-se de frente para o Quadrante Sul para contemplar o Fogo, inicie a prática em pé, virando-se para essa direção e reconhecendo as forças que ali habitam, estabelecendo uma breve conexão, e então, sente-se de frente para a sua fogueira ou vela, esteja ela acesa ou apagada.

A primeira etapa será a conexão com o seu Fogo interior. De olhos fechados, respire, relaxe e centre-se. Você deverá usar qualquer técnica de respiração que provoque uma sensação de aquecimento ou calor. Minha sugestão é a seguinte sequência: inspire lenta e profundamente para encher o fundo dos pulmões, contando de um até quatro; retenha os pulmões completamente cheios, fazendo outra contagem de um até quatro; então exale pela boca lentamente, fazendo uma baforada com o fundo da garganta, sentindo o ar quente sendo expelido, contando agora de um até oito. Isso totaliza quatro tempos na inspiração, quatro tempos na retenção e oito tempos na exalação. Assim que os pulmões se esvaziarem completamente, inicie outra inalação pelo nariz, fazendo a contagem de um até quatro.

Respiração do Fogo

4 TEMPOS: INALAR

4 TEMPOS: RETER

8 TEMPOS: EXALAR

Faça isso algumas vezes até que essa respiração se torne natural, e encontre um ritmo de contagem que flua bem para você. Com a prática, sua contagem vai se tornar cada vez mais lenta, o que vai induzir a estados mais profundos de relaxamento. Mantendo a atenção no ar que entra e que sai, concentre-se na diferença de temperaturas: o ar inalado pelas narinas é naturalmente mais frio, enquanto que o ar exalado pela garganta é mais quente. Enquanto mantém o foco total na sua respiração sem criar tensão física ou mental, apenas ganhe consciência dessa variação de temperatura e, assim, reconheça a sua própria capacidade de produzir calor, acessando o elemento Fogo dentro de você.

À medida que for ganhando consciência desse calor interno, desprenda lentamente a atenção das narinas e do ar frio, concentrando-se no seu calor interno durante a exalação e a retenção e na qualidade quente do ar que você expira na exalação. Se desejar e for possível, deixe que surja na sua mente, ou na região do seu plexo solar, a imagem do Fogo, mas apenas se isso não afastar você da percepção sensorial do calor. Mantendo essa respiração continuamente, sem pressa, seu corpo vai relaxando e você passa a acessar cada vez mais profundamente o seu Fogo interior.

Ganhe consciência da capacidade de iluminação presente no elemento Fogo e da sua luz que dissipa as trevas da ignorância e do desconhecimento. Acesse aqui o poder do Querer, da Vontade, e o seu desejo por esclarecimento na pergunta ou na situação que você busca usando essa prática. Aqui, tome cuidado para não se desprender das percepções e acabar preso em pensamentos; se possível, acesse o seu desejo e não fique repetindo mentalmente a sua pergunta; se for necessário, afirme-a mentalmente uma única vez e, com a respiração, alimente o seu desejo por obter respostas.

Respirando, alimentando o Fogo interior, deixe que o calor cresça e que ele se torne cada vez mais forte e vibrante, ampliando a sua comunhão com o elemento Fogo. Permita-se tornar-se Fogo; o Fogo da Verdade e da Iluminação que a tudo conhece. Pela respiração, reverencie, invoque, seja o Fogo. Deixe que ele tome conta de você. Lentamente, deixe a sua respiração se normalizar, transicionando para a próxima etapa do exercício.

Se for trabalhar com uma vela que ainda estiver apagada, esse é o momento de, ainda de olhos fechados, segurá-la em suas mãos e elevá-la

acima da sua cabeça em apresentação, visualizando um triângulo vermelho do Fogo ao redor dela e respirando aqui algumas vezes. Caso você vá contemplar uma vela ou fogueira já acesa, ou caso tenha preparado um fogo no seu Caldeirão para ser aceso na ocasião, abra os olhos e visualize o triângulo vermelho do Fogo ali, ao redor da vela, fogueira ou recipiente preparado. Nesse momento, você estabelece uma conexão entre o Fogo interior e o Fogo exterior. Projete ali sua intenção de contemplação mais uma vez. Se o Fogo já estiver aceso, sinta que ele absorve a projeção do seu próprio Fogo interior. Se estiver apagado, esse é o momento de acendê-lo, sabendo que, ao fazer isso, você materializa externamente a sua chama interior.

Agora, dedique-se à contemplação do Fogo. Aqui é importante tomar cuidado para não forçar demais os olhos – talvez seja muito difícil olhar para dentro do Fogo. Não coloque a sua atenção em nenhum ponto da chama que cause desconforto ou tensão, pois isso apenas atrapalharia o seu exercício. Se necessário, concentre-se nas bordas externas da chama ou no calor transparente que se desprende dela. Além da visão, abra dois outros sentidos para o Fogo: escute o seu crepitar, sinta o aroma que ele desprende. Se possível, tente sentir seu calor. Mantenha o foco na sensorialidade. Deixe que a sua consciência se misture à chama. Pense menos. Sinta mais. Deixe que o Fogo transporte você àquele estágio de consciência mágica primitiva, anterior à invenção das palavras.

Observe então os movimentos, figuras, padrões que o Fogo pode mostrar a você. Abra-se receptivamente para a informação que ele lhe deseja transmitir. Isso poderá chegar até você como a percepção de figuras nas chamas, como imagens mentais internas, sensações físicas, sentimentos, emoções ou apenas um lampejo de iluminação interna que traz as mensagens. O importante aqui é não censurar nada que possa surgir, por mais tolo que possa parecer. Apenas mantenha a sua receptividade, focando a atenção e registrando mentalmente todas as suas impressões.

Se a sua atenção se desviar e pensamentos intrusos invadirem a sua mente, não crie ainda mais tensão mental – simplesmente reconheça-os e retome o foco. O exercício se encerra quando você não for mais capaz de manter a concentração, ou então quando o Fogo lhe comunicar o fim da experiência.

Feche os seus olhos mais uma vez, traga a atenção para o calor interno do seu corpo. Retome a respiração profunda descrita no início do exercício, ativando mais uma vez o Fogo interno. Enquanto faz isso, reconheça o Fogo, reverencie-o e permaneça em comunhão com ele por alguns instantes, pedindo que o seu Fogo interior seja capaz de iluminar os seus caminhos, trazer luz para sua jornada, queimar seus obstáculos e conduzir as suas escolhas. Alimente essa chama interna com reverência. Aproprie-se de seu poder.

Então deixe a respiração se normalizar e comece a ganhar consciência dos outros elementos em você: o ar frio que entra pelas narinas, os líquidos do seu corpo, sua carne e esqueleto. Movimente as mãos e pés gentilmente, recobrando sua consciência completa, e encerre.

Caso tenha preparado uma vela especial para a sua contemplação, ela agora deve ser apagada, podendo ser usada sempre que desejar praticar a piromancia. Se estiver meditando com uma vela já acesa em seu Círculo Mágico, simplesmente dê sequência à cerimônia como desejar. Se tiver acendido um fogo no seu Caldeirão, pode encerrar o exercício quando ele se apagar. Se estiver diante de uma fogueira, queime algumas ervas secas em agradecimento.

EXERCÍCIO 56
Hidromancia – Adivinhação pela Água

A adivinhação através do reflexo da água é uma técnica mágica muito antiga, que depois evoluiu para a contemplação de espelhos mágicos e bolas de cristal.

A hidromancia é a contemplação da superfície da água com objetivos divinatórios. Existem muitas variações que comportam esta prática: você pode contemplar a água de uma fonte natural, como a de um lago, cachoeira ou rio, por exemplo, ou pode usar a água em um recipiente, como o seu Cálice ou Caldeirão. Enquanto que em paisagens naturais o foco da atenção fica sobre o fluxo das águas ou na sua superfície, quando utilizamos recipientes menores é de grande ajuda ter um ponto focal. Alguns Bruxos gostam de colocar uma moeda prateada no fundo do Caldeirão com água, representando a Lua brilhando contra o céu noturno, ou então refletir a chama de uma vela sobre a água e fazer desse ponto de luz o foco da atenção. Em noites de Lua cheia, você pode tentar usar a própria imagem da Lua refletida sobre a água como ponto focal, se isso for possível. Outra possibilidade é contemplar o reflexo do seu próprio rosto sobre a água.

Para enfatizar a energia elemental, esta prática pode ser realizada no crepúsculo, ao entardecer, e você pode permanecer voltado ao Quadrante Oeste. Se não for possível voltar-se à essa direção durante a prática, você pode começar de pé, diante do Oeste, meditando brevemente nessa direção e estabelecendo uma ligação com as forças que ali habitam. Se estiver realizando essa prática no interior do Círculo Mágico como parte de uma cerimônia maior, poderá sentar-se no Oeste, de costas para essa direção, de frente para o altar no centro do Círculo depois de fazer uma saudação ao Quadrante da Água.

Sente-se diante da fonte natural de água ou do seu recipiente, tomando-o em ambas as mãos e repousando-o sobre as pernas ou no chão à sua frente. Comece respirando, relaxando e centrando-se. De olhos fechados, comece uma respiração lenta e profunda, preenchendo o fundo dos pulmões de ar, tomando cuidado para não expandir a barriga, mas sentindo os pulmões se expandindo de baixo para cima, até estarem completamente preenchidos. Então relaxe e exale pelas narinas no mesmo ritmo, até esvaziar completamente os pulmões de ar. Nessa respiração não é preciso fazer uma pausa com os pulmões vazios e nem retenção com eles cheios; apenas alterne entre inalação e exalação completas, experimentando a plenitude dos pulmões preenchidos e esvaziados. Mantendo um ritmo fluido, concentre-se na respiração e no movimento do tórax, percebendo o ritmo de preenchimento e esvaziamento do ar, que lembra o fluir de uma onda do oceano que se projeta para frente na inalação, chega ao ápice da sua expansão e então relaxa e se contrai na sua exalação.

Respiração da Água

6 TEMPOS: INALAR

6 TEMPOS: EXALAR

Quando o ritmo da respiração se tornar natural, acrescente à consciência da respiração a percepção da sua saliva na boca, estabelecendo uma relação com o elemento Água dentro de você. Mova a língua e o maxilar gentilmente para movimentar a saliva no interior da boca enquanto mantém a respiração. Perceba a viscosidade e fluidez da sua saliva.

Se possível, tente sentir seus batimentos cardíacos e lembre-se de que esse ritmo provoca o fluxo do sangue pelo seu corpo. Apesar de não sermos capazes de sentir o sangue correndo por nossas veias e artérias, lembre-se desse movimento constante no seu interior, levando a sua atenção para a pele e deixando que a sua consciência lentamente seja transferida da cabeça à totalidade do corpo. Sentindo o ritmo do coração, saiba que as águas do seu interior estão em movimento. Deixe o seu Eu Emocional se tornar sereno e tranquilo nesse momento, e se qualquer emoção precisar ser liberada, deixe que ela se vá com a exalação, fazendo da sua respiração ritmada como o oceano uma maneira de purificar as águas do seu coração até sentir que o seu interior se tornou cristalino e límpido. Abrindo espaço, deixando ir os fluxos emocionais que precisam ser liberados, você começa a entrar em um estado de receptividade.

Aqui, lembre-se do seu foco de perscrutação: qual é a pergunta ou situação que você deseja contemplar? Se for preciso, afirme mentalmente esse objetivo uma vez, mas concentre-se no padrão emocional relacionado a essa questão. Como ela faz você se sentir? Nesse trabalho com a Água, ganhe consciência dos sentimentos, deixando que as águas do seu corpo expressem a sua pergunta de maneira emocional, enquanto você observa com a consciência desidentificada, como quem assiste a um filme. Ganhe percepção das emoções que surgem, e note que a sua consciência observadora não é o mesmo que emoções observadas. Relaxando e respirando, deixe que esse estado emocional se intensifique. Sinta, mas não se identifique. Observe como se estivesse contemplando seu próprio reflexo na superfície da água. Não se permita arrastar pelas marés emocionais e nem represe os sentimentos. Apenas observe e deixe que eles fluam.

Quando sentir que conseguiu fazer isso, contemplando as emoções da sua Água interior, eleve o recipiente de água com ambas as mãos (caso tenha um) em apresentação diante da cabeça, e desça os braços lentamente, colocando-o diante do coração. Visualize um triângulo azul da Água, com a ponta para baixo, ao redor do seu recipiente. Mantenha a consciência da sua respiração e deixe esse triângulo se tornar mais brilhante e luminoso. Então deixe a imagem do triângulo se dissipar e coloque o recipiente no seu colo, no chão ou sobre o altar, como preferir. Caso esteja realizando a prática diante de uma fonte natural de água, visualize o triângulo azul da Água sobre o seu próprio corpo, envolvendo você por completo.

Deixe a sua respiração se normalizar e respire de maneira relaxada, inalando e exalando pelas narinas. Gentilmente, abra os seus olhos e dê início à contemplação da superfície da água na variação que você escolheu. Se necessário, posicione o seu recipiente de maneira que ele possa refletir seu rosto, a chama de uma vela, a Lua, ou que você possa ver a moeda em seu interior de maneira confortável. Se estiver diante de uma fonte natural de água corrente, busque por um ponto fixo para contemplar e perceba os padrões luminosos e cinéticos que se movem ali.

Contemplando a superfície da Água, mantendo um estado de relaxamento e receptividade, abra-se para quaisquer imagens, impressões, sentimentos, sensações ou informações que possam chegar até você. Caso outros pensamentos invadam a sua mente e você se disperse, não deixe que isso crie uma tensão mental; libere o pensamento na sua próxima exalação e retome a concentração. Contemple pelo tempo que for necessário, mantendo a atenção focada e registrando a experiência sem qualquer julgamento. Quando o seu foco começar a se desviar excessivamente, ou sentir que é chegado o momento, prossiga para o encerramento da prática.

Feche seus olhos mais uma vez, retome a respiração do início da prática e ganhe consciência da Água dentro de você. Perceba-se preenchido por esse elemento. Reconheça em você o poder de ousar, de agir, de sempre encontrar um caminho, como faz a Água. Peça à Água que traga à sua consciência as respostas, os melhores caminhos, a liberação dos obstáculos, a nutrição profunda dos sonhos e da alma, o reconhecimento dos seus desejos, necessidades e emoções. Deixe que a Deusa, a Senhora das Águas da Vida, preencha você como um cálice e receba nesse momento as bênçãos desse elemento. Mantenha essa contemplação interior por alguns instantes.

Então relaxe a respiração e comece a recobrar a consciência dos outros elementos em você: o calor do seu corpo, o ar ao seu redor, os seus músculos. Retome a consciência dos quatro elementos e encerre. Se você usou a água em um recipiente para esta contemplação, coloque-a na terra, em um vaso, jardim ou árvore, para que ela siga seu curso natural.

EXERCÍCIO 57
Ceromancia – Adivinhação pela Terra

A ceromancia é uma técnica de adivinhação na qual a cera quente e líquida da vela, ao ser resfriada em contato com a água, assume formas e padrões que podem responder a perguntas e revelar o futuro.

Para a adivinhação com o elemento Terra, faremos uma prática de ceromancia, a divinação por meio da cera de uma vela derramada sobre a água. Talvez o elemento Terra não esteja aqui tão evidente, já que utilizaremos tanto o Fogo quanto a Água – mas é do encontro entre as forças quente e seca do Fogo com as potências fria e úmida da Água que a Terra, seca e fria, pode ser produzida, manifestando-se como a solidificação da cera quente derramada sobre a água fria e assumindo uma forma fixa, cristalizando e tornando visíveis as imagens mais sutis que são captadas tanto pelo Fogo quanto pela Água.

Você vai precisar de uma vela (se você preparou uma vela mágica especial para a prática de ceromancia, ela pode ser utilizada aqui também) e de um recipiente com água, que devem estar dispostos à sua frente ou sobre o altar. Talvez um Cálice não seja o ideal aqui; você vai preferir usar o seu Caldeirão ou qualquer outro recipiente de material natural que seja mais largo, de maneira que tenha uma área maior para pingar a cera.

Você pode fazer a prática de frente para o Quadrante Norte se estiver trabalhando fora do Círculo ou, como nos outros exercícios, iniciar a prática em pé, contemplando essa direção, e então voltar-se de costas para ela, sentando-se no Quadrante Norte do Círculo de frente para o centro.

Se desejar experimentar essa conexão na maré elemental da Terra, da Terra, ela deve ser executada à meia-noite, ou ao menos algumas poucas horas antes ou depois desse horário.

Sentando-se confortavelmente de frente para os itens que vão ser usados, comece respirando, relaxando e centrando-se. A vela já deverá estar acesa e seu recipiente cheio de água, o mais fria possível. A respiração para esse exercício será a de quatro tempos, em que você faz uma inalação completa, retém os pulmões cheios, exala pelas narinas e então retém os pulmões vazios, contando de um até quatro em cada um desses movimentos.

Respiração da Terra

4 TEMPOS: INALAR

4 TEMPOS: RETER

4 TEMPOS: EXALAR

4 TEMPOS: RETER

Encontre um ritmo confortável na respiração e utilize-a para ir induzindo a um estado de relaxamento cada vez maior. Não tenha pressa, deixe que a consciência vá se alterando lentamente, à medida que você volta sua atenção para o seu corpo. Leve o foco para o couro cabeludo e, com a respiração, induza a um relaxamento profundo nessa região. A cada ciclo de respiração vá descendo lentamente pelo corpo, não apenas fazendo um relaxamento da região, mas ganhando consciência da sua pele e das sensações em cada uma das partes do corpo. Pode ajudar se você visualizar que respira pelos poros da região do corpo em que está focado naquele momento, como se a própria pele fosse absorvendo e liberando o ar. Quando chegar às solas dos pés, então comece a subir com a atenção pelo corpo mais uma vez, agora sem desprender a atenção das regiões anteriores, de maneira que, ao chegar no topo da cabeça, você tenha a consciência da integridade e da totalidade do seu corpo, que vai estar em um estado mais profundo de relaxamento.

Sinta o corpo pesado e a ação da gravidade. Relaxe os músculos da face. Evite qualquer tensão. Contemple o silêncio e a estabilidade da Terra a partir do seu próprio corpo, na firmeza da sua coluna, nos ossos dentro de você que trazem sustentação. Ligando-se às sensações do seu corpo e criando assim uma ligação profunda com o elemento Terra. Sinta seu poder de calar, de esperar, de permanecer em repouso. Traga a sua atenção para a pergunta ou tema sobre o qual deseja perscrutar. Se necessário, afirme mentalmente uma vez essa intenção e então concentre-se nas sensações físicas que esse tema ou pergunta despertam em você. Que partes do seu corpo reagem a ela? Isso cria tensão, relaxamento, desejo, contração ou outro tipo de sensação em alguma região específica do seu corpo? Deixe que essa intenção reverbere provindo de sua Terra interior.

Então visualize o triângulo verde da Terra nas palmas das suas mãos, brilhando intensamente. Coloque as palmas das mãos no chão ao seu lado ou à sua frente por alguns instantes enquanto mantém essa visualização, sorvendo o poder da Terra para o seu interior e mantendo a respiração de quatro tempos. Lentamente, traga as mãos unidas sobre o colo. Deixe que a respiração vá se normalizando e abra os olhos.

Tomando a vela em uma das mãos e o recipiente de água gelada na outra, lembre-se mais uma vez da sua intenção. Intuitivamente, incline a vela gentilmente de maneira que a cera derretida caia sobre a água gelada. Na sequência, comece a pingar gotas da vela aleatoriamente em diferentes regiões do recipiente. Deixe-se levar intuitivamente nesse momento para saber quanto e onde pingar a cera. Você pode optar por olhar para a água enquanto faz isso, ou concentrar-se na própria chama, deixando para ver a cera solidificada apenas no final. Siga a sua intuição, tendo em mente que o objetivo aqui não é cobrir toda a água de cera, mas de dar a ela cera suficiente para que algumas imagens se formem. Talvez em determinada sessão de prática você sinta que uma única gota de cera é suficiente para dar a sua resposta, e em outras precise de uma quantidade muito maior. Não há um método pré-definido aqui. Deixe a intuição se expressar.

Quando sentir que já pingou cera o suficiente, a sua contemplação pode começar. Coloque o recipiente diante de você, de maneira que possa ver os padrões formados. De maneira relaxada, tanto física quanto mentalmente, observe os padrões formados na água com a mesma ingenuidade e leveza de uma criança que observa a forma das nuvens em um dia ensolarado. Existem diversos elementos aqui que poderão chamar a sua atenção: a forma específica que diferentes porções de cera assumiram, a distância entre essas figuras, o movimento delas sobre a superfície da água. Abra-se também para as sensações, impressões, sentimentos e informações que podem chegar até você durante a contemplação – isso funciona de maneira diferente para cada Bruxo.

Quando sentir que é o momento de encerrar, feche os olhos mais uma vez e retome a respiração de quatro tempos. Ganhe consciência da Terra do seu corpo: seus ossos, seus músculos, seu peso, sua força, sua estrutura. Respirando, honre e reverencie a Terra dentro de você. Peça que ela possa sempre trazer firmeza, resistência e estabilidade para você. Que ela sempre seja o chão firme que sustenta os seus passos pela vida e a indestrutibilidade para vencer as tempestades. Que a Terra traga a força e a beleza para todos os seus dias e o poder de manifestar as imagens e formas dos seus sonhos e projetos.

Permaneça em comunhão com a Terra por alguns instantes, deixe que a respiração se normalize. Comece a ganhar consciência dos outros elementos no seu corpo e recobre a percepção da totalidade para encerrar. Apague a vela.

A água utilizada deve ser usada da mesma maneira que no exercício anterior, para nutrir uma planta. A cera deve ser queimada.

Como Interpretar a Experiência Divinatória

Durante as práticas de perscrutação, primeiro sintonizamos a mente com uma determinada força, depois definimos um propósito e então contemplamos sem fazer qualquer tipo de julgamento ou avaliação, permitindo um *brainstorming* psíquico. Ao fim da sessão de perscrutação, tudo deve ser anotado sem qualquer tipo de filtro. Talvez a sua resposta e as impressões captadas durante a experiência tenham sido claras o bastante e não necessitem de qualquer interpretação mais profunda. Se esse for o caso, excelente! A prática foi bem sucedida. Anote esses resultados e espere pela continuidade dos acontecimentos para avaliar o quanto a sua previsão foi precisa. Agora, caso você tenha captado impressões difusas, confusas e pouco claras, um exercício interpretativo pode ajudar.

Voltemos nossa atenção por um momento ao Oráculo de Delfos, onde as Sacerdotisas chamadas de Pitonisas, possuídas em um estado de transe pela inalação dos vapores que subiam pelas fendas da rocha, respondiam as perguntas daqueles que vinham até elas. Mas engana-se quem pensa que essas mensagens eram claras e ordenadas. A literatura nos conta que as Pitonisas balbuciavam palavras sem qualquer sentido, que então eram interpretadas por outro Sacerdote. É claro que nenhum dos exercícios propostos neste capítulo vai colocar alguém neste estado – e se você simplesmente começar a balbuciar palavras sem sentido de maneira descontrolada como uma Pitonisa em transe durante algum deles, talvez seja melhor aprender astrologia, numerologia ou outros métodos divinatórios que preservem a integridade da sua consciência, já que esses métodos não são dissociativos.

O exemplo das Pitonisas nos é útil aqui para compreendermos que nem sempre o produto de uma sessão divinatória vai ser completamente racional, claro e lógico, mas que se submetidos a uma análise posterior, podem produzir algum sentido. Para auxiliar nessa interpretação, vou comentar desde os símbolos que parecem mais distantes de uma "resposta objetiva" para aqueles que beiram a interpretação clara e automática.

Captação de Imagens e Impressões sem Forma Definida

Talvez o resultado da sua prática de perscrutação seja extremamente vago, como uma sensação difusa, um sentimento indefinido, imagens em borrões ou qualquer outra coisa que não pareça ter forma definida. Se essa não é uma ocorrência frequente na sua prática, talvez isso queira dizer que, naquele momento, não haja uma resposta definida ou clara para ser dada.

Mas na maioria das vezes, esse tipo de impressão evidencia uma "dificuldade" para que a imagem e a informação atravessem os véus e cheguem até a sua consciência. Quando obter esse tipo de material, procure trabalhar de maneira associativa e descritiva com ele. De que maneiras essas impressões fazem você se sentir? Se há uma ou mais cores predominantes, que tipo de informação é possível deduzir a partir delas? Se tudo o que você captou foi uma sensação vaga, tente ampliá-la como se a encarasse com uma lupa: ela é agradável ou desagradável? Pode ser convertida em um sentimento? Essas impressões captadas causaram conforto ou desconforto? Resistência ou relaxamento? Medo, aflição, tristeza, agonia? Alegria, desejo, leveza?

Não tente formular a partir dessas impressões uma resposta definida tendo como base uma frase, com sujeito e predicado. Concentre-se na *qualidade* da experiência e procure extrair dela um significado ou sentido que pareçam aceitáveis para você. Se desejar, tente perscrutar com a mesma técnica em outro momento, ou repita o tema da perscrutação com um método diferente para combinar as impressões.

Aqui também pode ser significativo avaliar a própria qualidade da sua experiência. Talvez você só teve um dia difícil e está precisando lidar com muitos problemas para se concentrar em uma sessão de perscrutação. Ou, às vezes, simplesmente falhamos – somos todos humanos! Tudo bem. Se desejar, tente de novo em outro momento. Não faça disso um impeditivo para a sua prática.

Capitação de Imagens e Impressões Não Significativas

Este título é um eufemismo para dizer que você teve "completa viagem na maionese". Talvez seu objetivo era adivinhar se conseguiria uma contratação após realizar uma entrevista de emprego, mas tudo o que conseguiu ver foi um alienígena verde pilotando uma nave espacial. Ou talvez você desejava saber se um amigo querido vai se recuperar de uma doença grave, mas durante a contemplação, tudo o que viu foi um delicioso bolo de cenoura com calda de chocolate. Acredite – isso acontece com muita, muita frequência, e qualquer pessoa que conduza rituais públicos ou meditações guiadas para outras pessoas pode confirmar o que digo. Muitas vezes simplesmente descartamos todas essas imagens como lixo mental humorístico, mas podemos acabar jogando fora o bebê com a água do banho. Vamos explorar algumas possibilidades para entender a razão disso acontecer.

Talvez a primeira e mais óbvia explicação para isso seja que a nossa mente rebelde está nos pregando peças. É verdade que quando somos inexperientes e temos pouco tempo de prática, é muito difícil focar a mente e manter a concentração; podemos acabar devaneando e seguindo uma rota psíquica completamente diferente daquela planejada. Isso é bastante comum para pessoas que participam de meditações guiadas pelas primeiras vezes. O treino e o desenvolvimento da concentração ajudam a evitar que isso não aconteça. Mas ainda assim você obteve uma imagem, e vale a pena pensar por alguns instantes no porquê especificamente foi essa, e não outra imagem que surgiu.

Se você estiver perscrutando para saber seu resultado em uma prova e simplesmente "devanear", ainda assim o seu devaneio vai ter uma forma específica e terá lhe fornecido uma imagem. Devanear sobre os três porquinhos é diferente de devanear sobre um banho de cachoeira, por exemplo. Se uma imagem psíquica veio à tona, ela tem algo para lhe dizer, e aqui existem duas possibilidades: talvez ela não tenha qualquer relação com o tema da sua perscrutação, mas seja significativa para você de alguma maneira, ou ainda pode simplesmente parecer completamente absurda, mas com um olhar mais cuidadoso pode apresentar um sentido bastante específico para o tema do seu exercício de contemplação. Vamos avaliar cada um desses casos individualmente.

O primeiro caso – o de ser uma imagem psiquicamente significativa, mas não ter relação com o tema da sua pergunta – é mais comum, também, para as pessoas que não desenvolvem um trabalho de cultivo de alma e estão simplesmente experimentando com essas técnicas para "ver no que dá". Mas ainda assim essa imagem tem uma mensagem para lhe transmitir sobre si mesmo. Essa mesma técnica pode ser usada para você para dar início à interpretação dos seus sonhos, por exemplo. Façamos o seguinte exercício: no centro de uma página em branco do seu diário mágico, escreva em poucas palavras o que viu. Pode ser algo como "Jack Cabeça de Abóbora", "um homem subindo em um ônibus", "um palhaço fazendo malabarismo", ou qualquer outra descrição que lhe pareça apropriada. Se houver mais de um símbolo significativo, então vamos decompor em duas páginas, uma para cada elemento simbólico.

Circule ou faça um quadrado ao redor dessa pequena descrição no centro da sua página. Agora, faça um exercício associativo. O que essa imagem faz você se lembrar? Que sentimentos e emoções estão associados a ela para você? A imagem está associada a alguma memória ou experiência passada? Que outras ideias lhe veem em mente quando pensa nessa imagem? Um palhaço pode remeter à diversão e à alegria, ao medo e ao desconforto, à ideia de performance, apresentação, risada. Veja também o que estava acontecendo na cena. Quais eram as ações presentes nessa imagem? Algo era feito ou deixava de ser feito?

Talvez esse exercício de associação, ou melhor, de ampliação da imagem, possa ajudar você a compreender o que ela pode simbolizar. Pense se ela estabelece alguma relação com quaisquer aspectos da sua vida e, sempre que suas associações parecerem levar você para muito longe da imagem, retorne a ela – a ideia é ampliá-la, e não fugir dela. Se for um objeto, pense em suas funções e usos. Se for um lugar, explore sua paisagem e significado. Você pode ou não chegar a alguma conclusão. Não há a necessidade de forçar uma interpretação. Sugiro que mantenha essas anotações e depois repita a sua sessão de perscrutação para avaliar os resultados seguintes, e que também espere o desenrolar dos fatos para ver de que maneira os acontecimentos podem estar ou não relacionados ao que você viu. O objetivo aqui não é forçar um significado – mas buscar um aproveitamento da experiência.

Talvez o tempo passe e você descubra que as imagens que pareciam simplesmente um devaneio se provaram, de alguma maneira, simbolicamente significativas para os eventos que sucederam. Talvez você realmente seja contratado após aquele processo seletivo, mas se sinta um verdadeiro alienígena nesse novo trabalho, completamente fora da sua "terra natal". E talvez aquele bolo de cenoura na sessão de perscrutação sobre a saúde de um amigo querido que está doente faça você se lembrar que, na infância, costumavam comer bolo juntos, e esse possa ser um prenúncio de que um dia vocês podem fazer isso novamente.

Captação de Imagens e Impressões Nítidas e Significativas

Aqui estamos no melhor dos casos. Talvez você queria saber se aquela viagem que está programando vai dar certo, e vê a si mesmo sentando-se na poltrona de um avião ou fazendo as malas. Ou então veja um céu com uma grande tempestade – essa é a paisagem que será encontrada no seu destino, ou um impedimento para que o seu avião decole?

Quando captamos imagens e impressões que parecem estar relacionadas ao tema da nossa perscrutação – ou quando simplesmente captamos símbolos que parecem carregar um significado importante – o mesmo exercício de ampliação descrito anteriormente pode ser usado aqui.

Quais são as sensações que pareciam associadas à imagem? Procure descrever o símbolo, cena ou representação que você alcançou, ampliando seu significado. As impressões dessa categoria vão exigir menos esforço, podendo ser bastante claras e dar uma noção direta do que virá. Anote e deixe que o tempo mostre se estava correto.

Captação de Mensagens Precisas e Muito Específicas

Este capítulo seria extremamente irresponsável se não incluísse aqui outra possibilidade que também já vi acontecer – pessoas que fazem práticas divinatórias de contemplação e perscrutação e nela encontram a própria Deusa materializada, dando conselhos diretos e específicos sobre o que você ou outra pessoa deve fazer com a própria vida de maneira clara e incisiva. Esse tipo de experiência tem um potencial prejudicial muito, muito maior do que simplesmente devanear sobre os três porquinhos – porque sempre que falamos dos Deuses (ou pior, quando ouvimos uma suposta figura de autoridade espiritual falar sobre eles), temos a tendência a suspender qualquer senso crítico e tomar como verdade o que quer que vejamos (ou o que outras pessoas nos digam).

Da mesma maneira como submetemos todas as outras impressões psíquicas a um critério racional nas sessões anteriores, se você "receber uma mensagem" da Deusa – ou de quem quer que for – durante a sua sessão de perscrutação, e ela parecer muito direta e específica, por favor, submeta isso da mesma maneira a uma avaliação criteriosa, e não interprete-a como um "contato direto" ou uma "profunda revelação espiritual" – principalmente se, de alguma maneira, isso diz respeito a outras pessoas (aliás, este é um livro de Bruxaria Solitária – desaconselho totalmente o uso dessas técnicas para adivinhar para outras pessoas; empreste o livro e deixe que elas mesmas recebam as mensagens que devem receber).

Mais uma vez, não quero tomar uma atitude extremista e dizer que uma experiência como essa *nunca* irá acontecer; mas seria extremamente irresponsável da minha parte incentivar qualquer pessoa a simplesmente tomar essas experiências sem qualquer tipo de filtro, especialmente quando qualquer uma dessas impressões pode mobilizar alguém, de alguma maneira, a fazer algo que seja contra os seus princípios, limites pessoais e valores próprios.

Hoje, são abundantes na internet e meios digitais, não apenas no Brasil, as "canalizações" onde Deusas e Deuses oferecem todo o tipo de conselhos pobres de bar para as pessoas: Afrodite dizendo que você deve se amar mais, Hera afirmando que é preciso reprogramar o seu DNA para obter a prosperidade, Ísis dizendo que todos os males da sua vida é culpa sua, porque vibrou na frequência errada. Todos esses discursos do tipo "siga essa receita pronta para encontrar a felicidade" estão muito mais no campo da autoajuda do que da espiritualidade.

Entretanto, são ainda mais perigosas as experiências em que uma pessoa se acredita em comunicação direta com forças espirituais a ponto de determinar o que os outros devem fazer com suas próprias vidas. Esse tipo de discurso, além de manipulador, é completamente incompatível com a visão de mundo de uma Bruxa: não precisamos de intermediários entre nós e os Deuses para que nos digam o que fazer.

Por favor, avalie esse tipo de experiência com olhos tão críticos quanto você faria com qualquer outra mensagem. E nunca se permita agir contra seus próprios limites e valores em nome de uma visão, ou pior, pela visão de outra pessoa.

Coincidências Significativas: Percebendo Sinais no Dia a Dia

Quando o assunto são os "sinais" que podem surgir no nosso dia a dia, também temos dois extremos tendenciosos que são bastante perigosos: de um lado, está aquele indivíduo que busca enxergar sinais e mensagens em todas as coisas de maneira indiscriminada, e do outro, a pessoa cética que sempre vai debochar desse tipo de experiência e, presa em um pensamento totalmente racional, será incapaz de compreender os verdadeiros sinais que poderão cruzar o seu dia. Como sempre, vale aqui o conselho da moderação e do discernimento na busca pelo caminho do meio.

Se uma pessoa me pergunta: "eu estava com a janela aberta no meu quarto e entrou uma borboleta. O que isso significa?", minha resposta será: isso significa que você habita um mundo onde também existem borboletas e, eventualmente, vocês poderão cruzar o caminho um do outro. Quem nunca ouviu coisas como "o gato bebeu a água do meu altar", ou "formiga em casa é um sinal de magia negra"? Como pessoas que mantêm uma espiritualidade baseada na terra, Bruxos não podem acreditar que toda a realidade se move para satisfazer nossas necessidades ou nos dar avisos. Talvez as formigas andando pela sua casa só queiram se alimentar daqueles restos de comida que você deixou cair pelo chão. Nada de místico aqui – ou melhor, pode haver uma profunda experiência mística em perceber que a realidade em que vivemos é compartilhada com outras formas de vida, que o tempo todo nos cerca e nos rodeia. A natureza está sendo natureza.

Agora, talvez você tenha tido um sonho com formigas na noite anterior e de repente descobre uma infestação delas em sua casa. Ou então um determinado símbolo começou a surgir repetidamente diante de você, sem que haja qualquer relação entre cada uma dessas aparições. Aqui, estaremos diante de um tipo de "coincidência significativa" que poderá produzir um significado imediato para seu observador.

Isso quer dizer que a melhor maneira de nos relacionarmos com a noção de um "sinal" em nossa vida é quando uma determinada experiência produz um significado imediato e particular. Se a borboleta que entra pela sua janela não lhe remete a absolutamente nada, essa é só mais uma eventualidade, mesmo que esse seja um evento raro e atípico; mas se você estivesse lendo um livro de mitologia e descobrisse que a palavra grega para alma, *psyche*, também significa borboleta, e então, atipicamente, uma delas entra pela sua janela e isso produz algum sentido para você, então estaremos diante de um evento que pode ser espiritualmente significativo.

Esse tipo de experiência é mais comum do que imaginamos e o tempo todo acontece. Ele não é restrito à um seleto grupo de pessoas "especiais", "mágicas" e "escolhidas". Infelizmente, o ser humano tem o péssimo hábito de se transformar na coisa mais importante do Universo sempre que tem a oportunidade. Quando tais "sinais", ou "coincidências significativas" acontecem conosco, da mesma maneira como acontecem com praticamente todas as pessoas, o que estamos testemunhando é um curioso mecanismo de funcionamento da natureza, o qual nós ainda não compreendemos completamente.

Ao invés de compreender esse evento como "o Universo movendo-se para transmitir a você uma mensagem", que é bastante egocêntrico e coloca o ser humano em uma posição privilegiada em relação ao resto da natureza, talvez seja melhor compreendermos esses fenômenos como uma oportunidade de testemunharmos um dos muitos mecanismos de funcionamento da natureza que ainda não nos são completamente compreensíveis, e dele extrair algum significado para nossa própria vida. Contemplar uma coincidência significativa não é muito diferente de presenciar um lindo pôr do sol ou o desabrochar de uma flor rara – esses são todos eventos naturais que podem ter um impacto significativo sobre aqueles que o testemunham – ou podem ser banais e passarem por nós despercebidos. Isso não quer dizer que não devemos valorizar esses acontecimentos; só quer dizer que não devemos usar esse mecanismo natural do Universo para nutrir qualquer tipo de megalomania.

A experiência das "coincidências significativas" apenas ganha um ar "mágico" diferente de outros processos naturais, porque ainda não chegamos a uma explicação científica totalmente satisfatória. Talvez, quando isso acontecer, ele se torne tão banal para a maioria das pessoas quanto uma chuva de meteoros no céu. Temos a tendência de atribuir um significado especial a tudo o que escapa da nossa racionalidade, como se ela fosse capaz de explicar todos os fenômenos, o que não é verdade. Os fenômenos nada mais são do que a dança da natureza; e nós temos o privilégio de sermos sua testemunha e nos maravilharmos em seus movimentos, mesmo que eles fujam de nossa compreensão racional.

Os sentidos e significados dessas experiências são bastante particulares e cabe a você percebê-los. Nem sempre isso é possível, e tudo bem. De maneira geral, essas coincidências significativas são definidas pelo encontro de dois ou mais acontecimentos de maneira causal – isto é, sem que haja uma causa aparente que explique essa ocorrência simultânea – e que produza significado no momento de sua experiência. Esses fenômenos podem ser simplesmente de ordem externa, como o exemplo da borboleta, ou de ordem interna e externa (talvez ao invés de ler sobre a borboleta, você teve um sonho com uma na noite anterior).

O cuidado aqui é para evitarmos sermos supersticiosos, o que nos leva a um ponto final importante antes de encerrarmos este capítulo.

Superstição: Quando uma Bruxa não é Intuitiva

Ensinar superstições como se fossem verdadeiras é terrível. A mente da criança aceita e acredita nelas, e somente com muita dor, e talvez tragédia, ela pode se livrar delas ao longo dos anos.

– Hipátia de Alexandria

A experiência de intuição é diametralmente oposta à da superstição, mas acontece que a maioria das pessoas que se consideram intuitivas é, na verdade, simplesmente supersticiosa.

A pessoa intuitiva é aquela que, por determinadas experiências específicas, percebe um significado e sentido claros para aquela ocasião em particular. Uma pessoa supersticiosa, exatamente por não ter essa capacidade intuitiva desenvolvida, tenta compensar essa falta criando sistemas rígidos de interpretação da realidade: cruzar com um gato preto *sempre* vai significar azar (ou, para uma Bruxa, sorte), encontrar determinado animal é um significado de contato divino, sonhar com dente significa morte, etc. Veja, esse é um processo racional, e não intuitivo. Intuição não é "traduzir" eventos da vida em mensagens do Universo para você.

É sempre importante reforçar que a capacidade intuitiva é composta de faculdades psíquicas que estão à disposição de todas as pessoas –, mas essa afirmação pode nos dar a ilusão de que qualquer pessoa, com esforço, pode se tornar igualmente intuitiva, o que não é verdade. Pessoas, por diversos motivos, têm facilidade para desenvolver determinadas habilidades em detrimento de outras. Algumas são naturalmente atléticas e têm muito talento para um determinado esporte; outras manifestam desde muito cedo habilidades artísticas que podem fazer dela uma escritora, pintora ou desenhista; outros têm muita facilidade de comunicação, são naturalmente sociáveis e tem um jeito muito especial de cativar as pessoas à sua volta; também há aqueles que levam jeito para os estudos; já alguns são naturalmente intuitivos.

A intuição é só mais uma dentre a imensa variedade de habilidades humanas. Eu, por exemplo, não tenho qualquer talento para atividades que exijam destreza manual, e sempre que estiver em um grupo fazendo um artesanato de Sabbat, por exemplo, certamente o meu vai ser um dos mais desastrosos de todos. É claro que, com os anos, passando várias vezes pela Roda do Ano, eu acabei desenvolvendo maior destreza para fazer cruzes celtas, bonecas de milho e outras coisas similares, mas ainda assim o resultado final do que eu consigo produzir manualmente nunca chega perto do que pode fazer alguém que tenha uma aptidão natural para esse tipo de atividade. Com a intuição é a mesma coisa. E ninguém precisa ter nascido um profeta para praticar Bruxaria ou formas de adivinhação.

Uma das grandes dádivas da Deusa para nós é a diversidade, uma marca registrada da natureza, onde nada é igual. Sabemos que a diversidade é uma força, e não uma fraqueza – muito bem expresso, por exemplo, na reprodução sexuada, onde a troca genética cria seres diferentes, fortalecendo a espécie. Se você não é uma pessoa naturalmente intuitiva, com prática e muito esforço poderá desenvolver alguma intuição. Suas experiências intuitivas serão tão frequentes ou intensas quanto as de uma pessoa que é naturalmente intuitiva? Muito provavelmente não – e tudo bem! Pessoas que não são naturalmente intuitivas são naturalmente um monte de outras coisas que os intuitivos não conseguirão ser. E a natureza precisa de todas essas expressões. Então, se a intuição não é o seu forte, pense: qual é?

Bruxos não precisam necessariamente ser intuitivos. Isso é uma grande ilusão. Bruxos devem expressar o potencial de todos os seus talentos. Então, se a pessoa não se considera naturalmente intuitiva, é muito importante que em um caminho espiritual como a Arte ela procure desenvolver esse aspecto do seu ser, da mesma maneira que um intuitivo talvez sofra para fazer um ritual e caminhar pelo círculo sem se queimar nas velas ou derrubar o altar.

A intuição não é a única que pode lhe proporcionar experiências místicas com o Sagrado. Em uma religião que valoriza a totalidade, o pensamento racional, filosófico e científico é tão importante quanto o intuitivo e simbólico, que é tão importante quanto a destreza corporal, que não é menos importante que a inteligência emocional bem desenvolvida. O problema é quando qualquer um deles é supervalorizado e imposto como norma, ou valorizado como "melhor". Vivemos em uma sociedade onde o pensamento simbólico, emocional, psicológico e interior é tido como menos verdadeiro que o científico, o que provoca um desequilíbrio. Se simplesmente invertermos a balança e supervalorizarmos a intuição em detrimento da razão, ou do corpo e das percepções sensoriais, ou das emoções e habilidades sociais, estaremos rompendo a imagem perfeita de equilíbrio que é o Círculo das Bruxas.

Dentro de um Coven, Grove, grupo ou comunidade mágica, cada membro pode ajudar a coletividade com aquilo que faz de melhor em um mesmo ritual, o que sempre vai resultar em uma experiência muito mais significativa. Se você é um Bruxo solitário, então a sua prática naturalmente vai ter a cara daquilo que é mais natural para você. Encontrar o nosso próprio estilo de prática e de relação com os Deuses é muito importante, assim como nos exercitarmos em nossas limitações. Ninguém deve dar conta de tudo, ou sofrer com a imposição de modelos inatingíveis de perfeição.

Incluí neste capítulo exercícios de divinação intuitiva, porque sinto que a maioria dos livros disponíveis sobre a Arte não costuma explorá-los. Mas talvez você os pratique por algumas vezes e chegue à conclusão de que usar o tarô funciona melhor no seu caso, ou que práticas de divinação intuitiva funcionam melhor em algumas situações, mas não em outras. O objetivo aqui foi aumentar a sua caixa de ferramentas mágica, e não a limitar.

Então, para finalizar, se a intuição é um verdadeiro desafio, ao invés de se tornar uma pessoa supersticiosa, procure desenvolvê-la, mas também coloque à serviço dos Deuses o que você tem de melhor. Há Bruxos que são maravilhosos para escrever textos inspirados, outros que tem muita habilidade para criar canções ou tornar um ritual mais musical; há aqueles que são capazes de desenvolver os aspectos filosóficos e lógicos da nossa religião, ensinando e elevando a compreensão sobre a Bruxaria; outros, ainda, são extremamente talentosos para criar performances rituais, montar os mais belos altares e decorações cerimoniais; e tem aqueles que podem usar sua inteligência emocional desenvolvida para aconselhar, ouvir e facilitar o caminho dos demais. Há também os intuitivos, que no ritual podem mais facilmente se comunicar com diferentes níveis da natureza e compartilhar com os outros aquilo que vê. Todas as habilidades são importantes e necessárias.

Isso não quer dizer que devemos criar um tipo de "superespecialização", dizendo "eu sou uma Bruxa musical", ou "eu sou um Bruxo filósofo" – devemos, sim, usar nossos talentos para servir aos Deuses, expressando aquelas dádivas que nos são naturalmente mais acessíveis. Ao mesmo tempo, também devemos fazer o trabalho interior de reconhecer nossas limitações e dificuldades e trabalhar para melhorá-las. É apenas assim que podemos caminhar, genuinamente, por um caminho de busca pela plenitude.

∼ Capítulo Sete ∽

Dançando com o Sol e as Plantas

Cheio de um fogo divino que me aqueceu a alma,
eu quero, mais do que nunca, seguindo os passos de Orfeu,
Descobrir os segredos da Natureza e dos Céus.

– Pierre de Ronsard

Sol e Lua sempre ditaram os ritmos da vida humana. Desde o início dos tempos, os ciclos de dia e noite, luz e escuridão, foram fundamentais para a organização e sistematização das atividades dos povos antigos. Caminhando pelos céus em todo o seu esplendor, Sol e Lua fascinaram homens e mulheres do passado e povoaram seu imaginário. Neste capítulo, vamos tratar do Sol; a Lua será abordada com mais detalhes no capítulo seguinte.

Se hoje a nossa relação com esses luminares é bastante banal e sua presença ou ausência no céu não causa grandes impactos em nossa vida cotidiana, para nossos ancestrais isso era muito diferente. Obter o auxílio e a colaboração do Sol e da Lua era fundamental para garantir o sucesso e a continuidade das comunidades, e por isso, harmonizar-se

O Grimório da Magia Natural

com essas forças não era apenas uma questão de espiritualidade e religiosidade, mas a garantia literal de sua sobrevivência, o que para nós, hoje em dia, é bastante difícil de compreender.

Toda a organização social de nossos ancestrais envolvia o reconhecimento e a harmonização com o ambiente onde viviam – seus ciclos sazonais, a vegetação, a fauna e uma série de outros elementos geográficos – não apenas porque essa era uma maneira poética de viver sua espiritualidade, mas por questões literais de sobrevivência. Por milhares de anos, a vida humana dependeu de um contato íntimo com o mundo natural à sua volta.

Nos tempos atuais, por mais que muitos de nós permaneça ignorantes a esses fatores, os ciclos do Sol e da Lua ainda exercem influência direta sobre o nosso corpo e os nossos humores, quer saibamos disso ou não.

Todos os dias nosso corpo responde a esses ciclos e processos. No nosso corpo físico, um aspecto dessa regulagem é feito pela glândula pineal. Quando o sol se põe e a incidência de luz sobre nós diminui[6], a glândula pineal passa a produzir um hormônio chamado de melatonina, responsável pela indução ao sono. Já quando o dia nasce e a luz aumenta, há em nosso corpo um aumento de serotonina, que nos induz ao estado desperto de consciência. Por isso, dizemos que os ritmos do corpo são regulados por essa glândula, que fica na mesma região do corpo associada aos próprios processos psíquicos. Este é um exemplo claro, prático e objetivo de como os ciclos de dia e noite agem direta e fisicamente sobre o nosso próprio corpo.

---

6. Ou ao menos deveria diminuir, mas isso geralmente não acontece devido a toda luz artificial de nossas casas e cidades, e também pelos dispositivos eletrônicos que estão diante de nosso rosto praticamente vinte e quatro horas por dia. Muitos estudos mostram que existe uma relação direta entre o excesso de exposição à luz artificial durante a noite e distúrbios de sono.

Além disso, Lua e Sol também são duas diferentes modalidades da consciência. Todo Bruxo possui ambas dentro de si, normalmente representadas pelos períodos do dia e da noite.

A consciência solar é aquela que usamos nas tarefas cotidianas do dia a dia em nossos compromissos, obrigações e trabalhos. Ela é racional e analítica, discriminatória e lógica. Quando o Sol brilha no céu, ele torna invisível todo o espaço infinito do Universo com suas estrelas, e nos obriga a olhar para baixo, para o mundo prático e concreto.

Ao passo que nossa consciência lunar está geralmente associada aos períodos da noite e do sono, ao momento em que é mais difícil enxergar as coisas à nossa volta, mas podemos contemplar a beleza distante do céu noturno. Trata-se daquela parte de nós que é simbólica, emocional e intuitiva, que não pode ser explicada ou expressa em palavras. É dela que flui a nossa criatividade e também os nossos sonhos. Isso explica porque, por exemplo, a maioria das práticas de Bruxaria costuma ser feita à noite, no momento em que há menos incidência de luz e a nossa consciência intuitiva pode ser naturalmente estimulada. Não é lindo como a Bruxaria não nos afasta da ciência e do mundo natural?

OS PODERES DO SOL

É verdade que a prática da Bruxaria é noturna, associada à Lua e aos poderes da noite. Mas nosso Deus de Chifres nos faz ter uma relação bastante especial com o Sol – afinal, é ele quem celebramos no passar das estações, nos ciclos de luz e escuridão da nossa Roda do Ano. É no tempo em que a luz do dia brilha acima de nós que nos ocupamos com nossas tarefas diárias – nossa vida profissional, os estudos, nossas principais relações. Sob as bênçãos da luz solar, cumprimos nossas obrigações e construímos nossa história de vida. O Sol é o grande testemunhador e doador de energia para esse aspecto de nossa vida, iluminando nossos caminhos em direção à felicidade e à realização, para que durante a noite nossa alma ingresse no mundo mágico dos sonhos ou do Círculo da Arte.

O Sol nos conecta ao princípio da vitalidade de maneiras muito concretas, uma vez que sua luz fornece alimento para a base de nossa cadeia alimentar: o reino vegetal.

Temos muito o que celebrar e agradecer ao Sol. Se observarmos bem, ele é o doador de toda a vitalidade de nosso Planeta – é do Sol que as plantas retiram sua energia e são capazes de produzir seu próprio alimento, convertendo energia luminosa em matéria e crescendo pelos quatro cantos do mundo. Por trás do poder verde da natureza está o brilho dourado do Sol, doador da vitalidade e da energia. Esse poder solar, transformado em matéria, está presente na célula de cada planta, flor e fruto que usamos em nossa magia, ou dos quais nos alimentamos.

Pense por um momento – o reino vegetal, que tira sua subsistência diretamente da energia solar, é a base de toda a cadeia alimentar. É dele que os animais herbívoros se alimentam, e esses, por sua vez, depois servem de fonte de energia para os predadores carnívoros. Tudo o que se alimenta está absorvendo essa mesma energia luminosa do Sol, encarnada e cristalizada no mundo por via do reino vegetal. As plantas é que são capazes de captar esse poder sutil e fazê-lo manifestar-se densamente aqui em nosso mundo. E é essa energia solar, sempre circulando de um ser vivo para outro, que mantém a vida em nosso Planeta. Somos todos Filhos do Sol.

Em termos físicos, o processo de fotossíntese e o crescimento do mundo vegetal representa a conversão de energia em matéria – um processo que já é mágico em si mesmo –, mas em termos espirituais, isso representa a cristalização da energia divina e espiritual no plano material – ambas são razões que nos levam a celebrar a fertilidade da terra.

Quando nos alimentamos, o potencial energético é armazenado em nosso corpo na forma de moléculas. Quando essas moléculas entram em contato com o oxigênio do ar que respiramos, as reações químicas decorrentes desse processo liberam energia – aquela força solar que havia sido convertida em matéria agora trilha o caminho reverso e volta a ser energia. Este processo ocorre no interior de cada uma de nossas células. Por isso, como o Sol, cada célula em nosso corpo está constantemente liberando energia. Todo ser vivo é um pequeno sol temporário que, ao fim do seu tempo, devolve à Terra todo esse potencial energético e continua alimentando os ciclos de vida, morte e renascimento intermináveis de nosso mundo. Quando celebramos a dança das estações do Sol estamos também celebrando as fases da própria vida humana.

Ao nos darmos conta de que nossa fonte de energia vital é, literalmente, o Sol, pensar em uma religião natural que reverencia os ciclos solares ganha todo um novo sentido. A Bruxaria é uma religião de metáforas naturais. Uma prática que se prevalece dos movimentos dos corpos celestes e das sementes para contemplar os diferentes níveis da vida humana. Mas não é só isso. A natureza não é apenas uma metáfora que serve aos propósitos da humanidade; ela é real, está ao nosso redor e participamos dela tanto quanto todo o resto.

Quando nos tornamos conscientes da teia de luz solar que sustenta a vida do Planeta, podemos nos irmanar mais uma vez às forças da terra e participar de seus ciclos. Encontramos nosso lugar no mundo.

Também é impossível ganhar essa consciência e não passar a desenvolver um olhar de reverência e respeito pelo próprio mundo manifestado. A ideia de que estamos separados da natureza, de que somos uma espécie melhor, mais desenvolvida e independente das forças naturais (e também uns dos outros) é uma das maiores mentiras que o ser humano já contou para si mesmo – e os recentes acontecimentos globais nos trouxeram essa grande lição. Em uma época com tantos desastres naturais, quando a natureza parece gritar para que despertemos, é hora dessa mentira cair – com o perdão do trocadilho – "por terra".

Quando os Bruxos afirmam que seu Deus é o Sol, é verdade que estamos nos valendo de uma linguagem poética, afinal, o Deus de Chifres não é apenas o Sol – na verdade, Ele é tudo o que vive e se movimenta através dos ciclos, incluindo a própria humanidade. Mas chamar o Sol de nosso Deus também é afirmar a sacralidade e a importância desse Astro Rei para nossa sobrevivência. Devolvemos a ele – e, consequentemente, ao mundo material – o seu papel fundamental como o doador da vida; e como vimos, isso não é metafórico. A Antiga Religião tem esse fabuloso poder: ela une visível e invisível, metafórico e concreto, científico e poético para honrar as forças divinas.

Há ainda outras implicações de chamar o Sol de nosso Deus: se toda a vida manifestada vem, literalmente, desse poder, isso quer dizer que todos nós somos pequenos sóis, pequenos Deuses vivendo pelo mundo. O mesmo poder gerador e criativo que emana dele também está em nós. Somos participantes do drama divino, extensões de seu poder criativo, e criadores por nosso próprio direito. Se participamos da natureza solar, isso nos torna mágicos; faz de nós seres divinos. Enxergar a sacralidade do Sol não implica apenas em dizer que somos

Dançando com o Sol e as Plantas | 251

sagrados – isso pede para que nós possamos agir também dessa maneira. Pare sua leitura por um momento e reflita: como você tem empregado esses poderes luminosos que fluem no mundo através de você?

Se Bruxos são Filhos do Sol, isso também significa que somos curadores e nutridores. Se ele é a fonte da vida, e esse poder corre por nossas veias, isso quer dizer que nós também somos mantenedores e nutridores da vida à nossa volta. É nosso dever fazer com que a vida floresça em verdade, beleza e harmonia. Nossas palavras, pensamentos e atitudes nutrem o mundo e as outras pessoas ao nosso redor de muitas maneiras. Por isso, vale à pena parar por alguns instantes e avaliar como a sua energia tem alimentado o mundo, e o que você tem feito crescer. Suas atitudes tem sido fonte de alegria, crescimento e contentamento, ou elas criam separação, brigas, ódio e violência? Suas palavras curam ou ferem? Sua presença é, assim como o Sol, celebrada, ou as pessoas preferem ficar longe de você?

Há ainda outro aspecto importante do Sol para nós – ele é o Iluminador, o Senhor da Consciência. Durante a noite, nossa consciência lunar percebe tudo de maneira misturada e unificada, mas durante o dia, o Sol nos permite enxergar e discriminar. Isso significa que o Sol representa a parte de nós que é capaz de explicar e entender, de se perguntar e buscar respostas. É a luz solar que nos permite entender a realidade e enxergar cada coisa de maneira particular e individual. É do Sol quem vem a nossa individualidade e nossas histórias pessoais. Em seus domínios, somos o Herói em sua jornada em busca da realização.

Ele é o patrono das ciências, da mente lógica e racional, tão necessária e característica de nossa espécie. O avanço da consciência humana produziu muitas coisas maravilhosas, como a filosofia, a arte, a medicina, a engenharia. Mas quando a consciência solar foi definida como a única verdadeira, ela também se tornou responsável pelo nosso sentimento de isolamento. Muita luz provoca a cegueira. E em nosso tempo, buscamos tanto a luz solar que fomos por ela cegados, fechando nossos olhos para outras realidades. Por isso,

Bruxos e outros místicos voltam-se cada vez mais aos poderes lunares para buscar o equilíbrio.

Houve um tempo em que o ser humano estudou a astronomia, a matemática, a química e outras ciências consideradas "exatas", não do ponto de vista de um Universo desencantado, como uma massa de matéria desprovida de sacralidade. Os antigos buscavam expandir o seu conhecimento sobre o mundo material porque *sabiam* que isso significava expandir o nosso próprio conhecimento sobre os Deuses. Se a realidade física é uma manifestação divina, então conhecer profundamente os componentes e o funcionamento desse mundo material é uma maneira de conhecer o Sagrado. A noção de que o conhecimento científico é contrário à religião só se sustenta quando colocamos o sagrado fora do mundo material. Como disse a Bruxa Diânica Z. Budapest em uma entrevista: "Alguma parte da Deusa está além da natureza? Não, não há nada além dela. Só há mais natureza além da natureza. Tudo é natureza, mesmo o que ainda não descobrimos".

Se tudo é natureza, isso significa que estudar aritmética, geometria, química, física, biologia, psicologia, sociologia, nutrição, anatomia ou botânica são todas maneiras de expandirmos nosso conhecimento a respeito da própria deidade.

Absorvendo a Energia Solar

Nós naturalmente absorvemos as forças do Sol nos expondo a ele, por meio da nossa respiração e da nossa alimentação. Mas podemos usar da meditação para conscientemente atrair e direcionar essa energia para determinadas partes do nosso corpo, ou mesmo usá-las como forma de nos conectarmos aos Deuses. Vejamos alguns desses exercícios:

EXERCÍCIO 58
Saudação ao Nascer do Sol

Este exercício é idealmente realizado ao ar livre, mas adapte-o para as suas necessidades. Um lugar alto ou uma janela através da qual você possa observar o nascer do sol, ou ao menos o céu, vai servir. Ele também foi idealizado para ser feito durante o próprio nascer do sol, mas pode ser adaptado para ser realizado em outro período da manhã. Particularmente, recomendo a experiência de ao menos uma vez realizar esta prática no próprio horário do nascer do sol, para que você possa ter a experiência completa.

Contemple em silêncio o céu escuro que lentamente começa a se iluminar com os primeiros raios da manhã, enquanto o Sol se prepara para se "levantar" no portal dos nascimentos, o Leste. Mentalmente, peça que essa nova luz traga a você renovação, clareza de pensamento, inspiração e o fim dos processos de dúvida e sofrimento. Peça que a energia do Sol que retorna possa abençoar você. Quando o Sol começar a se tornar visível, eleve seus braços em direção ao Leste. Se tiver um bastão, você pode optar por apontá-lo nessa direção, e dizer:

SAUDAÇÕES AO BRILHANTE SOL
QUE SE ELEVA NO PORTAL DOS NASCIMENTOS!

SAUDAÇÕES AO BRILHANTE SOL
QUE RETORNA PARA ILUMINAR O MUNDO UMA VEZ MAIS!

SAUDAÇÕES AO BRILHANTE SOL
QUE BANE AS TREVAS DO MEDO, DA IGNORÂNCIA,
DA DÚVIDA E DO SOFRIMENTO!

LUMINOSO CORNÍFERO,
DEUS DE CHIFRES QUE ABENÇOA TODA A VIDA SELVAGEM,

SEUS CASCOS FENDIDOS TOCAM A TERRA
E SUA FACE DOURADA SORRI PARA NÓS A CADA AMANHECER!

VENHA, ESTEJA CONOSCO,
E QUE POSSAMOS REGOZIJAR EM SUA LUZ!

Neste momento, visualize o Deus de Chifres como o Doador da Vida e da fertilidade diante de você e receba sua força. Traga então a luz para dentro de si, trazendo as mãos ao seu coração e imaginando que sua pele é capaz de absorver todo o brilho dourado que preenche o seu corpo com força e vitalidade. Respire profundamente, una-se ao sol. Se desejar, use essa energia para abençoar mentalmente suas tarefas, atividades e projetos do dia. Agradeça às forças solares e encerre.

EXERCÍCIO 59
Acendendo o Sol Interior

Escolha um dia quente e iluminado para fazer esse exercício, e coloque-se em uma posição confortável, usando o mínimo de roupas que a situação permitir para que você tenha o máximo de contato possível direto com a luz solar.

Feche os olhos e respire algumas vezes, usando a Respiração de Quatro Tempos[7] para se colocar em um estado alterado de consciência. Então, comece a sentir o calor do sol na sua pele, levando a consciência que geralmente está concentrada em nossa cabeça (onde temos concentrados 4 dos 5 órgãos dos sentidos) para a sua pele, por todo o corpo. Não pense. Apenas perceba a sensação da luz e do calor do sol sobre seu próprio corpo. Quando conseguir criar essa consciência, continue respirando em quatro tempos e agora visualizando que você é capaz de absorver a luz solar através dos poros da sua pele, com todo o seu corpo, como se a sua própria pele estivesse inspirando.

A cada inspiração, sinta seu corpo absorvendo mais e mais luz solar, e a cada expiração, concentre essa energia dentro de você, visualizando seu corpo brilhando numa luz dourada. Quando sentir a

---

7. Consiste em uma contagem de quatro tempos para cada fase da respiração: inspire, retenha, expire e retenha. Conferir o Exercício 04 do livro *Bruxaria Solitária: Práticas de Wicca para guiar seu próprio caminho*.

energia bem concentrada, leve sua atenção ao seu plexo solar, que fica a um palmo acima do umbigo e, respirando, concentre toda a luz nessa região, fazendo uma esfera luminosa; um pequeno sol dentro de você. Então passe a usar a sua respiração para fortalecer esse sol interior, fazendo-o brilhar e arder cada vez mais, irradiando luz, vitalidade, cura e saúde para dentro de você. Para encerrar, faça três respirações profundas, projetando para fora de você qualquer excesso de energia, e então abra os olhos.

EXERCÍCIO 60
Bebendo o Sol

Você vai precisar do seu Cálice consagrado com algum tipo de bebida solar – use vinho tinto, hidromel ou mesmo um suco de frutas de cor amarela ou alaranjada, como a laranja ou o maracujá. Se não tiver nenhuma delas à mão, use água gelada. Segure o Cálice em suas mãos ou posicione-o de modo que possa ver o sol refletido na superfície da água. Usando a visualização, perceba o sol em miniatura formando-se dentro do recipiente e irradiando seu poder pela água, preenchendo-a de luz dourada.

Se desejar, recite uma invocação ou saudação ao poder solar enquanto atrai sua energia. Ao terminar, eleve o Cálice em saudação e beba a água, lentamente, sentindo a energia fluindo para dentro de você. Enquanto faz isso, veja a sua aura sendo preenchida por uma luz dourada e irradiando sua força e poder através do seu corpo. Visualize o sol brilhando em seu plexo solar (um palmo acima do umbigo) e respire por alguns instantes, sorvendo desse poder. Deixe um pouco da bebida para verter sobre a Terra em agradecimento.

EXERCÍCIO 61
Preparando Água Solarizada

A Água Solarizada é uma água especialmente carregada com o poder do Sol. Ela é feita preferencialmente no Solstício de Verão (por volta de 21 de dezembro), mas também pode ser preparada em qualquer dia quente e luminoso. Encha um recipiente de vidro com água e exponha à luz solar pela manhã, bem cedo, recolhendo antes do crepúsculo.

Essa água pode ser engarrafada e guardada para que você use sempre que precisar utilizar o poder solar em banhos, chás, elixires ou qualquer outra magia que use água, acrescentando uma ou duas colheres de sopa da Água Solarizada à sua mistura. Repita o procedimento sempre que sentir que deve carregar a água com mais energia e vá preenchendo a garrafa à medida que for usando.

Use a Água Solarizada sempre que precisar de mais vitalidade, garra, disposição, força de vontade, foco ou cura.

OUTROS OLHARES SOBRE A RODA DO ANO

Todos os livros de Wicca dirão a você que Bruxos celebram os oito Sabbats para se conectarem aos ciclos naturais. Isso é uma necessidade de nossa própria sociedade: após séculos de dessacralização da Terra, voltarmos nossos olhos para o mundo natural e dizer que as mudanças que acontecem ali são sagradas, é algo muito poderoso. Já tem muito tempo que os seres humanos aprenderam que buscar o divino era algo para ser feito no interior de templos de concreto, isolados do mundo natural, tentando escapar da matéria e fugir do corpo. A Wicca assume uma posição contracultural muito forte ao afirmar que nossa maneira de acessar o sagrado é exatamente o oposto disso; é no próprio mundo natural que encontramos nosso contato com os Deuses.

Por isso, parte da nossa celebração da Roda do Ano deveria envolver uma observação cuidadosa do que acontece ao nosso redor. O Brasil é um país com biomas e zonas climáticas muito diferentes, e a maneira como a natureza se comporta em uma região é muito diferente do que acontece em outra. Para que possamos verdadeiramente nos conectarmos à natureza, não basta que possamos nos conectar aos "ciclos da Terra" de maneira genérica, mas também aos ciclos *da nossa terra*. A melhor maneira de fazer isso é pela observação constante e o contato com os ambientes naturais que você tem à sua disposição nos arredores de onde mora – no caso das grandes cidades, muitas vezes, o máximo que conseguimos nos aproximar disso é nos parques ou lugares semelhantes.

Quando conhecemos as mudanças dos ritmos da natureza no lugar onde moramos, podemos acrescentar alguns desses elementos em nossos rituais de Sabbat, usando flores da estação para decorar nosso altar ou oferecendo aos Deuses os frutos que são típicos daquela época. Aqui vão algumas observações e pesquisas que você pode realizar ao longo de um ano inteiro para se familiarizar com esses ritmos:

OBSERVAÇÃO DA NATUREZA

Durante a época de cada um dos oito Sabbats, observe na sua cidade e anote:

- Em que horário o Sol nasce e se põe?
- Quais são as variações de temperatura?
- Quais são as flores que surgem ou desaparecem?
- Existem plantas que secam e morrem?
- Existem plantas que ficam verdes novamente?
- A cor do céu muda de uma estação para outra?
- Como se comportam as chuvas?
- O ar é mais seco ou mais úmido?
- Que outras mudanças você é capaz de observar?

PESQUISE E DESCUBRA

- Quais são as frutas e legumes disponíveis nessa época?
- Quais são as características do seu bioma?
- Quais são as árvores que existem no seu bairro? Elas são espécies nativas ou originárias de outras regiões?
- Quais são as espécies de animais que existem na sua região?

Aspectos Simbólicos da Roda do Ano

A Roda do Ano também é um calendário simbólico, que se vale de elementos metafóricos para nos colocar em conexão com mistérios e princípios espirituais.

Na Wicca, a Roda do Ano clássica é baseada em um ciclo de plantio, que acontece na época do Equinócio de Primavera, e um ciclo de três colheitas nos Sabbats de Lammas, Mabon e Samhain. Alguns Bruxos advogam que a Roda do Ano seja completamente modificada e adaptada à realidade de cada região, e há quem acredite que celebrar os Sabbats, que são baseados em um ciclo agrário típico de uma região específica da Europa, pode ser tão alienante quanto simplesmente ignorar solenemente a natureza em nossa prática espiritual.

Eu, particularmente, defendo uma posição intermediária: acredito que há na mitologia típica da Roda do Ano elementos que são importantes para a nossa prática religiosa e que não são literais; mas também podemos acrescentar à celebração dos Sabbats aquilo que é típico do lugar onde vivemos. Então, ao invés de criar todo um novo calendário, descaracterizando completamente a Roda do Ano e perdendo nossa identidade compartilhada, você pode descobrir o que é plantado na época do Equinócio de Primavera, por exemplo, e usar essas sementes em seu ritual, ou decorar o seu altar com as flores que estão na natureza nessa estação. Durante um festival de colheita, você pode descobrir o que está sendo colhido na sua região naquele momento e também incorporar isso aos seus rituais, mas mantendo a estrutura da própria Roda do Ano.

O que tenho observado é que muitas vezes as pessoas se concentram demais nos aspectos exteriores e objetivos dos Sabbats, mas pouco olham para os elementos simbólicos da Roda do Ano, que se valem de um ciclo menor (ou "mitológico") para expressar ciclos maiores. Vejamos alguns deles:

A Roda do Ano e o Ciclo de uma Vida Humana

Além de marcar o ritmo das estações, a Roda do Ano marca também os estágios de nossa própria vida. O Sol, como um símbolo da centelha espiritual que encarna no grão, revela o movimento de nascimento, crescimento, decaimento e morte vividos por cada um de nós.

Isso significa que a cada Sabbat temos a oportunidade de reviver e revisitar uma determinada época de nossa vida, ou então de nos prepararmos e pensarmos sobre as fases que ainda não vivemos. A Roda do Ano nos permite reconhecer e sacralizar esses ciclos na própria vida humana, e o próprio simbolismo agrário (plantar na primavera, colher no outono, etc.) faz referência ao que experimentamos em cada uma dessas idades. Neste sentido, a Roda do Ano nos permite reconhecer essas potências e nos reapropriarmos de todas elas, ou mesmo vivenciarmos determinados aspectos de nosso próprio ser que, por algum motivo, não tivemos a oportunidade de vivenciar durante uma fase de nossa vida.

Perceba que todo o simbolismo associado a cada uma das estações está diretamente relacionado à experiência humana de cada época da vida. Se você jogar fora todo o simbolismo das quatro estações simplesmente porque onde mora elas não são marcadas de maneira tão clara, também vai estar descartando todos esses recursos simbólicos que falam de muitos outros aspectos do desenvolvimento humano, além do que se passa na natureza ao nosso redor. Lembre-se: o Sol é o símbolo da vida; logo, nossos rituais solares são celebrações de nossa própria existência também.

O Grimório da Magia Natural

SABBAT / ÉPOCA DO ANO	FASE DA VIDA	TEMA TRADICIONAL	EXPERIÊNCIA HUMANA
YULE Solstício de Inverno	Nascimento	Nascimento do Deus Sol	Chegada ao mundo material; cuidados de maternagem
IMBOLC Véspera de Agosto	Infância	Purificação e preparação para a primavera	Nutrição, cuidado e proteção
OSTARA Equinócio de Primavera	Puberdade	O plantio das sementes e o retorno das flores e folhas	Construção da sua identidade pessoal; contato com suas potencialidades
BELTANE Véspera de Novembro	Fim da adolescência / início da vida adulta	União sexual da Deusa e do Deus	Vivência do amor e da paixão
LITHA Solstício de Verão	Plenitude da vida adulta	Ápice do poder solar e anúncio de seu futuro declínio	Manifestação de nossa verdadeira vontade e poder pessoal
LAMMAS Véspera de Fevereiro	Maturidade	A primeira colheita e o sacrifício do Deus Sol	Início do declínio da vitalidade; começamos a desfrutar do que construímos na vida
MABON Equinócio de Outono	Velhice	A segunda colheita, as festas e as celebrações	O amadurecimento e a sabedoria trazidos pelo tempo
SAMHAIN Véspera de Maio	Morte	Celebração dos Ancestrais	Nossa existência nos planos sutis; a gestação antes do nascimento

A Roda do Ano e a Natureza Invisível

Toda a simbologia que está tradicionalmente associada a cada um dos Sabbats também representa processos e princípios sobre a própria realidade que escapa a nossa compreensão direta, tornando-se metáforas visíveis para falar daquilo que nem sempre é tão perceptível assim.

De maneira básica, a Roda do Ano reflete a relação entre o Sol e a Terra. Se abstrairmos esses dois elementos, podemos dizer que o Sol representa a potência divina do Deus como o Sol, enquanto que a Terra representa o plano da manifestação da Deusa da Fertilidade. Então, de alguma maneira, a Roda do Ano também reflete as relações entre o espírito e a matéria – duas partes diferentes de nosso próprio ser.

Importante: não leia "espírito" como "sagrado", ou "matéria" como "profano". Tudo isso é sagrado e divino, mas correspondem à diferentes parcelas da natureza. O mundo material é aquilo que está imediatamente disponível para nós e pode ser observado e experimentado pelos cinco sentidos de nosso corpo; o espírito corresponde à parcela da natureza que é transcendente à percepção de nosso corpo físico, mas que podemos conhecer por via de estados alterados de consciência. Tudo é sagrado e tudo é natureza; apenas correspondem à diferentes aspectos da realidade natural.

Se a Roda do Ano expressa também as mudanças que acontecem em nós, a dança anual do Sol e da Terra refletem a maneira como se comportam os distintos aspectos que formam o ser humano. Isso não é algo novo – a própria cultura oriental já nos ensinou isso por meio dos sistemas de chacras, onde temos na base da coluna o centro de energia chamado por eles de *Muladhara*, a raiz, que estabelece nossa conexão com a energia feminina do mundo material, e no topo da cabeça o *Sahasrara*, "o lótus das mil pétalas", pelo qual nos ligamos às forças masculinas e celestiais. O simbolismo da Roda do Ano também expressa a maneira como essas energias se comportam e se harmonizam dentro de nós, tanto nas diferentes épocas do ano quanto no próprio ciclo de uma vida humana.

Sol e Semente: Movimentos Complementares

Dizemos que a Roda do Ano representa os ciclos do Sol e da Terra, mas isso está incompleto – falta um terceiro elemento sem o qual não há celebração da Roda do Ano: a semente. É ela que de fato estabelece, em nossos rituais e na própria mitologia dos Sabbats, a conexão entre o céu e a terra. É a semente que sofre a influência tanto das forças celestes quanto telúricas e que muda e se transforma ao longo do ano. Perceba: é na semente que a verdadeira união entre Sol e Terra, Deus e Deusa se expressa e se manifesta.

A semente é um símbolo terreno para o Sol, que está no céu e é impossível de ser tocado com nossas mãos (apesar de que ele mesmo nos toca com seus raios). Já a semente pode ser tocada, enterrada, plantada, alimentada, cuidada, protegida, regada, ceifada, trabalhada, transformada, comida. Falamos anteriormente como o mundo vegetal é a maneira de materialmente tocarmos o Sol. Quando celebramos a fertilidade da semente – e em especial a fertilidade dos cereais – estamos nos conectando à própria potência solar por intermédio de uma simbologia específica.

Mas existe uma simetria entre o movimento da semente e o movimento solar na Roda do Ano que muitas vezes passa invisível em nossas celebrações de Sabbat. Veja na tabela a seguir o que acontece com Sol e a semente ao longo da Roda do Ano.

Esse movimento espelhado entre o Sol e a semente pode ser tema para nossas reflexões e contemplações a cada Sabbat. O Sol representa a potência visível, enquanto que a semente remete às forças dos planos interiores que são polarizadas ao longo da Roda do Ano. Minha sugestão é que durante sua próxima Roda você inclua em seus rituais tanto os simbolismos associados ao Sol quanto os associados à semente. Deixe que eles transmitam a você seus ensinamentos.

Entretanto, é importante reconhecer toda a jornada da semente e do grão ao longo da Roda do Ano porque ela ocupa um papel muito especial em outra cerimônia que faz parte de todo ritual Wiccaniano: o Rito de Bolos e Vinho. Vejamos:

ESTAÇÃO DO ANO	O SOL	A SEMENTE / O GRÃO
YULE Solstício de Inverno	Renasce e retorna ao mundo, mas ainda é fraco, desvitalizado e sem potência.	Os grãos não colhidos apodrecem na natureza durante o inverno, desaparecendo do mundo visível. As sementes estocadas estão repletas de força e são alimento nos meses de inverno.
IMBOLC Véspera de Agosto	Pouco visível. Lentamente ganha força, mas ainda está dominado pelas forças da escuridão (noites ainda são mais longas que os dias).	Plenamente visível. As sementes são separadas, escolhidas e preparadas para o plantio no próximo Sabbat.
OSTARA Equinócio de Primavera	Eleva-se e brilha sobre o mundo, aumentando sua potência de vida, tornando-se cada vez mais visível.	Enterrada, vai para o fundo da terra para apodrecer e viver uma morte simbólica, tornando-se invisível.
BELTANE Véspera de Novembro	Sua força é derramada e penetra no interior da Terra.	As sementes germinam e sobem à superfície, rompendo o solo.
LITHA Solstício de Verão	Voltando seu poder para a terra, atinge o seu ápice e tem seu declínio anunciado.	Voltando sua força para o céu, atinge o ápice de crescimento e tem sua plenitude anunciada.
LAMMAS Véspera de Fevereiro	Perde sua potência vital, passando a enfraquecer a cada dia. O Sol se torna sombreado.	A semente vira o grão, que se torna maduro e pleno. Ceifado, é a encarnação da potência vital na forma do pão.
MABON Equinócio de Outono	Declina e sua presença diminui sobre a Terra. Começa a se tornar cada vez mais invisível.	Amadurece, e o grão se torna abundante e pleno em força, uma manifestação visível e concreta.
SAMHAIN Véspera de Maio	Morre e aguarda no Outromundo seu renascimento.	Armazenados para o inverno, sustentam a vida na ausência do Sol.

A cerimônia de Bolos e Vinho é a consagração de um alimento à base de grão (geralmente um tipo de pão ou de bolo) e uma bebida (geralmente o vinho), e que é cerimonialmente ingerida como um ato de comunhão com os Deuses. Isso pode soar bastante cristão para você, mas na verdade, o costume de praticar uma refeição ritual como um ato de comunhão é uma das características principais dos cultos de mistério Pagãos que floresceram durante o período helenístico na região do Mediterrâneo, dos quais o catolicismo emprestou sua forma (foram eles que imitaram os Pagãos). Dentre os principais cultos de mistério estão os ritos de Deméter e Perséfone em Elêusis, os Mistérios Órficos de Dionísio, os mistérios de Ísis e Osíris, de Mitra e da Magna Mater – todos encontram ecos nas práticas modernas Wiccanianas.

Pão e vinho são produtos do ciclo da semente que atravessou a Roda do Ano e não apenas chegou ao ápice da sua manifestação física natural, mas foi *elevada além dela pela ação humana*. Ao colherem o trigo e a uva, e os transformarem em pão e vinho, os seres humanos fizeram um verdadeiro *trabalho divino*, executando uma transformação que, sem eles, a própria natureza nunca poderia fazer. Pão e vinho dependem tanto da ação divina nas forças da natureza, pois a semente deve ser transformada pelo Sol e pela Terra, quanto da ação divina pelas mãos humanas, que os colhem e os transformam. Também é importante perceber que esses são alimentos fermentados, ou seja, considerados *vivos*, preenchidos de potência.

Consagrar pão e vinho em nossos rituais é, portanto, uma celebração do potencial criador do próprio ser humano, da pequena divindade que há em cada um de nós e da aliança entre humanidade e Deuses para moldar a realidade.

Há ainda um aspecto oculto aqui: a fertilidade da terra que faz os grãos germinarem estão sob os domínios dos espíritos dos mortos. Por isso, para que o processo de crescimento das colheitas possa ser bem-sucedido, não basta o auxílio do Sol e dos elementos – os mortos também precisam colaborar, sussurrando suas palavras secretas de poder que impulsionam os brotos para cima do solo. Isso faz com que os ancestrais também participem do processo de preparo dos alimentos sagrados para as Bruxas.

Muitos diriam que comer do pão e do vinho é sorver da própria essência dos Deuses; eu diria que é sorver da própria consciência de que nós também somos seres divinos e agentes de transformação, tanto quanto somos transformados pelos ciclos das estações. A celebração dos Sabbats e a ingestão ritual dos Bolos e Vinho consagrados são um verdadeiro processo de apoteose, que desperta em nós a memória do divino.

O Círculo da Arte e a Roda do Ano: o Tempo e Espaço Esféricos

O Círculo é o espaço de adoração das Bruxas, no interior dos quais realizam seus Sabbats e Esbats. Ele é cerimonialmente estabelecido no início de cada ritual. Já explorei de maneira extensa o significado do Círculo Mágico das Bruxas no meu livro anterior, *Bruxaria Solitária*; por isso, não me repetirei aqui, mas complementarei suas informações dentro do contexto de uma espiritualidade da Terra, conforme estamos construindo e enfatizando ao longo desta obra. Meu interesse nos próximos parágrafos é buscar compreender como tanto o Círculo quanto a Roda do Ano servem de modelos empíricos para uma compreensão da maneira pela qual os Deuses se manifestam no mundo. É hora de uma nova dose de tealogia:

O Círculo Mágico, o Templo da Arte, é um espaço de reconhecimento que afirma a multiplicidade expressa no interior da Unidade. Temos discutido ao longo dos capítulos anteriores uma visão de mundo onde a divindade é percebida como imanente, manifestando-se como a Deusa da Fertilidade e o Deus de Chifres em todas as coisas. O Círculo é uma pequena representação do mundo manifestado, reconhecendo ao mesmo tempo os componentes de sua camada física e material, mas também dos níveis mais sutis da realidade que nem sempre temos consciência – os outros planos de existência. Portanto, lançar um Círculo é uma maneira de expandir nossa percepção convencional da realidade para fazer com que ela abarque também todos aqueles níveis da realidade que, no dia a dia, não costumamos perceber.

Fora do Tempo e do Espaço

O objetivo do Círculo das Bruxas não é o de sair ou se afastar da realidade material, afinal, afirmamos o tempo todo que ela é sagrada. O Círculo é muitas vezes dito estar "fora do tempo e do espaço", mas isso não significa que nós, de alguma maneira, estamos realmente FORA DO TEMPO, afinal, todos os nossos rituais são temporalmente marcados – pelas fases da lua e estações do ano –, ou mesmo FORA DO ESPAÇO, porque no interior do Círculo Mágico reconhecemos os quatro pontos cardeais de acordo com o mundo material: Norte, Leste, Sul e Oeste. Isso significa que o Círculo Mágico é criado *tendo como referência o próprio mundo material*:

1. tanto no sentido espacial, quando orientamos os seus quadrantes de acordo com as quatro direções;

2. quanto no sentido temporal, porque o propósito pelo qual o Círculo é lançado é sempre determinado por um evento temporalmente marcado no plano físico: um Sabbat ou Esbat, os movimentos do Sol e da Lua.

Pensando dessa maneira, o ato de lançar um Círculo Mágico é sempre, antes de tudo, uma afirmação de nossa própria orientação tempo-espacial na natureza do plano material. Ele nos conecta ao aqui e agora e ao mesmo tempo contém em si a possibilidade arquetípica da representação da totalidade do tempo e do espaço em sua forma circular.

Estou escrevendo este texto em uma noite de Lua nova; vou usar isso para exemplificar. Se eu lançar um Círculo neste momento, o que ele vai me permitir é ter consciência dos planos subjacentes que estão presentes *aqui* e *agora*, ou seja, em consonância e harmonia com a própria orientação espaço-temporal em que o Círculo é construído.

Considerando o princípio de que "o que está acima é como o que está abaixo", isso quer dizer que, ao acessar outros planos de realidade a partir desse lugar espaço-temporal (uma noite de Lua nova na cidade de São Paulo), esse mesmo padrão energético visível "embaixo", aqui onde estou, será encontrado também "em cima", em *todos* os outros níveis da realidade, quando enxergados a partir da minha própria localização espaço-temporal no plano físico. Dizendo de maneira mais simples: o Círculo Mágico não *anula* a noite de Lua nova ou a posição geográfica em que me encontro neste momento; ele amplia essa percepção para outros níveis da realidade. Sou capaz de ver o que significa *este tempo* e *este lugar* não apenas em uma camada da realidade, mas em múltiplas – é isso que nossos dramas rituais fazem: mimetizam e tornam visíveis os padrões energéticos de cada época do ano, evidenciando os movimentos divinos que moldam a realidade manifestada em seus níveis mais profundos.

O que estou afirmando aqui não é nenhuma novidade; é tão antigo quanto Stonehenge, uma estrutura circular precisamente orientada espaço-temporalmente de acordo com os movimentos celestes e os quatro quadrantes do mundo, utilizada não para escapar do tempo e do espaço, mas para glorificá-lo – e tantos outros monumentos, pirâmides e círculos de pedra ao redor do mundo, cuja orientação é determinada pelas direções e o movimento do Sol e da Lua. O Círculo da Arte tem uma importância não simplesmente *no que* ele é, mas em *quando* é lançado, seguindo a mesma lógica do uso de um telescópio para observar um fenômeno natural; não importa apenas termos acesso ao dispositivo, mas precisamos saber o momento certo de usá-lo e para onde apontá-lo. Quando todas essas coordenadas se alinham, o fenômeno torna-se visível.

Veja a imagem a seguir:

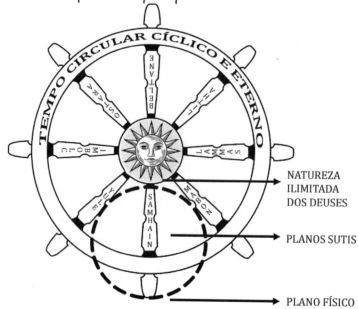

TOTALIDADE
A roda inteira representa a percepção simultânea do Todo

MANIFESTAÇÃO DA NATUREZA
O círculo representa a percepção particular espaço-temporal imanente

Já que a Roda do Ano trata dos fenômenos naturais que envolvem o Sol e a Lua, vamos olhar para eles por algum momento para ilustrar novamente essa ideia.

Sabemos que a Lua, de fato, não cresce ou míngua; ela está sempre inteira no céu. Da mesma maneira, o Sol não morre, nem fica mais forte ou mais fraco *em si*. É a nossa posição espaço-temporal relativa a esses luminares que nos permite experimentar tanto o fenômeno do mês lunar e suas fases quanto a passagem das estações do ano. Ou seja, a cada época nós experimentamos a Lua ou o Sol de uma maneira diferente, apesar de sabermos que, de fato, eles mesmos nunca mudam de forma.

Agora vamos estender essa percepção unicamente física para outros planos da realidade. A Roda do Ano – ou seja, o Tempo – é sempre inteira e possui todas as suas manifestações (no desenho anterior, a Roda está representada pelos eixos dos oito Sabbats) de maneira simultânea. Mas de acordo com a nossa localização espaço-temporal, uma manifestação particular da Roda entrará em nosso campo de percepção – uma de cada vez. Do ponto de vista material, isso se expressa nas mudanças da natureza, de temperatura e tempo de luminosidade do Sol que experimentaremos de acordo com o lugar do mundo em que nos encontramos (ou das fases da Lua). Nos planos sutis, isso também se expressa como mudanças nos planos energéticos, aquilo que costumamos chamar de Marés Sazonais e Marés Lunares.

É isso que permite que, de um ponto de vista cronológico e linear, meu Coven possa celebrar um ritual de Beltane em 31 de outubro enquanto outro Coven nos Estados Unidos celebra Samhain. A diferença entre nossas posições geográficas, ou seja, espaciais, também fazem com que estejamos experimentando aspectos diferentes do tempo cíclico e eterno, que, paradoxalmente, tocam a realidade em pontos diferentes no mesmo momento do tempo linear – a totalidade experimentada de maneira diversa de acordo com cada particularidade.

Olhando mais uma vez para a ilustração anterior, imagine que o círculo menor inferior, que representa a manifestação da natureza que podemos observar de acordo com nossa posição geográfica, permanece parado, mas que a própria Roda está sempre girando. Isso quer dizer que cada um dos oito eixos da Roda permanece sobreposto à manifestação natural por um período de tempo. Esse é o motivo de percebermos os Sabbats como épocas e não como datas específicas, necessariamente. As datas tradicionais dos Sabbats buscam perceber quando esse alinhamento está "mais perfeito" – e é por isso que muitos percebem os Festivais das Bruxas como portais energéticos que se abrem e fecham em determinados momentos. Apesar de as datas tradicionais dos Sabbats serem convenções, alguns Bruxos buscaram, ao longo do tempo, adequar essas datas levando em conta também determinados posicionamentos astrológicos, para tentar chegar a datas que acreditavam ser mais precisas[8].

É essa percepção instintiva e esse conhecimento intuitivo que faz com que a imensa maioria dos Bruxos que praticam Wicca no Hemisfério Sul opte por inverter a Roda do Ano europeia, celebrando a mudança das estações de acordo com os ciclos de nosso próprio hemisfério, contemplando nossa própria posição espaço-temporal. Se o Círculo Mágico simplesmente anulasse o tempo e o espaço, não haveria a necessidade de inverter a Roda do Ano. Veja: o cristianismo, por exemplo, que é uma religião dualista e que vê a divindade como diferente e afastada do mundo, ignora as mudanças naturais em seus rituais, mesmo que saibamos que todos eles também são baseados nas estações do ano. Desse modo, os cristãos no Hemisfério Sul celebram a Páscoa no outono, o Natal no verão, e assim por diante – e isso não os incomoda, porque professam uma religião que nega a verdade espiritual do mundo material. A Bruxaria é o exato oposto disso.

Mas o que faz o Tempo passar? O que impulsiona o giro da Roda e suas mudanças? Se estamos falando de uma roda, a resposta só pode ser uma: o ponto em seu centro, o eixo, que é a própria essência da Deusa e do Deus, naqueles aspectos deles que estão além da nossa capacidade humana. Cada ritual Wiccaniano é, portanto, como uma "fresta" que nos permite espiar por entre os níveis mais sutis da realidade para buscar uma compreensão mais profunda da natureza dos Deuses.

É isso que chamamos de "experimentar os Mistérios": por intermédio de nossos rituais, expandimos nosso entendimento sobre nós mesmos, o mundo, a natureza e os Deuses – que, em última análise, são todos a mesma coisa. E quanto mais vezes repetimos a celebração dos Sabbats ao longo de diversos anos, mais podemos nos aprofundar

---

8. Um exemplo dessa adaptação das datas tradicionais pode ser encontrado no capítulo 8, página 108, do livro *O Caldeirão dos Mistérios*, de Patricia Crowther, publicado no Brasil pela editora Alfabeto.

nessa percepção – é como se a lente do nosso telescópio pudesse enxergar cada vez mais longe.

Então, o que de fato significa dizer que o Círculo Mágico está fora do tempo e do espaço? Isso quer dizer que tempo-espaço não são percebidos dentro dele de maneira linear, mas circular e cíclica. O espaço deixa de ser uma simples linha de deslocamento do ponto A para o ponto B, e torna-se uma circunferência inteira em si mesma, símbolo da totalidade do espaço que, quando colocada em movimento ao redor de seu próprio eixo, transforma-se em uma *roda*, a Roda do Ano das Bruxas, a manifestação da experiência cíclica do tempo de maneira completa (porque todas as partes da Roda se movem ao mesmo tempo, ainda que nem todas elas sejam "visíveis" simultaneamente de uma perspectiva do plano material).

Veja na ilustração anterior que a parte inferior do círculo de manifestação da natureza toca o plano físico, onde as mudanças da natureza são observadas, mas a sua parte superior toca o centro da roda, onde a natureza ilimitada dos Deuses pode ser intuída e experimentada por meio de rituais. O Círculo da Arte está fora do tempo porque ele toca aquilo que o historiador das religiões, Mircea Eliade, chamou de *in illo tempore*: o tempo remoto do início de todas as coisas.

Tudo isso reflete um padrão unitário da Totalidade, e nos permite ter um vislumbre da Unidade através do véu aparente da dualidade do mundo. O Círculo está fora do tempo e do espaço, porque ele contém em si *todo o tempo* e *todo o espaço*, mas ainda assim é dotado das propriedades mágicas do tempo e do espaço característicos do momento e lugar em que o lançamos, porque a Unidade não nega a multiplicidade; estão todas integradas, e são essas propriedades específicas do tempo e espaço onde o Círculo é criado que se tornam o tema de celebração em seu interior: um ritual de fase da lua ou da passagem das estações do ano.

Ou seja: apesar de o Círculo Mágico representar todos os tempos, todos os lugares, a maneira pela qual o Círculo é ritualisticamente construído (o *quando* e *onde* o lançamos) faz com que olhemos para um ponto dele por vez. À medida que vamos caminhando ao redor da Roda do Ano, temos visões de diferentes pontos de vista da mesma totalidade: múltiplas experiências que nos ensinam sobre a Unidade.

Entre os Mundos

Outra afirmação comum que fazemos é que o Círculo está *entre o mundo dos Deuses e o mundo dos seres humanos*, ou simplesmente que ele é um "lugar entre os mundos" – o que significa que ele também está aqui, em nossa localização espaço-temporal, e não "fora da dimensão dos seres humanos"; isso apenas reafirma o pensamento que desenvolvi nos parágrafos anteriores. Se o Círculo está *entre* os mundos, quer dizer que ele está em ambos simultaneamente.

Agora, voltemo-nos ao "mundo dos Deuses". Ora, de um ponto de vista da deidade imanente, *todos os planos da existência são igualmente o mundo dos Deuses*. Acontece que, mais uma vez, nossa experiência na realidade é limitada à capacidade de nosso próprio corpo humano, enquanto que os Deuses, que também estão livres dessas limitações (ou seja, de uma perspectiva humana são *também* transcendentes), enxergam a realidade do ponto de vista da totalidade. O Círculo está entre os mundos exatamente porque *modifica* a nossa percepção limitada da realidade, fazendo com que possamos ter um vislumbre da maneira como os próprios Deuses a experimentam. Seria mais apropriado dizer que o Círculo está "entre a experiência e a percepção limitada da consciência humana e a experiência e a percepção da totalidade dos Deuses". Como aquilo que chamamos de "mundo" é moldado e definido por nossa própria percepção da realidade, dizer simplesmente "entre os mundos" é uma maneira mais poética e simples de afirmar esse mesmo princípio.

Enquanto seres humanos tendo uma experiência limitada na existência, é impossível para nós contemplarmos a consciência da Totalidade, mas o Círculo Mágico e a Roda do Ano nos permitem tentar fazer isso de maneira fractal. Nossa natureza humana nos faz pensar cada um dos Sabbats ou cada uma das fases da Lua como fenômenos separados; mas na realidade da Unidade tudo é Um, e todos os tempos e lugares estão reunidos, acontecendo "ao mesmo tempo" em "um único lugar".

À medida que nos movemos pela Roda do Ano, o Círculo Mágico se torna o telescópio que nos permite compreender de maneira mais profunda cada parte da Totalidade, vislumbrando não "tudo ao mesmo tempo" – já que no primeiro capítulo deste livro vimos que não pode haver consciência sem o jogo de oposições –, mas a cada vez de um novo ponto de vista delimitado: a cada ritual enxergamos a natureza do Todo de um ponto de vista diferente, que em última instância não são partes separadas, mas expressões de um princípio único simbolizado pela união da Deusa e do Deus: a Unidade.

Em resumo, se cada um de nós é uma expressão dos Deuses caminhando sobre a Terra, então o Círculo Mágico e a Roda do Ano representam a tecnologia mística que permite que *nos lembremos disso*, convidando-nos a desenvolver uma percepção mais ampla da realidade. Dessa maneira, podemos compreender o Círculo Mágico de um ponto de vista da imanência, de maneira única e completamente distinta dos caminhos mágicos que também utilizam um Círculo, mas percebem a realidade material como ilusória, falsa ou menos divina de alguma maneira.

~ Capítulo Oito ~

Dançando com a Lua e o Mar

Princípio e origem de todas as coisas,
Mãe antiga do mundo,
Noite, luz e silêncio

– Mesomedes

Sutil e misteriosa, a Lua sempre intrigou a humanidade, desde o início dos tempos. Dizem os Bruxos que antes dos seres humanos se darem conta dos grandes ciclos das estações, que levavam tempo demais para acontecer, era pela Lua que o tempo podia ser contado e percebido. Durante o dia, o mundo se iluminava, mas nada além do próprio Sol podia ser visível nos céus; quando ele se deitava, a cada anoitecer, as sombras caiam sobre o mundo, mas o céu se tornava repleto de estrelas, planetas e outros corpos celestes em movimento através do espaço infinito. A grande pérola deste céu noturno, mudando a cada noite, era a Lua.

Por isso a Lua era a doadora da visão interior, aquela que nos permitia enxergar além da realidade palpável. Na escuridão, nossos medos e monstros interiores podiam ser projetados e enxergados do lado de fora. Também é durante a noite que dormimos e, por isso, ela é a governante do reino dos sonhos, fazendo com que o nosso espírito se eleve para realidades invisíveis, ensinando-nos que o mundo real é muito mais do que somos capazes de enxergar durante o dia.

Sob a luz pálida do luar, os contornos são difusos; todas as imagens se misturam e somos abraçados por seu branco brilho luminescente em contraste com o céu escuro. Somos envolvidos pelo Todo mais uma vez.

Os rituais Wiccanianos de observação das fases da lua são chamados de Esbat. Classicamente, é na Lua cheia que esses rituais acontecem. Mas algumas pessoas também gostam de observar a Lua nova, ou mesmo as fases crescente e minguante.

ENTENDENDO O CICLO DA LUA

Antes de discutirmos as fases lunares, é interessante entender como o seu ciclo opera. Um ciclo lunar completo é contado de Lua nova a Lua nova, e é chamado de "lunação" ou "mês sinódico". É importante entender que lunação não significa "fase da lua", mas "um mês lunar inteiro" para evitar qualquer mal-entendido ou uso incorreto do termo. A Lua leva 29,5 dias para completar esse ciclo.

As Duas Etapas do Ciclo Lunar

Sabemos que a Lua é um astro que não emite luz própria, mas reflete o brilho do Sol. É a sombra da Terra projetada sobre a Lua pela luz solar, em decorrência do movimento desses astros, que causa o efeito aparente das fases lunares. O período de uma lunação pode, portanto, ser dividido em duas etapas básicas fundamentais: um período em que a luz da Lua está em expansão, chamado de Lua clara, e outro período em que ela está diminuindo, chamado de Lua escura.

Essas duas etapas nunca ficam estáticas – o que significa que a Lua vai estar, a cada dia, mais iluminada durante as suas fases de Lua clara, ou menos iluminada em relação ao dia anterior no período de Lua escura; a iluminação da Lua muda a cada dia.

Durante a metade clara do ciclo lunar, fazemos magia de expansão e crescimento que visa produzir expansão. Esse também é o momento de abençoar e manifestar tudo o que desejamos. Enquanto a luz da Lua aumenta, simbolicamente ela se projeta sobre o mundo a cada noite, por isso podemos fazer crescer no plano material tudo aquilo que desejamos. Também é um bom momento para fazer com que os potenciais que permanecem ocultos e guardados em nosso interior venham à tona e se manifestem.

Já na época da Lua escura, nossa magia é de diminuição, banimento, eliminação e introspecção. Da mesma maneira como a luz lunar se torna cada vez mais fraca, fazemos enfraquecer tudo aquilo do que desejamos nos livrar. Nesse período, a forma consolidada é desfeita e podemos deixar para trás o que não nos serve mais. Da mesma maneira que simbolicamente a Lua passa a recolher e guardar sua própria luminosidade para si mesma, em seu interior, nós também nos recolhemos e nos voltamos para dentro. Por isso, essa etapa do ciclo lunar também é bastante apropriada para rituais que envolvam proteção.

As Quatro Fases da Lua

Vamos falar agora das quatro fases da Lua: nova (ou negra), crescente, cheia e minguante.

Nossos calendários convencionais e agendas costumam marcar para nós as datas dessas quatro fases, mas é importante entender que, na verdade, elas não marcam necessariamente o início desses movimentos. Ao passo que podemos usar sem problemas as datas das luas cheia e nova desses calendários, devemos ter em mente o que de fato significam as outras duas – o "quarto crescente" e o "quarto minguante". Essas datas não marcam, ao contrário do que pensa o senso comum, o início das fases crescente e minguante, mas o *meio* de cada uma delas. O termo "quarto" significa que a Lua cumpriu 25% do percurso total do seu mês lunar.

Para finalidades mágicas, consideramos como LUA CRESCENTE todo o período em que a luz da Lua está visível e em expansão, ou seja, desde o aparecimento de sua primeira luz no céu até as vésperas da Lua cheia, o que dura, em média, 13 dias. Da mesma maneira, considsideramos como LUA MINGUANTE todo o período de diminuição de luz lunar, que começa logo após a Lua cheia e dura até as vésperas da Lua nova.

Já as luas cheia e nova não são exatamente "fases", mas momentos do ciclo lunar onde a Lua alcança, respectivamente, seu ápice de iluminação ou de escurecimento. Esse ápice da luz é chamado de PLENILÚNIO, ao passo que o ápice da escuridão lunar é chamado de NOVILÚNIO. Em termos práticos, eles duram apenas uma única noite, mas geralmente os Bruxos costumam considerar também a sua véspera e o dia posterior. Portanto, durante um ciclo lunar de 29,5 dias, temos três noites de Lua cheia e três noites de Lua nova. Todo o período restante entre elas corresponde à Lua crescente ou minguante, que compõem à imensa maioria da duração de uma lunação.

Os pontos de quarto crescente e quarto minguante guardam algumas particularidades interessantes, como veremos mais adiante, por enquanto é importante lembrar que eles não marcam o início dessas fases, mas o meio delas. Isso quer dizer que se você quer fazer um ritual de Lua crescente ou de Lua minguante, não precisa esperar as datas de seus quartos; basta esperar dois dias após a Lua nova ou Lua cheia, respectivamente.

Para resumir:

ENTENDENDO UMA LUNAÇÃO (29,5 DIAS)			
PERÍODO	O QUE ACONTECE	DURAÇÃO	FASES DA LUA
Lua Clara	A luz da Lua cresce e chega ao ápice	Começa dois dias após o Novilúnio e dura até um dia depois do Plenilúnio	Crescente e Cheia
Lua Escura	A luz da Lua diminui e desaparece por completo	Começa dois dias após o Plenilúnio e dura até um dia após o Novilúnio	Minguante e Nova

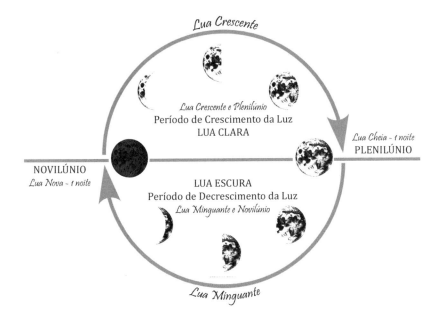

A Lua, o Sol e a Terra

Apesar de estar tradicionalmente e simbolicamente associada ao período da noite, é importante nos lembrarmos de que ao longo de seu ciclo mensal, a Lua passa a nascer e se pôr em horários diferentes.

A cada dia a Lua nasce e se põe cerca de cinquenta minutos mais tarde.

No dia de escuridão total da Lua, o Novilúnio, ela acompanha o movimento do Sol em conjunção, nascendo e se pondo junto a ele. Nesse período, não há Lua visível no céu porque a face dela que está voltada para a Terra não recebe luz solar.

A Lua leva 24 horas, 50 minutos e 28 segundos para completar uma volta ao redor da Terra.

Isso significa que a cada dia que passa a Lua surge no céu cinquenta minutos e vinte e oito segundos mais tarde.

Nos primeiros dias que sua luz, ainda jovem, pode ser contemplada no entardecer ao Oeste, pouco antes de se pôr, a Lua surge como o belo Arco de Diana anunciando a renovação do ciclo lunar. Tornando-se um pouco maior a cada noite, ela então atinge o quarto crescente, a metade do caminho entre a Lua nova e a Lua cheia, e passa a surgir do Leste por volta do meio-dia, atingindo o pico do céu ao entardecer e desaparecendo no Oeste mais ou menos à meia-noite.

Essa mudança de horários continua a cada dia, sempre cinquenta minutos mais tarde, até que na noite da Lua cheia, no Plenilúnio, ela nasce ao mesmo tempo em que o Sol se põe, atingindo o ponto mais alto do céu à meia-noite[9], desaparecendo no Oeste apenas quando o Sol nasce na manhã seguinte. Ou seja, a noite de Lua cheia é a única, nos 29,5 dias de ciclo lunar, em que a escuridão da noite é completamente iluminada pela luz da Lua, e ela está em perfeita oposição complementar ao Sol.

Após a noite de Lua cheia, ela começa a surgir cada vez mais tarde no Leste, até que na noite do quarto minguante – a metade do caminho entre a Lua cheia e a Lua nova – ela se levanta no Leste apenas à meia-noite e permanece no céu até o meio-dia. Esse movimento nos dá a seguinte tabela com as quatro datas que costumamos marcar no ciclo da Lua.

---

9. Aqui é preciso levar em consideração algumas possíveis variações, como períodos de horário de verão ou mesmo a sua posição longitudinal. Existem diversas ferramentas on-line ou mesmo aplicativos de celular que podem dizer a você a porcentagem de iluminação da Lua e seus horários de nascimento, poente, zênite (ponto mais elevado) e nadir (ponto mais baixo) com maior precisão, de acordo com a sua localização geográfica.

Isso nos ajuda a compreender porque a noite de Lua cheia tem um significado tão especial. É a única noite do ciclo lunar em que ela está se movimentando exatamente no ponto oposto do céu em relação ao Sol (por isso, a única noite em que está completamente iluminada), atingindo o ápice da sua elevação na hora mágica da meia-noite, o momento intermediário entre ontem e amanhã. Também é interessante notar que na noite da Lua nova ou negra, o Novilúnio, a meia-noite marca o momento em que a Lua está no ponto mais distante abaixo de nós.

A DANÇA DA LUA E DO SOL			
MOMENTO DO CICLO	NASCER DA LUA	PICO CELESTE	PÔR DA LUA
Novilúnio	Nascer do Sol	Meio-Dia	Pôr do Sol
Quarto Crescente	Meio-Dia	Pôr do Sol	Meia-Noite
Plenilúnio	Pôr do Sol	Meia-Noite	Nascer do Sol
Quarto Minguante	Meia-Noite	Nascer do Sol	Meio-Dia

A Runa das Bruxas [10]

NOITE ESCURA E LUA CLARA
LESTE E SUL, OESTE E NORTE;
A RUNA DAS BRUXAS VAMOS ESCUTAR
AQUI VIEMOS TE INVOCAR!

TERRA E ÁGUA, AR E FOGO,
BASTÃO, PENTÁCULO E ESPADA,
TRABALHAI O NOSSO DESEJO
ESCUTAI NOSSA PALAVRA!

CORDA E INCENSÁRIO, AÇOITE E FACA,
PODER DA LÂMINA DO BRUXO,
PARA VIDA DESPERTAI,
ENQUANTO O ENCANTO AQUI SE FAZ!

RAINHA DO CÉU, RAINHA DO INFERNO,
CHIFRUDO CAÇADOR DA NOITE,
CONCEDA PODER AO NOSSO FEITIÇO
TRABALHE O DESEJO PELO MÁGICO RITO!

POR TODO O PODER DA TERRA E MAR
POR TODA FORÇA LUNAR E SOLAR,
O NOSSO DESEJO ACONTECERÁ;
CANTANDO O ENCANTO, ASSIM SERÁ!

---

10. Versão em português retirada do livro *A Bíblia das Bruxas*, publicado no Brasil pela Editora Alfabeto.

Rainha do Céu, Rainha do Inferno

A Runa das Bruxas, um poema tradicional da Arte que tem início com a própria imagem da Lua brilhando em contraste com a escuridão da noite, menciona a Deusa em dois aspectos: a Rainha do Céu e a Rainha do Inferno. Gostaria de me deter por alguns instantes sobre eles e analisar a relação desses títulos da Deusa com o que acabamos de discutir anteriormente sobre a posição da Lua nas etapas de seu ciclo.

Plenilúnio: a Rainha do Céu

Na noite de Plenilúnio, quando os Bruxos realizam seu ritual de adoração à Lua cheia, ela nasce durante o pôr do sol e só desaparece no Oeste quando o Sol estiver nascendo novamente. Isso é o primeiro elemento que faz do Plenilúnio um dia especial e diferente de todos os outros: o céu sempre estará iluminado, seja pelo Sol durante o dia ou pela Lua durante a noite. Esse é o único dia de todo o mês lunar em que não há qualquer momento de escuridão sem um dos luminares brilhando sobre nós.

Outro ponto muito interessante é que na noite do Plenilúnio, a Lua alcança o zênite – o ponto mais elevado do céu de acordo com a perspectiva do observador, ficando bem acima de nossas cabeças – à meia-noite. Esse é um horário que sempre esteve associado à magia e à prática da Bruxaria. Chamado por muitos de "a Hora das Bruxas", a meia-noite é aquele momento intermediário em que presente, passado e futuro se tornam um: ela une o "ontem" com o "amanhã". E na noite do Plenilúnio, a Lua reina como a Rainha dos Céus no ponto mais elevado acima de nós, coroando esse momento com o máximo do seu brilho prateado, vertendo sua luz acima de nosso ritual.

Agora, pensemos sobre o Sol – ele que não costuma ser muito considerado nos rituais lunares, mas que tem um papel crucial, afinal, é ele quem produz a luz da Lua. Se a Lua cheia está em perfeita oposição ao Sol, isso significa que na noite de Plenilúnio, quando a Lua alcançar o zênite, o Sol estará naquilo que chamamos de nadir – o ponto da

MEIA-NOITE DO PLENILÚNIO

ZÊNITE
MUNDO SUPERIOR

LUA CHEIA
Rainha do Céu

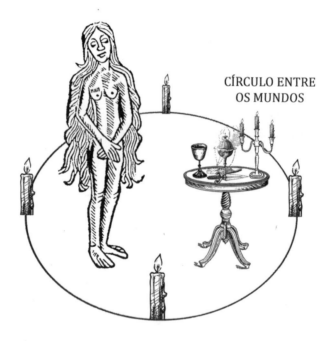

CÍRCULO ENTRE
OS MUNDOS

SOL
Deus dos Mortos

MUNDO INFERIOR
NADIR

esfera celeste oposto ao zênite, que fica diretamente abaixo dos pés do observador. Dessa maneira, na meia-noite do Plenilúnio, forma-se um eixo perfeito entre a Lua, que reina nos céus, e o Sol, que reina no mundo dos mortos, no ponto mais distante de nós, ou, de maneira simbólica, no centro da parte mais profunda da Terra sob nossos pés.

Pensar que o nosso Círculo Mágico está, então, *entre os mundos* na noite do Plenilúnio ganha um novo sentido muito especial, pois ele representa o ponto intermediário que é capaz de conectar a Doadora da Vida e o Senhor do Submundo, unindo assim os três diferentes níveis da realidade: as esferas celestes, o mundo terreno e o domínio inferior dos mortos. Com nossos pés firmes na terra e nossa cabeça elevada em direção à Lua, dançamos ao redor do Círculo perfeito e somos capazes de tocar as mais escuras profundezas, bem como os limites iluminados mais elevados dos céus.

Novilúnio: a Rainha do Inferno

A palavra "inferno" aqui nada tem a ver com o inferno do cristianismo. O termo vem do latim *infernum* e quer dizer "as profundezas da Terra". É só mais uma maneira de nos referirmos ao Mundo Inferior, o Submundo, o domínio dos ancestrais que estão sob o solo – muitas vezes de maneira literal, quando nós os enterramos.

Vamos agora pensar no que acontece durante o Novilúnio. Já vimos que ao longo desse dia Lua e Sol caminham juntos, alinhados, e por isso a face da Lua que está voltada para nós não recebe qualquer luminosidade do Sol. Muitas pessoas pensam que na Lua nova a Lua está no céu durante a noite, mas não pode ser vista. Na verdade, não é bem assim! A Lua nasce com o Sol ao amanhecer e cruza o céu durante o dia, pondo-se no Oeste também junto dele. Isso quer dizer que na noite de Novilúnio não há Lua no céu – visível ou invisível.

Se, como no Plenilúnio, você decidir realizar o seu ritual de Lua nova à meia-noite, o que terá é Sol e Lua, unidos, no nadir – o ponto mais baixo do céu, diretamente abaixo de seus pés. Ambos então estarão, simbolicamente, reinando no Mundo Inferior. Agora, a Deusa se torna

MEIA-NOITE DO NOVILÚNIO

ZÊNITE

MUNDO SUPERIOR
Céu sem Luminares

CÍRCULO ENTRE OS MUNDOS

LUA NEGRA
Rainha do Inferno

SOL
Deus dos Mortos

MUNDO INFERIOR
NADIR

a Rainha dos Mortos, a Deusa Negra, aquela que toma de volta para si a vida e reina entre as almas daqueles que já se foram. Ela é a Senhora do Mundo Subterrâneo, capaz de tornar visível o invisível, a Deusa dos oráculos e das profecias. Ali, ela descansa e se regenera para que possa retornar a nós como a Lua crescente mais uma vez.

Isso significa que os rituais realizados no Novilúnio têm como temática tudo aquilo que envolve a descida para os nossos próprios mundos inferiores. Esse será o momento em que pessoas farão aquilo que é chamado de "trabalho de sombra", quando contemplamos todos os aspectos de nosso próprio ser que permanecem ocultos ou reprimidos, que não mostramos para o mundo, enterrados na escuridão de nossa própria psique. Esse também é um intenso momento de limpeza e de purificação, pois a Lua alcança as profundezas de nossa alma para operar ali suas transformações. É hora de deixarmos para trás tudo o que não mais nos serve, de mergulharmos nas águas escuras do ventre da Deusa para, como ela, emergirmos renascidos e renovados. Na escuridão de seu caldeirão, as partes dilaceradas de nosso ser podem se reunir e se tornarem inteiras mais uma vez.

Os Quartos Lunares e os Portais do Nascimento e Morte

A maioria dos Bruxos e Covens comemoram apenas a Lua cheia, às vezes também a Lua nova. Mas há também aqueles que gostam de ritualizar todas as fases da Lua. Só você pode dizer como conduzir suas práticas pessoais. Mas mesmo que não tenha o hábito de realizar Esbats de Lua crescente ou minguante em todos os meses lunares, eventualmente poderá fazê-los durante todo o período de crescimento ou decrescimento da luz lunar que, como já vimos, corresponde à maior parcela de toda a lunação.

Mas se você optar por realizar seu ritual exatamente no ponto mediano do ciclo crescente ou minguante, e fizer isso por volta da meia-noite, vai observar outro fenômeno interessante: a Lua crescente, que anuncia os inícios e nascimentos, estará entronada no Quadrante Oeste, o portal da morte, por onde os luminares deixam o céu, prestes a se pôr; de maneira oposta, nesse mesmo horário em uma noite de quarto minguante, uma fase que trata dos finais e despedidas, a Lua estará se elevando no Quadrante Leste, o portal dos nascimentos.

Há certa beleza em ver a Donzela guardando os portais ocidentais do mundo da morte ou a Sábia Anciã diante dos portais orientais do nascimento e dos inícios em um aparente paradoxo, que pode também se tornar um tema de meditação em seus rituais. Experimente fazer práticas mágicas nesses momentos, se possível contemplando a própria Lua no céu, e deixe que ela sussurre seus mistérios a você.

É importante lembrar de que nada do que está escrito nas páginas anteriores é simplesmente uma crença ou doutrina, mas um produto da observação empírica da natureza. Muitas vezes nos perdemos em meio aos livros e teorias e nos esquecemos de retirar da própria natureza os ensinamentos que estão lá – basta observar.

O Mar, o Movimento das Marés e as Fases da Lua

O oceano é o início do mundo;
Toda vida vem do mar!

– Cântico Wiccaniano

Da mesma maneira que o movimento da vida vegetal no mundo obedece aos ciclos solares das quatro estações do ano, podemos perceber que a ação lunar se torna especialmente mais evidente pelo movimento das águas do oceano. São abundantes as relações mitológicas entre a Lua e o mar, e muitas deidades lunares parecem ter uma associação especial com suas águas salgadas. A Lua está associada aos poderes generativos da fecundidade, da mesma maneira que o mar é compreendido simbolicamente como o útero da Terra, o ventre da Grande Mãe.

Cantamos em nossos rituais que "toda a vida vem do mar", e isso é verdadeiro; sabemos que as primeiras formas de vida de nosso

Planeta se originaram das águas salgadas do oceano. Isso é muito bem representado no mito de Afrodite, a Deusa do amor, da sexualidade e dos poderes reprodutores femininos, que nasce do oceano e se eleva dele para caminhar sobre a terra, da mesma maneira que fez a vida em seu fluxo evolutivo, iniciando-se nas águas e então caminhando para fora dela.

O mar é nossa maneira especial de tocar e experimentar a Lua. Suas ondas salgadas e refrescantes combinam o poder dos elementos femininos de Água e Terra. O mar é, para nós, o ventre vivo da Grande Mãe, e podemos também trabalhar nossos rituais e magia em harmonia com seus movimentos. Especialmente para os Bruxos que vivem em regiões litorâneas, compreender os ciclos das marés é uma maneira de aproveitar sua localização geográfica e o espírito do lugar onde vive para fazer magia e prestar reverência à Deusa.

O movimento das marés é provocado principalmente pela ação da gravidade de outros corpos celestes sobre a superfície da Terra (dentre outros fatores), mas nenhum deles é tão importante para provocá-las quanto a Lua, o astro mais próximo de nosso Planeta. Em algumas regiões, temos um ciclo duplo de maré ao longo de um dia inteiro, enquanto que em outros o ciclo é único para o período de um dia completo. É interessante notarmos que, da mesma maneira como o ciclo lunar completo tem uma relação especial com a contagem do tempo de uma maneira mensal, o ritmo das marés torna evidente a passagem do tempo em um nível diário.

A presença ou ausência da Lua no céu, bem como sua posição relativa ao Sol (ou seja, a fase lunar) também interferem no comportamento das marés. Então, da mesma maneira que a vida vegetal é uma epifania da potência solar sobre a Terra, as marés do oceano também correspondem ao movimento lunar aqui embaixo em nosso Planeta. Toda magia que envolve o movimento do mar é, portanto, um tipo de magia lunar. O movimento das marés, seja ele em ciclo único ou duplo a cada dia, replica o mesmo movimento observado durante as fases da Lua.

A MAGIA DE CADA MARÉ AO LONGO DE UM ÚNICO CICLO

Maré Baixa: a água do mar atinge seu nível mais baixo no período do ciclo diário. É um momento equivalente à Lua nova, quando as energias lunares estão recolhidas.

Maré Enchente: corresponde ao período em que a maré sobe, saindo de seu ponto mais baixo em direção ao ponto mais elevado. Corresponde à energia da Lua crescente, sendo apropriada para feitiços de expansão e aumento.

Maré Alta: quando a maré está mais elevada e a água está em maior nível, ou seja, o máximo de seu potencial de expansão. Corresponde à força da Lua cheia e é apropriada para potencializar e abençoar.

Maré Vazante: corresponde ao período de transição e reco-lhimento, quando a maré vai deixando o ponto mais elevado e seguindo em direção à maré baixa. Corresponde à energia da Lua minguante e é apropriada para banimentos e magia de diminuição de maneira geral.

Você pode se informar sobre os horários de cada um desses tipos na região onde mora consultando a tábua de marés, que pode ser encontrada facilmente na internet e mostra o comportamento das marés de acordo com a cidade em que você estiver.

Como a posição relativa entre Sol e Lua resulta na modificação das forças de gravidade em atuação sobre os oceanos, percebemos que, de acordo com a fase lunar, a diferença entre os níveis de água das marés baixa e alta podem variar mais (luas cheia e nova) ou menos (quarto crescente e quarto minguante).

AS MARÉS E AS FASES DA LUA

Marés Vivas: acontecem tanto durante a Lua cheia quanto durante a Lua nova, quando Lua e Sol estão em oposição perfeita (cheia) ou aproximados no máximo de seu alinhamento (nova). Ambas as fases lunares fazem com que tanto o Sol quanto a Lua "puxem" as águas do mar, combinando seus efeitos sobre as águas, resultando naquilo que também é chamado de *maré sizígia*, Esses períodos lunares potencializam e "exageram" o ciclo das marés, atuando tanto sobre as marés altas, fazendo com que elas sejam as mais elevadas possíveis, quanto nas marés baixas, fazendo com que diminuam também aos seus limites inferiores mais reduzidos.

Marés Mortas: acontecem nos períodos mais próximos tanto ao quarto crescente quanto o quarto minguante, quando Sol e Lua formam um ângulo de 90° entre si, atuando sobre o mar em direções diferentes. Isso faz com que a atuação de ambas as forças gravitacionais acabe se neutralizando parcialmente, resultando em marés baixas e altas com menor variação. Isso significa que os níveis do mar variam menos durante essas fases lunares, o que também é chamado de *maré de quadratura*.

De que maneira todas essas informações podem ser usadas na prática de magia? Simples. Mesmo que você não esteja na fase da Lua mais apropriada para a realização de um feitiço, pode optar por realizá-lo na praia durante o período da maré correspondente. Como todas as quatro fases da maré podem ser experimentadas ao menos uma vez todos os dias, isso faz com que você possa usar a magia marinha de maneira mais flexível.

Outra opção, se você não mora em uma cidade litorânea e não pode chegar ao mar sempre que desejar, procure estudar as marés. É que se aprender a reconhecer cada maré, poderá fazer de sua visita à praia um momento mágico, valendo-se dela para uma prática ritual que esteja em harmonia com o movimento de suas águas. Mesmo um simples banho de mar pode se transformar em uma meditação imersiva de contemplação dentro das águas do ventre da Deusa, onde você pode atrair, potencializar, abençoar, banir, eliminar ou transmutar algo de acordo com a maré.

Você pode encontrar algumas práticas de magia marinha no capítulo cinco deste livro.

A Lua nos Signos

A Lua leva 27,5 dias para completar uma volta ao redor de todos os doze signos do zodíaco – sim, é um tempo menor do que o ciclo completo de uma lunação. É por isso que cada Lua nova acontece em um signo diferente. Ao passo que o Sol leva mais ou menos trinta dias para mudar de um signo para outro, a Lua permanece no mesmo signo por apenas dois dias e meio, aproximadamente. Isso quer dizer que durante a permanência do Sol em cada signo, a Lua completa uma volta inteira ao redor do zodíaco. Por isso, vale à pena falar do que acontece entre Sol e Lua durante o Novilúnio e Plenilúnio também em termos astrológicos. Isso pode ser completamente ignorado em sua prática, mas se você gosta de incluir as correspondências astrológicas em seus rituais e feitiços é interessante entender esse movimento.

Vimos que no Novilúnio, Lua e Sol estão unidos. Na astrologia, isso é chamado de "conjunção". Em termos práticos, significa que no Novilúnio a Lua e o Sol sempre estarão no mesmo signo. Basta pensar na posição astrológica do Sol (lembre-se do signo das pessoas que estão fazendo aniversário nessa semana) e você vai saber também o signo da Lua. De um ponto de vista mágico, isso representa a potencialização da energia e temáticas de um signo na esfera terrestre.

Já no Plenilúnio, há entre a Lua e o Sol, o que chamamos de "oposição" – eles formam um ângulo de 180° graus, permanecendo em pontos opostos no céu. Isso faz com que, obrigatoriamente, durante o Plenilúnio, a Lua esteja no signo oposto àquele ocupado pelo Sol. Então, se o Sol estiver em Gêmeos, sabemos que a Lua cheia estará em Sagitário; se ele estiver em Câncer, ela estará em Capricórnio, e assim por diante. De um ponto de vista mágico, isso representa o casamento e o encontro das forças opostas para promover a totalidade, pois os dois aspectos do eixo cósmico estarão ativados pelos luminares.

Se desejar, você pode fazer com que os seus rituais de Plenilúnio e Novilúnio trate de temas como esses, vinculados aos signos que estarão ativados pelos luminares na noite do seu Esbat.

OPOSIÇÃO ENTRE OS SIGNOS		
Eixo do Relacionamento Independência X Parceria	Áries	Libra
Eixo da Estrutura Estabilidade X Profundidade	Touro	Escorpião
Eixo do Conhecimento Inteligência X Sabedoria	Gêmeos	Sagitário
Eixo da Ambição Sonho X Materialização	Câncer	Capricórnio
Eixo dos Valores Pessoal X Comunitário	Leão	Aquário
Eixo da Realidade Físico X Espiritual	Virgem	Peixes

Também há aquilo que é conhecido na astrologia como "Lua fora de curso", ou "Lua vazia". Esse é um curto período que corresponde ao final da passagem da Lua por um signo, quando está se preparando para ingressar no próximo e não formará mais qualquer aspecto significativo com outros planetas, permanecendo em um simbólico repouso. A Lua fora de curso termina assim que ela ingressa no novo signo.

Esse é um período astrologicamente considerado estéril e pouco favorável, e as pessoas que gostam de enfatizar a astrologia em seus rituais lunares optam por não realizar práticas mágicas nesse intervalo. Mas há também muitas pessoas que ignoram essas informações astrológicas e não levam em conta os períodos da Lua fora de curso para realizar seus rituais. Você pode encontrar facilmente na internet ou em aplicativos de calendários lunares informações precisas sobre os períodos de Lua fora de curso, que costumam durar apenas algumas horas na transição de um signo para outro (a cada dois dias, mais ou menos).

A Alma da Terra e as Esferas Celestes

Diferente do Sol, a Lua é capaz de transitar entre os períodos de luz e escuridão, noite e dia, tornando-se visível em diferentes momentos e mudando o seu brilho e aparência a cada aparição. Sempre mutável, em tempo e espaço, a Lua personifica o próprio poder da magia. Ela também dita os ritmos da vida, não apenas no interior do ventre das mulheres, mas também das marés, plantas e de todos os viventes.

A ciência nos dá a hipótese de que originalmente a Lua era um pedaço da própria Terra que, ao chocar-se com outro planeta, desprendeu parte de sua massa, dando origem ao nosso satélite natural[11]. Assim, podemos pensar na Lua como uma extensão ou projeção da Terra.

As tradições esotéricas ocidentais nos ensinam que a Lua é, na verdade, a Alma da Terra – é a partir dela que a vida se torna possível aqui, e seria a Lua a doadora das forças necessárias para que a vida exista como é, trazendo a energia sutil capaz de tornar a matéria viva. Dessa maneira, reverenciar o potencial místico da Lua é também reverenciar a força oculta da própria Terra, e é por isso que a Deusa dos Bruxos é

---

11. Essa possibilidade é chamada de Hipótese do Grande Impacto, ou *Big Splash*, hoje a mais aceita no meio científico para explicar a origem da Lua.

vista tanto como a Terra imanente que podemos tocar, provar e cheirar, quanto como a Lua que transcende o nosso toque, cujo brilho podemos apenas contemplar ao longe. A vida na Terra é uma consequência das emanações lunares. Em sua misteriosa dança de luz e escuridão através do céu noturno e diurno, perseguindo e se afastando do Sol, ela é a verdadeira doadora de vitalidade para nosso Planeta. A lua movimenta a seiva nas plantas, as marés no oceano e as forças psíquicas no ser humano – sua dádiva preenche a matéria com a potência espiritual da vida.

Perceba o equilíbrio perfeito: enquanto que o Sol é o doador da vida biológica para nós, a Lua é a doadora da vida mística e sutil. Juntos, governam sobre os reinos visíveis e invisíveis, presidindo e guiando a dança da natureza ao nosso redor.

Os antigos gregos concebiam a organização do céu em diversas esferas celestiais, com a Terra ocupando o centro de seu sistema[12]. A esfera celestial mais distante de nós era a esfera das estrelas fixas, onde o zodíaco se movia em perfeita harmonia. Entretanto, sete corpos celestes pareciam movimentar-se fora dessa esfera estelar; eles eram chamados de "os errantes" (termo que deu origem à palavra "planeta"). Cada um deles, então, tinha sua própria esfera planetária. Na ordem do mais distante para o mais próximo de nós, são eles: Saturno, Júpiter, Marte, Sol, Vênus, Mercúrio e Lua. Em cada uma das esferas planetárias estavam em atuação as forças de seu respectivo planeta, mas, nesse sistema, a Lua ocupava uma posição de destaque, que concedia a ela atributos especiais.

Sendo o *errante* mais próximo da esfera terrestre, a Lua era o corpo celestial responsável por condensar e combinar as forças de todas as outras esferas planetárias e introduzi-las à Terra, servindo

---

12. Hoje, não nos resta dúvidas de que o Sol ocupa o centro do sistema solar e de que a Terra é redonda. Mas esse modelo nos ajuda a criar uma imagem simbólica útil para explicar determinados conceitos metafísicos; leia com olhos de poesia, e não de astronomia. Enxergar a Terra como centro simbólico do Universo significa, de maneira mística, colocar a si mesmo e sua própria existência em foco.

como mediadora entre as esferas celestes e o nosso mundo, que muitas vezes era chamado de "esfera sublunar".

Sob a Lua estava o plano eternamente mutável da forma, onde tudo estava em constante transformação; além da própria Lua, as perfeitas e imutáveis esferas superiores. A Lua, então, era a grande mediadora entre aquilo que é para sempre (planetas e estrelas) e aquilo que está em constante vir-a-ser (o Planeta Terra); uma intermediária entre o eterno e o temporal.

Se traduzirmos tudo isso para uma linguagem esotérica moderna, diremos o seguinte:

AS ESFERAS CELESTES E OS PLANOS DE EXISTÊNCIA

O Zodíaco e os Planetas: representam os diversos planos sutis e a força das deidades que reinam sobre cada um deles.

A Lua: corresponde ao Plano Astral, intermediário entre a realidade física e os outros planos sutis.

A Terra: é o equivalente ao plano físico.

Dessa maneira, podemos entender que o plano astral é o mediador entre a realidade do plano físico, que está em constante mudança, e os planos mais sutis e estáveis que contém os padrões cósmicos universais da vida. A união de todos esses planos corresponde à natureza em sua totalidade.

Da mesma maneira que nosso sistema individual de centros de energia pelo corpo nos ajuda a compreender os padrões energéticos em nossos corpos sutis, as esferas celestes nos auxiliam a entender como se comportam as energias em nível macrocósmico usando o princípio das correspondências – esse é o princípio em atuação por trás da astrologia.

A Lua, então, torna-se essa grande manifestação visível do plano astral e de suas marés energéticas: esse é o motivo do porquê de os Bruxos alinharem seus trabalhos mágicos às fases da Lua – porque estão operando de acordo com os ritmos energéticos do próprio plano astral. Ou seja, as marés lunares de crescimento e diminuição não são provocadas pela Lua em si, simplesmente, mas pelos movimentos das marés astrais, que se tornam visíveis para nós por intermédio dos ritmos lunares.

Os filósofos neoplatônicos diziam que a Lua, como a Alma do Mundo, é o lugar onde a alma humana aguarda sua reencarnação após a morte. O crescimento da luz lunar representaria o preenchimento da Lua com as almas daqueles que morreram; à medida que elas reencarnavam, desciam novamente para a Terra e a luz da Lua minguava e diminuía.

Absorvendo a Energia Lunar

Expor-se periodicamente à luz da Lua nos momentos em que ela está visível durante a noite é uma maneira de sorver seu poder. Mas também podemos usar da meditação para conscientemente atrair e direcionar essa energia para determinadas partes do nosso corpo, ou mesmo usá-las como forma de nos conectarmos aos Deuses. Vejamos alguns destes exercícios.

EXERCÍCIO 62
Saudação ao Nascer da Lua

Este exercício é idealmente realizado ao ar livre, mas adapte-o para as suas necessidades. Um lugar alto ou uma janela através da qual você possa ver a Lua servirá. Para esta prática, você precisa saber exatamente o horário em que a Lua nasce no Leste. Lembre-se de que, de acordo com a fase lunar em que estiver, esse horário pode variar entre dia, tarde ou noite. Realize esta prática sempre que desejar se conectar a uma fase lunar.

De frente para o Leste, contemple a imagem da Lua e, caso ela não esteja completamente visível para você, visualize-se em sua fase apropriada, elevando-se a partir do horizonte. Eleve os braços em direção à Lua e, se tiver um Bastão, pode optar por apontá-lo nessa direção. Estabeleça uma conexão com ela, e então diga:

SAUDAÇÕES À BELA LUA QUE SE ELEVA NO PORTAL DOS NASCIMENTOS!
SAUDAÇÕES À BELA LUA, SENHORA DO VÉU DOS SONHOS,
DOADORA DO ORVALHO!

PREGNANTE, RESPLANDECENTE, LUCÍFERA, VENHA A NÓS!
ALÍVIO AOS CANSADOS, RENOVAÇÃO AOS VELHOS,
ESPERANÇA AOS ENTRISTECIDOS,

ABRA OS PORTAIS DO REINO DO SONHO
PARA QUE NOSSA ALMA SE ELEVE UMA VEZ MAIS!

MOVEM-SE AS MARÉS, ABREM-SE AS FLORES,
GERMINAM AS SEMENTES, TODAS EM TEU NOME!

DONZELA DA FACE FLORIDA, MÃE QUE CONCEDE ABUNDÂNCIA,
SÁBIA ANCIÃ QUE REVELA O FUTURO,
VENHA, ESTEJA CONOSCO, QUE POSSAMOS REGOZIJAR EM SUA LUZ!

Nesse momento, visualize a Deusa diante de você em seu aspecto apropriado: como a Donzela na Lua crescente, a Mãe na Lua cheia ou a Anciã na Lua minguante, e receba seu amor. Traga então a luz da Lua para dentro de você, trazendo as mãos ao seu coração e imaginando que sua pele é capaz de absorver todo o brilho prateado que preenche o seu corpo com força e vitalidade. Respire profundamente, una-se à Lua e peça que ela traga a você sua divina inspiração.

EXERCÍCIO 63
Acendendo a Lua Interior

Numa noite em que a Lua esteja visível, exponha-se à sua luz e sente-se em uma posição confortável, usando a Respiração de Quatro Tempos para alterar a consciência e então sentindo a luz pálida do luar sobre sua própria pele.

Perceba a energia fria sutil da Lua sobre você e deixe as sensações emergirem pelo seu corpo. Então, mantendo a respiração de quatro tempos, comece a absorver a luz da Lua através de sua pele para dentro de si, percebendo-se brilhando com a força prateada do luar. Quando sentir que se preencheu completamente de energia, concentre sua atenção na área entre as sobrancelhas e leve todo o poder para essa região, deixando surgir ali uma esfera prateada de energia lunar.

Usando a respiração, faça essa Lua interior irradiar sua luz e poder por todo o seu corpo, despertando sua intuição, poderes psíquicos e inspiração. Permaneça nesse estado contemplativo o quanto desejar. Para encerrar, respire profundamente três vezes, eliminando qualquer excesso de energia e recobrando a consciência sobre seu próprio corpo.

EXERCÍCIO 64
Conexão com o Manto Negro da Noite

Esta é uma prática que pode ser feita sempre que você desejar se conectar à escuridão do céu noturno. É um excelente exercício para ser feito antes de dormir. Se possível, exponha-se diretamente ao céu noturno, mas caso precise realizar o exercício em um ambiente interno, visualize-o acima de você. Use-o, em especial, nos momentos em que não houver Lua visível.

Sente-se em uma posição confortável, com a coluna ereta, e respire profundamente algumas vezes para induzir um estado relaxado e equilibrado. Lentamente, volte seus olhos para o alto e vá se conectando ao céu acima de você. Veja e sinta a imensidão do Universo, onde dançam as estrelas, cometas e planetas. Conecte-se a essa imensidão, e perceba como o manto negro da noite é um espaço vazio entre todas essas coisas.

Comece a se conectar com esse vazio, o espaço escuro entre as estrelas. Se desejar, eleve os braços para o alto. Lentamente, deixe que sua energia fria desça pelo topo da sua cabeça e flua através de todo o seu corpo para baixo, conectando-se à terra. Sinta essa força correndo por você de cima para baixo, levando todas as energias que são desarmônicas, pensamentos e sentimentos dos quais você deseja se livrar. Deixe que o manto negro da noite envolva o seu corpo e sinta a paz, o silêncio e a serenidade dessa energia. Abra-se para a conexão com a Deusa nesse momento.

Quando sentir que deve encerrar, respire profundamente algumas vezes, agradeça e encerre a conexão.

EXERCÍCIO 65
Bebendo a Lua

Você vai precisar da sua taça consagrada com algum tipo de bebida lunar – use vinho branco, leite ou mesmo um suco de frutas de aspecto mais lunar, como o limão. A água tem uma correspondência direta à força da Lua, então também é bastante apropriada para esse exercício. Segure a taça em suas mãos ou posicione-a de modo que possa ver a Lua refletida na superfície da água. Usando a visualização caso não consiga ver o próprio reflexo, perceba a lua em miniatura se formando dentro do recipiente e irradiando seu poder pela água, preenchendo-a de luz prateada.

Se desejar, recite uma invocação ou saudação ao poder lunar enquanto atrai esse poder. Ao terminar, eleve a taça em saudação e beba a água, lentamente, sentindo a energia fluindo para dentro de você. Enquanto faz isso, veja a sua aura sendo preenchida por uma luz prateada e irradiando sua força e poder através do seu corpo. Visualize a Lua brilhando em seu terceiro olho (o espaço entre as sobrancelhas) e respire por alguns instantes, sorvendo desse poder. Deixe um pouco de bebida para verter sobre a Terra em agradecimento.

EXERCÍCIO 66
Preparando Água Lunar

A Água Lunar é o equivalente da Água Solarizada, e pode ser usada para preparar chás, banhos e elixires em que você precisa do poder da Lua para despertar sua clarividência, poderes psíquicos, intuição, sonhos e criatividade.

Na noite do Plenilúnio, espere o céu ficar completamente escuro e a Lua surgir no Leste. Exponha a água da mesma maneira num recipiente de vidro e recolha antes do nascer do sol. Engarrafe, preferencialmente em um vidro escuro, e guarde no fundo de um armário para que os raios solares não a toquem. O ideal é que essa água nunca entre em contato direto com a luz solar.

Algumas pessoas gostam de preparar Água Lunar em diferentes fases da Lua, apesar de essa não ser a prática mais comum – preparar a Água Lunar no Plenilúnio significa captar o máximo possível da energia lunar, na noite de maior abundância. Mas caso deseje experimentar a preparação de Água Lunar em outras fases, é importante atentar-se ao horário em que a Lua realmente esteja visível no céu *sem a presença do Sol* (ou seja, é impossível fazer isso nas noites imediatamente anteriores ou posteriores ao Novilúnio, quando a Lua passa a maior parte do tempo no céu diurno, junto do Sol). Não basta simplesmente expor a água ao céu da noite; para fazer Água Lunar, a Lua deverá estar visível.

Capítulo Nove

Magia com Plantas

*Para mim, tudo é fruto do que
produzem tuas estações, ó Natureza.
De ti, em ti, por ti, são todas as coisas.*

– Marco Aurélio

Plantas são forças vivas que expressam as potências da alma da terra. O uso de ervas, folhas, ramos, flores, grãos, cascas, ervas e sementes é uma das bases da prática de Magia Natural, mas para que possamos praticá-la em harmonia com as energias telúricas, é preciso que deixemos de vê-las como um mero ingrediente em nossos rituais para percebê-las como participantes ativas de nossa magia, tanto quanto seria outro ser humano. E a única maneira de fazer isso é aprendendo a nutrir uma relação de respeito e reverência com a natureza – não se trata de uma questão de técnica – não é sobre o que fazer, mas sobre sua atitude, o como você faz. Na Magia Natural, ervas são nossas parceiras de ofício.

Se não aprender a estabelecer uma conexão genuína com a terra, baseada em uma postura de respeito e reverência, o uso das plantas na sua magia não será nada além de uma simpatia ou superstição tola, ou no máximo um uso das propriedades medicinais ou químicas da planta (o que já pode ser de grande ajuda). Mas ao fazer magia queremos ir além, para também acessar o espírito da planta de modo a fazê-lo trabalhar conosco. O que faz funcionar o tipo de magia que exploramos neste livro é nossa capacidade de reconhecer e nos relacionarmos com a vida pulsante presente nas plantas, árvores, animais e paisagens. Sem isso, não pode haver Magia Natural. Se você leu as lições anteriores e praticou seus exercícios, já começou a desenvolver uma relação com a alma da terra, reconhecendo sua sacralidade e poder.

As ervas para a prática de Magia Natural podem ser compradas. Neste caso, preze por material de boa qualidade em lojas de produtos naturais. Lembre-se: não basta simplesmente ter uma planta específica para trabalhar – a qualidade dela também é de suma importância. Ervas mofadas, velhas ou sem vitalidade não possuem a mesma energia daquelas que são bem preservadas, com cores vibrantes e aromas ainda intensos – é nisso que está viva a alma da planta, mesmo quando já seca. Se tiver a oportunidade de colher suas próprias ervas para a prática mágica, ainda melhor –, mas atenção, pois nem sempre as ervas colhidas no meio das grandes cidades são apropriadas para o consumo, devendo ser limitadas a usos externos.

CRIANDO UM JARDIM MÁGICO

Uma maneira de trazer a força da Magia Natural para seu lar, mesmo que você viva no alto de um prédio, é criando um pequeno jardim mágico com ervas que você gosta e que poderão participar de seus rituais e práticas mágicas. Isso pode ser feito diretamente sobre o solo de um jardim, ou mesmo em pequenos vasos com terra própria para jardinagem. As ervas que escolher para compor o seu jardim mágico podem variar de acordo com o tipo de clima da região onde você mora, o espaço disponível, temperatura, luminosidade e uma série de outras variáveis que são impossíveis de serem descritas em todas as suas nuances em um país tão diversificado quanto o Brasil. Uma boa ideia é optar por aquelas mais versáteis, que podem ser usadas como temperos, no preparo de chás, banhos e incensos, por exemplo. Para escolher as ervas do seu jardim mágico, também é importante conhecer as propriedades mágicas de cada erva para evitar que você cultive várias delas com as mesmas finalidades e acabe deixando de lado plantas que podem atender à outras necessidades ou funções rituais.

Mesmo que você não disponha de muito espaço, existem diversas maneiras de adaptar um cantinho da casa para criar um jardim mágico. Existem diferentes tutoriais e dicas na internet para os processos práticos que envolvem esse projeto, desde a estrutura dos vasos até o tipo de solo, a quantidade de luz, periodicidade de poda e a necessidade de água para cada planta. Por isso, aqui me concentrarei em descrever os aspectos mágicos do cuidado com as ervas e vou deixar para você a tarefa de descobrir o que cada uma das plantas selecionadas para o seu jardim mágico precisa para crescer.

Criar um jardim mágico em casa é uma oportunidade de trazer um pouco do ambiente natural para nossa própria vida urbana. Como o solo é responsável por funções tanto de decomposição quanto de nutrição da vida vegetal, quando trabalhamos com a terra, naturalmente aterramos as influências desarmônicas de nosso próprio campo energético e nos tornamos mais centrados.

A tarefa de cuidar de plantas pode ser um grande desafio inicialmente para pessoas que nunca tiveram essa experiência ou, pior, que sejam distraídas e tenham sempre a cabeça nas nuvens. Neste caso, o trabalho com o jardim mágico é uma maneira de nos trazer de volta para a terra firme e nos ajudar a ancorar nossa existência no aqui e agora. Cuidar de suas próprias ervas mágicas vai desenvolver o seu senso de observação, disciplina e cuidado.

Estudar e aprender sobre o melhor tipo de solo e ambiente para cuidar de suas plantas é importante para que elas cresçam saudáveis. As pessoas mais intuitivas podem, inclusive, acabar desenvolvendo uma relação psíquica com as plantas e sentir quando precisam de mais ou menos água ou luz solar, por exemplo.

A seguir você pode conferir uma pequena lista das plantas que são mais comuns e com as quais você pode experimentar se ainda não tiver experiência no cuidado com elas.

ERVAS BÁSICAS PARA O JARDIM MÁGICO		
Alecrim	Tomilho	Lírio-da-paz
Babosa	Louro	Minirrosa
Manjericão	Erva-doce	Violeta
Hortelã	Pimenta	Samambaia
Lavanda	Artemísia	Minimargarida
Arruda	Coentro	Minicacto
Sálvia	Mirra	Camomila

Faça dos cuidados, da observação e dos usos das ervas de seu jardim mágico uma atitude devocional de relação com o espírito da terra. Trate cada vaso como um altar vivo, pois é isso mesmo que eles são. As plantas, quando criadas em casa, precisam de nossa atenção para se manterem vivas e saudáveis. Colocar tempo e esforço em uma tarefa como essa exige que estejamos dispostos a abrir mão da praticidade de simplesmente abrir um saco de plástico e usar uma erva, cuja procedência nos é desconhecida, para nos dedicarmos ao cuidado e ao desenvolvimento de uma relação com outros seres vivos.

Cuidando e Nutrindo do seu Jardim Mágico

Se você não tiver talento ou experiência no cuidado de plantas, não seja muito ambicioso ao montar seu jardim mágico – comece com uma única planta e, quando garantir que conseguiu acomodá-la bem, vá trazendo novas espécies. Não deixe que isso se torne uma tarefa difícil, frustrante ou impossível, faça desse um exercício prazeroso. Leve-o como um exercício espiritual – e como também se trata de um desenvolvimento psíquico, o nosso trato com as plantas melhora com o tempo e a prática. Buscar informações técnicas é de grande valia, mas o aprendizado real só acontece quando colocamos as mãos na terra e nos sujamos de lama. Talvez você acabe deixando algumas plantas morrerem ao longo do caminho – e isso será parte do seu aprendizado. Com o tempo, você vai perceber que cada uma delas tem seu próprio humor. Aprender sobre o que faz uma determinada planta crescer é também aprender sobre sua magia.

Se você participar do cultivo e do crescimento de uma planta e então utilizá-la em práticas mágicas, vai haver uma troca justa de energia entre vocês, que é uma das bases essenciais da Magia Natural. Há algo de muito belo em consumir e utilizar ervas de cujo crescimento você mesmo participou. Isso nos ajuda a ressignificar nossa conexão com a terra e a ganharmos consciência da relação de interdependência que nutrimos com todas as formas de vida.

Nutrir e alimentar o seu jardim mágico com substâncias que também façam parte da sua vida como Bruxo é uma maneira de criar um vínculo energético entre vocês. Por isso, pode utilizar alguns "restos rituais", como água e cinza de incenso, o que na Arte nós chamamos de "testemunhos", e usá-los para nutrir as plantas do seu jardim, imbuindo-as com a energia de suas práticas mágicas.

NUTRINDO O SEU JARDIM MÁGICO

- Troque todos os dias a água fresca sobre o seu altar pessoal, usando-a para regar as plantas do seu jardim mágico.
- Na Lua cheia, prepare Água Lunar e utilize-a para nutrir suas ervas.
- Ao fim de um ritual devocional para os Deuses, recolha um pouco das cinzas de incenso e coloque sobre a terra.
- Enterre cristais ou joias mágicas por um determinado tempo.
- Ao usar uma erva para preparar um chá ou banho, retorne simbolicamente algumas gotas da água já fria para o vaso daquela planta.
- Utilize os restos de alimentos consagrados ou ingredientes usados na prática de culinária mágica para fazer adubo.

Montando um Armário Mágico de Ervas

Nem todas as plantas que você quiser utilizar para magia podem ser cultivadas em casa, e ainda há uma grande variedade delas que precisam ser comercialmente adquiridas por você. Também há aquelas que vão cumprir tanto uma função mágica quanto culinária em sua cozinha. Há algumas coisas que eu aprendi mantendo um armário de ervas secas para fins mágicos nos últimos anos:

Não exagere na diversidade: se desejar ter um estoque pessoal de ervas para finalidades mágicas, então é melhor ter uma ou duas para cada situação do que dez variedades que possuem as mesmas propriedades mágicas. Não se deixe levar pelo glamour dos filmes de Bruxas com milhares de ervas e ingredientes mágicos à disposição – isso será pouco prático e desperdiça muito material. Seja objetivo e tenha apenas aquilo que realmente for utilizar.

Não exagere na quantidade: na maioria das vezes tudo o que você vai precisar para uma prática mágica é de um pequeno punhado de uma determinada erva. Isso quer dizer que não há a necessidade de ter grandes jarros com uma quantidade inesgotável de cada uma das plantas. Opte por uma pequena quantidade que pode ser reposta periodicamente quando necessário.

Tome cuidado ao secar: você pode adquirir ervas frescas e então secá-las para que sejam guardadas. A regra é simples – ervas frescas devem ser utilizadas na hora. Para serem armazenadas, elas precisam ser desidratadas. Assegure-se de que as ervas estão completamente secas antes de armazená-las, ou então elas poderão mofar e colocar tudo a perder. Ao secar folhas em galhos, como o alecrim, por exemplo, apenas remova as folhas quanto estiverem completamente secas, guardando-as e descartando o caule.

Antes de secar, é preciso lavar bem as ervas na água corrente de uma torneira se elas não tiverem sido cultivadas por você – isso removerá qualquer impureza física ou detrito. Agite levemente para remover o excesso de água e envolva-as em folhas de papel toalha, ou espalhe-as sobre a superfície de um recipiente e cubra. Os ramos de ervas podem ser pendurados de cabeça para baixo até que estejam completamente secos. Evite deixar uma grande quantidade de plantas sobreposta, pois isso dificultará a secagem. As ervas devem secar em um lugar ventilado e, se possível, não as exponha diretamente ao sol, pois isso pode fazer com que percam sua potência. Este método de secagem é lento e pode levar diversos dias, dependendo da quantidade de água presente na erva.

Uma opção mais moderna e rápida, mas menos popular, é utilizar o forno ou mesmo o micro-ondas para desidratar ervas frescas. Neste caso, é preciso que a temperatura do forno seja muito baixa para que as ervas desidratem ao invés de assar; se for usar o micro-ondas, envolva as ervas em papel toalha, use a potência baixa e aqueça por repetidas séries de trinta segundos, sempre conferindo o resultado para não exagerar. O tempo necessário vai variar de acordo com a quantidade de água presente em cada erva.

Atenção ao armazenamento: utilize vidros hermeticamente fechados, isso fará com que mantenham melhor seu aroma e sabor. Armazene os vidros em um lugar seco e escuro, ou ao menos que não tenha incidência direta de luz solar, em temperatura ambiente. Mesmo que a erva pareça óbvia, rotule com o nome, marcando também a data de secagem e armazenamento dela. Ervas secas costumam ter uma vida útil de seis meses a um ano, mas se bem secas e armazenadas, poderão durar mais. Esteja atento à coloração e ao aroma, em especial se for usá-las para cozinhar.

Não jogue no lixo: se precisar descartar uma erva armazenada, evite jogá-la no lixo comum. Lembre-se de que estamos aprendendo a cultivar relações mágicas com as plantas. Separe-as e devolva-as à terra sempre que possível para que terminem seu ciclo de vida no próprio solo, servindo para nutrir outras plantas.

Colhendo Ervas para Magia

Outra opção para adquirir ervas para usos mágicos é colhê-las em parques e jardins perto de onde moramos. Neste caso, é importante lembrar: não utilize ervas, flores e plantas no geral que são colhidas no meio da cidade para ingestão. Elas podem ser usadas para fazer incensos, sachês, banhos e outras práticas mágicas; mas para preparar chás ou outras receitas, opte por ingredientes próprios para o consumo.

Antes de colher a erva desejada, é apropriado fazer uma pequena oferenda e libação de algo que seja útil para a planta, como água ou um pouco de mel. Colha apenas o que você precisa e tome cuidado para não danificar, prejudicar ou comprometer a árvore ou o arbusto. Algumas pessoas optam por colher suas ervas observando as correspondências planetárias dos dias da semana e horários, ou mesmo das fases da lua, mas isso é mais uma opção pessoal do que regra – às vezes, tudo o que podemos fazer é colhe-las quando temos a oportunidade para isso. Ao chegar em casa, lave bem as ervas, agite gentilmente para remover o excesso de água e prossiga com o procedimento de secagem, se for o caso.

Identificando as Propriedades Mágicas das Ervas

Uma vez que você tenha cultivado ou armazenado suas ervas, elas estão prontas para serem utilizadas. Para isso, primeiro devemos saber quais são as propriedades mágicas de cada planta. Existem diferentes sistemas de classificação e correspondência para o uso de plantas, e livros inteiros dedicados a explorar essas relações. Entretanto, existem algumas maneiras mais simples e empíricas que nos ajudarão a determinar suas qualidades.

A Função Botânica

Uma maneira simples de utilizarmos partes de plantas e vegetais em nossas práticas mágicas é nos perguntando qual é sua função naquele organismo completo. Desta maneira:

Magia com Plantas | 311

FUNÇÃO MÁGICA DAS PARTES DO VEGETAL			
Parte	Planeta	Propriedades	Usos Mágicos
Raízes	Saturno	Enraizamento no solo, sustentação, nutrição, estabilidade.	Manifestar novos projetos, ancorar energias no plano material, banimentos e purificações (pela associação ao mundo inferior).
Tronco, caule e casca	Júpiter	Firmeza, estabilidade, sustentação, distribuição de nutrientes.	Força, autoridade, resistência, fortalecimento, defesa, segurança.
Espinhos	Marte	Proteção e defesa.	Afastar o mal e bloquear más intenções.
Folhas e ramos	Mercúrio	Respiração, captação de luz, crescimento e expansão.	Desenvolvimento vitalidade, cura, dinamismo e criatividade.
Flores	Vênus	Fertilidade, beleza, reprodução, atração de insetos para polinização.	Amor, atração, sexualidade feminina, autoestima, cura emocional, gravidez, multiplicação e fruição.
Frutos	Lua	Dispersão de sementes, atração e nutrição.	Criatividade, realização de desejos, relacionamentos, atração de novas possibilidades.
Sementes e Grãos	Sol	Multiplicação e nutrição.	Prosperidade, abundância, sexualidade masculina, crescimento, início de novos projetos e disseminação.

Correspondências Planetárias

Como você viu, diferentes partes de um mesmo vegetal podem corresponder à ação de um dos planetas. Assim, quando desejar enfatizar as energias planetárias, pode recorrer ao uso desses componentes vegetais.

Outra maneira de se familiarizar com as propriedades mágicas das ervas é verificar quais são suas características e, por meio delas, estabelecer uma analogia planetária não para uma parte da erva, mas para aquela planta como um todo. Algumas ervas e plantas podem ser classificadas sob diferentes planetas, dependendo da característica que enfatizamos. Você vai encontrar o alecrim, por exemplo, classificado em diferentes livros como uma erva do Sol ou do planeta Mercúrio; a canela às vezes é categorizada como pertencente ao Sol, e em outras ocasiões a Marte.

Tudo isso depende tanto da qualidade utilizada para a classificação quanto da própria experiência pessoal dos praticantes – essa não é uma ciência exata, mas descrições e classificações criadas via observação e experiência. Com o tempo, você vai acabar criando sua própria pequena lista de correspondências para o trabalho mágico com ervas, e terá uma pequena quantidade delas que vão ser suficientes para o seu próprio estilo de prática. Mais uma vez, é a experiência que vai trazer a você esse discernimento.

De maneira geral, você pode identificar as associações planetárias de cada planta da seguinte maneira:

Magia com Plantas | 313

CLASSIFICAÇÃO PLANETÁRIA DAS PLANTAS

Planeta	Usos Mágicos	Características	Exemplos
Sol Domingo	Vitalidade, cura, expansão, brilho pessoal.	Plantas que precisam de muita luz solar; aromáticas; que se assemelham ao Sol em cor ou forma.	Calêndula, camomila, canela, alecrim, tomilho, girassol, aloé, açafrão, laranja, maracujá, margarida, cravo, louro.
Lua Segunda-feira	Intuição, psiquismo, adivinhação, sonhos, contato com o plano astral.	Sedativas e analgésicas; aquáticas; com grande quantidade de água; brancas e pálidas.	Artemísia, jasmim, lírio, limão, bétula, salgueiro, dama-da-noite, cânfora, samambaia.
Marte Terça-feira	Coragem, poder, proteção, força, iniciativa, garra, paixão.	Ácidas ou picantes; quentes e estimulantes; espinhentas.	Gengibre, tabaco, pimenta, canela, café, manjericão, coentro, espinheira-santa, alho.
Mercúrio Quarta-feira	Comunicação, viagem, aprendizado, comércio.	De aroma penetrante; refrescantes; de crescimento rápido.	Eucalipto, menta, lavanda, trevo, aveleira, endro, capim-limão, angélica, manjerona, sálvia, orégano.
Júpiter Quinta-feira	Prosperidade, sorte, expansão, sucesso, prestígio, crescimento.	Frutíferas ou nutritivas; grandes e frondosas.	Anis-estrelado, carvalho, noz-moscada, cedro, madressilva, hissopo, cravo-da-índia.
Vênus Sexta-feira	Amor, amizade, beleza, atração, fertilidade.	Afrodisíacas; de perfume suave; floridas; delicadas; doces.	Rosa, verbena, maçã, cardamomo, violeta, romã, morango, flores em geral.
Saturno Sábado	Limites, proteção, banimento e exorcismo, disciplina, autoridade.	Venenosas; trepadeiras ou invasivas; plantas de ambiente escuro; ásperas; amargas; narcóticas.	Cipreste, hera, mirra, urtiga, arruda, patchouli.

Outras Maneiras de Identificar Correspondências Mágicas

As associações planetárias são bastante práticas, porque nos permitem categorizar as ervas em sete grupos para todas as finalidades mágicas. Mas dependendo de como for usar as ervas, existem outras maneiras de escolher quais são as mais apropriadas para o uso.

Mitologia e Folclore: se for fazer um ritual para uma determinada deidade Pagã, pode pesquisar quais eram as ervas típicas associadas a ela na região do seu culto e tentar utilizá-las em suas práticas mágicas em honra àquela divindade. Conhecer o folclore regional de onde você mora também pode ser uma maneira de usar magicamente ervas que estão à sua disposição, mas cuja finalidade não é popular. Buscar conhecer mais sobre a sabedoria popular e sobre os mitos associados a cada planta pode nos abrir uma nova possibilidade de usos mágicos para as ervas.

Muitos dos livros de Bruxaria que temos acesso são escritos por praticantes de outros países, que têm à sua disposição ervas e árvores que são muito diferentes de nossa realidade brasileira. Muitas das ervas clássicas associadas à Bruxaria, como a mandrágora, o acônito ou o carvalho, por exemplo, são plantas regionais que não estão facilmente disponíveis para nós. Conhecer e identificar as árvores e ervas regionais, classificando seus usos mágicos, é uma tarefa que cabe a nós, Bruxos brasileiros, cumprir.

Observação e Contato: olhe para a planta. Quais são as cores predominantes? Suas folhas são pontiagudas e ásperas, ou arredondadas e aveludadas? Ela parece mais seca ou aquosa? Cresce com grande incidência do Sol, ou prefere a sombra? Produz flores e frutos? É espinhosa? Tem a casca lisa ou áspera? Produz algum tipo de aroma? É usada para fins culinários? Se sim, que tipo de sabor possui? Essas são algumas perguntas que poderão ajudar você a identificar as propriedades mágicas da erva. Pesquisar sobre seus usos e aplicações medicinais também pode ser uma maneira de expandir sua compreensão.

Experiência: partindo do princípio de que a Magia Natural funciona tendo como base sua interação com as plantas, a melhor maneira de conseguir esse conhecimento é testar o que funciona. Você pode acabar descobrindo que não trabalha bem com alguma planta bastante popular, por exemplo, ou que possui algum tipo de alergia, ou que seu perfume lhe é incômodo. Cada um de nós vai interagir de maneira diferente com uma mesma erva. A experiência e prática constantes trarão a você um conjunto de plantas aliadas.

> **PLANTAS ALIADAS** são as ervas com as quais você sente grande afinidade energética e desenvolve uma relação mágica, por isso elas se tornam parte de sua prática de Magia Natural e espiritual mediante uso constante. Você não "descobre" uma planta aliada usando uma meditação – isso é fruto de uma relação construída naturalmente com tempo, esforço e dedicação.

UTENSÍLIOS E INSTRUMENTOS PARA O TRABALHO COM PLANTAS

O Boline

Uma pequena faca, geralmente com um formato de foice, utilizada para colher e cortar as ervas. O Boline também pode ser usado para outras funções práticas, como marcar símbolos em velas, descascar um Bastão Mágico, talhar a casca da madeira ou desenhar símbolos em amuletos de argila, por exemplo. Por isso, é melhor optar por uma lâmina que seja pequena, afiada, preferencialmente com ponta. Verifique se o instrumento pode ser utilizado de maneira segura para realizar movimentos finos, isso permiti a você entalhar com mais precisão e segurança.

Pilão e Almofariz

Esse é um dos instrumentos mais antigos da humanidade – trata-se, originalmente, de duas pedras, uma usada para apoiar e outra para bater. A função do pilão e almofariz é de triturar ervas e reduzi-las à porção menores ou até mesmo à pó. Um instrumento culinário importante para aqueles que gostam de cozinhar e experimentar diferentes temperos herbáceos, essencial no arsenal de um Bruxo que deseja confeccionar pós mágicos e incensos, ou mesmo se aventurar nas práticas mágica em sua cozinha.

O pilão é um objeto fálico usado para imprimir força, enquanto o almofariz é um recipiente capaz de conter ervas e grãos em seu interior. Juntos, simbolizam a união criadora entre masculino e feminino.

O formato arredondado da tigela, o almofariz, assemelha-se ao clássico Caldeirão das Bruxas, simbolizando os poderes constritivos e acolhedores da Terra e da Grande Mãe, o ventre fecundo onde as ervas são acrescentadas para serem ativadas e transformadas. Já o pilão tem um formato fálico e é usado para moer e triturar as ervas pela força, e por isso é associado ao Deus de Chifres. Aqui temos a reunião dos princípios mágicos de Forma (o almofariz que contém as ervas) e de Força (o pilão que aplica energia para transformar as ervas).

Há dois movimentos básicos com o pilão: bater e esmagar. Batemos o pilão sobre o almofariz para quebrar grãos, sementes ou pequenas partículas de resina, por exemplo. Já no movimento de esmagar, pressionamos o pilão contra o fundo do almofariz e o giramos para moer folhas e ervas, reduzindo-as a pedaços cada vez menores.

O pilão e almofariz podem ser feitos de diversos materiais naturais, sendo pedra, madeira e cerâmica os mais populares. Minha sugestão é que você tenha um pilão e almofariz reservado exclusivamente para moer ervas que serão ingeridas (seja de maneira mágica ou apenas culinária), e outro para moer resinas e outras ervas usadas apenas em incensos ou tinturas.

Turíbulo ou Incensário

Acredita-se que a fumaça do incenso é capaz não apenas de elevar nossas preces aos planos superiores, mas também permitir a manifestação de forças sutis em nosso próprio plano.

Para queimar incensos você vai precisar de um recipiente apropriado para isso, que pode variar desde um Turíbulo confeccionado especificamente para esta função até mesmo um recipiente de madeira, metal ou cerâmica preenchido com areia, sobre a qual você pode acender um disco de carvão. A função da areia é isolar o calor e impedir que o recipiente aqueça demais e se quebre, e evitar que você se queime ao manuseá-lo. Você pode usar desde pequenos pires até potes mais fundos para cumprir essa função, desde que seja resistente ao calor. Discos de carvão podem ser facilmente encontrados em tabacarias.

Ao usar um incensário sobre o seu altar, é importante verificar se o recipiente não está produzindo calor o bastante no fundo, o que acabaria por danificar a superfície onde é apoiado. Por isso, você pode optar por usar uma pequena base de madeira sob o turíbulo ou incensário para evitar qualquer tipo de acidente por excesso de calor. Se for necessário manipular o objeto depois de um tempo que o carvão foi aceso, faça isso de maneira segura para evitar queimaduras.

CARREGANDO AS ERVAS COM PODER

Armazenar as ervas adequadamente para preservar sua cor e aroma é uma maneira de naturalmente fazer com que o poder de cada uma delas dure por mais tempo. Mas ao utilizarmos ervas para qualquer finalidade mágica, é interessante também acrescentarmos um pouco de nossa própria energia e poder. Isso nos ajuda não apenas a ter melhores resultados, como também impregnar os materiais com nossas intenções mágicas.

EXERCÍCIO 67
Potencializando Ervas para Magia

Comece colocando as ervas frescas ou secas diante de você, separadas ou misturadas, como preferir. Gentilmente, esfregue suas mãos para produzir calor, acelerando o movimento para ativar as palmas das mãos. Então, coloque suas mãos sobre as ervas, ou manipule-as com as mãos aquecidas, projetando para elas suas intenções e visualizando que se tornam brilhantes e cheias de vida. Mentalize o propósito do seu uso mágico e transmita-o para as plantas antes de começar o seu preparo para a magia.

Ao longo do capítulo, você vai encontrar algumas maneiras de usar a magia das ervas a seu favor.

A Arte dos Incensos

A Magia dos Aromas

De todos os cinco sentidos, o aroma é o mais poderoso e evocativo. Seu contato direto com o sistema límbico provoca instantaneamente emoções e lembranças, por isso seu uso eficaz é atestado na ritualística de todas as religiões e sistemas mágicos pelo mundo. A arte da confecção de incensos, óleos e unguentos sempre foi associada à magia, à realização de desejos e ao poder de transformação pessoal.

O poder dos aromas tem vários usos distintos – pode alterar a energia e a disposição de um ambiente ou de um grupo de pessoas, facilitar nosso acesso a diferentes estados emocionais, provocar reações físicas de relaxamento, tensão ou alerta. O uso correto dos aromas pode ter efeitos afrodisíacos e nos levar ao êxtase espiritual, como também nos lançar em sentimentos de tristeza e apatia.

Seu uso é extenso e está presente em nosso dia a dia, desde nossas refeições até o momento de dormir. Não apenas nossas cozinhas, quartos e banheiros, mas todos os ambientes que frequentamos são templos do poder dos aromas. Os odores de nossos corpos e os perfumes que usamos dizem muito a respeito de quem somos e de como desejamos que os outros nos percebam. Os perfumes de nossas casas e ambientes de trabalho, além de nos influenciarem, transmitem informações aos que nos visitam.

Para trabalhar com o poder dos aromas, pense neles como símbolos – que são dotados de um significado coletivo e universal, mas também de um sentido íntimo, ligado às nossas histórias. A aromaterapia estuda os efeitos dos aromas de óleos essenciais sobre nós; para além disso, podermos criar nosso próprio "dicionário de aromas", entendendo os estados emocionais que cada um deles provoca em nós e usando nossos próprios símbolos para nos favorecer, atuando em prol de cada um de nós.

O Uso Mágico e Ritual do Incenso

Os usos cerimoniais e religiosos do incenso são muito antigos. Acredita-se que com os perfumes e aromas liberados pela queima de incenso, a presença dos Deuses pode ser atraída e manifestada. A ação dos odores do incenso sobre os praticantes de magia também serve para elevar sua vibração e pensamentos, e cada tipo de aroma desperta em nós um determinado tipo de padrão energético, sintonizando-nos com as forças que desejamos atrair e manifestar. Os incensos têm sido usados à milênios para abençoar, banir, purificar e consagrar.

É importante destacar que, apesar de muito práticas e populares, as varetas de incenso costumam ser confeccionadas usando apenas produtos sintéticos, ou seja, não possuem plantas de verdade em sua composição. Isso quer dizer que apesar de trazerem um aroma similar ao da planta correspondente, carecem da essência espiritual que um incenso natural possui.

Preparar um incenso natural é, em si mesmo, um ato ritual muito poderoso, e às vezes isso é tudo o que você precisa para praticar magia. Podemos transformar a criação e a energização de um determinado incenso em um feitiço completo em si mesmo – enquanto o confeccionamos, carregamos as ervas de poder e transmitimos a elas nossas intenções, potencializando sua magia. Ao queimar o incenso sobre a brasa de um carvão, liberamos sua energia para que realize nossos desejos.

O princípio mágico em atuação na queima de incenso é elemental em essência: as ervas e resinas utilizadas em seu preparo estão conectadas ao elemento Terra; o carvão onde serão queimadas traz a energia do Fogo; a fumaça produzida e o aroma liberado manifestam o Ar. O que estamos fazendo, portanto, é um processo de sutilizar o denso elemento Terra pelo contato com o Fogo para transformá-lo em seu oposto, o Ar. A frieza e secura da Terra se convertem no Ar quente e úmido que se eleva aos céus, carregando também nossos desejos, intenções e as imagens psíquicas impregnadas no incenso para os planos mais sutis da realidade.

DINÂMICA ELEMENTAL DO INCENSO

Preparando uma Mistura de Incenso

A arte de combinar os ingredientes secos para compor o seu incenso é uma atividade bastante divertida. Você pode experimentar receitas prontas, mas é muito mais recomendado que crie as misturas que sejam mais agradáveis e funcionem melhor para você. Os ingredientes que podem ser usados para essa tarefa são:

Resinas: as resinas são os clássicos ingredientes dos incensos e muitas vezes podem ser usadas sem a adição de nenhum outro ingrediente como incenso ritual. Dentre as mais comuns estão o olíbano, a mirra, o benjoim, o estoraque e o copal. Levam mais tempo para queimar e produzem um aroma mais acentuado e marcante. Utilize ao menos uma resina de base no preparo de suas misturas, que devem ser moídas em pequenos grãos, mas não necessariamente reduzidas à pó fino, o que faria com que fossem consumidas muito rapidamente.

Dica: para facilitar o processo de moer resinas com pilão e almofariz, você pode deixá-las no congelador por cerca de trinta minutos.

Madeiras, raízes e cascas de árvore: são mais resistentes, e por isso também levam mais tempo para queimar sobre o carvão, produzindo um aroma mais amadeirado e firme. O seu preparo para a mistura é mais trabalhoso, porque deve ser reduzido a lascas pequenas, e o pilão e almofariz não costumam ser capazes de triturar tão bem esse tipo de ingrediente. Processadores elétricos ou outros instrumentos para ralar podem ser usados para preparar a madeira para se tornar incenso.

Ervas secas: ervas, folhas e flores secas são materiais mais leves e mais facilmente combustíveis para o incenso, e são acrescentados à receita de acordo com a combinação de fragrâncias. Cascas de frutas, como limão e laranja, podem ser raladas para produzir um pó e ser acrescido à mistura.

Dica: tenha em mente que ingredientes com aromas mais fortes precisam ser colocados em pequenas quantidades para não se sobreporem e roubarem a cena da sua mistura, ao passo que os aromas mais sutis exigem uma quantidade maior do ingrediente para produzir um perfume expressivo.

Óleos Essenciais: você também pode acrescentar algumas gotas de óleos essenciais para intensificar os aromas de ervas que já estiverem presentes na receita ou mesmo substituir o uso de uma delas em seu estado sólido. Os óleos essenciais só devem ser acrescentados após a mistura de todos os ingredientes secos. Se utilizá-los, assegure-se de preparar sua mistura com alguns dias de antecedência para deixar que os aromas dos óleos essenciais sejam absorvidos, combinados, e a mistura volte a ficar seca. Não utilize essências artificiais para confeccionar incenso, pois quando queimam, podem liberar um aroma muito desagradável.

Ao moer as ervas e ingredientes para preparar o seu incenso, tenha em mente que se todos eles forem reduzidos à um pó muito fino, queimarão muito rapidamente sobre a brasa do carvão e você vai precisar alimentá-lo constantemente com mais incenso para continuar produzindo fumaça e liberando o aroma. Mas se cometer o erro oposto e usar os ingredientes de maneira grosseira, eles não se consumirão adequadamente e vão impedir que a mistura queime por igual.

EXERCÍCIO 68
Testando os Ingredientes

Antes de acrescentar uma determinada erva à sua mistura de incenso, é importante testá-la para saber qual é o perfume exalado ao queimar, pois nem todas elas liberam o odor que possuem quando frescas. Para isso, acenda um disco de carvão e coloque sobre ele uma pequena quantidade do ingrediente para avaliar o tempo de queima e o aroma liberado. Utilizando uma pequena colher ou outro objeto, limpe a superfície do carvão, se necessário, e teste o ingrediente seguinte. Esta técnica também pode ser usada para testar a combinação de determinados aromas e encontrar a proporção correta entre eles.

Mantenha anotações sobre as receitas e proporções utilizadas para que possa reproduzir aquelas que forem bem-sucedidas ou corrigir quando necessário.

Proporções

Não há regra no que diz respeito à proporção dos ingredientes, pois isso vai depender da combinação de ervas e o resultado final que você deseja produzir.

Dica: tenha em mente o seguinte: uma parte de resina para três partes de ervas secas e madeira.

Isso significa que, ao acrescentar uma colher de chá de mirra ou olíbano, por exemplo, a quantidade de ervas secas deve ser de três colheres de chá. O acréscimo dos óleos essenciais também vai variar de acordo com a intensidade do aroma, mas tenha em mente que, por serem bastante concentrados, duas ou três gotas podem ser o suficiente.

Minha sugestão para você é que comece produzindo quantidades muito pequenas de incenso até chegar em uma receita definitiva que possa ser replicada em quantidade maior.

Armazenamento

O incenso deve ser armazenado em um pote de vidro hermeticamente fechado. Se você adicionou óleos essenciais, é importante deixá-lo descansar por alguns dias (ou mesmo por algumas semanas) antes de queimar, pois isso vai fazer com que os aromas se misturem mais adequadamente. Tenha a certeza de que seus ingredientes estão mesmo secos antes de guardá-los, para que não corra o risco da sua mistura mofar (isso não se aplica aos óleos essenciais).

O incenso pode ser armazenado por vários anos e tem um tempo de vida útil bastante longo.

EXERCÍCIO 69
Preparando Cones de Incenso

Os cones de incenso são bem práticos, pois uma vez acesos, eles permanecem queimando até o fim e não precisam ser alimentados durante a prática, como é o caso das misturas que são lançadas sobre o carvão em brasa. Cones são preparados apenas com ervas. Para confeccioná-los, você deve reduzir todas as ervas à um pó muito fino, caso contrário seu cone de incenso não terá aderência. Reduza as ervas usando o pilão e, se necessário, separe galhos ou partículas maiores. Se desejar, passe por uma peneira para assegurar-se de que está usando apenas o pó.

Então, use uma quantidade muito pequena de líquido, como água, uma tintura ou mesmo óleo essencial para umedecer o pó seco e formar com ele uma massa que possa ser moldada no formato de um pequeno cone. A textura correta é aquela em que, ao pressionar o pó, ele permaneça unido. Se desejar, use um spray ou borrifador para acrescentar o líquido aos poucos, ou utilize uma colher. O objetivo do líquido é dar liga e permitir que você molde o pó em forma de cone, sem que ele esfarele.

Molde na palma das mãos e deixe os cones secarem naturalmente. Deixe por algumas horas secando à sombra, e então deite o cone para que a base fique exposta e também possa secar. Em algumas horas estarão prontos para serem acesos, mas para garantir, é melhor deixar secar durante um dia inteiro. Tenha em mente que quanto maiores os cones moldados, mais tempo eles levarão para ficarem secos.

RECEITAS DE INCENSO

Incenso Planetário do Sol

- 1 parte de louro
- 1 parte de olíbano
- 2 partes de sândalo
- Almíscar ou gotas de óleo essencial de bergamota

Incenso Planetário da Lua

- 1 parte de cânfora
- 1 parte de pétalas de rosa branca
- 2 partes de jasmim
- Gotas de óleo essencial de artemísia

Incenso Planetário de Marte

- 1 parte de canela
- 1 parte de folha de tabaco
- 1 parte de grãos de pimenta-do-reino
- 1 parte de sangue-de-dragão
- Gotas de óleo essencial de cravo

Incenso Planetário de Mercúrio

- 1 parte de anis-estrelado
- 1 parte de benjoim
- 1 parte de cálamo
- 1 parte de endro
- Gotas de óleo essencial de lavanda

Incenso Planetário de Júpiter

- 1 parte de breu branco
- 1 parte de cedro
- 1 parte de noz-moscada
- 1 parte de zimbro
- Gotas de óleo essencial de cravo-da-índia

Incenso Planetário de Vênus

- 1 parte de cardamomo
- 1 parte de casca de maçã
- 1 parte de estoraque
- 1 parte de pétalas de rosa vermelha
- Gotas de óleo essencial de ylang-ylang ou rosas

Incenso Planetário de Saturno

- 1 parte de mirra
- 1 parte de patchouli
- 2 partes de arruda
- Gotas de óleo essencial de cipreste

Incenso de Exorcismo e Banimento

- 1 parte de arruda
- 1 parte de assafétida
- 1 parte de cânfora
- 1 parte de folhas de pinheiro
- 1 pitada de enxofre em pó
- 1 pitada de sal marinho

PREPARANDO ÓLEOS MÁGICOS

O uso de óleos e substâncias aromáticas para fins mágicos e religiosos é extremamente antigo. Da mesma maneira que o incenso, os óleos também se valem do aroma de certos vegetais, ou seja, de sua própria essência espiritual, para assinalar uma mudança ritual ou provocar um estado elevado de consciência. Os perfumes utilizados para fazer óleos sagrados devem ser puros e poderosos. Por isso, evite o uso de essências artificiais e procure trabalhar com óleos essenciais para a confecção de seus óleos mágicos, ou ao menos com as ervas (com as quais talvez seja mais prático e eficaz confeccionar uma tintura, como veremos em outra sessão deste capítulo).

O óleo essencial é um extrato puro e altamente concentrado da essência natural produzida por uma planta, ao passo que a essência é um produto sintético, cuja função é simplesmente imitar um determinado aroma. Óleos essenciais são mais caros que essências artificiais, mas ter um pequeno conjunto deles pode ser de grande valia. Melhor do que possuir uma imensa quantidade de óleos essenciais é ter ao menos um para cada correspondência planetária, e que poderão ser combinados entre si para compor diferentes óleos mágicos, por exemplo.

Por sua alta concentração, óleos essenciais não devem ser usados diretamente sobre a pele, e muito menos ingeridos. Mesmo para aqueles poucos que são considerados seguros para uso tópico, como lavanda e melaleuca, é preciso tomar cuidado com as reações adversas que alguns organismos podem apresentar. Para que possam ser aplicados sobre o corpo em unções rituais, os óleos essenciais devem ser diluídos naquilo que chamamos de óleo carreador.

> **Óleo carreador**, ou óleo base, é um produto de origem vegetal extraído dos grãos, sementes ou nozes, no qual os óleos essenciais são diluídos para que possam ser aplicados sobre a pele. Dentre os carreadores mais comuns estão o óleo de semente de uva, de jojoba, de amêndoas e o azeite de oliva. Tenha em mente que alguns desses óleos possuem um aroma próprio e diferentes texturas, por isso é interessante experimentar para saber quais deles você considera mais adequados.

Uma vez que você tenha seu óleo carreador e selecione os óleos essenciais, cujo aroma vai compor seu óleo mágico, é preciso diluí-lo na proporção adequada.

Dica: não prepare grandes frascos de óleos. Tenha em mente que uma ou duas gotas serão suficientes para cada vez que o óleo for utilizado, o que significa que um pequeno frasco vai ter um tempo muito grande de duração.

Criando suas Próprias Receitas de Óleos Mágicos

Se você está dando os seus primeiros passos na arte de criar óleos mágicos para uso ritual, o conselho é não ter pressa e não pular as etapas do processo. Talvez você leve de uma a três semanas para finalizar o processo de composição das suas primeiras misturas, mas isso vai ajudar a refinar a sua própria compreensão de como cada óleo essencial interage e amadurece com o tempo. Por meio dessa experiência mais lenta, você será capaz de criar combinações mais efetivas e agradáveis em cada vez menos tempo.

Óleos mais concentrados e de aroma mais intenso, como canela e hortelã-pimenta, necessitam de menos gotas para se expressarem em uma mistura, enquanto óleos mais suaves, como artemísia e lavanda, necessitam de uma quantidade maior em combinação com outros óleos para se tornarem evidentes. É importante ter isso em mente, especialmente para fazer as combinações dos óleos essenciais: os mais fortes devem ser acrescentados em menor quantidade para que não se sobreponham aos outros aromas. A combinação apropriada de dois ou mais óleos essenciais em um carreador de maneira harmônica é chamada de "sinergia".

COMBINANDO ÓLEOS ESSENCIAIS

1. Selecione os óleos essenciais que serão combinados e um óleo carreador.

2. Em um frasco de vidro escuro (para evitar a degradação pela luz), pingue a quantidade desejada de cada um dos óleos essenciais e mova o frasco gentilmente em um movimento circular para que se misturem e interajam – não agite. Experimente o aroma.

3. Tampe e guarde pelo período de dois dias a uma semana para que os aromas interajam e os óleos se misturem devidamente. Então, abra o frasco e experimente a fragrância. Se necessário, fortaleça algum dos aromas, acrescentando mais gotas de um determinado óleo essencial. Deixe descansar novamente.

4. Quando o aroma alcançado for satisfatório, acrescente o óleo carreador ao frasco para diluir a combinação dos óleos essenciais.

5. Anote as fragrâncias, quantidades e ajustes realizados ao longo do processo para que você seja capaz de replicar as receitas bem-sucedidas e estudar como foram melhoradas com o tempo. Isso vai desenvolver o seu raciocínio aromático e tornar a criação de novos óleos mais rápida e eficaz.

Existem diferentes maneiras de selecionar os aromas de óleos essenciais que serão combinados para formar o seu óleo mágico. Você pode criar um óleo mais simples, utilizando um único aroma e diluindo-o no óleo carreador para trabalhar individualmente com o espírito de uma planta, ou então pode selecionar diferentes óleos essenciais que estejam relacionados a um propósito específico para criar a sua combinação.

Existem muitas maneiras e raciocínios que podem ser utilizados para compor óleos mágicos mais elaborados, mas a pergunta inicial que você deve se fazer é: qual é o objetivo deste óleo? Que função mágica eu espero que ele desempenhe? É daqui que deve partir todo o processo de combinação dos aromas.

A primeira maneira de fazer essa combinação é utilizar as correspondências planetárias dadas anteriormente neste capítulo para compor um óleo mágico que vibre com a energia do planeta associado à sua intenção mágica. Minha sugestão para você é criar sete óleos mágicos planetários, pois eles serão suficientes para todo e qualquer processo de magia que você queira realizar. Você pode combiná-los com sete incensos planetários, por exemplo, e ter um pequeno e efetivo arsenal mágico para todas as ocasiões rituais.

Outra opção é utilizar óleos de correspondências planetárias distintas, mas que se complementem em um mesmo propósito. Por exemplo, um óleo de proteção pode combinar aromas de Marte e Saturno. Um óleo de vitalidade pode conter tanto as fragrâncias do Sol quanto a de Marte. Já um óleo para boa sorte pode combinar aromas jupterianos e venusianos. Óleos para a Deusa podem conter tanto as fragrâncias de Vênus quanto da Lua. Ainda, você pode criar um óleo de bênção pessoal astrológico, baseado no seu signo solar, ascendente e lunar – que pode ser utilizado em seus rituais de Bruxaria Solitária para consagrar seu corpo e seus instrumentos mágicos, amuletos e feitiços, uma vez que ele vai representar a sua essência profunda e verdadeira. Criar um óleo mágico pessoal com um aroma específico que represente a sua assinatura mágica é uma maneira prática e muito eficaz de potencializar objetos rituais e criar com eles uma relação especial.

Mas ainda existem muitas outras opções: óleos que enfatizem a energia de cada um dos quatro elementos, por exemplo, ou um óleo que crie uma fragrância associada a uma determinada deidade com a qual você deseja trabalhar. As opções são variadas e dependem também da frequência em que você utiliza óleos em sua prática de magia.

Meu conselho de sempre é tomar cuidado para evitar desperdícios e criar os óleos à medida que verdadeiramente necessitar deles. Com o tempo e prática, sua capacidade de criar fragrâncias mais harmônicas vai se desenvolvendo naturalmente.

Caso você se interesse pelo tema, há uma série de livros especializados e até mesmo cursos e formações que podem ser feitos para se aprofundar não apenas nos usos mágicos dos óleos, mas também em suas propriedades terapêuticas; meu objetivo aqui é mais simples: introduzir você ao uso básico dos óleos essenciais para compor óleos mágicos para sua prática de Wicca no dia a dia. Classificar os óleos em sete categorias planetárias nos dá uma boa noção de suas propriedades mágicas, mas existem outras maneiras de combiná-los.

Um método bastante popular para combinar diferentes perfumes é baseado na relação entre música e aroma, combinando fragrâncias de "notas" diferentes para compor um óleo mais complexo. Cada "nota aromática" é definida pela volatilidade de um determinado óleo essencial, ou seja, do tempo que ele leva para evaporar. Dessa maneira, considere combinar:

AS NOTAS AROMÁTICAS DE UMA SINERGIA

Notas Superiores: são criadas pelos óleos mais voláteis, ou seja, que evaporam mais rapidamente e são percebidos primeiro.

Notas Médias: possuem volatilidade média e constituem o corpo central do perfume de uma sinergia.

Notas de Base: são aqueles aromas produzidos por óleos que levam mais tempo para evaporar, criando as notas finais da sinergia.

O Grimório da Magia Natural

> ## PROPORÇÃO DAS NOTAS AROMÁTICAS
>
> A proporção vai variar também de acordo com a intensidade de cada aroma, mas você pode experimentar as seguintes escalas em suas combinações:
>
>
>
> SUPERIORES : MÉDIAS : BASE
>
> #1 – 2 : 3 : 1
>
> #2 – 3 : 2 : 1
>
> #3 – 3 : 1 : 2
>
> #4 – 1: 2 : 3
>
>
>
> **Sugestão:** comece acrescentando uma única gota de cada aroma e amplie à medida que desejar enfatizar cada uma das fragrâncias.

Outra maneira de se combinar os óleos essenciais é de acordo com suas classificações em grupos aromáticos. Ao longo dos anos, diferentes estudiosos da arte dos aromas criaram variados sistemas para categorizar os óleos essenciais, alguns mais simples e outros mais complexos.

A primeira maneira de combinar os óleos essenciais é trabalhando com apenas um dos grupos aromáticos, pois eles tendem a ter semelhanças em sua composição física, o que permite que se misturem de maneira bastante harmônica. Uma mistura de fragrâncias amadeiradas pode compor um bom Óleo do Deus de Chifres, por exemplo, enquanto que uma combinação floral será bastante apropriada para um Óleo da Deusa da Fertilidade.

Se desejar combinar óleos de dois grupos aromáticos diferentes, a diretriz então é procurar por grupos que sejam vizinhos no esquema anterior. Então você poderia combinar, por exemplo, dois óleos amadeirados com um terceiro da categoria de especiarias, ou então um aroma herbáceo. Essas são combinações seguras que costumam se harmonizar muito bem. Os grupos aromáticos considerados opostos (e que não estão sempre em oposição no diagrama de grupos aromáticos) também funcionam bem. Desta maneira, ao selecionar um tipo de aroma com o qual deseja trabalhar, ele pode ser complementado com outros fragrâncias de um dos seguintes grupos aromáticos:

COMPLEMENTANDO UM GRUPO AROMÁTICO

Tipo	Óleos Essenciais	Combinações Harmônicas
Amadeirado	Abeto, canela, cedro, cipreste, eucalipto, patchouli, pinho, sândalo, zimbro.	Especiarias / herbáceo / floral
Herbáceo	Alecrim, camomila, citronela, erva-doce, hortelã, manjerona, melaleuca, sálvia, tomilho.	Amadeirado / cítrico
Cítrico	Bergamota, capim-limão, laranja, limão, melissa, toranja.	Herbáceo / floral / especiarias
Floral	Gerânio, jasmim, lavanda, palmarosa, rosa, ylang-ylang.	Cítrico / resinoso / amadeirado
Resinoso	Mirra, olíbano, benjoim.	Floral / especiarias
Especiarias	Anis, cardamomo, coentro, cravo-da-índia, folha de canela, funcho, gengibre, louro, pimenta.	Resinoso / amadeirado / cítrico

A Diluição dos Óleos Essenciais no Óleo Carreador

Tenha em mente que as instruções de preparo fornecidas aqui aconselharam que você primeiro misture os óleos essenciais entre si até chegar no aroma desejado, e só depois os dilua no carreador – isso permite que primeiro você tenha uma percepção mais evidente do aroma, uma vez que alcança e ajusta a intensidade de cada perfume antes que sejam diluídos. Mas não há nenhum problema em pingar as gotas de óleo essencial diretamente sobre o óleo carreador caso você queira acelerar o processo ou já tenha alguma familiaridade com a combinação de aromas. O método de preparo mais longo, entretanto, permite que você "treine o olfato" de maneira mais efetiva.

A proporção entre a combinação de óleos essenciais e a quantidade de óleo carreador para diluição também é importante de ser levada em consideração. Para uso sobre a pele, a concentração máxima considerada como segura é de 3%. Isso significa que para um pequeno frasco de 10 ml de óleo carreador (que rende por muito tempo em uso individual), você deverá utilizar de 5 a 9 gotas de óleo essencial no total, distribuídas conforme sua preferência entre os aromas utilizados. Para um frasco de 15 ml de óleo carreador, uma quantidade máxima de 15 gotas de óleo essencial é recomendada.

Usando Óleos Mágicos em sua Prática Ritual

Agora que já tratamos das nuances que envolvem o preparo dos óleos, vamos à sua maneira de uso. É interessante que, após confeccionar a sua mistura, você a consagre e potencialize da mesma maneira como faria individualmente ao usar as ervas, conforme descrito no exercício 64. Isso vai permitir não apenas que o óleo carregue sua energia pessoal, mas que seja programado para uma determinada função mágica. Você também pode optar por preparar seus óleos observando a correspondência das fases da Lua ou da associação entre os dias da semana e os sete planetas mágicos.

O primeiro e mais imediato uso dos óleos é para consagrarmos a nós mesmos. Você pode criar um Óleo de Bênção para ungir-se antes de cada ritual, meditação ou prática mágica, ou mesmo usar um óleo preparado para uma finalidade específica (cura, amor, prosperidade, etc.) quando sentir a necessidade de trazer essas forças para si. Neste caso, o uso de técnicas de visualização associadas à unção do corpo é essencial para potencializar seus efeitos.

Mas os óleos mágicos não precisam ser usados apenas sobre nosso corpo. Você pode usá-los também para consagrar seus instrumentos rituais, Diários Mágicos e quaisquer outros itens que façam parte da sua prática mágica para imbuí-los de energia e poder. Ungir um objeto é uma maneira rápida e eficaz de consagrá-lo para o uso ritual. Lembre-se, entretanto, que antes de fazer isso é importante que o objeto esteja fisicamente limpo e tenha sido devidamente purificado energeticamente com água corrente ou a fumaça de um incenso, por exemplo.

Óleos mágicos podem ser usados para traçar determinados símbolos, ativando seu poder. Por exemplo, você pode desenhar sobre a porta da frente de sua casa e em todas as janelas um pequeno sigilo de proteção para que nenhum mal entre naquele ambiente. Um simples Pentagrama de Invocação, neste caso, em combinação com um óleo de propriedades protetoras, é o suficiente para criar uma poderosa barreira mágica contra o mal. Essa técnica de traçar símbolos com o óleo também pode ser usada no caso das unções sobre o próprio corpo para atrair determinadas energias.

Os óleos também podem ser usados para energizar tudo aquilo em seu dia a dia que tenha uma relação com a potência que você deseja atrair ou manifestar. Então um óleo de prosperidade, por exemplo, pode ser usado para ungir o canto de uma nota de dinheiro ou o seu cartão do banco, ou mesmo utilizada em sua mesa de trabalho ou carteira. Uma gota de um óleo para amor aplicada todos os dias sobre o peito ajuda a nos abrirmos para a energia amorosa de muitas maneiras, seja para a cura pessoal e a autoestima, ou mesmo para atrair um novo romance para nossa vida.

Em todos esses casos, o aroma vai despertar um efeito mnemônico em você, o que é essencial para que a magia funcione. Isso quer dizer que à medida que você se expor repetidamente a um aroma mágico, cada vez mais vai ativar seus efeitos. Por isso, usar os aromas em lugares e momentos estratégicos é bastante interessante, pois ao sentir o perfume, você vai se lembrar dos propósitos mágicos para os quais aquele óleo foi criado e utilizado, reforçando sua intenção.

Usando Óleos Mágicos na Magia de Velas

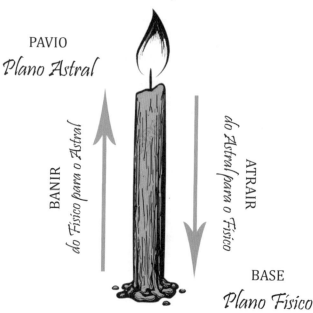

Os óleos mágicos também podem ser utilizados na magia das velas, tanto para atrair quanto para afastar determinadas energias. O ato de ungir uma vela é chamado de "vestir a vela". O sentido da unção também é importante: ungimos do pavio para a base quando o objetivo é atrair ou manifestar algo, ou então da base para o pavio quando desejamos eliminar, banir e desfazer. Isso acontece porque a base da vela, pela qual ela é apoiada e sustentada, representa o plano denso da manifestação, ao passo que o pavio, onde a chama é acesa, simboliza os planos sutis. Ungimos, portanto, no sentido dos planos sutis para o material quando o objetivo é manifestar uma forma, e no sentido do plano material para os sutis quando queremos eliminar a forma. Alguns Bruxos também gostam de imantar uma vela com seus desejos ungindo a partir do centro dela, fazendo tanto movimentos para a base quanto para o pavio.

Você pode usar um óleo da Deusa e outro do Deus para vestir as velas do altar que os representam, por exemplo, ou para preparar uma vela para um feitiço ou intenção mágica.

EXERCÍCIO 70
Vestindo uma Vela para Fins Mágicos

Selecione uma vela da cor adequada aos seus propósitos mágicos. Se desejar, use o seu Boline ou outro objeto para marcar sobre a vela símbolos que representem o seu desejo e intenção, enquanto mantém sua mente focada no objetivo a ser conquistado. Quando terminar de marcar a vela, use o seu óleo mágico para ungi-la no sentido apropriado. Enquanto unge a vela com o óleo, fazendo movimentos repetitivos e intensos com os dedos no sentido da unção, projete o seu desejo. Ao finalizar, traga a vela próxima ao nariz e sinta o aroma do óleo impregnado em sua superfície. Esfregue gentilmente as palmas das mãos para espalhar o restante de óleo e trazer a energia para si mesmo, e então acenda a vela. Se desejar, crie uma simples rima que representa a sua intenção.

Você pode deixar essa vela queimar até o final caso use essa técnica para interferir magicamente em uma situação específica (como uma entrevista de emprego já agendada, por exemplo). Mas caso esteja trabalhando para atrair ou banir algo (como trazer novas oportunidades profissionais, um novo amor, fazer uma cura, etc.), é mais eficaz não deixar a vela queimar até o fim de uma vez.

Neste caso, após acendê-la, medite por alguns instantes diante da vela, mantendo sua concentração focada no objetivo desejado e provocando sua intenção para o interior da chama. Permaneça assim por alguns minutos. Quando sentir que sua concentração chegou a um pico e a energia foi enviada, use os dedos para apagar a chama da vela. Repita todos os dias até que a vela termine. Caso atinja seus propósitos antes que a vela termine de queimar, então acenda-a e deixe que queime até o fim.

Você pode optar por fazer isso em um período de tempo, por exemplo, como da noite de Novilúnio até o Plenilúnio (o período claro do ciclo lunar) se estiver trabalhando para atrair algo, ou então do Plenilúnio até o próximo Novilúnio (o período escuro do ciclo lunar) se estiver fazendo magia para banir ou afastar.

RECEITAS DE ÓLEOS

Óleo de Bênção

- 2 gotas de canela
- 3 gotas de alecrim
- 4 gotas de sândalo
- 10 ml de óleo carreador

Óleo da Deusa da Lua

- 1 gota de limão
- 3 gotas de artemísia
- 5 gotas de lavanda
- 10 ml de óleo carreador

Óleo do Deus de Chifres

- 2 gotas de zimbro
- 3 gotas de cipreste
- 4 gotas de patchouli
- 10 ml de óleo carreador

Óleo Planetário do Sol

- 2 gotas de laranja
- 3 gotas de louro
- 4 gotas de olíbano
- 10 ml de óleo carreador

Óleo Planetário da Lua

- 1 gota de cânfora ou limão
- 3 gotas de artemísia
- 4 gotas de jasmim ou lótus
- 10 ml de óleo carreador

Óleo Planetário de Marte

- 2 gotas de canela
- 2 gotas de gengibre
- 2 gotas de manjericão
- 4 gotas de pinho
- 10 ml de óleo carreador

Óleo Planetário de Mercúrio

- 2 gotas de eucalipto
- 2 gotas de funcho
- 5 gotas de lavanda
- 10 ml de óleo carreador

Óleo Planetário de Júpiter

- 2 gotas de zimbro ou junípero
- 3 gotas de cravo-da-índia
- 4 gotas de cedro
- 10 ml de óleo carreador

Óleo Planetário de Vênus

- 2 gotas de verbena
- 3 gotas de violeta
- 4 gotas de ylang-ylang ou rosas
- 10 ml de óleo carreador

Óleo Planetário de Saturno

- 2 gotas de cipreste
- 3 gotas de patchouli
- 4 gotas de mirra
- 10 ml de óleo carreador

Tinturas Mágicas

Se você não dispõe de óleos essenciais para trabalhar, ou prefere utilizar as próprias ervas, então a tintura é uma opção mais adequada para extrair as propriedades do vegetal e obter um aroma mais consistente. Tinturas são confeccionadas utilizando álcool de cereais ao invés de um óleo carreador. O álcool vai extrair e capturar a fragrância da maioria das ervas de maneira muito mais rápida e potente que o óleo. Uma das vantagens de se preparar uma tintura é que ela pode ser diluída em água para preparar um banho de ervas de maneira mais rápida e limpa, sem que você precise ferver as ervas a cada banho – basta diluir de duas a três colheres de uma tintura em um litro de água morna ou quente e seu banho de ervas estará pronto.

Tinturas são extremamente simples de serem confeccionadas e podem ser usadas da mesma maneira que óleos, ungindo instrumentos, amuletos, objetos rituais, velas ou mesmo o próprio corpo. Neste caso, é preciso verificar se a pele responde bem ao uso da tintura, pois algumas podem ficar secas ou irritadas.

EXERCÍCIO 71
Preparando Tinturas Mágicas

Use álcool de cereais para preparar suas tinturas.

As ervas utilizadas devem estar secas e energizadas conforme o exercício 64.

Macere as ervas com seu pilão, reduzindo-as o máximo que puder; isso vai aumentar a superfície de contato da erva com o álcool, permitindo uma extração mais eficaz. Enquanto faz isso, projete sua energia e poder mágico para as ervas, imbuindo-as com sua intenção mágica.

Prepare uma tintura individual com cada erva e então combine-as na quantidade desejada, se for necessário.

Coloque a erva macerada em um pote de vidro e acrescente álcool de cereais, apenas o suficiente para submergir o material vegetal. Agite vigorosamente e deixe descansar por cinco dias.

Coe usando um filtro de papel e descarte as ervas na natureza. Se o aroma não estiver intenso o bastante, acrescente uma nova porção de ervas maceradas à tintura, agite e deixe descansar por mais cinco dias. Repita o processo até obter um aroma que pareça suficientemente intenso.

As tinturas feitas com resinas, como o olíbano, tendem a produzir uma substância gosmenta e pegajosa na pele; tenha isso em mente quando optar por preparar tinturas com esse tipo de material.

FERVENDO AS ERVAS: CHÁS, BEBIDAS E BANHOS MÁGICOS

A extração dos princípios ativos das ervas também pode ser feita com água quente para preparar chás e banhos mágicos – o método para ambos é essencialmente o mesmo, variando apenas em sua quantidade e, é claro, naquilo que é adequado para ingestão ou uso sobre a pele.

O preparo mágico de chás é aquilo que mais se aproxima da clássica imagem de uma Bruxa em seu Caldeirão fazendo uma poção.

Dessa maneira, podemos sorver, internalizar e absorver o poder e a influência das ervas, que são previamente carregadas magicamente com nossa intenção. O uso mágico dos chás é potencializado quando combinado a uma dieta leve ou jejum, apesar de isso não ser estritamente necessário.

No caso dos banhos, eles agem em nosso campo energético, impregnando a força das plantas em nossa aura e mantendo sua influência sobre nós. Banhos mágicos são sempre tomados da cabeça aos pés com o corpo já limpo, após um banho higiênico comum. Após tomar o banho mágico, seque-se delicadamente com uma toalha úmida e vista roupas limpas.

Os banhos mágicos estão presentes em diversas religiões e sistemas de magia, utilizados tanto como preparação prévia à prática ritual quanto para purificar ou atrair determinadas energias a nós. Seu simbolismo está associado às águas do nascimento, que se manifesta, por exemplo, nos ritos de batismo de muitas vertentes espirituais. Lavar-se com um banho mágico é uma maneira de retornar simbolicamente ao útero da Grande Mãe e resgatar determinadas forças e potências para que estejam presentes nesse renascimento simbólico.

Tanto os chás quanto os banhos mágicos devem ser tomados enquanto se mantém a concentração nos objetivos desejados. As ervas devem ser abençoadas e energizadas durante o preparo e o material orgânico coado pode ser devolvido à natureza, aos pés de uma árvore ou no solo do jardim.

O efeito mágico dos banhos e chás é potencializado pelo uso constante – a frequência de exposição às suas propriedades mágicas faz com que aquele determinado padrão de energia se torne cada vez mais consistente em nosso próprio campo energético, Entretanto, é preciso estar atento aqui para as dosagens máximas de ingestão diária ou periódica de cada erva utilizada.

Para preparar esses líquidos mágicos, tanto banhos quanto chás, precisa ser levado em consideração a parte do vegetal a ser utilizada:

> **Na infusão**, primeiro fervemos a água, e só depois acrescentamos as ervas, tampando a água quente e deixando descansar. Este é o método mais apropriado para folhas e flores.
>
> **Na decocção**, o material vegetal é fervido junto da água, pois são mais resistentes. Cascas, caules, raízes e sementes são adequados para este tipo de preparo.

Se você for utilizar cascas e folhas, ou raízes e flores, por exemplo, para preparar um mesmo chá ou banho, pode começar com a decocção dos ingredientes mais resistentes e, ao desligar o fogo, acrescentar as ervas para que passem pelo processo de infusão.

Tingindo Um Papel com a Força de Uma Erva

Se você pretende realizar algum ritual envolvendo papel para escrever desejos ou intenções, então pode usar esta técnica para imbuir o papel com energias próprias de uma determinada erva que possa colaborar com sua prática. O papel utilizado nesta técnica deve ser branco e possuir uma gramatura maior, de modo que seja mais grosso, o que vai evitar que o papel se rasgue durante a secagem –, mas a técnica pode ser usada com papel sulfite comum, o que vai exigir apenas mais cuidado de sua parte.

Selecione a erva ou a combinação de plantas com a qual deseja trabalhar e use-as para preparar um chá – quanto mais forte ele for, mais intensa será a cor produzida sobre o papel. Uma vez que a bebida esfrie, coloque-a em uma forma ou no interior de qualquer outro recipiente que possa acomodar o papel. Depois disso, mergulhe o papel que deseja tingir, folha por folha, deixando que ele descanse por alguns segundos submerso no líquido para que possa absorvê-lo.

As folhas poderão secar naturalmente, longe do sol, mas evite colocar uma sobre a outra, o que pode fazer com que grudem. O processo de secagem pode ser acelerado usando o seu forno – pré-aquecido

344 | O Grimório da Magia Natural

em uma temperatura média. Coloque o papel sobre o fundo de uma forma de bolo, de modo que ela seja colocada no interior do forno ao contrário. Deixe a porta semiaberta para que o calor não se acumule e o papel não seja assado. O calor do forno fará com que o excesso de umidade evapore. O resultado é um papel levemente mais grosso, aromatizado e tingido com as propriedades mágicas das ervas utilizadas.

Ao terminar, devolva o restante do líquido preparado para terra, agradecendo por suas bênçãos.

A Magia dos Sachês

Outra maneira poderosa de trabalhar com a magia das ervas é a confecção de pequenos sachês que podem ser carregados com você ou deixados em um determinado ambiente para provocar seu efeito mágico. Para isto, tudo o que você precisa é a combinação de ervas secas desejada (uma única erva também pode ser suficiente), um pedaço de tecido e um cordão, barbante, ou mesmo uma tira de tecido para que você possa amarrar o seu sachê na forma de uma trouxinha.

O Invólucro do Sachê Mágico

O primeiro passo para a confecção do seu sachê mágico é escolher o material que será usado para conter as ervas. Um quadrado de tecido natural na cor do seu propósito mágico (um quadrado de 13 x 13 centímetros é um tamanho confortável para trabalhar) é a escolha mais comum. Para amor, use rosa ou verde; para cura, use verde; para criatividade, alegria ou comunicação, use amarelo; para paixão, coragem ou força, use vermelho; para proteção geral contra perigos, preto é a cor indicada; para proteção psíquica, use roxo ou violeta; azul-claro para paz de espírito e tranquilidade; azul-escuro para cura emocional profunda. Branco é uma cor curinga que pode ser usada para qualquer propósito. Se desejar trabalhar com duas cores, pode usar uma principal para fazer o sachê e uma secundária como cordão para amarrar suas pontas. Algumas pessoas podem preferir trabalhar com um pedaço de couro tingido para fazer seus sachês. Neste caso, uma tira de couro ou camurça também pode ser usada para amarrá-lo.

Tenha em mente que quanto maior for o tamanho do quadrado de tecido para a confecção do seu sachê, maior será a quantidade de ervas necessárias para preenchê-lo. O poder mágico do seu sachê, entretanto, não será proporcional à quantidade de ervas que você usar, mas ao poder mágico colocado nele por intermédio do seu ritual. Sachês pequenos são ideais para serem transportados com alguém. Já os maiores podem ser confeccionados para que permaneçam em um ambiente ou sejam colocados sob o travesseiro, por exemplo, como um "travesseiro dos sonhos".

Dependendo das suas habilidades manuais, você poderá pintar, bordar ou decorar o tecido que será utilizado no seu sachê com símbolos mágicos – tanto do lado de dentro, para que interajam com as ervas que serão adicionadas, como do lado de fora, para comunicar o propósito do seu sachê. Para fazer um sachê de cura para um amigo, por exemplo, você pode marcar o signo solar da pessoa e escrever o nome dela com algum alfabeto mágico, como o rúnico ou o tebano. Você pode também acrescentar símbolos de poder, como Pentagramas, triângulos elementais, selos e sigilos de sua preferência que estejam relacionados ao propósito mágico do seu encantamento. Isso não é, entretanto, necessário.

Ainda, você vai precisar de um barbante, cordão ou tira de tecido para amarrar as quatro pontas do tecido, de modo a formar uma bolsa ou saquinho com ele. Mais uma vez, opte por algum material natural. Assegure-se de que ele é longo o bastante para que você dê ao menos quatro nós, de modo que seu sachê mágico não se abra com o tempo. Ao terminar a confecção, você pode cortar o excesso do fio, ou mesmo do tecido, se desejar.

A Escolha das Ervas do Sachê Mágico

Não há um número mínimo ou máximo de ervas que você pode utilizar na composição do seu sachê. Se desejar trabalhar com a magia de uma única erva – o que pode ser bastante poderoso – poderá usar apenas a planta escolhida para fazer o "recheio" do seu sachê. Entretanto, você pode escolher por diferentes ervas que possam contribuir com suas propriedades mágicas para a confecção do seu sachê. Se gostar de numerologia, pode optar por escolher um determinado número de ervas que ressoe com sua intenção – ou simplesmente escolher as ervas que considera mais eficazes para o seu propósito, sem levar em conta o número escolhido.

É importante que as ervas para confeccionar o seu sachê estejam secas! Senão, elas poderão mofar e colocar todo o seu trabalho mágico a perder. Certamente você não quer que um sachê no qual concentra seu poder de cura, prosperidade ou amor mofe. Assegure-se de que as ervas estão devidamente secas e sejam de boa qualidade. Caso nenhuma delas seja particularmente aromática, ou se o aroma não estiver tão forte, você pode acrescentar algumas gotas de óleo essencial de uma delas para realçar o aroma, como falaremos a seguir.

Elementos Adicionais: Cristais, Metais e Óleos Mágicos

Elementos adicionais podem ser usados na confecção de sachês mágicos, como um cristal, metal, ou mesmo um óleo essencial para intensificar a potência aromática do seu sachê. Existem duas opções para trabalhar com óleos essenciais em um sachê: os aromas escolhidos podem ser extraídos de plantas diferentes daquelas que você optou por usar também na forma seca, ou ainda, você pode utilizar um óleo essencial extraído de uma das ervas que estarão presentes na sua mistura, tanto para intensificar seu aroma como seu efeito mágico. É possível utilizar tanto um único óleo essencial como uma combinação deles em seu sachê, usando as informações dadas anteriormente para compor sua mistura. O efeito aromático dos óleos essenciais em sachês mágicos é muito poderoso, pois ao sentir seu perfume, você se conectará automaticamente com o propósito da sua magia.

Caso você tenha confeccionado um óleo mágico com determinada correspondência planetária, ou que seja voltado ao mesmo tipo de propósito mágico ao qual o seu sachê se destina, ele poderá ser usado para untar tanto as ervas quanto o tecido.

EXERCÍCIO 72
A Confecção Ritual de um Sachê Mágico

Prepare um altar como de costume e tenha sobre ele representações dos quatro elementos (água, sal, velas e incenso), representações dos Deuses e os materiais que você escolheu para confeccionar o seu sachê. Se você tiver instrumentos mágicos de trabalho, eles poderão estar sobre o altar também. Você vai precisar do seu pilão e almofariz para essa prática. Se tiver um Pentáculo, coloque-o sob o almofariz.

Comece fazendo uma purificação pessoal e do ambiente, da maneira como costuma antes de suas práticas rituais. Se desejado, lance um Círculo Mágico da maneira habitual (ou, ainda melhor, faça da confecção do seu sachê parte de um ritual).

Se estiver realizando essa prática em um ambiente natural, talvez um Círculo Mágico ou um altar formal não sejam necessários; faça apenas um reconhecimento dos poderes elementais ao seu redor e conecte-se aos Deuses Antigos antes de começar o trabalho.

Uma vez que você tenha estabelecido o espaço sagrado e convidado a presença dos elementos e Deuses para seu ritual, é hora de firmar a intenção do seu trabalho mágico. Feche os olhos e visualize o resultado desejado com o seu sachê. Permita-se fantasiar, de modo que isso desperte em você um sentimento de alegria (ou qualquer outro) em ver seu desejo realizado. Traga essa sensação para o seu corpo. Se desejar, faça isso visualizando que seu corpo é envolvido por uma energia luminosa, na cor do seu desejo, preenchendo-se de energia.

Agora você vai começar a trabalhar com as ervas, que são a alma do sachê e o condensador fluídico que carregará sua intenção e fará a magia acontecer. Para isso, tome a primeira das ervas secas selecionadas em suas mãos e conecte-se a ela pelo tato; traga-a perto de suas narinas e sinta seu aroma; esfregue gentilmente as ervas na palma das suas mãos. Transmita sua intenção mágica ao espírito da erva e convide-o para colaborar com sua magia. Gentilmente,

348 | O Grimório da Magia Natural

esfregue as palmas das mãos sobre o almofariz, fazendo com que a erva caia em seu interior.

Tomando o pilão em suas mãos, esmague a erva no interior do almofariz em sentido horário, projetando suas intenções mágicas e mantendo firme na mente a imagem do resultado desejado. É interessante que você componha uma pequena rima de dois ou quatro versos que transmita sua intenção mágica, que poderá ser repetida constantemente sempre que você estiver pilando as ervas.

Após fazer isso com a primeira planta, repita o processo com cada uma das outras selecionadas – segure-as, sinta seu aroma, transmita seu poder e intenção, acrescente-a no almofariz e então use o pilão para moê-la e misturá-la às demais, enquanto entoa sua rima. Faça isso até que todas as ervas tenham sido misturadas no interior do almofariz. Essa é uma maneira de ir construindo o poder do seu feitiço paulatinamente, carregando cada ingrediente com suas intenções e reforçando suas sensações e a conexão com cada planta.

Depois de todas as ervas serem adicionadas, acrescente as gotas de óleo essencial, se optou por utilizar algum. Ao finalizar, repita mais algumas vezes a sua rima enquanto mistura as ervas com o pilão no interior do almofariz, acelerando e aumentando a intensidade da sua voz e movimentos até chegar a um pico, enviando o poder para a mistura de ervas.

Se estiver trabalhando com um Pentáculo, tire o almofariz de cima dele e coloque o quadrado de tecido que será a base do sachê. Acrescente as ervas do almofariz no centro do tecido, enquanto mais uma vez mantém firme na mente a imagem do resultado e sua intenção mágica. Neste momento, você pode acrescentar um cristal ou pedaço de metal da sua preferência para intensificar o sachê. Então una as quatro pontas do tecido e use o fio, corda ou barbante para amarrar, de modo que as ervas fiquem presas no centro e não escapem. Você pode usar um número determinado de nós de acordo com sua intenção, mas quatro é um bom número geral.

Para finalizar, passe o seu sachê pelos quatro elementos, selando seu feitiço. Se desejar, uma elevação final de poder pode ser feita, projetando toda a energia para o interior do sachê. Encerre a prática como de costume.

O sachê poderá ser carregado com você, presenteado à outra pessoa (caso tenha sido confeccionado para ela) ou deixado em um ambiente para que emane sua energia ali. Periodicamente, tome o sachê em suas mãos, aperte-o, sinta seu aroma e reconecte-se com sua intenção mágica. Você também poderá recarregá-lo de tempos em tempos para que seus efeitos sejam mais duradouros.

Quando ele perder seu aroma, cumprir seu propósito ou quando quiser encerrar o trabalho mágico com o sachê, basta desatar os nós (ou cortar o fio), abrindo o sachê, e queimar todos os materiais. Cristais ou metais utilizados não precisam ser queimados – basta recolhê-los e purificá-los para um novo uso.

∽ Capítulo Dez ∾

Magia com Animais

Ártemis de hastes douradas, que clama a caçada,
é a quem canto, Virgem augusta, flecheira,
que lança suas setas no gamo.

– Hino Homérico à Ártemis

O contato com a magia dos animais liga o ser humano ao seu aspecto mais primitivo, instintivo e mágico. Na maioria do tempo nos esquecemos de que nós mesmos somos animais e acreditamos sermos muito superiores a todas as outras espécies que povoam a Terra. Mas há uma força instintiva muito poderosa no contato com os animais selvagens, capaz de conectar o ser humano às profundezas de sua própria alma e romper todas as couraças artificiais que o separam da terra. Sempre que nos percebermos presos em excessos de uma racionalidade fria e desconectada do mundo, é para o reino animal que devemos nos voltar para resgatar as partes de nós que se atrofiaram.

A Alma-Grupo Animal, a Consciência Coletiva e os Seres Humanos

Cada espécie animal (na verdade, também poderíamos afirmar o mesmo também para outros seres vivos) possui aquilo que a literatura esotérica ocidental denominou de "alma-grupo": um tipo de alma coletiva que conecta todos os animais de uma determinada espécie e armazena seus comportamentos instintivos e todo o tipo de conhecimento que lhe é próprio. É a partir da alma-grupo que os pássaros aprendem a voar, migrar ou construir ninhos, por exemplo; é dela que vem a sabedoria do que comer, como se proteger, dentre tantos outros comportamentos que são típicos para cada tipo de animal.

Ainda, há aqueles que são conhecidos como *animais sociais*, porque organizam-se em bandos, colônias e sociedades, como é o caso das abelhas, formigas, vespas, lobos, pássaros, peixes, morcegos e tantos outros. Neste caso, além da ligação mais direta com a alma-grupo, tais animais também partilham de um tipo de "consciência de colmeia", ou consciência coletiva, que lhes permitem facilmente se comunicarem com todo o restante do grupo, organizarem-se em funções específicas e adotarem uma série de outros tipos de comportamentos que são coletivamente compreendidos e determinados.

Tudo isso nos faz perceber que, mesmo apesar de suas consciências como seres individuais, os animais estão longe de experimentarem algo parecido com solidão, uma vez que sua consciência não é destacada, mas permeada tanto pela coletividade de sua alma-grupo como pela consciência social de seu bando, quando há um.

Contam as lendas das Bruxas sobre um tempo remoto em que os ancestrais da espécie humana também eram assim, habitando a consciência coletiva de sua tribo e partilhando de um tipo de *consciência de colmeia*. Entretanto, com o desenvolvimento da racionalidade e da noção de individualidade, lentamente os ancestrais da espécie humana começaram a experimentar cada vez mais um estado de isolamento psíquico e distanciamento da alma coletiva – ao menos parcialmente, durante o dia. Foi aí que começaram a ser desenvolvidos alguns de seus comportamentos rituais, como o canto e a dança em roda. Essas eram técnicas que permitiam, temporariamente, que a consciência individual atravessasse as barreiras de seu isolamento psíquico para experimentar a fusão e a imersão na mente coletiva mais uma vez.

Ainda hoje buscamos por experimentar esse fenômeno nas atividades em grupo que participamos: pense na unidade temporária produzida quando diversos fãs de um artista cantam em uníssono com ele uma música pela qual são apaixonados durante um show, ou nos fenômenos e experiências das torcidas organizadas, por exemplo. Nada disso é muito diferente de um grupo de fiéis unidos fervorosamente em oração em um culto religioso; todos experimentam a mesma coisa, que é a transcendência temporária da personalidade individual para a imersão na consciência de bando de seu grupo. É assim que são formadas as mentes-grupo, e é esse um dos mais importantes princípios que rege a organização de um Coven de Bruxos, por exemplo.

Mas enquanto espécie, também temos aquilo que poderia ser chamado de "alma-grupo humana" – e entramos em contato com ela por meio do conteúdo arquetípico dos mitos, sonhos, contos de fadas e narrativas religiosas. Por isso, parte de nosso trabalho pessoal enquanto Bruxos que buscam relembrar de seus laços com a terra e com a natureza, está no resgate da noção de que somos animais e estamos também em contato com uma alma-grupo típica da humanidade, que o tempo todo está impulsionando o nosso desenvolvimento – da mesma maneira que a alma-grupo dos pássaros os ensina a migrar de acordo com a mudança das estações do ano, ou a alma-grupo dos felinos lhes ensina a caçar.

Há uma parte de nós maior que nossa própria individualidade, de onde nascem os impulsos de criatividade, integração e desenvolvimento que podem nos conduzir em direção ao crescimento espiritual. Caminhos religiosos distintos nos abrirão para a experiência e contato com essa potência criativa, cada um à sua própria maneira; como Pagãos, fazemos isso principalmente pelo contato com a natureza.

Essa é a voz da Deusa que ecoa por entre os ventos e fala conosco pelo farfalhar das folhas, pelo som das chuvas e pela dança celeste das estrelas. Mas nossas mentes barulhentas se esqueceram dela; nossos ouvidos perderam a sensibilidade para escutar. É por isso que a meditação e o controle da mente são partes da disciplina mágica e religiosa – precisamos aprender a nos colocar em um estado de espírito que nos permita ouvir. Nunca se esqueça disso: o tempo todo a Alma do Mundo está enviando a nós seus impulsos criativos e nos convidando para dançar ao som da música das esferas. Cale o burburinho sem fim da mente e escute.

A Visão Religiosa sobre os Animais

Muitas religiões e sistemas mágicos têm uma tendência excessivamente antropocêntrica, posicionando o ser humano como o centro do mundo, a mais perfeita das criaturas divinas, em detrimento de todo o restante. A essa altura da sua leitura, já deve ter ficado claro que, como Pagãos, buscamos nos desvencilhar dessa noção hierárquica de importâncias. Em parte, essa visão de supremacia humana é fruto de uma tendência histórica do pensamento humano de organizar tudo em uma "escala evolutiva". Muitas religiões e sistemas místicos também fazem isso, operando a partir de distinções entre seres mais ou menos evoluídos e, portanto, mais próximos ou afastados da verdade divina.

Ao passo que é inegável que exista uma diferença de complexidade entre os seres (uma goiabeira é um ser vivo biologicamente muito mais complexo do que uma ameba, por exemplo), e mesmo um caráter de evolução biológica a qual todos estamos submetidos, criar um paralelo disso para dizer que existem seres que estão menos ou mais próximos da "realidade divina" é um grande erro, afinal, esta visão ainda corrobora uma diferença entre físico e divino. Talvez isso soe repetitivo, mas não é demais insistir: tudo o que existe no Universo é uma manifestação da potência divina, uma expressão única da totalidade e, por isso, igualmente sagrada.

Muitas religiões nos dirão que animais não têm alma, por exemplo. Esse mesmo discurso foi usado politicamente para justificar abusos contra a humanidade, como a escravidão ou a perseguição de determinados povos. Como Bruxos, nosso trabalho é buscar desenvolver uma consciência de irmandade com o mundo ao nosso redor e não de dominação ou de superioridade. Isso se expressa ainda de outras maneiras, quando descrevemos o ser humano como dotado de um "eu animal" e um "eu espiritual". O iluminismo, com seu foco excessivo na razão, consciência e valores abstratos, produziu um discurso científico, religioso e esotérico que desvaloriza, em grande escala, nosso ser irracional. Precisamos nos lembrar que a Bruxaria é um caminho da noite, que abraça as sombras escuras do céu e da terra, e ainda assim tem seus ritmos determinados pela luz do Sol, da Lua e das Estrelas. Somos um caminho de equilíbrio e sabemos que é exatamente nosso lado animalesco rejeitado, reprimido e desvalorizado que guarda a cura para as feridas da alma humana de nosso tempo.

Digo tudo isso para deixar algo claro: tornar-se Pagão é mais do que ler mitos bonitinhos ou acender velas para deidades pré-cristãs, enquanto tentamos comprar seus favores com mesquinhez de espírito; é um difícil exercício de rompimento com um pensamento rigidamente estabelecido que deve acontecer em muitos níveis, não apenas no religioso, mas também no moral, social e intelectual. Se não nos atentarmos a isso e tonar dessa reflexão e lapidação um hábito, tudo o que faremos é nos fantasiarmos de Pagãos, aderindo a um falso verniz que pode satisfazer nossa necessidade de sair do tédio e oferecer boas distrações para a monótona vida cotidiana, mas que não implicará em nenhuma mudança espiritual significativa. Estaremos apenas brincando de sermos Bruxos, Sacerdotes, Iniciados, Pagãos, ou qualquer outro título que adotemos para satisfazer nosso ego, sem verdadeiramente fazer o trabalho íntimo que pode dar significado genuíno a tais rótulos.

Para diversos dos povos antigos que nos servem de inspiração, os animais eram vistos como epítomes das forças divinas. Eram, eles próprios, os Deuses encarnados caminhando sobre a terra, esgueirando-se sob o solo, nadando na profundeza das águas e voando pelos altos céus: ou seja, os três domínios desconhecidos e inacessíveis aos humanos. E mesmo aqueles que partilham da superfície da terra conosco, ainda são dotados de força, garras, presas, agilidade e muitas outras características alheias a nós. Na maioria do tempo, não passamos de seres bastante frágeis fisicamente. Nossa grande arma de proteção e sobrevivência é o intelecto – que também age como uma grande armadilha para nós.

Deste modo, entendemos que para muitos de nossos ancestrais, os animais encarnavam potências sobre-humanas que estavam muito além de suas próprias habilidades. Isso é bastante claro no panteão egípcio, por exemplo, onde vemos diversas deidades com um corpo humano e cabeça de animal – isso quer dizer que não estão completamente dominados por sua racionalidade humana, mas em contato com as forças instintivas representadas por seus respectivos animais. Ter a cabeça de animal significa, literalmente, ser capaz de pensar como um e de perceber o mundo (já que a maioria de nossos sentidos de percepção se concentra na cabeça) como um. O mesmo é verdadeiro para o Deus das Bruxas, com chifres sobre a cabeça, ou mesmo para a Deusa da Lua, coroada com o crescente lunar, os chifres da Lua. Parte de nosso trabalho, então, consiste em sermos capazes de *decapitar* nossas cabeças humanas tomadas pelo excesso de racionalidade para nos permitirmos manifestar a cabeça selvagem dos Deuses Antigos.

Os animais, em contato direto com a sabedoria de seu próprio povo guardam o segredo que há muito foi esquecido pela humanidade: a capacidade de estar em contato direto com os impulsos da alma. Não devemos subjugar, dominar e acorrentar o animal interior, nem tampouco devemos sucumbir aos seus impulsos ferozes e destrutivos; devemos, como um caminho de equilíbrio, ter um pé em cada mundo – exercitar a consciência liminal, tão típica da Bruxaria, onde caminhamos entre os mundos: aqui, no mundo civilizado e no mundo selvagem.

O Totemismo

Em diversos povos tradicionais, pôde-se observar um tipo de prática que foi chamada de "totemismo" – a reverência a uma espécie animal específica que personificava a ancestralidade mítica particular a partir da qual aquelas pessoas traçavam sua linhagem. O animal desempenhava, entre outras funções, o papel de ancestral mítico originador de uma determinada sociedade, cumprindo um papel de intermediário entre cultura e natureza.

Se analisarmos essa prática de um ponto de vista simbólico, tendo em mente que ela se desenvolveu dentre povos que mantinham uma relação de intensa imersão no espírito da terra, entenderemos que ao determinar um animal em particular como originador de um clã ou comunidade, mantém-se o vínculo natural com nosso próprio lado instintivo; essas pessoas não se esquecem que são, elas mesmas, animais. Não há uma distinção clara de oposição entre o humano e o animal ou o natural. Neste sentido, o animal atua como um espírito tutelar, não muito diferente da noção de ancestrais divinizados, de onde se originaram tantos deuses e deusas de diferentes panteões.

> **Espírito Tutelar** é um termo utilizado para se referir a uma força espiritual própria de um povo, clã ou associação de natureza familiar. Todos os membros são reconhecidos como descendentes dessa potência, que as reconhece, protege e confere favores. O poder do Espírito Tutelar, por definição, não é acessível às pessoas que não pertencem àquela coletividade em particular. Espíritos Tutelares podem ser ancestrais heroicos ou divinizados, deidades específicas, espíritos familiares ou de um lugar, ou mesmo seres totêmicos, como plantas ou animais.

As Tradições iniciáticas de Bruxaria costumam possuir deidades que lhes são próprias, cujos nomes são secretos e conhecidos apenas pelos Iniciados – os membros daquela comunidade espiritual. Neste sentido, tais divindades podem ser consideradas como tutelares. Ainda, de maneira mais ampla, a própria figura do Deus de Chifres como patrono das Bruxas e guardião de todos aqueles que praticam a Velha Arte parece ressoar com o antigo costume totêmico do animal tribal. As práticas modernas neoxamânicas de contato com um animal de poder, apesar de não possuírem praticamente nenhuma semelhança com as crenças e práticas tradicionais de onde esses costumes se originaram, também parecem trazer ecos distantes de um tempo em que a consciência humana estava mais próxima de sua essência animal (apesar de aqui não haver o elemento coletivo dos outros exemplos).

A Sabedoria Mágica de Cada Animal

De um ponto de vista simbólico, diferentes categorias animais personificam determinados atributos, habilidades e potenciais tanto da alma humana quanto da própria alma do mundo. Pelos diferentes cantos do mundo, percebemos que o folclore, mitologia e religião costuma atribuir, genericamente, características muito parecidas a de animais que compartilham de qualidades semelhantes – sempre dando a eles, também, um toque particular de sua própria cultura e relação com aquela espécie em particular. Vejamos alguns deles:

Pássaros

Seu poder de voar pelos céus e explorar os territórios elevados, às vezes com leveza, outras vezes com força, faz dos pássaros belos representantes de nossa conexão com o espírito superior, os ânimos elevados, a capacidade de enviar mensagens espirituais e de se deslocar com facilidade. Pássaros representam a capacidade de elevação do espírito para viajar entre os mundos e acessar os planos mais sutis – em especial as aves noturnas, associadas ao tempo do sonho e de tudo o que é misterioso e também à visão psíquica e ao contato com outras realidades.

Pássaros, como animais intimamente relacionados ao elemento Ar, também estão associados ao espírito – palavra que tem sua origem etimológica no latim *spiritus*, que significa sopro, exalação. O povo egípcio, por exemplo, compreendia que o ser humano era dotado de diferentes almas (ou diferentes partes da alma), sendo uma delas chamadas de "Ba", algo próximo ao que hoje chamamos de personalidade e que era representado como um pássaro com cabeça humana. Após a morte, o Ba poderia se afastar do corpo e viajar para lugares distantes, mas eventualmente precisava retornar até o corpo físico. Encontramos pinturas do pássaro Ba voando acima do corpo do falecido e suas estátuas eram encontradas em tumbas, fazendo parte de ritos e costumes funerários.

O Ba, ou personalidade, era representado como um pássaro de cabeça humana na antiga tradição egípcia.

Ainda, os pássaros carniceiros, como o abutre, o urubu, o corvo e o condor estão associados às deidades da morte, personificando o poder regenerador da natureza – nada é desperdiçado, e a vida deve alimentar-se de vida. Esses pássaros representam a força da purificação e limpeza do passado, e sua transformação para uma nova existência.

A capacidade de conectar o céu e a terra fez dos pássaros também os mensageiros dos Deuses. A mitologia grega nos conta que todos os corvos eram originalmente brancos, mas ao entregarem más notícias ao

Deus Apollo, ele os amaldiçoou com sua penugem negra. Na mitologia nórdica, Odin se valia de corvos para enxergar o que se passava nos diferentes mundos; para o grego Zeus, era a águia que desempenhava essa função. Bem conhecido é o mito em que Zeus envia duas águias para voarem em direções diferentes, e assim encontrarem o centro do mundo: o oráculo de Delfos – o que nos leva à relação entre pássaros e a adivinhação.

Os romanos observaram o comportamento dos pássaros para fazer previsões do futuro, e ainda hoje existem Bruxas que se valem de penas encontradas pelo seu caminho como método divinatório. Apollo, associado aos corvos e falcões, era um Deus das profecias e foi uma das deidades que presidiu sobre Delfos. Os pássaros, com sua visão expandida das alturas, estão associados ao poder da profecia e da adivinhação do futuro.

Busque a magia dos pássaros para: obter clareza, enviar mensagens, comunicar-se com alguém distante, buscar por sabedoria, praticar artes divinatórias e profecia, projeção astral, trabalho nos sonhos, contato com o mundo dos mortos.

Répteis, Anfíbios e Cefalópodes

Os répteis são animais associados a tudo o que é primitivo e, por isso, personificam o contato com o inconsciente, os planos interiores e a sabedoria instintiva. Serpentes e sapos são alguns dos animais que habitam o imaginário popular da Bruxaria – eles despertam na maioria das pessoas um sentimento aversivo e de perigo. Psicologicamente, sonhos com anfíbios, répteis e animais das profundezas do mar podem envolver conteúdos psíquicos que ainda não estão maduros o suficiente para emergir das águas escuras e pantanosas do inconsciente, ou mesmo representar o contato com forças instintivas da alma.

Cefalópodes são os moluscos marinhos, como a lula e o polvo, por exemplo. Eles simbolizam o contato com as águas primordiais e primitivas do mundo, longe da luz da superfície. Habitam os reinos ocultos da alma e guardam seus tesouros, ao mesmo tempo em que são desafiadores.

Na mitologia egípcia, o gigantesco deus-serpente Apófis ou Apep é a personificação das forças caóticas que buscam o tempo todo romper com a integridade do mundo. A cada entardecer, Apófis espera pelo Deus solar Rá para tentar engoli-lo; durante a noite, acreditava-se que Rá viajava pelo mundo inferior em sua batalha diária com Apófis, e sua vitória era celebrada a cada amanhecer, quando as trevas eram afastadas e retrocediam diante do brilho magnificente do Sol. Sobek, o Deus Crocodilo, era cultuado como fonte de fertilidade para a terra. Com sua ferocidade, estendia sua proteção para os combatentes e guardava a segurança do faraó.

Já Ammut era a Devoradora de Almas, responsável por consumir a essência de todos aqueles cuja entrada no Amenti era vetada pelo desafio da balança de Maat. Com sua cabeça de crocodilo, ela personifica a retribuição justa pelos males cometidos em vida e esperava ao lado de Osíris no salão do julgamento, pronta para engolir e destruir todos os indignos.

O Ovo Cósmico órfico envolvido pela serpente Ananke.

No Egito, a serpente também é um potente símbolo de cura e vitalidade, associada a diversas outras deidades em aspectos mais positivos e benéficos. A cobra tem um papel especial em diversos mitos de origem para diferentes povos, como Ofíon, o amante-serpente da Deusa dançarina Eurínome. Na tradição órfica, o Ovo Cósmico do qual todo o mundo nasceu é representado envolvido pela serpente Ananke. No *Enuma Elish*, o épico babilônico que contém a história da criação, o mundo é produzido a partir do corpo despedaçado de Tiamat, um monstro marinho com a forma de serpente; ela é descrita como a mãe de serpentes, dragões e escorpiões.

A serpente é um animal intimamente ligado à cura e, até hoje, diversas profissões da área da saúde estão relacionadas ao seu simbolismo. Na Grécia, a serpente era sagrada para Higeia, Apollo, Asclépio e outras deidades associadas ao poder restaurador e à força vital. Também sagradas à Gaia, a Titã primordial, cujo corpo é a própria substância do mundo, personificam os poderes e saberes ctônicos ocultos abaixo da superfície.

Os sapos, anfíbios de tendência noturna capazes de expelir veneno, foram associados às artes maléficas e à Bruxaria no folclore europeu, sendo fonte de ingredientes poderosos em suas poções e unguentos para causar danos e lançar maldições de toda a sorte. O papa Gregório XI descreveu o próprio diabo como um ser capaz de assumir a forma de um sapo para beijar a boca das Bruxas em suas práticas terríveis. O veneno do sapo também aparecia como um ingrediente comum para a produção do famoso unguento de voo, capaz de fazer com que as Bruxas se elevassem pelo ar (ou tivessem experiências alucinatórias com o diabo). Despindo essa imagem de seu conteúdo satânico para observá-la de um ponto de vista simbólico, entendemos que a Bruxaria sempre esteve associada aos poderes temidos e desconhecidos à pessoa comum, que vivia sua vida imersa em um cotidiano civilizado, afastado das forças telúricas e ctônicas.

Busque a magia dos répteis, anfíbios e cefalópodes para: contato com o inconsciente, buscar por sabedoria, relação com as forças ctônicas, atrair força, trabalhar a regeneração, superar os medos, realizar banimentos e purificações.

Insetos e Aracnídeos

Estes habitantes mais discretos do mundo natural representam, de maneira geral, as forças generativas da terra e seu poder expansivo. Diferentes tipos de insetos receberam seus próprios atributos ao longo do tempo. De um ponto de vista simbólico, estão associados aos domínios do selvagem e não civilizado, uma vez que vivem em jardins, praças e outros ambientes naturais no meio das cidades. Por isso, diversas superstições tolas foram associadas à presença de insetos dentro de nossas casas: alguns dizem que isso é um sinal claro de malefício, indicando que algum tipo de energia negativa e de deterioração está em ação. Na verdade, na maioria das vezes não há nada sobrenatural na presença de insetos invadindo nossas casas – isso só nos lembra que partilhamos com eles o mundo natural.

Os insetos que se organizam em comunidade, como as formigas e abelhas, são símbolos poderosos do trabalho em equipe e direcionado, mostrando a maneira como o indivíduo participa e constrói a coletividade. Um exemplo disso é a noção mágica de mente-grupo, às vezes chamada de mente de colmeia [*hive-mind*], que descreve momentos em que operamos principalmente a partir de um tipo de psique coletiva, e não de nossa individualidade. A metáfora da abelha é bastante presente nos Covens tradicionais da Arte, onde as Altas Sacerdotisas usam seu colar de âmbar e azeviche que imita o padrão de cores da abelha; quando uma nova Alta Sacerdotisa deixa seu Coven-Mãe para fundar seu próprio grupo, muitas vezes levando consigo alguns dos membros originais, chamamos esse processo de "desmembramento", em português; esse termo é derivado do inglês *hive-off*, que indica o movimento de sair em enxame para formar sua própria colmeia.

A abelha é um importante animal associado às tradições da Deusa, e o tema nos exigiria um livro inteiro para discuti-lo com a profundidade que merece. A comunidade das abelhas é essencialmente feminina – nela, o zangão tem apenas função reprodutiva, e morre assim que a rainha é fertilizada, pois seu órgão reprodutor fica preso no corpo dela, o que provoca sua morte. Os ovos fertilizados da abelha-rainha podem se tornar operárias ou novas rainhas; já os ovos não fertilizados se tornam novos zangões. O que determina se uma abelha será operária ou rainha é o tipo de alimentação que ela recebe. A manutenção de toda a colmeia é feita pela rainha em conjunto com suas operárias, por isso a abelha tem sido usada como um símbolo das comunidades femininas, ou orientadas para o princípio feminino.

Abelhas ainda desempenham um papel importantíssimo na manutenção de um ecossistema: elas são responsáveis por polinizar a imensa maioria dos alimentos que consumimos. A polinização é feita pela coleta do pólen no interior das flores – com isso, podemos imaginar que a abelha atua como órgão reprodutivo "masculino" da flor, levando pólen de uma flor para a outra, apesar de sua natureza feminina. Neste sentido, a abelha apresenta um modelo muito apropriado para os grupos de Bruxaria exclusivos para mulheres, por exemplo, que podem encontrar alternativas nesta simbologia para as metáforas tipicamente heterossexuais da Arte.

Mitologicamente, as abelhas possuem uma série de associações com deidades distintas. O antigo termo grego para abelha é *melissa*, que aparece de diversas maneiras em relação aos Deuses: Porfírio relatou que as Sacerdotisas responsáveis pelo culto a Deméter, a Deusa da agricultura, eram chamadas de "Melissas", um nome que também era aplicado como um epíteto à Deusa da caça e do mundo selvagem, Ártemis. As Sacerdotisas de Afrodite em serviço no templo de Érice também eram chamadas de Melissas, e este também era um epíteto atribuído à Deusa do amor e da beleza em seu aspecto de "abelha-rainha", cujo símbolo era um favo de mel feito de ouro. Para os pitagóricos, a abelha era um animal sagrado de Afrodite que produzia na natureza a forma geométrica perfeita de seis lados, o hexágono, em seus alvéolos – um símbolo da ordem inerente em todas as coisas.

Também encontramos na mitologia micênica e minoica a figura de Melisseu ou Melisso, o líder dos nove curetes, que auxiliaram no cuidado do jovem Zeus enquanto ele permanecia oculto para que não fosse devorado por seu pai, Cronos. O bebê Zeus foi alimentado com mel, e também com leite da Deusa-Cabra Amalteia – o que conferiu a ele o título de Zeus Melissaios. Pan, o Deus-Bode, também era chamado de Deus Apicultor em sua função sagrada de trato das abelhas. Aristeu, filho de Apollo, conhecido como o primeiro apicultor, era outra deidade masculina cultuada e associada ao cuidado destes insetos sagrados.

O próprio Apollo tem uma associação importante com as abelhas em uma das funções sagradas atribuídas a esse inseto: a arte da profecia. Existem pesquisas que indicam que o mel dos arredores do Oráculo de Delfos era produzido a partir de flores que possuíam substâncias alucinógenas, sendo essa uma das possíveis fontes para o transe das Pitonisas. No Hino Homérico a Hermes, Apollo afirma ter obtido seu dom de profecia pelo contato com figuras mitológicas que foram identificadas como as Trías: Cleodora, Melena e Dafne, três ninfas com corpo de abelha dotadas de poderes divinatórios obtidos pelo mel. As Musas, doadoras de inspiração, também estavam associadas às abelhas (chamadas de "pássaros das Musas"), e Platão compara o canto dos poetas com o mel produzido pelas abelhas.

Menos conhecida é a importância dada às abelhas e ao mel na cultura egípcia – tamanha, que o próprio Baixo-Egito era representado pela imagem da abelha. Os mitos nos contam que as abelhas nasciam das lágrimas de Rá, o Deus do Sol – um simbolismo que se torna claro não apenas pela cor dourada deste inseto e seu mel, mas também por sua função no reino vegetal, que produz seu alimento com a própria luz solar. No Egito antigo, o mel era produzido para todas as camadas sociais e tinha um papel muito importante, tanto em termos práticos como religiosos. O mel era um dos alimentos favoritos para serem deixados nas tumbas como oferenda aos espíritos dos mortos, que se alimentariam dele no Outromundo. Já na Grécia, a substância também foi encontrada em lugares de sepultamento. Muitos filósofos gregos defendiam a relação entre as abelhas e a reencarnação, fazendo com que o inseto tornasse um símbolo da própria alma.

Outro inseto também parece ter uma relação especial com a alma humana – a borboleta. O termo grego para esse inseto é *psyche*, que também designa "a borboleta". É na obra *O Asno de Ouro*, de Apuleio, que encontramos o mito de Amor (Eros) e Psiquê, a mortal que desperta o ciúme de Afrodite ao ganhar o amor de seu filho e é submetida a diferentes provas – onde recebe a ajuda de diversos animais – para que possa se reunir a Eros e tornar-se uma Imortal. De modo críptico, o mito trata da iniciação da alma humana pela experiência do amor, que é capaz de fazê-la tornar-se semelhante às deidades.

Já os aracnídeos personificam forças criativas e destruidoras da natureza. O escorpião, com seu ferrão venenoso, é um símbolo de morte e de regeneração. Na mitologia grega a constelação de Escorpião está relacionada ao mito de Orion, um exímio caçador que jurou matar todos os animais sobre a Terra. Para que ele fosse detido, Ártemis (em algumas versões, a própria Gaia) enviou um escorpião gigante para destruir o caçador. Zeus então colocou ambos nos céus, como constelações opostas. Aqui, vemos o escorpião personificando os poderes destrutivos da terra, mas que se colocam a serviço dela em sua proteção.

Outro famoso mito envolvendo a proteção do escorpião é o de Ísis e os sete escorpiões. Em sua jornada para recolher os pedaços de seu marido Osíris, a Deusa foi escoltada por sete escorpiões que se colocaram ao seu redor, protegendo-a e punindo todos aqueles que não lhe prestavam a devida assistência.

A aranha, por sua vez, é outro animal bastante sagrado nas tradições da Deusa. Com sua habilidade de tecer, ela representa os trabalhos manuais, em especial aqueles que envolvem a tecelagem.

A teia de aranha também simboliza a conexão entre todas as coisas e a maneira pela qual as aparentes partes individuais do mundo estão, na verdade, ligadas em uma totalidade coesa. Como uma fiandeira, a aranha também está relacionada à magia dos nós em todas as suas expressões: para conter e paralisar, mas também para manifestar e conectar. Na mitologia grega, a tecelagem é uma arte consagrada à Deusa Athena, e bem conhecida é a sua competição contra a mortal Aracne, uma perita da arte da tecelagem, que termina sendo transformada em aranha pela Deusa.

Busque a magia dos insetos e aracnídeos para: desenvolver um contato mais íntimo com a natureza, buscar por regeneração ou fertilidade, aprender a trabalhar em equipe e com magia de banimento envolvendo o processo de decomposição.

Predadores

De maneira geral, os animais predadores nos conectam aos nossos instintos de defesa, proteção e agressividade. Podem nos ensinar a caçar nossos desejos e a perseguir o que precisamos para nos sentir vivos. Representam a vitalidade e a sexualidade. Devem ser buscados magicamente quando precisarmos nos conectar ao nosso guerreiro interior e despertar a coragem, determinação, astúcia e força de vontade.

Seu ímpeto pela caça representa o elemento Fogo. Mas você pode buscar por um animal predador que habite o reino no qual deseja que a sua magia atue: predadores aquáticos, como o tubarão, são apropriados para ativar nossa força no plano emocional; aves de rapina podem compartilhar conosco sua visão clara e sua estratégia nos planos da mente; predadores terrestres, como o leão, o urso, o tigre, o lobo e tantos outros, podem nos auxiliar quando precisamos manifestar essa força no plano material.

Busque a magia dos predadores para: trabalhar força, proteção, defesa, garra, determinação, foco, independência, agilidade e astúcia.

Animais Noturnos

Todos os animais de natureza noturna possuem uma conexão simbólica com os planos interiores, a magia, a projeção astral, a perscrutação e outras formas de adivinhação. Podem ser acessados magicamente para nos ensinarem a enxergar na escuridão e ver aquilo que é invisível. São professores das artes psíquicas que nos auxiliam a cruzar os véus entre os mundos.

Alguns deles foram tidos como maus presságios e anunciadores da morte, como é o caso de muitos pássaros noturnos. Como guardiões do Outromundo, o medo inspirado por esses animais é uma maneira de proteger os limites do não civilizado e desconhecido para evitar que aqueles que ainda não estão preparados atravessem seu limiar. Por isso eles também desempenham a função de afastar os indesejados e proteger a sacralidade e a quietude dos lugares sagrados.

Muitos desses animais eram tidos como os "familiares" das Bruxas – assistentes em seu trabalho mágico.

Busque a magia dos animais noturnos para: desenvolver a intuição, revelar o que está oculto, proteger um segredo, projeção astral, trabalhos de vidência e adivinhação, contato com os planos sutis, conquistar habilidades mágicas.

SIGNIFICADOS MÁGICOS DOS ANIMAIS

Abelha: dádivas solares. Fertilidade. Renascimento e reencarnação. Trabalho em equipe. Sabedoria e elevação espiritual. Potência feminina. Vida. Profecia. Contato com os mortos.
Sagrada para Ártemis, Afrodite, Deméter, Maat, Ísis, Rá, Brigit, Sofia.

Águia: soberania. Sucesso. Visão do alto. Foco. Vitória. Prosperidade. Estratégia. Conexão com as potências celestiais. Cura.
Sagrada para Zeus e Llew.

Aranha: a inter-relação do cosmos. Padrões e conexões. O fio da vida e do destino. Tecelagem e trabalhos manuais. Magia. Trabalho artístico.
Sagrada para Aracne.

Beija-Flor: alegria. Leveza. Criatividade. Inspiração. Felicidade. Juventude. Amor genuíno. Agilidade. Otimismo.
Sagrado para os maias, astecas e outros povos autóctones das Américas.

Bode: potência sexual. Virilidade masculina. Vitalidade. Contato com os instintos e impulsos. Aspecto selvagem e indomado da vida. Transgressão das proibições.
Sagrado para Pã.

Borboleta: a alma. Reencarnação. Metamorfose. Transformação. Aprimoramento. Beleza. Leveza. Equilíbrio.
Sagrada para Psique e Flora.

Búfalo: prosperidade. Abundância. Resistência. Manifestação. Sabedoria.
Sagrado para Durga, Vana e determinados povos nativo-americanos.

Cabra: nutrição. Maternidade. Cuidado. Prosperidade.
Sagrada para Zeus e Amalteia.

Cachorro: lealdade. Fidelidade. Amizade. Proteção contra espíritos. Guarda. Honra. Cura. Professor. Condutor de vivos e mortos. Sagrado para Anúbis, Ártemis, Ares, Hades, Hécate, Hel e Gwyn ap Nudd.

Carneiro: força. Potência solar. Agressividade e poder de combate. Vitalidade. Virilidade. Sacrifício.
Sagrado para Ares.

Cavalo: liberdade. Agilidade. Força. Humildade. Mobilidade. Contato com outros planos e mundos. Intelecto. Profecia. Sagrado para Epona, Macha, Rhiannon, Poseidon, os Anemoi.

Cisne: graça. Amor. Beleza. Equilíbrio. Paz emocional. Fé. Solidão. Contemplação. Mistérios da noite e do luar. Inocência. Criatividade poética. Elegância. Sagrado para Afrodite, Zeus, Angus, Brigit, Lir e Turan.

Cobra: renascimento e regeneração. Imortalidade. Contato com o mundo inferior. Astúcia. Inteligência. Renovação. Restauração. Cura. Magia. Sabedoria. Proteção. Fertilidade. Sexualidade. Criação. Contato com o primitivo. Sagrada para Ísis, Eurínome, Hécate, Veles, Deméter, Asclépio, Higeia, Apollo, Rá, Dionísio, Athena, Hermes, Lillith.

Coelho e Lebre: fertilidade. Reprodução. Agilidade. Renascimento. Amor. Astúcia. Loucura. Superação de obstáculos. Mudança de forma. Sagrado para Medeina, Eostre, Ártemis, Afrodite, Wenet, Holda.

Coruja: conhecimento. Sabedoria. Profecia. Morte. Sonho. Projeção astral. Espíritos dos mortos. Segredos. Sagrada para Lillith, Athena, Hades, Hypnos, Ragana, Blodeuwedd e Cailleach.

Elefante: estabilidade. Conexão com o plano material. Prosperidade. Abundância. Força. Resistência. Invulnerabilidade. Realeza, soberania e poder. Inteligência. Longevidade ou imortalidade. Memória. Prudência. Sagrado de modo geral para deidades hindus, como Ganesha, Lakshmi, Radha e Shiva.

Escorpião: proteção. Morte e destruição. Envenenamento. Transformação. Solidão e recolhimento. Agressividade e reatividade. Inteligência. Ambição. Sucesso. Discrição e ocultamento. Segredos. Força de vontade direcionada. Autossacrifício. Autoconfiança. Poder pessoal e controle sobre os instintos. Conexão com as forças ctônicas e primordiais. Cura.
Sagrado para Ishara, Ísis e Selket.

Galo: coragem. Orgulho. Autossuficiência. Força. Ímpeto. Sorte nas batalhas. Coragem. Confiança. Renascimento. Recomeço. Luz sobre a escuridão. Potência solar. Condução das almas pelo mundo dos mortos. Banimento do mal. Virilidade masculina. Boas notícias.
Sagrado para Apollo, Asclépio, Átis e Lúcifer.

Gato: independência. Força. Intuição. Profecia. Visão do que está oculto. Submundo. Noite. Astúcia. Agilidade. Proteção.
Sagrado para Bast, Mafdet, Ártemis, Diana, Lúcifer e Freya.

Jacaré e Crocodilo: recolhimento e espera. Paciência. Conexão com as profundezas. Psiquismo. Ocultamento. Sabedoria. Ferocidade. Poder. Instinto.
Sagrado para Set e Sobek.

Joaninha: sorte. Abundância. Prosperidade. Fertilidade. Gravidez. Nascimento. Bons inícios. Renovação. Saúde e cura. Felicidade.
Sagrada para Frigga, Flora e a Virgem Maria.

Leão: soberania. Coragem. Poder. Potência solar. Vitória. Dinamismo. Soberania. Valores e ideais elevados. Realeza. Lealdade. Família.
Sagrado para Sekhmet, Rhea, Cibele, Átis, Apollo, Ishtar/Inanna, Nergal e Durga.

Libélula: adaptabilidade. Transformação. Trabalho mágico onírico. Alegria. Expressão. Autenticidade. A alma e o contato com o mundo espiritual. Luz.
Não tem um papel relevante no mito ou culto de deidades indo-europeias.

Lobo: lealdade. Solidão. Trabalho em equipe. Força. Ferocidade. Aprendizado e sabedoria. Purificação. Liberdade. Conexão com os instintos.
Sagrado para Acca Larentia, Apollo, Ártemis, Diana, Leto, Lupercus, Marte, Zeus, Skadi e Odin.

Macaco: sagacidade. Alegria. Agilidade. Inteligência. Ludíbrio.
Sagrado para Hanuman, Babi e Thoth.

Morcego: contato com as forças ctônicas. Favorece a visão psíquica. Vampirismo. Medos primitivos e sua superação. Contato com o oculto. Morte.
Não tem um papel relevante no mito ou culto de deidades indo-europeias. Aparece na mitologia celta na forma de Cyhiraeth.

Pavão: Orgulho. Soberania. Beleza e vaidade. Realeza. Imortalidade. Conhecimento. Integridade. Sofisticação. Virtude. Despertar espiritual. Sabedoria.
Sagrado para Hera, Melek Taus, Mayura, Vishnu, Saraswati e Indra.

Polvo: instintos. Recolhimento. Descanso. Conexão com as profundezas. Psiquismo. Sonhos. Regressão psicológica. Criatividade. Sabedoria. Paciência. Mistério. Cura emocional.
Sagrado para deidades marinhas.

Pombo: pureza. Elevação espiritual. Sexualidade. Amor. Fertilidade. Renovação. Imortalidade. Paz.
Sagrado para Inanna, Ishtar, Astarte e Afrodite.

Rato: curiosidade. Discrição. Segredos. Enganação. Roubo. Desgastes em geral.
Sagrado para Apollo.

Salmão: sabedoria. Paciência. Longevidade. Conhecimento. Adivinhação. Sabedoria.
Sagrado como figura mitológica nas culturas celta e nórdica.

Sapo: transformação. Regeneração. Fertilidade. Sabedoria. Abundância. Harmonia.
Sagrado para Enki, Heket e Nu.

Tartaruga: longevidade. Cura. Paz. Perseverança. Amizade. Paciência. Sabedoria. Intuição. Receptividade. Resistência.
Sagrada para Set, Enki e Afrodite.

Touro: força. Resistência. Fertilidade. Virilidade. Sexualidade. Sacrifício. Instinto. Materialidade. Enraizamento. Prosperidade. Abundância.
Sagrado para Ptah, Osíris, Marduk, Dionísio, Mitras e Zeus.

Urso: proteção. Força. Resistência. Estabilidade. Conexão com a Lua. Equilíbrio.
Sagrado para Ártemis, Thor, Freya e Odin.

Vaca: nutrição. Maternidade. Criação. Vida. Doação. Gentileza.
Sagrada para Brigit, Hera, Bat, Mut e Hathor.

Veado: virilidade. Maturidade. Instinto. Realeza. Potência solar. Autossacrifício. Regeneração. Despertar espiritual. Contato com a vida selvagem. Integração à natureza.
Sagrado para Ártemis, Diana, Cernunnos e Freyr.

374 | O Grimório da Magia Natural

EXERCÍCIO 73
Projetando sua Consciência para um Animal

Este exercício deve ser feito com um animal vivo, selvagem ou doméstico. Você vai precisar observá-lo, então assegure-se de que durante toda a prática ele não deixará seu campo visual.

Coloque-se em uma posição confortável, feche os olhos e respire por alguns momentos para alterar a consciência. Quando sentir-se pronto, abra os olhos e comece a observar o animal em questão. Concentre-se na observação visual e tente vê-lo em seus detalhes: observe cada parte de seu corpo, como ele se movimenta, etc. Evite formar enunciados mentais com palavras durante o processo – o exercício é desligar a consciência racional para manter-se fixo na esfera da percepção e da sensação.

Se fizer isso corretamente, lentamente você vai começar a experimentar as sensações do animal, de maneira menos ou mais intensa de acordo com a sua capacidade de alterar a consciência. No começo, essas percepções poderão ser mais sutis, como a textura de sua pele ou os estímulos de seu movimento. Mas com o tempo, você poderá usar essa técnica para tentar captar também percepções menos exteriores e mais internas do animal, como seu estado de ânimo e impulsos, por exemplo.

Para encerrar, feche os olhos, traga suas mãos ao seu corpo e toque a si mesmo, sentindo seu próprio contorno e deixando que sua própria imagem surja em sua tela mental. Recobre os pensamentos e repita seu nome mentalmente e depois em voz alta.

Os Animais e o Círculo Mágico das Bruxas

Os animais também podem ser vistos como guardiões do Círculo Mágico da Arte, visualizados em cada Quadrante para que tragam sua força e proteção às nossas práticas. Na tradição ocidental de mistérios, alguns animais foram vistos como personificações das forças telúricas ou estelares dos animais, em uma associação com a astrologia e os elementos regentes de cada signo. De maneira geral, podemos pensar da seguinte maneira:

CORRESPONDÊNCIAS ELEMENTAIS DOS ANIMAIS		
Elemento	Tipo de Animal	Principais Representantes
Ar	Pássaros; voadores	Águia (Aquário)
Fogo	Animais do deserto; predadores; rastejantes	Leão (Leão)
Água	Animais aquáticos	Serpente Marinha (Escorpião)
Terra	Animais quadrúpedes; que caminham	Touro (Touro)

EXERCÍCIO 74
Convocando as Inteligências Animais nos Quadrantes do Círculo Mágico

Após o lançamento do Círculo Mágico ao seu redor, vire-se para cada uma das direções visualizando o triângulo elemental apropriado brilhando na cor que lhe é correspondente. Enquanto fizer a invocação para as forças elementais, visualize o animal (de acordo com a tabela anterior) emergindo do triângulo para proteger o Círculo.

Da mesma maneira, ao fim do ritual, quando se despedir de cada Quadrante, repita a visualização, vendo que agora o animal retorna para dentro do triângulo elemental correspondente, cuja luz então se desfaz quando você encerra as palavras de agradecimento e despedida.

EXERCÍCIO 75
Um Escudo Protetor com as Inteligências Animais

A prática acima pode ser adaptada como um chamado das inteligências animais para proteger você ou um lugar. Essa meditação pode ser feita todos os dias pela manhã como parte da sua rotina mágica, ou apenas em momentos de grande necessidade.

Vire-se para o Leste e aponte o seu Athame, ou os dedos médio e indicador, para aquela direção, dizendo:

ÁGUIA DOURADA DO AMANHECER,
TRAGA LUZ E MAGIA PARA ME PROTEGER.

Visualize uma grande águia vindo da imensidão distante do Leste e abrindo suas asas para você, montando guarda. Sinta o elemento Ar fluindo de suas asas e a brisa suave que chega até você. Vire-se então para o Sul, saúde da mesma maneira e diga:

PODEROSO E FEROZ LEÃO SOLAR,
CONCEDA A FORÇA DO FOGO PARA O MAL AFASTAR.

Da mesma maneira, visualize um imenso leão que se aproxima, imponente, vindo do horizonte do Quadrante Sul e se aproximando para montar guarda neste Quadrante. Veja o brilho do Fogo em seus olhos e o calor que ele emite de sua boca. Vire-se então para o Oeste e saúde esta direção com as seguintes palavras:

SERPENTE DAS PROFUNDEZAS QUE EMERGE AO ENTARDECER,
RIO SERPENTEANTE A ME PROTEGER.

Veja uma imensa serpente marinha elevando-se das águas ao Oeste e vindo em sua direção para montar guarda. Perceba como os movimentos de seu corpo imitam o fluir das ondas do mar e o correr das águas de um rio. Saúde-a, e volte-se finalmente para o Norte, dizendo:

TOURO POTENTE DA ESCURIDÃO,
FORÇA, RESISTÊNCIA, FIRMEZA E PROTEÇÃO.

Veja um imenso touro vindo dos confins do Quadrante Norte. Cada passo dado por ele faz a terra estremecer. Sinta o poder de resistência e força que ele carrega e perceba as qualidades do elemento Terra que dele emana. Vire-se para o Leste mais uma vez, abra os braços lateralmente para o Norte e Sul, e diga:

À MINHA FRENTE, OS VENTOS DA ÁGUIA AFASTAM O PERIGO.
ATRÁS DE MIM, A SERPENTE ASTUTA ME DÁ SEU ABRIGO.
À MINHA ESQUERDA, O TOURO POTENTE DE FORÇA E PODER,
À MINHA DIREITA, O LEÃO INCANDESCENTE A ME PROTEGER.

Visualize os quatro animais montando guarda ao seu redor e saiba que está protegido por cada um deles.

Trabalhando com uma Imagem Astral Animal

Outra maneira de se valer do poder e da força de um determinado animal para a sua magia consiste em criar uma imagem astral de um ser da espécie que tem relação com o seu objetivo, preenchê-la de poder e enviá-la para o seu alvo. Muito conhecidas são as técnicas mágicas para criação de servos astrais, guardiões e outros auxiliares mágicos; este não é o caso desta técnica. A diferença é que não desejamos criar um ser astral que tenha "durabilidade" – apenas dar à energia gerada uma forma animal e inteligência para que alcance o seu alvo de maneira mais eficaz. Esta é uma maneira de enviar energia direcionada para um determinado ambiente ou pessoa; uma vez que a função tenha sido cumprida, então a imagem astral naturalmente se dissolverá.

EXERCÍCIO 76
Enviando Poder com a Imagem Astral de um Animal

O primeiro passo é selecionar o animal cuja imagem será usada como receptáculo da energia elevada. Se estiver trabalhando para proteção, por exemplo, pode escolher um predador; se deseja enviar energia de qualquer tipo para alguém a longa distância, pode escolher um pássaro relacionado à sua intenção; se o objetivo é trabalhar cura, pode escolher a forma de uma serpente; para trazer alegria, harmonia e espírito de comunidade, pode trabalhar com a imagem da abelha – e assim por diante.

Uma vez escolhida a forma animal, é hora de elevar o poder para criar a imagem astral que será enviada. Em uma posição confortável, comece levando sua atenção à região do plexo solar (um palmo acima do umbigo) e ative essa região usando o seguinte padrão de respiração:

INSPIRAÇÃO EM 4 TEMPOS + EXPIRAÇÃO EM 2 TEMPOS

Para conseguir expirar todo o ar dos pulmões na metade do tempo da inalação, você vai precisar exalar o ar com força pela boca. Faça isso ativando o fundo da garganta. Não conte tempos de retenção dos pulmões cheios ou vazios nessa respiração – você deve suceder inspiração e expiração alternada e imediatamente em sua contagem.

Você vai perceber que esse padrão produzirá calor no seu corpo, em especial na região que vai do plexo solar até a garganta. Após os primeiros ciclos de respiração, comece a se concentrar em projetar o poder do plexo solar pelo sopro e veja que ele assume uma cor brilhante relacionada à sua intenção. Á medida que exala, soprando o ar para fora, visualize que o poder se acumula, formando inicialmente uma esfera de energia, que logo vai assumindo a forma animal escolhida à sua frente.

Sinta essa energia se tornando mais densa e a imagem animal cada vez mais sólida, consistente e pesada. Veja que o animal começa a ganhar vida ao estar preenchido pelo seu desejo. Enquanto projeta o ar, mantenha o foco no resultado esperado – na sua intenção mágica já concretizada, magnetizando o ar da sua respiração com a imagem mental formada e impregnando a energia com essa ideia. Faça isso até provocar um estado de tontura, ocasionado pela respiração.

Quando isso acontecer, inspire mais uma vez, retenha o ar pelo máximo de tempo que conseguir e, ao fazer isso, traga para sua mente o alvo da energia trabalhada – um lugar que deseja proteger, uma pessoa que deseja curar, o animal caminhando ao seu lado para evitar qualquer dano, etc. E então, quando não puder mais reter o ar, sopre sobre a imagem astral do animal, liberando-a para cumprir a sua vontade.

Estátuas de Animais e o Trabalho Mágico

Uma maneira de trabalhar com as forças animais sem necessariamente se utilizar de partes deles é usando estátuas. Você pode adquirir uma estátua feita de qualquer material natural, como cerâmica, gesso, madeira ou pedra, ou ainda, se tiver habilidade, confeccionar a sua própria representação com argila.

Estátuas animais podem ter diferentes finalidades mágicas, mas, de modo geral, podem ser usadas para atrair determinadas características e propriedades de uma espécie cujas habilidades lhe sejam necessárias. Você pode criar um totem para servir como guardião da entrada de sua casa, por exemplo, ou para assegurar a abundância na sua cozinha, dispensa ou armário de mantimentos. Totens podem ser criados e usados como decoração na sua mesa de trabalho para inspirar uma certa atitude ou postura, ou colocados sobre a sua cama para afastar pesadelos e influências maléficas.

Uma vez que tenha conseguido sua estátua, faça o ritual a seguir para ativá-la.

EXERCÍCIO 77
Criando um Totem Mágico

Você vai precisar da estátua que representa o animal em questão, um incenso preparado com as correspondências planetárias apropriadas à função que ele desempenhará, água fresca e quatro velas da cor do elemento natural do animal em questão: verde para animais terrestres; amarelo ou azul-celeste para aves; azul-escuro para animais aquáticos, preto para animais noturnos ou subterrâneos, vermelho para animais de associação solar ou caçadores.

Neste feitiço, você vai trabalhar com a energia dos quatro elementos. A estátua representa a Terra. Coloque-a no local onde ela deve exercer sua função (ou faça isso no seu altar e depois posicione-a no lugar apropriado) e disponha as quatro velas ainda apagadas ao redor dela, nos quatro pontos cardeais, formando um pequeno círculo em volta da estátua. De um lado, coloque o pote com água fresca, e do outro, o carvão aceso e sua mistura de incenso planetário.

Toque a estátua com ambas as mãos e diga:

ESTÁTUA DE [MATERIAL], FORÇA ANIMAL,
GANHE VIDA E PODER COM ESTE RITUAL.

Aspirja bastante água sobre a estátua, dizendo:

A ÁGUA FRESCA LAVA, LIMPA E TRAZ PODER.
FLUINDO E REFLUINDO, NUTRE A VIDA A NASCER.

Coloque o incenso sobre o carvão e, quando a fumaça se elevar, ofereça-a à estátua, dizendo:

A FUMAÇA QUE SE ELEVA TRAZ O SOPRO VITAL:
A MAGIA QUE DESPERTA TUA ESSÊNCIA ANIMAL.

Deixe o incenso queimando diante da estátua e então acenda as quatro velas ao redor dela, enquanto diz:

Quatro chamas cintilantes te fazem despertar.
Comece agora teu trabalho, venha me auxiliar.

Então fique em uma posição confortável e contemple a estátua por alguns instantes para provocar um estado alterado de consciência. Deixe que ela se torne viva com o olho da mente. Veja-a sendo preenchida pelo espírito animal e tornando-se brilhante. Estendendo suas mãos para ela, projete sua força e poder ao seu interior, enquanto concentra-se na função que o totem deve desempenhar: afastar os perigos, trazer cura, coragem, sabedoria, etc. Deixe as velas queimarem até o final.

Caso a estátua não esteja no lugar onde deverá permanecer e executar sua função, leve-a para lá. Periodicamente, refaça as oferendas de água, incenso e uma única vela para alimentar seu totem e preenchê-lo de força e poder.

MAGIA COM ANIMAIS E ÉTICA

Não exijo sacrifício, pois observai, eu sou a Mãe de todos os viventes, e meu amor é derramado por sobre a terra.

Trecho da Carga da Deusa

O sacrifício animal é um grande tabu na prática da Bruxaria Moderna, e é importante que nos detenhamos por alguns instantes sobre os princípios éticos que regem nossas práticas antes de passarmos para parte prática deste capítulo.

Neopaganismo e Sacrifício Animal

Já tratei do tabu do sangue em práticas especificamente Wiccanianas em minha obra anterior, *Bruxaria Solitária*, de modo que aqui apenas darei sequência à discussão iniciada naquele texto, ampliando-a agora para o contexto Neopagão mais abrangente. Este é um dos poucos temas em que serei excessivamente incisivo, e me unirei às vozes de diversos Bruxos e Bruxas ao redor do mundo para afirmar categoricamente: *o*

382 | O Grimório da Magia Natural

sacrifício animal não tem lugar nas práticas modernas de Neopaganismo ou de Bruxaria. Se qualquer pessoa disser o contrário para você, aconselho que veja isso como um sinal de alerta e passe a observar melhor a postura ética de tal sujeito perante a vida, a magia, a religião e também a outros seres humanos.

Este é um tema muito controverso e polêmico. Em um país como o Brasil, marcado pela presença de religiões de matriz africana, algumas das quais mantêm a prática de sacrifício animal na base de sua prática religiosa, falar contra o sacrifício animal pode ser um grande problema. Por isso, quero delinear bem minhas palavras: não me dirijo aqui aos praticantes de tais caminhos espirituais, nos quais o sacrifício animal (feito com respeito e reverência) é uma parte de sua bagagem cultural e histórica. Não sou um praticante dessas vertentes espirituais e, por isso, nada tenho a dizer sobre elas. Dirijo-me aqui às pessoas que se identificam como Neopagãs ou praticantes de Bruxaria Moderna, cuja origem está em práticas europeias.

É importante entender que, por mais que o Neopaganismo nutra semelhanças com algumas dessas tradições espirituais, como o Candomblé, *nós somos uma vertente religiosa nova.* Por isso somos Neopagãos: novos Pagãos. Estamos criando e inventando nossas próprias práticas religiosas aqui e agora, não podemos nos comparar a religiões que há séculos ou milênios mantêm práticas diferentes das nossas. Existe uma diferença muito grande em praticar uma tradição religiosa de bagagem histórica e cultural, como as religiões de matriz africana, e praticar um tipo de espiritualidade Neopagã criada, principalmente, a partir do conhecimento histórico que encontramos em livros. Não somos continuadores de religiões do passado; nós nos inspiramos no que outras pessoas dizem sobre elas para viver uma religiosidade que é típica do nosso tempo. Nada do que eu digo aqui deve ser visto como um ataque a religiões historicamente estabelecidas que têm no sacrifício animal uma parte de sua prática religiosa e identidade cultural. São as lideranças espirituais e fiéis destas religiões que devem fazer tal discussão à luz de nosso tempo. Limito-me aqui, portanto, a analisar a prática sob a ótica nas chamadas religiões Neopagãs, apenas.

Outro argumento que pode ser usado para questionar o posicionamento da Arte contra sacrifícios animais é o fato histórico de que essa era uma prática comum para muitos dos povos antigos, onde se originaram os Deuses que desejamos cultuar; deste modo, defender o resgate do sacrifício animal se tornaria um apelo à legitimidade ritual. Mas tudo isso é falácia. Nós, Pagãos modernos e habitantes das áreas urbanas, não estamos dispostos a abrir mão dos privilégios da vida contemporânea e suas tecnologias para viver como tais "povos antigos". Nossos rituais, na maior parte do tempo, em nada se assemelham às práticas tradicionais desses povos. Não há uma preocupação em se aprender os idiomas antigos (e às vezes extintos) para que as cerimônias sejam feitas de maneira "tradicional", tampouco vivemos na reclusão espiritual dos templos ou passamos por rígidos processos de treinamento espiritual como os povos do passado. Isso significa que, ao nos dedicarmos ao culto de deidades cujas religiões originais foram extintas, como os Deuses gregos, romanos, egípcios, celtas ou nórdicos, a forma de nossos rituais em quase nada se assemelha às práticas religiosas de tais povos – e nem o mundo que hoje habitamos.

Precisamos entender que mesmo as vertentes Neopagãs chamadas "reconstrucionistas", ou seja, que buscam recriar as religiões dos povos pré-cristãos, enfrentam uma série de barreiras históricas para isso – a começar pelo fato de que dependem dos registros e de como foram interpretadas, muitas vezes por povos inimigos ou por interpretações acadêmicas modernas, que refletem o pensamento de sua própria época. Os registros históricos que nos chegam do passado são fragmentários, muitas vezes associados ao costume religioso das elites. A ideia de viver uma religião do passado, *ipsis litteris*, é ingênua e pueril. Todo bom reconstrucionista sério sabe que sua religião é um produto de seu próprio tempo, inspirado nas práticas do passado, mas que não as reproduz completamente.

Talvez o principal argumento para questionar a ideia da prática desse tipo de sacrifício em religiões Neopagãs seja o fato de que nossa relação com o mundo animal hoje é completamente diferente daquela estabelecida pelos povos do passado. Quantos de nós precisa caçar ou criar animais para garantir sua sobrevivência? Hoje em dia, onde o mundo se vê imerso na religião do "deus dinheiro", um verdadeiro sacrifício está muito mais representado pelo ato de se atirar algumas centenas de reais em uma fogueira do que na imolação animal. Quantos de nós estão realmente dispostos a fazer isso?

Como Neopagãos, não podemos habitar a fantasia de reproduzir de maneira acrítica práticas antigas "simplesmente porque era assim que se fazia em tempos passados". Esse discurso é muito mais característico do pensamento de rebanho incentivado pelas religiões dominantes. Infelizmente, existem pessoas adoecidas em todos os caminhos espirituais – e no Neopaganismo não é diferente –, que se valerão de qualquer argumento que pareça adequado para dar vazão justificada aos seus abusos e crueldade. Cuidado com isso.

Outro argumento que poderia ser usado a favor do resgate das práticas de sacrifício animal por Neopagãos está no fato de que a imensa maioria de nós consome carne regularmente como parte de nossa dieta diária. Não é hipócrita, então, ter o hábito de comprar carnes em açougues e supermercados, mas condenar o ato do sacrifício? Não seria muito mais "humanizado" que isso fosse feito por nossas próprias mãos, ao invés de conseguirmos nosso alimento em bandejas plásticas em geladeiras de estabelecimentos comerciais?

Este raciocínio oculta outra falácia. Não podemos usar um problema estabelecido (a violência animal provocada pelo capitalismo na indústria alimentícia) para justificar a adoção de outra atitude problemática. Não podemos fantasiar e escapar do contexto histórico, cultural e social no qual vivemos hoje. Todos nós, Bruxos habitantes de centros urbanos, não praticamos a pecuária como atividade de sobrevivência. Os tempos simplesmente mudaram; existem coisas que não fazem sentido dentro da estrutura de nossa época, e inaugurar novos cultos de sacrifício animal por mero fetiche é uma delas. Em uma época onde o trato adequado dos animais e o combate à violência se faz cada vez mais importante e presente, nossa postura deve ser coerente com a ética de nosso tempo. Isso quer dizer que é mais coerente para nós, como Bruxos, questionarmos a maneira não consciente pela qual continuamos a alimentar a máquina capitalista e violenta da produção de carne e produtos derivados de animais do que advogar o resgate das práticas de sacrifício animal em nossos ritos religiosos contemporâneos.

A função da religião muda com o passar dos séculos; não precisamos mais matar animais no altar dos Deuses para aplacar a fúria da natureza, trazer ventos favoráveis às nossas embarcações ou contornar problemas de ordem climática. O desenvolvimento tecnológico da nossa espécie, fruto da capacidade cognitiva humana, já criou soluções originais para lidar com tudo isso. Hoje, entendemos o mundo e nos relacionamos com ele de maneira diferente dos povos antigos – o que se reflete em toda a nossa cultura, inclusive na religião. Para muitos dos povos Pagãos do passado, o ritual era uma forma de intermediar o contato com as forças desconhecidas da natureza e estabelecer ordem e coesão social. Hoje, a função da espiritualidade é muito mais pessoal e íntima, preocupada com nossa autotransformação e a elevação da consciência. Sacrificar animais para obter favores divinos, em nosso tempo é simplesmente uma atitude religiosa preguiçosa que terceiriza a verdadeira oferenda que devemos ser capazes de colocar diante dos Deuses: a transformação da alma. Qualquer Neopagão ou Bruxo moderno que instigue a violência deliberada contra animais em nome de Deuses Antigos, não merece para si o título de religioso ou de Bruxo – são criminosos, e devem ser denunciados às autoridades.

Os Limites Éticos no Trabalho Mágico com Animais

Excluindo os atos de violência e crueldade deliberada, os limites éticos do trabalho mágico com animais deverão ser definidos por cada Bruxo. Alguns optarão por excluir de sua prática ritual qualquer tipo de substância derivada de animais, como o leite e o mel, por exemplo – e não há nenhum problema com isso. Outros não veem qualquer empecilho para o uso ritual dessas substâncias, uma vez que seu consumo também faz parte de sua vida cotidiana.

386 | O Grimório da Magia Natural

Muitos desses elementos já são populares: os tambores feitos de couro animal, por exemplo, ou as tradicionais libações de mel e leite para a terra são demonstrações de como a alma animal já participa de nossas práticas. Os animais estão em nossos Sabbats no leite de Imbolc e nos ovos de Ostara, por exemplo. Ainda, a sabedoria popular e o folclore também enfatizam as propriedades mágicas de determinadas partes animais – pense no famoso amuleto para sorte da pata de coelho.

Ainda, há que se pensar no uso de partes animais: penas, pelos, ossos, pele, chifres e outros. Uma vez que esses itens sejam coletados sem que haja violência deliberada contra o animal, podem ser apropriados para o trabalho mágico se assim você o desejar. Podemos usar penas encontradas na natureza, ou mesmo coletar um pouco de pelo de alguns animais sem que eles precisem se machucar para isso. Ossos, presas, asas, crânios e chifres podem ser coletados após a morte do animal. A velha pele abandonada de uma serpente ou chifres trocados por determinadas espécies podem ser úteis para fins rituais. O importante é que tudo isso seja feito com uma atitude de respeito e reverência.

Quando partes animais são compradas para fins mágicos, é importante também nos assegurarmos de que elas foram obtidas sem violência – não é esse o tipo de energia que queremos em nossos ritos. Há, ainda, outra característica importante aqui: devemos evitar radicalmente qualquer tipo de material proveniente de uma espécie ameaçada de extinção, por exemplo.

Acredito que a aquisição de partes animais de maneira comercial é possível em dois casos: quando aquilo é um subproduto que será aproveitado ao invés de ser descartado (como o couro usado na fabricação de tambores) e quando são fornecidas por cuidadores de animais que as coletam sem lhe provocar qualquer dano ou prejuízo (como os cuidadores de aves exóticas que podem fornecer as penas caídas naturalmente). Entretanto, haverá Bruxos que considerarão qualquer uso de partes animais ou mesmo de seus subprodutos como negativo e danoso – e tudo bem. Esse é um ponto onde nossos limites serão diferentes.

Ainda, é possível praticar magia com animais vivos, fazendo com que eles sejam participantes de nossos rituais. Animais domésticos podem ser alimentados com água e comida consagrada durante nossas cerimônias de Sabbat e Esbat para que sorvam das forças com as quais trabalhamos e se tornem, eles mesmos, mais afinados com nossas práticas espirituais. Também existem diversas técnicas para magia e adivinhação que podem contar com a participação de um animal doméstico e que são completamente seguras.

Também notamos que hoje existe certa tendência a se valer de ossos, crânios e tudo o que pareça mais "denso" para se promover um tipo de estética de Bruxa capaz de gerar autoridade. Esse é um fenômeno típico do nosso tempo, fomentado pelas redes sociais que estimulam muito mais a preocupação com a forma e a aparência, do que com o conteúdo e o conhecimento. Mais uma vez, é preciso tomar cuidado para não se deixar seduzir pelo fetiche e passar a viver uma espiritualidade vazia de sentido, mas esteticamente impactante.

Para finalizar esta discussão, enfatizo mais uma vez a importância de pensar aqui sobre seus limites éticos, tendo em vista a atitude Pagã de respeito e reverência pela Terra e todas as formas de vida. Animais, assim como plantas e cristais, podem ser participantes ativos em nosso trabalho mágico, mas devemos evitar uma atitude de controle ou dominação sobre eles, ou mesmo um pensamento meramente utilitário, que deve ser substituído por um elo de parceria e gratidão. Não devemos fazer simplesmente com que nossas vontades atuem sobre eles; é preciso deixar que a própria sabedoria da alma-grupo esteja em contato com nosso espírito, para que, desta maneira, sejamos contagiados e nutridos com seus poderes selvagens. Isso exige que nosso trabalho mágico seja permeado de uma atitude sinceramente religiosa e devocional – não no sentido de nos ajoelharmos diante dessas forças para suplicar por seu auxílio, mas a atitude reverente que reconhece a manifestação do sagrado em todas as coisas.

Bruxaria e Vegetarianismo

Uma das perguntas que escuto frequentemente daqueles que estão começando a trilhar o caminho da espiritualidade Pagã diz respeito ao consumo de carne, ou mesmo outros derivados de animais. A resposta jocosa que muitos dos Bruxos que consomem carne – uma maioria em comparação com aqueles que se abstêm –, é de que fazemos parte de uma religião que honra um Deus caçador, logo, comer carne faz parte de nossa natureza religiosa!

Brincadeiras à parte, a ferrenha oposição entre carnívoros e vegetarianos é só mais um exemplo do pensamento polarizado e negativo que muitas vezes impede o diálogo e o desenvolvimento de pensamento; quando estamos em extremos, simplesmente vamos reproduzir um discurso massificado, seja em prol ou a favor da abstenção do consumo de carne ou derivados animais, e não estaremos exercitando a fabulosa dádiva do pensamento que nos foi concedida pelos Deuses.

Por um lado, é verdade que não há nenhum dogma ou doutrina na Bruxaria que defenda a abstenção do consumo de carne. Na realidade, não há nenhum dogma na Arte que nos proíba de fazer qualquer coisa, porque a Wicca não é uma religião de domesticação social. Isso quer dizer que cada Bruxo deve optar por seu próprio estilo de vida, colhendo as consequências que lhes são próprias, sem que isso necessariamente tenha um peso moral. A Arte é um caminho que nos chama à responsabilidade por nossas próprias ações e escolhas. E isso nos leva ao outro lado da questão.

Se fazemos parte de um caminho religioso que incentiva a escolha consciente sobre nossas atitudes e estilo de vida, isso quer dizer que precisamos *saber o que estamos fazendo*. Em tempos contemporâneos, não podemos negar o quanto a indústria capitalista se vale do sofrimento animal como maneira de produzir lucro, e o quanto todos nós somos ensinados a consumir esses produtos de maneira irreflexiva, automatizada e ignorante – quantos de nós realmente sabe de que maneira o leite que bebemos toda manhã é produzido, ou os ovos que usamos em nossas receitas e a carne que chega aos nossos pratos? Muitas pessoas optam conscientemente por não saber, dessa maneira, não precisam lidar com qualquer sentimento de culpa que possa surgir a partir do conhecimento. Ora, é verdade que não existe pecado para as Bruxas, mas fugir do conhecimento é uma das atitudes que talvez mais se aproxime disso para nós! Afinal, Bruxaria é a Arte dos Sábios. Ao escolhermos nos chamarmos de Bruxos, renunciamos as bênçãos da ignorância e não podemos nos refugiar nela só porque ocasionalmente isso nos é conveniente.

Então, mais do que dizer a você o que consumir ou como viver sua vida, apenas quero incentivar a curiosidade para saber de onde vêm os produtos que você consome, e para onde vai o lixo que você produz. A partir desse conhecimento, cada um de nós pode fazer suas próprias escolhas sobre seu estilo de vida, e não cabe a um Bruxo julgar a ética de outro. Mas quando nossas escolhas de vida são feitas no escuro, não somos verdadeiramente livres; somos prisioneiros de um sistema que dita sobre nós o que fazer com a falsa pretensa da liberdade.

COLETANDO ELEMENTOS DO REINO ANIMAL

Em suas atividades e visitas a locais naturais, eventualmente você vai se deparar com partes de animais que podem ser coletadas – e quanto mais distante das grandes cidades, maiores as chances de ter encontros interessantes. Penas de pássaros, pele de cobra ou mesmo restos de animais mortos, como osso e chifre, poderão ser coletados. Entretanto, isso sempre exige uma dose de cuidado: não sabemos que tipo de bactérias ou fungos podem estar se desenvolvendo nesse material orgânico, de modo que sua coleta exige prudência para evitar contato imediato direto e depois a limpeza, higienização e cuidados necessários para a preservação desse material.

Sempre que algo é coletado da natureza, é apropriado devolver outra coisa em retorno: uma pequena oferenda, como já discutido em capítulos anteriores, vai assegurar que você mantenha com a terra uma relação saudável de troca, bem como garantir que esse momento seja permeado pela consciência e reverência ao sagrado.

Outra maneira de coletar partes animais que podem ser úteis para a magia está em nossa cozinha – se o consumo de carne faz parte da sua dieta regular, quando for prepará-la tente obter algo que seria simplesmente descartado como lixo, mas que pode ser útil para a prática mágica. Sempre que isso for feito, é importante que, mais uma vez, a atitude de reverência possa impregnar todo o trabalho com o animal. Você pode conferir mais dicas sobre isso no capítulo doze, mas de maneira geral, basta fazer da culinária um ato ritualístico, colocando nela sua atenção e respeito.

Quando optamos por desenvolver uma relação mágica com nossos animais de estimação, tornando-os participantes de nossa vida mágica, isso também implica que para além do amor e cuidados que naturalmente damos aos nossos bichinhos, eles também possam ser tratados com a mesma atitude de cuidado e reverência que buscamos ter com tudo o que nos é sagrado. Aprender a desenvolver esse contato emocional permeado pela noção do divino com um ser senciente, como um animal de estimação, é um poderoso exercício espiritual, capaz de nos fazer enxergar a sacralidade em todas as coisas.

IDENTIFICANDO A FUNÇÃO MÁGICA DE PARTES ANIMAIS

Para determinar a função mágica de um ingrediente animal para um feitiço, utilize a seguinte regra básica:

- Considere a natureza do animal e seu comportamento instintivo típico;
- Considere qual é a função que essa parte animal desempenha.

Trabalhar com uma espécie animal que é caçadora e carnívora é muito diferente de trabalhar com um animal herbívoro, por exemplo, mesmo que você utilize um elemento anatômico que lhes seja comum, como um osso. Por isso, considerar a natureza do animal também é importante. Em alguns casos, entretanto, a espécie específica será secundária e menos importante que a função fisiológica e simbólica do item com o qual vamos trabalhar: qualquer pena pode representar a ideia do voo do pássaro, por exemplo. Isso vai depender dos seus propósitos e objetivos.

Para estabelecer contato com uma espécie, e não necessariamente para trabalhar com uma finalidade mágica específica representada por aquela parte animal, então qualquer parte dele será o bastante. Ossos de pássaro podem ser marcados com símbolos para criar um oráculo, por exemplo, ou um pingente ou anel com a presa de um animal pode ser usado como joalheria mágica para manter conexão com aquele ser.

O USO MÁGICO DE INGREDIENTES DE ORIGEM ANIMAL

Chifre: soberania, poder, força, conexão com o Deus Cornífero.

Crânio: a consciência e inteligência animal. Adivinhação.

Leite: nutrição.

Mel: sabedoria e espiritualidade.

Osso: sustentação, força, resistência, estrutura, agilidade.

Ovo: fertilidade.

Pata/Garra: agilidade, resistência, proteção, sustentação, movimento.

Pelo/Pele/Escama: qualidades gerais do animal, vitalidade, proteção. Se a pele é trocada, como de uma cobra, pode simbolizar cura e renovação.

Pena: habilidade de voar e enxergar ao longe, visão panorâmica, projeção astral, perscrutação, movimento, criatividade, inspiração.

Presa/Ferrão: proteção, agressividade, força, defesa.

EXERCÍCIO 78
Entrando em Contato com a Alma-Grupo

Este é um excelente exercício preliminar que pode ser usado e adaptado para estabelecer uma conexão entre você e a espécie animal que vai participar da sua magia.

Segure em suas mãos a parte animal com a qual deseja estabelecer uma conexão. Respire profundamente algumas vezes e coloque-se em estado alterado de consciência.

Comece focando a atenção no contato físico com o item. Que sensações você é capaz de perceber em sua mão? Sinta o peso, temperatura, textura e outras qualidades movendo o item gentilmente pelos dedos. Traga-o perto do nariz e tente sentir seu cheiro. Não faça nenhum exercício racional aqui – evite ficar "nomeando" o que percebe, e mantenha o foco na sensação em si. Faça disso uma experiência corporal e não mental. Abandone lentamente a racionalidade e os pensamentos para se abrir às experiências dos sentidos aqui.

Deixe que surja naturalmente em sua mente uma imagem do animal cuja parte você segura em suas mãos, enquanto continua a experimentar as sensações táteis. Coloque-se em um estado mental de receptividade e deixe que as sensações físicas sejam convertidas em imagens na tela de sua mente. Vá aprofundando o estado de transe e deixe que a sensação se torne cada vez mais vívida, até ser capaz de projetar-se para dentro da imagem e *transformar-se* no animal.

Sinta-se como o animal e experimente-o mentalmente naquilo que ele faz: voe, nade, corra, rasteje, pule. Abra-se para perceber o mundo a partir da percepção desse animal. Sinta seu peso, seu aroma, sua força ou leveza, seus impulsos. Experimente esse estado pelo tempo que o transe durar.

Ao sentir que a experiência começa a se tornar difusa, comece a fazer um esforço consciente para retornar. Resgate sua própria imagem corporal em sua tela mental. Toque seu corpo e sinta os contornos de sua forma física. Traga de volta os pensamentos lógicos e racionais, e faça alguma afirmação mental do tipo "eu sou [seu nome]". Respire profundamente, e diga seu nome em voz alta três vezes, recobrando assim seus sentidos e retornando à consciência convencional.

EXERCÍCIO 79
Feitiço de Inteligência da Coruja

A ave consagrada à Athena, a Deusa da Sabedoria, é a coruja conhecida como "mocho-galego" (*Athene noctua*), e uma de suas características é que sua espécie não possui hábitos exclusivamente noturnos, o que faz com que possa ser avistada também pelo dia ou ao entardecer. No Brasil encontramos uma de suas parentes – a "coruja-buraqueira" (*Athene cunicularia*), uma espécie urbana e relativamente comum. Sua pena é a ideal para este encantamento, mas caso você não possa obter uma, qualquer pena clara poderá ser utilizada.

Moa algumas folhas de oliveira secas com alecrim usando seu pilão e almofariz, projetando para o interior das ervas sua intenção. Isto pode ser feito para facilitar estudos, memorização, inteligência e sabedoria. Se desejar, cante o nome da Deusa Athena ou Minerva enquanto macera as ervas, vendo-as brilhar com a cor dourada enquanto envia seu poder a elas.

Acenda então um carvão e lance sobre ele as ervas, queimando-as como um incenso. Passe a pena repetidas vezes pela fumaça, dizendo:

EU CLAMO AS DÁDIVAS DA DEUSA ATHENA:
SABEDORIA, APRENDIZADO E ENTENDIMENTO.
FUMAÇA QUE SE ELEVA E PERFUMA A PENA,
TRAGA-ME O DOM DO CONHECIMENTO.

Enquanto faz isso, sinta a pena absorvendo as propriedades mágicas do seu incenso e as bênçãos de Athena. Com o olho da mente, veja-a tornar-se dourada e luminosa em suas mãos. Use essa pena como um amuleto para facilitar os estudos e a aprendizagem.

EXERCÍCIO 80
Para Facilitar a Projeção Astral e os Sonhos Proféticos

Recolha na natureza a pena de um pássaro negro e, se necessário, limpe-a em água corrente e deixe secar. Prepare um incenso com ervas lunares, conforme visto no capítulo nove, e use a pena negra para espalhar sua fumaça pelo quarto antes de dormir.

Coloque o seu incensário com o carvão aceso em algum lugar perto da cama e acrescente mais uma pitada do incenso, de modo que a fumaça se eleve. Faça movimentos com a pena negra e procure soprar a fumaça para cima, dizendo:

PÁSSARO DA NOITE, INCENSO EM COMBUSTÃO,
CRIEM ASAS PARA MEU ESPÍRITO VOAR.
ENVOLVIDO PELO ABRAÇO DA ESCURIDÃO
ELEVO-ME ENTRE OS PLANOS ENQUANTO SONHAR.

Coloque a pena sob o travesseiro e vá dormir imediatamente.

EXERCÍCIO 81
Enviando uma Mensagem Psíquica à Alguém

Qualquer pena será apropriada para este encantamento, mas se ela vier de uma ave noturna, então o simbolismo de seu feitiço será reforçado. Esta prática deve ser feita, idealmente, durante a noite.

Com pilão e almofariz, moa flores secas de jasmim, lavanda e verbena. Enquanto faz isso, altere sua consciência e visualize a pessoa para quem a mensagem se destina à sua frente. Uma vez que tenha formado uma imagem mental clara, acelere e intensifique levemente seus movimentos, que devem ser rítmicos. Enquanto faz isso, sussurre gentilmente a mensagem que você deseja enviar. É importante que ela seja curta e clara. Você pode prepará-la antecipadamente na forma de uma rima, de modo que isso facilite o transe e possa ser usado como maneira de elevar o poder.

Repita com voz sussurrada enquanto mói e mistura as ervas, projetando toda a sua intenção enquanto visualiza a pessoa para quem a mensagem se destina. Deixe que o movimento e a força cresçam até chegar a um ápice, e então libere a energia para as ervas.

Virando-se para a direção onde acredita que a pessoa esteja, queime as ervas sobre um carvão em brasa e faça a fumaça se elevar, direcionando-a com a pena para o alto enquanto entoa repetidamente o nome da pessoa para quem a sua mensagem se destina.

EXERCÍCIO 82
Encantamento do Cachorro para Proteção do Lar

Consiga um pouco de pelo de um cachorro de grande porte e divida-o em quatro chumaços. Então esfregue as mãos para produzir poder e coloque-as sobre o pelo, projetando para ele sua intenção de proteção e segurança. Se possível, enterre nos quatro cantos ao redor da casa, do lado de fora, ou então nos quatro cantos de um vaso na entrada do seu lar.

EXERCÍCIO 83
Purificação Através do Ovo

O uso de ovos em rituais de cura e limpeza energética é muito antigo e pode ser encontrado em diferentes culturas ao redor do mundo. O ovo simboliza o útero, a fertilidade e a vida – todos símbolos usados para afastar o mal. Esta purificação energética é bastante simples. Você vai precisar de um ovo e um recipiente com água em temperatura ambiente. O ovo é passado por todo o corpo enquanto se visualiza que ele absorve toda negatividade, que é sugada para o seu interior.

Enquanto faz isso, você pode intuitivamente encontrar áreas que precisam de mais tempo e esforço para serem purificadas. Também pode dar atenção especial às áreas que estejam afetadas por algum tipo de doença ou mal-estar. Enquanto faz isso, peça à Deusa que toda e qualquer energia negativa seja transferida para o ovo.

Ao terminar, quebre o ovo na água e observe qualquer padrão que se forme. Isso pode ser usado como ponto focal para adivinhação, conforme instruções do capítulo seis, para identificar a causa de uma aflição. Tanto a água com o ovo como as cascas devem ser levadas para fora de casa. Tudo deve ser jogado na terra.

EXERCÍCIO 84
A Bênção das Abelhas para Inspiração

Tudo o que você precisa para esta prática é um pouco de mel. E ela é melhor executada em um estado de pureza, então considere fazê-la após o banho, vestindo-se de céu ou em roupas limpas.

Tenha um pouco de mel em um pequeno recipiente de vidro e, com as duas mãos, eleve-o em apresentação diante de você. Visualize o Sol brilhante acima da sua cabeça lançando seus raios luminosos e veja que, de sua luz, abelhas começam a nascer. Veja-as descendo do alto dos céus em sua direção, envolvendo você enquanto entoam sua canção de inspiração e magia. Isso faz com que elas se tornem mais brilhantes. Lentamente, as abelhas repousam sobre o seu pote de mel, dissolvendo-se nele com seu brilho dourado.

Então, traga o pote de mel para perto de você e unte os lábios com o dedo indicador. Saboreie o mel, pedindo por inspiração e visualizando o projeto ou área da sua vida que precisa dessa força – ou simplesmente abra-se para a inspiração divina nesse momento.

Após saborear o mel, traga ambas as mãos para o seu coração e veja um alvéolo de seis lados brilhando no centro do seu peito. No centro dele, uma única abelha repousa, emitindo um zumbido que percorre todo o seu corpo. Se desejar, imite o som da abelha, produzindo um zumbido que vem do fundo da garganta. Sinta o som reverberar e preencher o seu corpo de luz.

EXERCÍCIO 85
Paralisando Inimigos com a Teia de Aranha

Consiga um testemunho de alguém que esteja prejudicando você de alguma maneira: um fio de cabelo, um pedaço de papel que a pessoa tenha escrito, etc. É importante que o testemunho seja pequeno o bastante. Você também pode escrever o nome da pessoa em um pequeno pedaço de papel e enrolá-lo. Encontre na natureza uma teia de aranha e prenda o seu testemunho nela, dizendo:

TEIA DE ARANHA QUE CAPTURA SUA PRESA,
PARALISE QUEM ME AFLIGE EM SEU FIO NA NATUREZA.

Ao fazer isso, visualize a pessoa em questão sendo envolvida por uma imensa teia de aranha, ficando imobilizada e incapaz de lhe causar qualquer tipo de dano. Projete a imagem para a teia de aranha.

O TRABALHO MÁGICO COM UMA MÁSCARA ANIMAL

O uso de máscaras na prática religiosa é muito antigo e pode ser encontrado em povos de diferentes lugares. O princípio mágico por trás disso é muito simples: a cabeça humana representa o centro de nossa consciência, ou seja, de nossa identidade enquanto "seres pensantes" que nos separa do resto da natureza. Ocultar a face é uma maneira ritual de nublar também a consciência egóica de nossa personalidade convencional, abrindo-nos para experimentar outros níveis de realidade e outras maneiras de ser.

O uso de máscaras em contextos ritualísticos exige uma dose de espírito performático. No antigo teatro grego, as máscaras eram usadas tanto como uma forma de projeção do som da voz do ator como uma maneira de comunicar ao público o estado de espírito e características fundamentais do personagem. Esse tipo de experiência exige que sejamos capazes de um salto quântico entre o mero fantasiar para a abertura genuína a experiências mágicas, entretanto, se você não for capaz de fazer isso, o máximo que vai conseguir é se sentir ridículo. Para determinados tipos de pessoa, esta técnica mágica pode ser bastante útil.

Uma máscara animal pode ser confeccionada quando você identificar uma espécie com a qual deseja desenvolver uma relação mágica mais intensa – talvez haja um animal que você sempre admirou e chamou sua atenção, ou ainda um que insistentemente pareça surgir a você e capturar sua atenção repetidas vezes. Talvez haja um animal que surge frequentemente nos seus sonhos e você deseja usar essa técnica para estabelecer uma conexão maior com ele.

A escolha ainda pode ser completamente racional: você pode identificar uma espécie animal dotada de habilidades que você precisa ser capaz de incorporar em sua vida no momento – um animal noturno para ajudar a ver no escuro, um predador para despertar seu espírito impetuoso, um pássaro para desenvolver uma visão mais ampla, um animal ágil para trazer movimento e contornar os problemas, etc.

O objetivo do trabalho com uma máscara animal é ser capaz de criar um vínculo profundo com a alma-grupo de um animal, de modo a poder se conectar com ela com mais facilidade e profundidade para experimentar e canalizar seus influxos de poder. Ela também serve como um ponto de ancoramento no plano físico para as forças etéricas animais, funcionando tanto como um reservatório de poder quanto como um objeto mnemônico, capaz de nos colocar em estados alterados de consciência com mais facilidade.

Uma opção também é escolher um animal que tenha um vínculo especial com uma deidade Pagã com a qual você deseja estreitar laços. Muitas Deusas e Deuses possuem animais especiais que os representam e encarnam suas forças e potências mágicas. Neste caso, o trabalho com a máscara ritual pode ser introduzido no seu culto pessoal a deidades específicas.

Confeccionando uma Máscara Animal

Confeccionar uma máscara animal exige certo nível de habilidades manuais. É importante que a máscara tenha um ar imponente, cerimonial e ritual para que possa surtir o efeito correto – por isso ela não pode se parecer com máscaras carnavalescas ou de peças teatrais infantis. Existem também máscaras que podem ser adquiridas prontas e então personalizadas e carregadas ritualisticamente para esse propósito. Seu material, obviamente, deve ser natural – madeira, metal, gesso, cerâmica, argila ou celulose podem ser usados. Assegure-se também que ela possua fitas, um cordão, elástico ou outra maneira de ser confortavelmente vestida.

Sua máscara não precisa imitar exatamente o "rosto" do animal. Só é necessário que ele esteja simbolizado de alguma maneira, de modo que se qualquer um olhar para a máscara, possa reconhecer o animal que ela representa, e pode ser tanto uma de rosto inteiro quanto de meio-rosto, cobrindo até a região do nariz.

Para estabelecer o elo psíquico com a alma-grupo, é importante que haja algum elemento orgânico da espécie animal em questão na sua máscara. Pelos, pó de osso, uma presa ou pena são exemplos de materiais que podem ser incorporados na confecção da sua máscara. Antes de confeccioná-la, você deverá ter estabelecido contato com as energias animais de acordo com os exercícios anteriores deste capítulo, de modo que possa trazer essa experiência para a preparação da sua máscara. Se adquirir uma máscara ritual pronta, da mesma maneira deverá personalizá-la com algo que pertença à espécie animal com a qual deseja se comunicar.

Idealmente, ela deve ser preparada dentro de um Círculo Mágico apropriadamente lançado, na presença das forças dos elementos e Deuses Antigos. Mas Bruxos de ênfase menos cerimonial talvez não achem isso necessário, contentando-se em prepará-la fora do Círculo e então levá-la ao seu próximo rito de Lua cheia para que seja consagrada. Durante o preparo da máscara, mantenha uma atitude ritual. Permaneça em estado de contemplação e coloque nela sua intenção mágica.

Uma vez que a sua máscara ritual esteja pronta, antes que possa ser utilizada será necessário vitalizá-la pelo período de uma lunação, ou seja, vinte e oito dias. O ideal é fazer isso de Novilúnio a Novilúnio. Para escolher uma maneira de fazer isso, considere a espécie animal representada na máscara e seus costumes e comportamentos típicos. Se estiver confeccionando uma máscara de pássaro, por exemplo, pode optar por pendurá-la em uma árvore para que os ventos soprem sobre ela. Se for um animal noturno, pode manter a máscara em uma caixa ou armário durante as horas de luz do dia, e expô-la ao céu noturno pelo período de uma lunação, assegurando-se de recolhê-la antes do nascer do sol.

Se for um animal aquático, então todos os dias a máscara deve ser aspergida com água doce ou salgada. Se estiver trabalhando com alguma espécie que se alimenta de plantas, então você pode preparar um incenso com folhas secas ou cascas de frutas para queimar todos os dias como uma "oferenda alimentar" ao espírito animal da sua máscara.

O ideal é também energizá-la diariamente durante essa etapa do processo, segurando-a em suas mãos e projetando poder para ela enquanto visualiza o animal em questão. Isso não apenas serve para vitalizar a forma astral que você está criando na máscara, como também imprime sobre ela sua própria energia pessoal, fazendo dela um depositário tanto da sua vitalidade quanto das forças da alma-grupo do animal.

Durante os vinte e oito dias de vitalização, a máscara deve ser tratada com reverência e respeito, como se fosse um altar erigido para aquela consciência animal – pois, na prática, é mais ou menos isso que ela é. Uma vez que ela tenha sido vitalizada pelo período indicado, leve-a à um Círculo Mágico e abençoe-a da maneira que você costuma fazer. A vitalização deverá ser repetida esporadicamente, sempre que sentir a necessidade de fazê-la por períodos mais curtos de tempo.

EXERCÍCIO 86
Usando a Máscara Animal

A máscara animal pode ser usada dentro ou fora de um Círculo Mágico. As etapas são as seguintes.

Primeiro é preciso se colocar em um estado alterado de consciência e se afastar da mente lógica e racional. Existem diversas técnicas que podem ser usadas para fazer isso. Uma delas é simplesmente visualizar que a sua cabeça desaparece e manter essa imagem mental por tempo suficiente para que ela se converta em um tipo de sensação corporal. Para pessoas que prefiram técnicas menos mentais, existem outros métodos que podem ser usados: a exaustão física é um deles, que pode ser provocada pelo canto e a dança, por exemplo. Um pouco de vinho também pode ajudar a diminuir as amarras da consciência linear e induzir um estado de maior relaxamento e espontaneidade.

Quando alcançar esse estado de consciência, é hora de vestir a sua máscara ritual. Você pode criar um procedimento próprio ou simplesmente colocá-la sobre o rosto. Ao fazer isso, veja o seu corpo se transformar no animal representado pela máscara. Então, fique em posição confortável e simplesmente abra-se para a experiência interior. Você não precisa ficar pulando como um macaco, sibilando como uma cobra ou fazendo os movimentos de uma baleia deslocando-se pelo mar; não há qualquer necessidade de imitar o animal. A experiência que busca é psíquica.

Você pode usar sua máscara simplesmente para experimentar o contato com a força animal representada, ou então usar sua energia de modo a solucionar um problema ou conflito. Uma máscara de pássaro pode ser usada para perscrutar ao longe ou enviar uma mensagem para alguém distante, por exemplo. Se você tiver um objetivo específico, então determine-o e concentre-se nele *antes* de iniciar o processo para assumir a consciência animal, de modo que você não precise dirigir a experiência racionalmente durante a atividade. É importante abdicar do controle e deixar-se conduzir.

Para finalizar, veja seu corpo recobrando a forma humana e retire a máscara. Retome o fluxo racional de pensamentos, sinta seu corpo e fale seu nome em voz alta. Se for necessário, coma alguma coisa para aterrar a energia e deixar o estado alterado de consciência.

CRIANDO AMULETOS ANIMAIS

Os ingredientes mágicos obtidos de animais também podem ser usados para confeccionar amuletos. Da mesma maneira que no capítulo sobre ervas você aprendeu a preparar sachês para conter o espírito das plantas e direcionar sua energia para trabalhos mágicos, o mesmo pode ser feito com ingredientes animais.

Neste caso, talvez você prefira trabalhar com couro para a confecção de seu sachê, ao invés de utilizar um tecido natural, como demonstrado anteriormente no capítulo nove – o que também pode ser uma opção viável. Se desejar, pode combinar ambas as técnicas, preparando um amuleto composto por ervas e um ingrediente animal para potencializá-lo.

EXERCÍCIO 87
Preparando um Amuleto Animal

O ideal é que esse amuleto seja preparado no interior de um Círculo Mágico devidamente estabelecido.

A superfície do couro pode ser marcada com sigilos e outros símbolos mágicos que reforcem o seu propósito. Caso esteja trabalhando para outra pessoa, você pode marcar símbolos que a identifiquem, como seu nome em um alfabeto mágico, por exemplo.

Uma vez que o pedaço de couro ou tecido tenha sido marcado com os símbolos apropriados que transmitam a sua intenção, é hora de trabalhar com seu ingrediente animal. Faça o exercício para entrar em contato com a alma-grupo, estabelecendo uma sintonia com a consciência animal e carregando-a com seu propósito mágico. Ao finalizar, abençoe o ingrediente animal com os quatro elementos e segure-o em suas mãos, visualizando o resultado desejado para o seu amuleto – cura, proteção, resistência, sabedoria, psiquismo, etc. Projete sua energia para ele através do sopro e veja-o brilhando com uma luz na cor apropriada à sua intenção. Então envolva-o com o couro e use uma tira ou cordão para amarrar, selando seu sachê.

Uma vez que isso tenha sido feito, é hora de ativá-lo. Segure o amuleto em suas mãos ou coloque-o sobre o seu Pentáculo no altar, caso tenha um, e concentre-se no interior do amuleto. Lembre-se de que ele oculta o ingrediente animal com o qual você está trabalhando, e que contém a essência mágica daquela espécie selecionada para a sua magia.

Usando sua visualização criativa, veja o ingrediente animal no interior do amuleto e deixe que ele assuma para você a forma completa do animal em questão envolvido pelo couro ou tecido. Uma vez que a imagem psíquica deste animal tenha sido estabelecida em sua mente, deixe que ela se torne animada e ganhe vida. Veja-a crescendo para além do amuleto, mas ainda assim conectada a ele. Então, envie psiquicamente aquilo que você espera obter com esse amuleto, informando-o de sua função. Mantenha a concentração e a visualização pelo tempo necessário para que a imagem e a ideia se solidifiquem, e então encerre.

Carregue o amuleto com você ou então deixe-o no ambiente que ele deve influenciar, ou ainda presenteie à pessoa a quem ele se destina, caso não o tenha criado para si mesmo.

Para desfazer o amuleto e encerrar sua ação, basta abrir o couro e retirar a parte animal de dentro dele, que deve ser enterrada com uma libação de agradecimento. O resto do material deve ser queimado, liberando assim a forma do amuleto. Consulte a tabela de uso mágico dos ingredientes animais para inspirar-se em suas criações.

ᴄ∕ Capítulo Onze ᴄ∕

A Magia dos Cristais

A Natureza tudo dá com
generosidade e benevolência

– Goethe

Todo cristal, rocha e mineral são os muitos ossos da Mãe Terra. A associação dos cristais à magia e espiritualidade é muito antiga e pode ser vista em diversas culturas ao redor do globo. Em suas variadas cores, texturas e formatos, os cristais encantaram nossos antepassados e os convidaram a participar de seu poder.

As pedras são as guardiãs da memória do mundo. Com sua força e resistência elas nos ensinam as dádivas da paciência e da sabedoria que só o tempo pode oferecer. Em suas diferentes cores, formatos e substâncias, possuem padrões energéticos próprios que podem nos auxiliar em nossa magia.

A magia dos cristais pode ser usada também na forma de joias mágicas, usadas para fins rituais ou em nosso cotidiano; uma maneira de trazer a Magia Natural para o nosso dia a dia de forma discreta e eficaz. Suas joias mágicas podem ser consagradas e energizadas de acordo com o propósito dos metais, pedras ou cristais usados em sua confecção. Para isso é preciso primeiro saber como identificar os propósitos de cada um deles.

IDENTIFICANDO AS PROPRIEDADES MÁGICAS DE UM CRISTAL

Cada tipo de cristal possui propriedades e um folclore mágico que lhe são únicos. Descrever individualmente os muitos usos e significados de cada um desses cristais está além da proposta deste capítulo. Você pode, se desejar, encontrar uma ampla variedade de literatura especializada em descrever detalhadamente a ação de cada uma das pedras. Entretanto, de maneira mais simples, a utilização geral dos cristais pode ser intuída por uma propriedade que eles têm em comum: sua cor e sua forma.

A Magia da Cor

A cor, associada a um signo do zodíaco e a um planeta regente, é o que vai determinar o tipo de ação e função geral de cada cristal. Veja na tabela a seguir como utilizar este sistema de classificação para determinar os usos mágicos de um cristal.

CLASSIFICAÇÃO MÁGICA DOS MINERAIS PELA COR		
Cor	Propriedades	Exemplos
Amarelo, laranja ou dourado	Determinação, potência, alegria, disposição, prosperidade, comunicação.	Citrino, olho de tigre, safira, topázio, pirita, ágata, calcita-laranja, âmbar.
Branco ou prateado	Intuição, sonhos, visão.	Quartzo-branco, selenita, halita.

Vermelho e vermelho-alaranjado	Força, estímulo, vitalidade, energia.	Jaspe-vermelho, cornalina, granada, rubi, ágata de fogo.
Preto ou acinzentado	Proteção, enraizamento, ancoramento, purificação.	Turmalina-negra, ônix, obsidiana, vassoura de bruxa, quartzo-fumê, jade-lemuriano, obsidiana floco de neve, hematita, azeviche.
Azul-escuro, roxo e tons aquosos	Espiritualidade, elevação da consciência.	Água-marinha, fluorita, ametista, lápis-lazúli, safira.
Azul-claro	Calma, serenidade, paz mental.	Sodalita, turquesa, ágata-rendada.
Verde	Saúde, vitalidade, cura, materialização.	Aventurina, malaquita, amazonita, crisocola, esmeralda, jaspe, turmalina-verde, jade.
Rosa	Amor, cura emocional, conforto, superação.	Turmalina-rosa, quartzo-rosa, rodocrosita, rodonita.

A Magia da Forma

O formato do cristal também determina de que maneira a energia se comporta através de sua estrutura. Para determinadas finalidades mágicas, você pode preferir usar uma forma específica que enfatize a maneira pela qual você espera que a energia seja emitida. Entretanto, em casos de necessidade, a forma do cristal é secundária em comparação com suas propriedades mágicas definidas pela cor, por exemplo.

Veja a seguir algumas das formas mais comuns em que os cristais podem ser encontrados.

408 | O Grimório da Magia Natural

AÇÃO MÁGICA DOS MINERAIS PELA FORMA	
Pedras brutas ou amorfas	Concentram a energia e propriedade da pedra, mas não a direcionam de maneira específica.
Redondas	A energia se movimenta de maneira circular e não é direcionada em um sentido específico. Emite energia para o ambiente de maneira mais sutil e harmônica, induzindo a circulação do poder. Trazem equilíbrio, leveza e tranquilidade. Podem ser usadas para massagear o corpo ou para atividades de perscrutação, como a famosa contemplação da bola de cristal.
Ovais	A energia se move de maneira gentil, como nas pedras redondas, mas aqui há uma leve inclinação para o topo. Pedras ovais são excelentes indutoras para a meditação, tranquilidade e paz interior. Seu formato semelhante a um ovo também a torna apropriada para ritos envolvendo novos inícios e fertilidade.
Pontas e torres	A energia flui da base para a ponta de maneira direcionada, e é uma forma emissora. Em caso de pontas duplas, o movimento é do centro para as extremidades. São indicadas para direcionar energia ao ser manuseada ou impregnar um ambiente com seu poder. Quando ficam em pé, apontando para cima, também são capazes de trazer centramento para o ambiente, ao mesmo tempo que traz força e intensidade. Podem ser usadas para carregar e programar outros cristais.
Pirâmides	Opera de maneira semelhante às pontas e torres, com a diferença que sua base quadrada confere estabilidade e ancoramento. São cristais favoráveis ao alinhamento energético e à elevação de consciência.
Drusas	Suas diversas pontas fazem dessa uma estrutura de concentração de poder e amplificação, pois cada ponta intensifica as propriedades vibracionais das demais. São excelentes para purificar ambientes e outras pedras, além de ser uma fonte natural de energia.

Purificando e Energizando os Cristais

Ao adquirir um cristal ou joia mágica, o primeiro processo ao qual ele deve ser submetido é a purificação. Essa limpeza vai garantir que a memória energética da pedra seja livre de quaisquer influências passadas, permitindo que você a imbua de poder ou mesmo com uma função mágica.

Entretanto, a purificação das nossas pedras e cristais exige cuidado e atenção, pois diferentes tipos de minerais possuem restrições quanto à exposição à água ou ao sol, por exemplo. É muito importante saber que tipo de limpeza e energização é adequada para cada uma delas, de modo a não as danificar.

Aqui vão alguns dos métodos mais populares de purificação e suas principais contraindicações:

Enterre os seus Cristais: a maneira mais simples, funcional e universal de purificar cristais é enterrando-os no solo de um jardim ou mesmo em um vaso de plantas. A terra vai "reciclar" as propriedades energéticas da sua pedra e energizá-la com a força de seu elemento natural. Prefira solos férteis, onde cresça algum tipo de planta. Isso significa que essa é uma terra "viva", dotada de energia vital e envolvida nos processos de crescimento do mundo vegetal. É essa interação dinâmica entre o cristal e aquilo que se passa abaixo da superfície do solo que é responsável por esse efeito purificador. Para um efeito completo, deixe seus cristais enterrados pelo período de três dias a uma semana.

Purifique em Água Corrente: outro método bastante popular para purificar pedras e cristais é lavando-os em água corrente – que pode ser desde um rio límpido da sua cidade até a água da torneira da pia da cozinha. Este tipo de purificação é feito mais rapidamente em comparação com o método de se enterrar cristais. Praticamente todos os cristais podem ser submetidos a uma rápida imersão em água corrente. Depois de alguns segundos, seque bem suas pedras. Entretanto, há cristais que são sensíveis à água e poderão acabar se deteriorando por contato repetido.

Exponha os Cristais à Chuva ou Tempestade: deixar os seus cristais expostos à chuva forte ou tempestade é uma maneira rápida e eficaz de purificá-los e energizá-los. Entretanto, nem todos eles reagem bem com a água e podem ser danificados, como veremos no item a seguir.

Submersão em Água Fria: coloque seus cristais no fundo de um recipiente de material natural e cubra com água gelada, deixando descansar por várias horas – esse é um método muito eficaz de purificação. Deixar o recipiente sob a luz da lua ou do sol também pode potencializar a força dos seus cristais e servir como uma energização. Entretanto, nem todos podem ser submergidos – alguns podem sofrer reações químicas e provocar liberação de substâncias tóxicas, outros podem esfarelar ou perder a cor. Nenhum tipo de metal pode ser submetido a este método (algumas "pedras" como a hematita ou a magnetita, por exemplo, são, na verdade, metálicas). O mesmo se aplica às pedras porosas, como as calcitas, piritas, selenitas ou o cristal de enxofre. Todas elas tendem a se desfazer em longos períodos de contato com a água. Os cristais de aparência vítrea, como todas as variedades de quartzo, lidam muito bem com este método de limpeza ou energização.

Submersão na Água com Sal: apesar de este ser um método popular, minha sugestão é que você nunca o utilize. O sal é uma substância corrosiva, e mesmo após retirar seu cristal da submersão, ele provavelmente ainda vai estar em contato com as partículas de sal dissolvidas na água. Isso significa que o sal continuará corroendo sua pedra caso ela seja sensível a ele. Ainda, a composição química de determinados cristais pode acelerar esse processo de degradação. Então opte pela água pura ou pelo método de enterrar, que é o mais natural e indicado.

Deixe o Cristal sobre uma Drusa: a drusa é um tipo de formação cristalina composta por um aglomerado de pontas, em cuja superfície outras pedras podem ser sobrepostas para que sejam purificadas e energizadas.

Exposição ao Sol ou à Lua: essa é uma maneira muito eficiente de energizar seus cristais após enterrá-los ou purificá-los com água corrente ou pelo método de submersão. Basta deixar as pedras algumas horas sob o sol ou à luz da Lua cheia. Entretanto, é preciso tomar cuidado com a ação do sol sobre algumas pedras, em especial as variedades de quartzo, pois elas tendem a perder a cor se expostas por muito tempo à luz solar. Para decidir se o cristal deve ser colocado à luz da lua ou do sol, consulte a tabela a seguir:

Exposição ao Sol: pedras pretas, acinzentadas e de cores quentes, como o amarelo, vermelho, alaranjado e tons terrosos.

Exposição à Lua: pedras brancas, leitosas, translúcidas ou de cores frias, como o azul, verde, roxo e violeta.

EXERCÍCIO 88
Iniciando o Contato Mágico com um Cristal

Faça este exercício após purificar e energizar a pedra ou a joia mágica com a qual deseja trabalhar. Em uma posição confortável, altere levemente sua consciência da maneira como preferir e então segure em sua mão dominante a pedra em questão. Procure senti-la fisicamente com o máximo de atenção: sua textura, temperatura e peso. Busque deixar que a aura da palma da sua mão se torne receptiva à energia do cristal. O que você é capaz de captar? Que sensações lhe transmite? Que sensações ele lhe desperta? Mantenha este estado de receptividade por algum tempo e então encerre.

A Programação dos Cristais

A programação de um cristal nada mais é do que a transmissão da sua intenção mágica para ele. Ela deve ser realizada após a purificação e energização de uma pedra para que você possa acrescentar sua própria energia pessoal, bem como determinar a função mágica que o cristal deve desempenhar. Uma vez que o cristal tenha cumprido seu propósito, você então deve purificá-lo e energizá-lo mais uma vez antes de submetê-lo a uma nova programação. Use o seguinte exercício para fazer isso:

EXERCÍCIO 89
Programando um Cristal com um Propósito Mágico

Coloque o cristal diante de você em uma superfície, feche os olhos e respire profundamente, visualizando o tipo de energia com a qual você deseja programá-lo. Você pode formar a imagem mental de uma cena, ou então se concentrar na sensação relacionada ao seu objetivo e visualizá-la como sendo de uma determinada cor, por exemplo. Tente também trazer essa sensação à tona: é um cristal para harmonia do ambiente, para criar concentração nos estudos, para trazer sucesso e brilho pessoal? Construa a sensação.

Então, una as palmas das mãos e esfregue-as lentamente, acelerando e sentindo o calor gerado pelo atrito. Aumente os movimentos até não conseguir mais mantê-los, até que o calor se torne insuportável, e então pare. Lentamente, aproxime e afaste as suas mãos para sentir a vibração. Una as mãos como se estivesse segurando uma esfera e visualize que uma esfera de luz brilhante, na cor associada à sua intenção, vai surgindo dentro delas.

Empregue a respiração profunda para intensificar essa energia, visualizando que a cada inspiração você se preenche de poder, e que a cada expiração esse poder é enviado a partir das suas mãos para a esfera de luz, que se torna mais brilhante. Quando chegar ao ápice da elevação de energia, coloque as mãos sobre cristal enquanto prende a respiração. Ao expirar, deixe o poder fluir através de suas mãos para impregná-lo com magia. Você pode pressioná-lo em suas mãos, se desejar. Ao terminar, deixe o cristal na área que deseja influenciar. Periodicamente, recarregue-o com o mesmo procedimento ou então purifique e energize para fazer uma nova programação.

EXERCÍCIO 90
Aprofundando o Contato com um Cristal

Esta é uma meditação que permiti condensar e ancorar sua consciência na energia típica de um determinado cristal. Ele é especialmente útil para joias mágicas ou pedras que tenham sido programadas por você para cumprir determinados fins.

Segure o cristal em suas mãos ou concentre-se em sua superfície. Veja-o com atenção e perceba sua aparência. Respirando e alterando a consciência, veja então o cristal crescendo com o olho da sua mente e projete-se para dentro dele. Veja seu corpo completamente envolvido pela pedra – sua cor, textura e aparência. Quais sensações isso desperta em você?

Respire profundamente algumas vezes e sinta sua aura sendo preenchida pela energia do cristal e se imbuindo com sua cor. Atraia essa força para si e pense no objetivo do seu trabalho com essa pedra em particular. O que você espera obter? Deixe que essa força seja transmitida até você.

Para encerrar, faça a visualização contrária, imaginando que você deixa o núcleo da pedra e retorna à sua consciência convencional.

E Quando um Cristal se Quebra?

Uma dúvida comum é o que fazer com um cristal quando se parte – ele deve ser descartado, ou ainda pode ser utilizado? A primeira coisa a considerar para responder esta pergunta é que nossas pedras, mesmo se forem polidas, já são lascas e parte de uma pedra maior.

Então, quando um cristal se partir, ao invés de pensar que você o perdeu, pode considerar que agora tem dois exemplares dele! Basta purificá-las e energizá-las que as pedras estarão prontas para serem usadas novamente. Todas as pessoas naturalmente desastradas passarão por isso diversas vezes!

A única exceção para esta regra são as pedras que foram atribuídas com a função explícita de proteção. Neste caso, o rompimento do cristal é entendido como a neutralização de algum dano mágico, como um tipo de "para-raios psíquico". Quando isso acontecer, o melhor a se fazer é devolver o cristal ao solo, enterrando-o em um lugar aberto.

Se algum cristal com função mágica diferente de proteção se romper de maneira abrupta, que não pareça um mero deslize ou desastre em seu manejo, vale avaliar a situação individualmente, sem tender a pensamentos supersticiosos, para determinar se o cristal pode ou não ser reaproveitado – mas, na maioria das vezes, isso pode ser feito sem problemas.

Os Metais e suas Correspondências Planetárias

Uma alternativa ao uso de cristais em nossas práticas mágicas está na utilização dos metais. Eles podem ser escolhidos de acordo com sua correspondência planetária para as mais diversas finalidades mágicas. Sua purificação, entretanto, é melhor feita pelo fogo, apesar de que a água pode ser utilizada quando não for danosa ao metal em questão. Evite o contato dos metais com o sal, pois ele é altamente corrosivo. Diferente dos cristais, metais não precisam ser programados com uma função mágica, mas podem ser energizados na confecção de amuletos, joias e outros adereços pessoais, ou mesmo usados na composição de sachês, dágides e outras formas de magia.

CORRESPONDÊNCIAS MÁGICAS DOS METAIS	
Ouro	**SOL** Vitalidade, cura, expansão, brilho pessoal.
Prata	**LUA** Intuição, psiquismo, adivinhação, sonhos, contato com o plano astral.
Ferro	**MARTE** Coragem, poder, proteção, força, iniciativa, garra, paixão.
Alumínio	**MERCÚRIO** Comunicação, viagem, aprendizado, comércio.
Latão	**JÚPITER** Prosperidade, sorte, expansão, sucesso, prestígio, crescimento.
Cobre e Bronze	**VÊNUS** Amor, amizade, beleza, atração, fertilidade.
Chumbo	**SATURNO** Limites, proteção, banimento e exorcismo, disciplina, autoridade.

Aspectos Éticos no Trabalho com Cristais

Apesar de todo o contexto histórico do uso mágico e religioso dos cristais e pedras preciosas, precisamos nos deter por um momento para analisar as condições em que a maioria deles chegam até nós hoje em dia. A crescente popularidade do uso de cristais foi fomentada nas últimas décadas por diversos movimentos espiritualistas e expressões da Nova Era – algumas delas movidas por um genuíno desejo de desenvolvimento da alma, mas muitas outras, baseadas apenas na noção capitalista de lucro e venda, que enxergam a espiritualidade apenas como mais um nicho comercial para a obtenção de lucro.

Poucos elementos populares da Magia Natural são hoje tão explorados comercialmente quanto os cristais, numa indústria que não apenas os oferece para nós em variadas formas e tipos, mas que também prontamente defende seus usos e propriedades mágicas quase que milagrosas. Entretanto, muitos dos comerciantes de cristais e pedras mágicas vão falhar em nos indicar uma informação importante: sua origem.

A extração mineral que nos fornece a grande variedade de pedras mágicas tão populares do meio esotérico acontece, na imensa maioria das vezes, em condições duvidosas, onde os mineradores – muitas vezes as crianças das famílias locais – são submetidos a condições extremamente precárias, análogas à escravidão, sem qualquer tipo de segurança ou suporte, com remuneração irrisória, enquanto movimentam uma economia milionária, sem qualquer tipo de controle ou fiscalização.

É verdade que a extração de pedras e cristais não é feita primariamente para o comércio esotérico – muitas vezes, o que chega até nós são as sobras dos produtos usados por joalherias e outras empresas gigantescas que se valem desses materiais para criar seus produtos. Mas isso não torna esses cristais mais dignos de serem comprados indiscriminadamente. Infelizmente, o mercado esotérico de pedras é contaminado e manchado pelo abuso da Terra e favorece os bolsos dos líderes de grandes corporações que não estão preocupados com questões ambientais, ou mesmo com a dignidade humana. A mineração em países da América do Sul, por exemplo, sempre existiu como uma atividade local, mas atualmente ela se encontra em proporções nunca antes vistas, provocando verdadeiros abusos não apenas para as famílias desses locais, mas também ao meio-ambiente e aos povos autóctones que muitas vezes habitam essas regiões exploradas.

Por isso, se você gosta de trabalhar com cristais em suas práticas mágicas e religiosas, deixo aqui a mesma sugestão que já dei para qualquer outro produto que seja adquirido por nós: busque saber a sua origem e os consuma com consciência, escolhendo voluntariamente participar dessa cadeia de produção. De certo modo, esse é um dilema semelhante àquele sobre o consumo de carne ou produtos de derivação animal, muitas vezes produzidos por uma indústria insensível e violenta. Não há uma resposta imediata ou atitude que prontamente possa resolver o dilema; mas isso não significa que não devemos começar a falar sobre isso. Como pessoas que dizem enxergar na natureza a própria expressão do divino, esse tipo de debate deveria ser mais caro e importante dentro de nossas comunidades.

Esta não é uma apologia para o banimento imediato e completo do uso de cristais pela comunidade esotérica, mas um alerta para que possamos deixar de olhá-los apenas como belos objetos que podem nos ajudar a conquistar nossos desejos, e para que vejamos também de que tipo de cadeia de eventos estamos participando ao adquirir cristais de maneira indiscriminada e sem qualquer senso crítico. O mercado dos cristais está destruindo a mesma Terra que nós, Pagãos, dizemos amar e enxergar como sagrada, ferindo e abusando de outros seres humanos no processo.

Precisamos refletir sinceramente se cristais obtidos por meios torpes e dessacralizantes, seja no mercado esotérico, seja no mercado das joias e adereços pessoais, ainda serão considerados adequados para a prática de uma espiritualidade verdadeiramente centrada na Terra. Na Arte, não há proibições de comportamento, e cada Bruxo deve ser responsável por criar sua própria ética; mas isso precisa ser feito de um lugar de consciência.

Capítulo Doze

Culinária e Alimentação Mágica

*Eu comi do tambor, eu bebi do címbalo,
eu carreguei o kernos da mistura.*

– Synthema dos Mistérios Iniciáticos

Cozinhar é, em si, um ato mágico ensinado aos humanos pelos deuses antigos. Para diversas religiões em diferentes partes do mundo, o preparo dos alimentos e a refeição desempenharam um papel de grande importância em suas doutrinas espirituais. Alimentar-se é manter-se vivo, o que confere suma importância à arte da culinária – ela é sagrada.

Para as culturas centradas no Sagrado Feminino, a alimentação tem um papel central e fundamental, porque a Deusa é a Mãe Terra, a Natureza Viva que não apenas nos faz nascer de seu próprio corpo, como dá de seu próprio corpo para que nossa vida seja mantida. Um dos grandes símbolos da maternidade retratado em diversas culturas e suas iconografias sagradas é o ato da amamentação. Espiritualmente, ele representa a possibilidade de nos alimentarmos não apenas fisicamente, mas também espiritualmente, em nossa conexão com a Grande Mãe.

Há, inclusive, uma festa das Bruxas em que o leite tem um papel central: o Sabbat Imbolc, a Festa do Leite, quando todos somos nutridos pela Deusa Brigit, que nos acalenta em seu gentil abraço.

Por isso, todas as nossas refeições são um ato ritual de amor, reverência e devoção à Grande Mãe. Cada vez que nos alimentamos apressadamente, tomados por nossas rotinas aceleradas, engolindo a comida para nos voltarmos às muitas tarefas que nos ocupam, perdemos a oportunidade de comunhão com a Alma da Terra. É muito belo como a Religião da Deusa pode ser vivida na simplicidade do ato de se alimentar, no qual cada refeição pode ser sacralizada como um momento de consciência e unidade com a Mãe.

A Arte de Cozinhar: a Alquimia dos Alimentos

Cozinhar é, sem dúvidas, uma arte alquímica. Começamos com a matéria-prima em seu estado bruto e, por meio das lâminas, fogo, água e a combinação de ingredientes corretos, ela é transformada para se converter em algo novo, único, que não poderia ser encontrado na natureza de outra maneira além da própria ação humana. Na cozinha, enquanto preparamos e misturamos os diferentes presentes da terra, elevam-se os vapores, liberam-se os caldos, emanam os perfumes e mesclam-se os sabores – a própria alma de cada ingrediente é combinada, unida, misturada, dando origem a algo maior, mais complexo e mais delicioso do que simplesmente a soma das partes. Os materiais sólidos e resistentes são dissolvidos; os líquidos quentes são resfriados para se solidificarem – o *solve et coagula* dentro das panelas ou do forno para que possamos nos deliciar em um banquete dos Deuses.

Cozinhar com atenção é uma atividade ritual em si mesma. Ela exige que estejamos presentes, conectados ao aqui e agora – o que pode ser bastante útil para aquelas pessoas de natureza aérea e sonhadora, que têm dificuldade para permanecerem nos níveis mais densos da realidade e que acreditam não serem boas cozinheiras. A reverência e o cuidado de uma matrona em sua cozinha preparando uma grande refeição familiar é digna do trabalho de uma Sacerdotisa em seu templo pessoal.

Muitas das lições alquímicas podem ser aprendidas e praticadas na arte culinária. Precisamos aprender o tempo correto de cada preparo, temperando a ação com paciência e espera; aprendemos a manejar o elemento transformador do fogo, aplicando o calor adequado e particular exigido por cada uma das substâncias com as quais trabalhamos. O Fogo, um elemento que pode ter natureza destrutiva, é colocado a serviço não apenas da sobrevivência, mas também do prazer que é proporcionado por uma boa refeição.

Tratar a culinária como uma atividade ritual, na qual colocamos nossa atenção e respeito, é uma prática que nos ajuda a trazer mais consciência para a alimentação e, onde a consciência se concentra, ali há poder.

Aspectos Místicos e Religiosos da Alimentação

Somos o que comemos. Por intermédio da alimentação, a energia vital do Planeta flui de um organismo para outro; para que a vida possa se sustentar, vidas precisam ser sacrificadas. Da mesma maneira, todos alimentaremos a terra com nossa própria força vital quando morrermos, e os elementos combinados que formaram nossos corpos voltarão à Mãe para dar origem à nova vida.

Se alimento é energia vital, pensar sobre a qualidade do que ingerimos é tão importante quanto considerar o ar que respiramos ou a água que bebemos. Assim como a energia dos elementos nas grandes cidades é poluída, contaminada e restrita, nossos alimentos excessivamente processados também possuem baixa qualidade de energia vital, o que torna nosso corpo e saúde débeis e frágeis. Parte do processo de preencher-se com vitalidade inclui, necessariamente, considerar nossa alimentação.

Algo importante para considerarmos é o quanto de consciência está presente em nossas refeições. Muitas vezes as pessoas simplesmente devoram a comida ao longo do dia, preocupadas com o que ainda é preciso fazer, e pouco prestam atenção no que estão, de fato, comendo. Trazer a atenção plena para o ato de comer, e fazê-lo com consciência, é uma maneira simples de sacralizar cada refeição. Ao fazer isso, despertando nossos sentidos para aquilo que consumimos, tornamos a alimentação um ato de reverência à terra.

Deméter, filha de Cronos e Reia, é a Deusa da Agricultura e da Terra Cultivada. Os mitos antigos nos dizem que Deméter concedeu duas grandes dádivas para a humanidade: o pão, que é o alimento para o corpo, e os Mistérios, que são o alimento para a alma de seus iniciados. Com seus cabelos dourados como o trigo, Deméter é aquela que ensina a humanidade a sacralizar sua relação com a terra, fazendo com que o trabalho se torne nutrição física e espiritual.

Os próprios Deuses gregos preservavam sua imortalidade tendo como base a alimentação. Eles bebiam do néctar e comiam da ambrosia – alimentos sagrados que eram responsáveis por manter sua imortalidade. Se algum humano consumisse tais substâncias, então também se tornaria um imortal. Uma referência à imortalidade obtida pela alimentação também está presente nos mitos dos Mistérios de Elêusis e dos Mistérios Isíacos – tanto Deméter como Ísis, ao servirem como amas no palácio de um governante, decidem conceder imortalidade ao filho mais jovem da família e o alimentam com seu leite sagrado (em algumas versões, do seu próprio dedo), passando o bebê pelas chamas para que sua mortalidade fosse destruída.

Os Deuses do Amor: Alimentação e Erotismo

Para os seres humanos, comer é um ato bastante complexo que envolve diversas camadas, e muitas delas passam pelo contexto religioso. Mas não é apenas para nos nutrirmos que nos alimentamos, da mesma maneira que nossa sexualidade também não serve apenas fins reprodutivos. A primeira grande diferença entre nossa alimentação e de outros seres vivos é que comer também é um ato de prazer. Pense em tudo o que você comeu na última semana e considere o quanto de tudo isso foi ingerido por uma mera "necessidade de sobrevivência" e o quanto teve relação com o prazer obtido pela alimentação.

A alimentação não está ligada apenas à nutrição e a sobrevivência, mas também ao prazer e ao erotismo onde reina a Deusa do Amor.

Antes que possamos engolir a comida, fazendo-a desaparecer em nosso interior, a experimentamos visualmente, olfativamente, gustativamente. Comer é um ato que nos abre para a dimensão corpórea de nosso ser e para a nossa busca e necessidade por prazer. A boca que mastiga, lambe, tritura e engole também é uma zona erógena do corpo essencial na arte de fazer amor – isso quer dizer que a alimentação também é uma atividade erótica para nós, e que os Deuses do Amor podem ser encontrados, também, mediante a culinária e a degustação.

Pense nos seus alimentos favoritos. Tente se lembrar do aroma, da textura deles em sua boca, dos sabores que são liberados e de como tudo isso é uma experiência corporal poderosa. Considere como os pratos corretos têm o poder de lhe despertar o apetite – não a mera fome ou necessidade biológica de se alimentar, mas o desejo, a vontade. Todos nós nos deliciamos em uma boa refeição antes mesmo que ela possa chegar à nossa boca.

Imagine um jantar romântico com a pessoa amada, à luz de velas como em um ritual, onde o sabor do vinho pode se misturar ao sabor de seus beijos. Considerar as dimensões eróticas da alimentação e de nossa busca por prazer é bastante importante, especialmente como Pagãos, uma vez que não buscamos nos afastar do mundo material e suas delícias, mas, sim, sorver dos mais saborosos frutos da terra. Dessa maneira, alimentar-se deixa de ser uma mero ato de sobrevivência para se tornar uma verdadeira experiência de prazer.

Como Pagãos, reconhecemos a alegria de estarmos vivos aqui e agora, e "todos os atos de prazer são rituais para a Deusa". Isso significa que nossos prazeres devem ser sacralizados e vivenciados como sacramentos – uma atitude que nos preserva, inclusive, dos exageros, vícios e compulsões. Uma relação técnica e desapaixonada com a comida, na qual ela é vista apenas como mero combustível para o corpo, é tão adoecida quanto o descontrole alimentar. Trazer a alimentação para um contexto do sagrado pode ser um caminho para curar a nossa relação com o ato de comer.

A própria experiência culinária pode integrar a dimensão erótica da alimentação – ela não precisa ser vivenciada apenas no momento de comer, mas também na hora de cozinhar. Podemos fazer isso simplesmente despertando nossos sentidos e abrindo-nos para todos os estímulos sensoriais presentes na cozinha: o aroma de cada especiaria, a textura de cada ingrediente, o som das ervas e temperos estalando no fundo da panela para liberar seu sabor. Cozinhar com prazer e alegria é também um ato de devoção às deidades do amor.

Deuses Destrutivos: o Aspecto Sombrio da Alimentação

Não apenas as delícias, mas também os terrores podem ser encontrados diante da experiência alimentar. Vejamos como o tema aparece em alguns mitos ocidentais.

Dionísio, o Deus das uvas e do vinho, também é uma deidade da alegria, dos festejos e da celebração da vida. Os mitos órficos nos contam como Dionísio, quando ainda era um bebê, foi atraído pelos terríveis Titãs, que o desmembraram e devoraram de maneira selvagem e cruel. Furioso, Zeus lançou seus raios fulminantes contra os Titãs, que foram destruídos e reduzidos a pó. Dessas cinzas, a humanidade foi criada; mas como os Titãs haviam absorvido a essência espiritual de Dionísio, o Deus do Êxtase, então o ser humano era dotado de ambas as naturezas – a crueldade terrível dos Titãs e as maravilhas elevadas do êxtase de Dionísio. Dentre outras coisas, este mito nos ensina como o ato de ingerir está relacionado a absorver, integrar, fazer com que algo se torne parte de nós para sempre.

Em outras histórias, a alimentação também é a maneira de tentar destruir a imortalidade, como no mito de Cronos, o Deus do Tempo e consorte de Reia, a Deusa da Terra. Ele havia herdado seu posto de realeza e liderança ao destronar seu pai, Urano, o Céu, companheiro de Gaia, que por medo de ser substituído, mantinha seus filhos no ventre da esposa impedindo-os de nascer. Temeroso em sofrer o mesmo destino de seu pai e ser destituído, Cronos passou a devorar todos os filhos, pedindo à Reia que os entregasse no alto de uma montanha. Cronos, então, lançou-os em sua imensa boca para assimilá-los e controlá-los, impedindo, assim, que crescessem e o substituíssem.

Frustrada em ver todos os seus filhos devorados pelo pai, Reia então arma um plano: quando o jovem Zeus nasce, ela o oculta em uma caverna com o auxílio de sua mãe, Gaia. Quando chega o momento de fazer sua oferenda a Cronos, entregando a ele seu mais novo rebento, Reia o engana, dando-lhe uma pedra no lugar do pequeno Zeus. Cronos, tomado pelo frenesi devorador de seu ímpeto destruidor, nem mesmo percebe que foi enganado – engole a pedra sem consciência; mal sabia ele que este ato de inconsciência determinaria sua derrota.

O bebê Zeus, oculto no seio de Gaia, era amamentado e nutrido por Amalteia, a Deusa Cabra; além disso, ele se nutria do mel sagrado, o que lhe deu o título de Zeus Melissaios, o Senhor das Abelhas. Estes não são meros alimentos aleatórios, mas dotados de um simbolismo maternal poderoso.

O aspecto destruidor da alimentação se manifesta como a boca devoradora de Cronos-Saturno, que engole a vida de volta à escuridão.

Assim, nutrido em corpo e espírito, Zeus cresceu forte e foi capaz de destruir Cronos e libertar seus irmãos, lançando seu pai no Tártaro e tornando-se o novo Rei dos Deuses. Cronos, mesmo se alimentando da essência de todos aqueles que se tornariam os Deuses Olimpianos, não foi capaz de absorver seus poderes, uma vez que os devorava em inconsciência, sem que a fusão espiritual do ato sagrado da alimentação pudesse transfigurá-lo.

> **Leite:** representa a nutrição materna e física da Mãe Terra, que concede força, resistência e poder.
>
> **Mel:** representa a nutrição espiritual do Sol e dos planos superiores, que concede sabedoria, inspiração e criatividade.

Para Meditar

Este mito nos mostra os aspectos emocionais do ato de devorar – ele pode ser a compulsão provocada pelo medo ou a expressão da raiva e da destruição ao mastigar, romper triturar. Uma das leituras simbólicas do mito de Cronos nos fala sobre o Tempo como o devorador de todas as coisas – já que, eventualmente, tudo será consumido pelo tempo; entretanto, o quanto de nossa alimentação também não é regida por impulsos inconscientes de medo, poder, controle, necessidade de completude e preenchimento? Quantos de nós não ingerimos pedras brutas acreditando que sorvemos da essência divina dos Deuses? Quais serão os medos e desejos desconhecidos que impulsionam nossos hábitos alimentares? Consciência é, mais uma vez, a cura para os males da alma, e a Arte dos Sábios é um caminho de expansão e busca por mais consciência.

Deuses do Submundo: a Comida dos Mortos

Não apenas os vivos precisam se alimentar – a comida também faz parte de diversos ritos funerários e desempenhou um papel muito importante nos mitos e cerimônias associadas ao espírito dos mortos. Em diversas culturas, os falecidos eram sepultados com diferentes tipos de alimento para que pudessem se nutrir na vida além do túmulo.

428 | O Grimório da Magia Natural

Ainda hoje, em diversas expressões religiosas não cristãs ao redor do globo, a comida tem um papel essencial na mediação e no relacionamento entre vivos e mortos. O Pitru Paksha é um festival hindu que dura 16 dias, no qual os mortos são reverenciados principalmente com a oferenda de alimentos – um costume que tem semelhança com a medieval Ceia Silenciosa (*Dumb Supper*), que foi incorporada aos modernos costumes de Samhain.

> **A Ceia Silenciosa** (*Dumb Supper*) é uma refeição realizada para honrar os mortos, adotada pelos Bruxos como um costume para a noite de Samhain. Na mesa da ceia, um local de destaque deve ser deixado vago para os ancestrais, onde um prato de comida é servido e, em alguns casos, uma vela acesa é colocada ao lado dele para representar sua presença. A ceia é chamada de "silenciosa" porque deve acontecer sem que seus participantes interajam pela fala; em silêncio total, em comunhão com o espírito dos mortos. A identidade dos comensais também pode ser ocultada por máscaras de meio-rosto e fantasias, o que permitiria que os ancestrais participassem de maneira visível da refeição sem que fossem reconhecidos pelos vivos. Alguns também executam a Ceia Silenciosa invertendo a posição dos talheres, ou mesmo a ordem em que os pratos são servidos, o que representaria o aspecto reverso do mundo dos mortos. Brindes, libações e histórias para se lembrar dos mortos amados podem ser feitas antes ou depois da Ceia Silenciosa, como abertura ou finalização da atividade ritual.

De maneira similar, o Dia de los Muertos mexicano, comemorado na época do dia de finados, é marcado pelas *calaveras de azúcar, panes de muerto* e outros alimentos especiais para os ancestrais. Não apenas no Ocidente, mas também no Oriente o alimento desempenha um papel importante no cuidado com os falecidos e seus ritos funerários, como veremos a seguir.

O festival japonês Obon, de origem budista, comemorado entre julho e meados de agosto, também reverencia o espírito dos antepassados que atravessam os véus entre os mundos para visitar seus familiares. Da mesma maneira que as luzes das abóboras e velas na janela usadas no moderno Samhain, os japoneses preparam lanternas para guiar o caminho de seus mortos queridos até suas casas e visitam seus túmulos com oferendas de flores e alimentos. As origens míticas desse festival remontam a um habilidoso monge que buscou encontrar o espírito de sua mãe. Ao descobrir que ela habitava um plano de espíritos famintos, ele viaja até lá para alimentá-la e aplacar sua alma.

Na China, o festival em reverência aos mortos acontece no início do mês de abril e é chamado Qingming. Essa é a época da primavera, quando os dias se tornam mais amenos e são marcados pelo plantio das sementes da colheita, mesclando a tristeza à saudade, com alegria e esperança por abundância. Além da tradicional limpeza dos túmulos e oferendas de comida, também é costume que as famílias realizem piqueniques nos arredores das sepulturas para demonstrar sua afeição aos mortos amados – um laço que nem a própria morte é capaz de romper. Ainda, são preparados os tradicionais *qingtuan*, bolinhos feitos com arroz e tingidos de verde com o sumo de plantas, que são típicos desta festividade. Em determinado momento, este festival chinês se fundiu ao Festival das Comidas Frias, instituído em memória ao aristocrata Jie Zhitui, onde apenas alimentos frios são preparados.

Os antigos costumes gregos também registram a presença importante dos alimentos em sua relação com o espírito do mortos. Essas oferendas eram conhecidas como *enagísmata*, levadas às sepulturas. Os registros também indicam que sacrifícios animais poderiam ser realizados, de modo que o sangue descesse às profundezas da terra para apaziguar as almas dos falecidos.

430 | O Grimório da Magia Natural

> **A Enagísmata** consistia em uma oferenda alimentar realizada aos mortos pelos antigos gregos. Ela incluía água, leite, vinho, mel, *pelanós* (uma mistura feita com farinha, óleo e mel, tanto na forma de uma bebida espessa quanto de um bolo) e *kóllyba* (uma mistura de frutos frescos e secos).

Na Roma antiga, a comida também tinha um papel de destaque nas práticas funerárias. Aqui, a tradição era que uma refeição fosse compartilhada pelos enlutados diante do corpo, o que podia incluir um porco sacrificado em honra a Ceres (a versão romana de Deméter) para assegurar a passagem da alma para o mundo dos mortos. A carne era compartilhada com todos os presentes, incluindo a devida parte para os Deuses. No período tardio, túmulos também podiam incluir uma área adaptada para que refeições familiares fossem realizadas na companhia dos falecidos, na qual oferendas de comida e bebida poderiam ser feitas aos mortos.

O culto romano doméstico também incluía a reverência ao espírito coletivo dos mortos da família, chamados de *Manes*; entretanto, refeições rituais não eram partilhadas em sua presença, uma vez que isso era considerado como um ato ritual perigoso e negativo. Os Manes tinham sua porção de alimento oferecida separadamente, mas também deveriam ser devidamente alimentados.

A mitologia grega nos conta como a própria Rainha dos Mortos foi vinculada ao seu trono *através* do alimento. Kore, a jovem filha de Deméter, colhia flores com as ninfas quando de repente o chão e abriu e uma carruagem de cavalos negros emergiu da fenda – era Hades, o Senhor do Mundo Inferior, que veio raptar a bela donzela para desposá-la. Kore é levada então ao Submundo, enquanto sua mãe realiza uma longa jornada de luto, sofrimento e busca por sua filha perdida, amaldiçoando a terra para que nada mais crescesse enquanto ela não lhe fosse retornada. Quando a própria existência dos humanos e Deuses é ameaçada pela escassez de alimentos sobre a terra provocada pela maldição de Deméter, Zeus envia Hermes para que busque sua filha no Submundo para que fosse devolvida à sua mãe; entretanto, por ter comido quatro sementes de romã, ela se torna Perséfone, e agora deveria passar um terço do ano – quatro meses – no Submundo como a esposa de Hades. No restante do tempo, ela poderia subir para a terra e permanecer ao lado de sua mãe. É esse movimento de subida e descida da Deusa que provocava as estações do ano.

Apesar de ter se popularizado como "o fruto dos mortos", a romã é um antigo símbolo da fecundidade e dos poderes da sexualidade que se mostra através de suas inúmeras sementes.

Este mito deu à romã sua popularidade moderna como o fruto do mundo dos mortos, mas não é esse o seu único – ou principal – simbolismo. Na Grécia Antiga, a romã era um fruto sagrado à Afrodite, a Deusa do Amor, da Beleza e da Reprodução sexual, bem como à Hera, a Deusa do Casamento e do Parto; um símbolo perfeito para ambas as deidades, uma vez que a romã, além da sua cor vermelha como o sangue, é repleta de sementes, fazendo do fruto um símbolo muito apropriado para a fertilidade e a abundância. Assim, mais do que representar a morte, a romã era um alimento que crescia no mundo dos mortos exatamente porque ela era capaz de conceder vida! Ao ingerir do fruto da romã, Kore é iniciada nos mistérios sexuais da fertilidade que propiciam o renascimento dos mortos e das sementes enterradas nas profundezas da terra.

Paradoxalmente, ingerindo o fruto do mundo inferior que concede a fertilidade, ela ali deveria habitar por parte do ano para que o estéril reino dos mortos também pudesse ser fértil. Não apenas a Deusa desceu ao Submundo – a semente da romã também desceu pelas profundezas escuras de sua garganta para levar magia ao corpo dela, que assimilou seus poderes, tornando-os parte de sua própria natureza; é assim que Kore se transforma em Perséfone, a detentora do poder fértil do mundo dos mortos. Sua subida e descida anual com o passar das estações representa não apenas o germinar das sementes, mas o próprio ciclo das almas. Todos aqueles que eram iniciados em seus mistérios, celebrados em Elêusis, eram agraciados com favores especiais da Deusa após a morte, porque também conheciam os segredos ocultos por sua mística iniciação.

Menos conhecida é a presença das romãs no Egito antigo, onde o fruto desempenhava um papel muito importante no preparo de bebidas, remédios, tintura para tecidos e também nos ritos funerários, sendo um dos alimentos encontrados junto dos mortos e também como oferendas aos Deuses. Sua árvore tinha um papel decorativo de destaque nos jardins da realeza e da elite. Diferentes tipos de recipientes moldados na forma da romã também foram encontrados tanto em tumbas quanto nas habitações dos antigos egípcios. Diversas pinturas também atestam a presença do fruto em cerimônias religiosas.

Deuses Civilizatórios: A Refeição como o Forjar de Laços

A refeição também é um ato social. É comendo que contamos nossas histórias, expressamos afeto uns pelos outros, negociações, forjamos laços, traçamos planos. Isso tem um aspecto muito importante em um contexto religioso – porque quando comemos com os Deuses, forjamos e renovamos nossos laços espirituais com eles. Na Grécia antiga, os próprios Deuses realizavam banquetes e festas para marcar importantes eventos e alianças estabelecidas entre eles.

Os antigos filósofos gregos tinham o hábito de realizar aquilo que era chamado de *Simpósio*, ou Banquete – reunidos para beber vinho e partilhar alimentos, eles recitavam poesias e louvores aos Deuses e engajavam-se em discussões filosóficas sobre os mais variados temas. Muitas vezes, os Simpósios eram abertos e fechados com preces e invocações aos Deuses. É nesse ambiente de partilha de alimentos, durante uma refeição compartilhada, que o conhecimento era dividido e os esforços para a busca por sabedoria, a grande dádiva divina, eram realizados.

A obra *O Banquete*, de Platão, narra um desses Simpósios, conduzindo-nos por uma verdadeira jornada iniciática pelos mistérios do amor. Em diversos cultos iniciáticos do mundo greco-romano, como nos Mistérios de Mitra, a partilha de uma refeição sagrada fazia parte de seus atos litúrgicos – um costume que foi absorvido pelo cristianismo primitivo como o rito da eucaristia.

A Refeição Mágica das Bruxas

Da divindade nascente, que ora tu escarneces,
não poderei relatar quanta magnitude
na Hélade alcançará! Duas são, ó jovem,
entre os homens as coisas primeiras: a deusa Deméter
– é a terra; por um destes nomes invoco-a, a teu grado –
aos mortais, alimentos secos proporciona.

Vem depois o seu êmulo, o filho de Sêmele,
que da uva o fluído líquido achou e trouxe aos mortais;
aquieta aos homens míseros suas penas,
quando do suco da vinha estão saciados,
o sono e o olvido dos males cotidianos lhes concede;
para as dores outro lenitivo não há.

Ele, que nasceu deus, aos deuses em libação se entrega
e, graças a ele, dos homens o bem é pertença.

As Bacantes, Eurípedes

Na Wicca, há um rito sagrado que faz parte de todas as nossas cerimônias, no qual alimentos são consagrados para que possamos partilhar de uma refeição ritualística com os Deuses: o Rito de Bolos e

Vinho. Como o nome indica, essa refeição eucarística é celebrada com vinho tinto ou outra bebida fermentada e um pão ou bolo preparado com farinha. Esses alimentos são repletos de significados místicos para nós. Já vimos no capítulo sete como esses dois alimentos integram o ciclo mágico da semente que desce ao Submundo, vivencia uma morte simbólica e se eleva em direção ao sol.

Entretanto, há um outro fator fundamental que faz destes alimentos sagrados: eles são fermentados. A importância desse tipo de alimento e bebida era crucial para os povos antigos. Tamanha era sua importância, que "pão e cerveja" era uma antiga saudação egípcia usada para se desejar abundância e prosperidade a alguém.

> **A fermentação biológica** acontece através da ação da levedura, um fungo unicelular que se alimenta dos açúcares presentes na massa ou na bebida alcoólica, produzindo o gás carbônico que faz a massa crescer. Isso quer dizer que tanto o pão quanto o vinho são produzidos também pela ação de um organismo vivo presente em sua composição. São, literalmente, alimentos vivos.

Estas substâncias vivas são mais facilmente impregnadas com a essência divina para que sejam consumidas e internalizadas por nós. O hábito de celebrar refeições eucarísticas sagradas produz um poderoso efeito de transformação interior e elevação da consciência – literalmente, um ato teofágico de consumo, absorção e assimilação da própria divindade.

Falar em rituais eucarísticos como parte das práticas de Bruxaria ou de espiritualidade Neopagã pode soar excessivamente cristão. Entretanto, é preciso nos lembrarmos de que o catolicismo romano foi grandemente influenciado pelas religiões helenísticas pré-cristãs e também pelas religiões de mistério iniciáticas de antigas deidades Pagãs. Por isso, uma refeição eucarística não é uma prática exclusivamente – ou originalmente – cristã. Na verdade, a grande diferença entre o rito Pagão e o Cristão está em seu simbolismo básico: enquanto os cristãos ingerem pão e vinho como o corpo mortificado e sacrificado de sua deidade, os Bruxos ingerem o produto da união erótica de seus Deuses, a própria substância da vida.

Além disso, existe um aspecto mágico importante que deve ser considerado a respeito de rituais eucarísticos. Sobre eles, Aleister Crowley escreveu que:

> Uma eucaristia de algum tipo deveria ser consumada diariamente por todo Mago, e ele deveria considerá-la como o principal sustento de sua vida mágica. É mais importante do que qualquer outra cerimônia mágica, porque é um círculo completo. Toda a força empregada é completamente reabsorvida; no entanto, sua virtude é o vasto ganho representado pelo abismo entre o Humano e a Deidade.
>
> O Mago torna-se cheio da Deidade, alimentado com a Deidade, intoxicado com a Deidade. Pouco a pouco, seu corpo se purificará pela lustração interna da Deidade; dia a dia, sua estrutura mortal, desprendendo-se de seus elementos terrenos, tornar-se-á na verdade o Templo do Espírito Santo. Dia a dia, a matéria é substituída pelo Espírito, o humano pelo divino; no final das contas, a mudança será completa; Deus manifestado em carne será o seu nome.

Em sua própria religião mágico-iniciática, a Thelema[13], rituais eucarísticos podem ser encontrados tanto na Missa Gnóstica quanto

---

13. Muitos leitores familiarizados com a Thelema não se sentirão confortáveis em usar o termo "religião" para descrevê-la, uma vez que sua filosofia é essencialmente antidogmática e contracultural – entretanto, isso só faz da Thelema um caminho "não religioso" ou "antirreligioso" se comparado ao cristianismo institucionalizado (o que é enfatizado pela subversão de diversos termos populares ao cristianismo, como "Espírito Santo" na citação anterior). Uma vez que possui uma doutrina filosófica que fornece uma chave de leitura para termos gerais de conduta e práticas cerimoniais, o contato com forças sobre-humanas e mesmo figuras divinas como Nuit, Babalon e Hadit, não há razão pela qual este caminho não possa ser classificado, em termos amplos, como religioso.

na Missa da Fênix. Crowley descreve um tipo especial de pão a ser preparado: os Bolos de Luz, feitos com farinha, mel, azeite, gotas de óleo de Abramelin, os resíduos da borra de vinho tinto e fluídos corporais, como uma gota de sangue ou esperma. O costume das Bruxas, entretanto, não envolvem esse tipo de ingrediente íntimo; receitas de pães ou bolos convencionais podem ser usadas em nossas cerimônias, uma vez que nos valemos de outras chaves simbólicas para alcançar os mesmos efeitos do sistema de Crowley. Em *Aradia: o Evangelho das Bruxas*, por exemplo, um texto de origem pré-gardneriana, também encontramos uma refeição ritual baseada em pão, mel, sal e vinho.

O Pão

Nos rituais de Bruxaria, pães ou bolos podem ser utilizados para a consagração de nossa refeição ritual. Alguns Bruxos gostam de fazê-los na forma de pequenas luas crescentes, enfatizando o simbolismo lunar dos rituais de Esbat, ou ainda pães em formatos variados para os Sabbats, representando o sol e sua potência presente nos grãos. O ato de preparar pães ou bolos rituais é mágico por si só e preenche o alimento com as energias e intenções de nossas cerimônias – além de serem oferendas de nosso próprio esforço e trabalho para os Deuses, o que é muito mais simbólico do que simplesmente utilizar um pão qualquer comercialmente adquirido. Fazer o pão ritual é uma oportunidade de contemplação das lições espirituais encerradas em seu processo e, portanto, uma atividade mágica.

O pão é um alimento muito antigo que desempenhou um papel extremamente importante na história de nossos ancestrais. Sua simplicidade de ingredientes e, ao mesmo tempo, seu valor nutritivo fizeram com que ele estivesse na base da alimentação de diversos povos antigos, de nobres e plebeus, em suas variadas formas. Tanta era sua fama e importância em determinadas culturas que a palavra para "pão" ou "trigo" era um sinônimo para comida em geral.

As evidências mais antigas do pão fermentado remontam há mais de seis mil anos na região do Crescente Fértil, onde os ancestrais do trigo foram primeiro cultivados. Os achados arqueológicos parecem sustentar a ideia de que o pão estava presente desde cedo nos costumes ritualísticos e religiosos da vida humana. Isso nos revela sua importância não apenas para os vivos e seus Deuses, mas também para os mortos. Os egípcios antigos possuíam mais de cento e dez palavras diferentes para se referirem ao pão, e ainda hoje, o árabe *eish* significa vida – e este, ao lado da cerveja, era o principal alimento daqueles responsáveis por erguer as magnânimas pirâmides.

O processo de como a fermentação dos primeiros pães foi produzida é um mistério conhecido apenas pela memória do tempo, e hoje, muitos pesquisadores dedicam-se a desvendar as antigas maneiras para preparar e assar a massa, buscando recriar as receitas primitivas. Sabemos que determinados agentes de fermentação ocorrem naturalmente no trigo e outros materiais orgânicos; assim provavelmente nasceu não apenas o pão, mas também as bebidas fermentadas. Antes que o fermento pudesse ser compreendido e se tornasse um produto comercial, a fermentação acontecia como um processo natural e lento que podia levar dias. A técnica usada para acelerar o processo de fermentação consistia em se valer de outra substância já fermentada na nova massa – isso podia ser tanto um líquido fermentado, como a cerveja, como um pouco de pão mais antigo que já tinha crescido sob os efeitos da levedura. Ou seja, era preciso pão para se fazer mais pão. Isso colaborou para que uma percepção sagrada a respeito desse alimento fosse desenvolvida.

Na mitologia egípcia, Ísis e Osíris são deidades que constantemente estão associadas aos grãos e ao preparo do pão. Diversos dos textos antigos comparam a figura de Osíris sacrificado à cevada ou outro tipo de grão que cobria a terra, e os mortos, identificados ao próprio Osíris, eram aqueles que, como o grão, desciam às profundezas da terra para alimentar o mundo. O processo de ressurreição do corpo esquartejado de Osíris foi comparado ao preparo do pão, onde Ísis, a grande doadora da vida, é a responsável por criar vida e *soprar* a respiração divina – da mesma maneira que a levedura produz ar no interior da massa do pão – para o corpo inerte de Osíris, fazendo-o despertar. Em determinadas cerimônias, efígies eram feitas com a massa do pão para representar as deidades. Um pão especial, preparado com sementes de lótus, era consagrado à Ísis. Por isso, não apenas o símbolo do pão em nossos ritos, mas o seu preparo ritual é uma prática que nos conecta a estes antigos mistérios.

Na Grécia, o pão era sagrado à Deméter, a Deusa da agricultura, que ensinou aos seres humanos os segredos do trabalho com a terra para plantar, colher e transformar os grãos. O forno no qual o pão é assado pode ser comparado ao ventre quente, escuro e acolhedor da Grande Mãe, onde a massa inerte ganha cor e vida.

O pão, para ser preparado, exige a combinação dos quatro elementos da natureza – a farinha da Terra, o Ar da fermentação, leite ou água para a Água, o calor do forno para o Fogo. Desta maneira, as quatro forças primordiais que criam e sustentam o mundo estão presentes nesse simples e rico alimento. Ainda, a fermentação do pão a partir da vida da levedura tem um poder teúrgico muito especial: converte a matéria morta do pão, colhida do mundo vegetal, fazendo com que a torne viva mais uma vez. Por isso, o pão, um alimento preenchido pela força da vida e sacralizado por intermédio de nossos rituais é, em si mesmo, a promessa do renascimento pela ação dos Deuses.

EXERCÍCIO 91
Receita de Pão Ritual

A experiência de preparar pão para seus rituais de Sabbat e Esbat é uma atividade que poderá impregnar a massa com sua intenção ritual e potencializar seus efeitos. Ela é, em si, uma prática ritualística e uma oferenda de nosso próprio serviço e dedicação aos Deuses. Esta é uma receita com a qual você pode experimentar. Sinta-se livre para adaptá-la ou substituí-la por outras versões. Esta receita integra carboidrato, proteína e gordura (os macronutrientes da dieta humana) com os ingredientes espiritualmente simbólicos do vinho, mel e sal.

Pão Ritual

Ingredientes:

- ¼ de xícara de açúcar
- ¼ de xícara de óleo ou manteiga derretida (gordura)
- 1 colher de chá de mel
- 1 colher de chá de sal
- 1 colher de chá de vinho tinto
- 1 xícara de leite morno (proteína)
- 2 xícaras de farinha (carboidrato)
- 20 gramas de fermento biológico
- Especiarias a gosto (opcional)

Comece misturando bem os ingredientes secos: a farinha, o açúcar, o sal e o fermento biológico. Dissolva o mel no leite, então despeje-o em um buraco no centro da tigela com os ingredientes secos. Misture com uma colher ou com as mãos, e acrescente o óleo. Se a massa ainda estiver muito mole, coloque um pouco mais de farinha.

Então polvilhe farinha sobre uma superfície plana, coloque a massa sobre ela e sove por mais ou menos três minutos, abrindo a massa com as mãos, fechando as extremidades em direção ao centro e apertando para abri-la novamente. Isso fará com que a massa vá integrando a farinha polvilhada. Acrescente mais, se necessário, até que a massa pare de grudar nas mãos. A sova da massa deve levar alguns minutos para ficar boa. Quando estiver chegando ao ponto, acrescente o vinho, o mel e as especiarias selecionadas (como canela ou erva-doce, por exemplo). Símbolos ou palavras de poder poderão ser entalhadas na massa com uma faca.

Retire uma pequena bolinha da massa e coloque em um copo de água de temperatura ambiente. Molde o restante da massa na forma de um crescente ou outra desejada para o seu pão ritual. Você também pode dividir a massa para fazer várias porções individuais no formato que escolher.

Se desejar, misture a gema de um ovo a uma colher de sopa de leite e pincele sobre a massa para que o pão fique dourado. Cubra o pão com um pano e deixe a massa descansar até que a bolinha de massa flutue no copo – isso quer dizer que ela está pronta para ser assada.

Leve ao forno pré-aquecido a 180º C em uma forma untada por aproximadamente 30 minutos.

A Cerveja e o Vinho

O rito Wiccaniano também consagra o vinho como uma bebida sagrada para ser partilhada com os Deuses. Em alguns casos, os textos fazem referência a um tipo mais antigo de cerveja (do inglês *ale*), ou mesmo ao hidromel, que também pode ser usado – o importante, mais uma vez, é a consagração e consumo de uma bebida fermentada. A cerveja parece ter sido a primeira forma de bebida alcoólica consumida pela humanidade. A origem do preparo das primeiras cervejas parece ter acontecido na região entre a Mesopotâmia e o Antigo Egito, e os antigos sumérios. Há mais de seis mil anos já consumiam uma versão desta bebida.

A Deusa sumeriana a quem a cerveja era consagrada era Ninkasi, filha de Enki e Ninti, responsável por saciar os desejos e trazer satisfação aos corações de seus adoradores. Seu nome significa "aquela que enche a boca". A mais antiga receita de cerveja registrada é atribuída a ela e foi encontrada em um hino para a Deusa que descreve o processo de preparação desta bebida sagrada. Especialistas acreditam que o hino era usado para transmitir as etapas do preparo de cerveja de mestre para aprendiz, e que era entoado ritualisticamente durante o processo. A seguir, apresento minha versão traduzida e adaptada do hino:

Hino a Ninkasi,
a Deusa Sumeriana da Cerveja

Nascida da água corrente,
Ternamente cuidada por Ninhursaga.
Nascida da água corrente,
Ternamente cuidada por Ninhursaga.

Ao fundar sua cidade nos arredores do lago sagrado,
Ela a fez com grandes muralhas para você.
Ninkasi, ao fundar sua cidade nos arredores do lago sagrado,
Ela a fez com grandes muralhas para você.

Seu pai é Enki, Senhor Nidimmud,
Sua mãe é Ninti, a rainha do lago sagrado.
Ninkasi, seu pai é Enki, Senhor Nidimmud,
Sua mãe é Ninti, a rainha do lago sagrado.

Você é a única que manipula a massa com uma grande pá,
Misturando em um fosso o *bappir*[14] com doces ervas aromáticas.
Ninkasi, você é a única que manipula a massa com
uma grande pá, misturando em um fosso, o *bappir* com mel.

Você é aquela que assa o *bappir* no grande forno,
E coloca em ordem as pilhas de grãos descascados.
Ninkasi, você é a única que assa o *bappir* no grande forno,
E coloca em ordem as pilhas de grãos descascados.

Você é a única que rega o malte no chão,
Os cães nobres mantêm afastados até mesmo os soberanos.
Ninkasi, você é a única que rega o malte no chão,
Os cães nobres mantêm afastados até mesmo os soberanos.

---

14. Um pão preparado à base de cevada e assado duplamente, utilizado pelos antigos sumerianos para preparar cerveja.

Você é a única que embebe o malte em um cântaro,
As ondas se elevam, as ondas caem.
Ninkasi, você é a única que embebe o malte em um cântaro,
As ondas se elevam, as ondas caem.

Você é aquela que espalha o mosto assado em
Grandes esteiras de junco, para que o frio predomine.
Ninkasi, você é aquela que espalha o mosto assado
em grandes esteiras de junco, para que o frio predomine.

Você é aquela que mantém com as duas mãos o
Magnífico mosto doce, fermentando-o com mel e vinho.
Você, o doce mosto do receptáculo,
Ninkasi, Você, o doce mosto do receptáculo.

O barril filtrante, que produz agradável som,
Você o dispõe apropriadamente em um grande barril coletor.
Ninkasi, o barril filtrante, que produz agradável som,
Você o dispõe apropriadamente em um grande barril coletor.

Quando você verte a cerveja filtrada do barril coletor,
O som flui como o encontro do Tigre e Eufrates.
Ninkasi, você é aquela que verte a cerveja filtrada do barril coletor,
O som flui como o encontro do Tigre e Eufrates.

Muito diferente da cerveja de nossos tempos, essa bebida fermentada logo deveria ser consumida, pois se tornava cada vez mais forte. Tanto na Mesopotâmia quanto no Egito, a bebida era consumida usando um tipo de canudinho primitivo, uma vez que não costumava ser coada. Em pequenas quantidades, fazia parte do dia a dia tanto de adultos como de crianças, ricos e pobres; durante as festas religiosas, a bebida era produzida e consumida em grandes quantidades.

As bebidas fermentadas, como as cervejas e vinhos, eram creditadas como dotadas de poderes curativos e restauradores. Uma das razões para isso é que o álcool produzido a partir da fermentação era capaz de esterilizar o líquido, fazendo com que em algumas regiões fosse mais seguro beber cerveja do que água pura.

Os sacerdotes egípcios responsáveis pela cura eram chamados de *wabu* (o plural de *wab*), que deriva do terno "purificar". Sekhmet, a Deusa com cabeça de leoa, era uma importante deidade egípcia para quem se atribuía o poder de cura, ao lado de Thoth e Ísis, e cujos sacerdotes eram médicos.

Um de seus mitos traz importantes associações da Deusa com cerveja. Conta-se que Rá decidiu punir a humanidade ao perceber que ela não lhe dava mais ouvidos, então envia à Terra a Deusa Sekhmet, a fúria de seu olho, para que levasse caos e destruição. Como uma imensa leoa feroz e selvagem, a Deusa destrói todos os lugares por onde passa tomada por um frenesi aniquilador, bebendo o sangue derramado de suas vítimas. Para aplacar a Deusa, os sacerdotes egípcios tingem de vermelho grandes quantidades de cerveja (em algumas versões, com o sumo da romã) e espalham a bebida sobre a terra. Sekhmet, acreditando que o líquido era, na verdade, sangue, o bebe descontroladamente; isso faz com que a Deusa fique bêbada, esquecendo-se de sua fúria pela humanidade e evitando assim sua destruição total.

Além da cerveja, o vinho teve um papel importante no Egito, onde a videira também foi cultivada e os egípcios produziam mais de vinte e quatro variedades da bebida. As deidades associadas ao vinho no Egito Antigo eram Set e Hathor, uma vez que presidiam sobre as principais regiões de produção e cultivo da videira. Heródoto registra que a quantidade de vinho consumida pelos egípcios durante o Festival de Bast era maior do que seu consumo em todo o restante do ano. Registros apontam que uma mistura de vinho, lótus azul e mandrágora era servida em banquetes funerários; tal bebida, de propriedades relaxantes, narcóticas, alucinógenas e afrodisíacas, estimulavam a sexualidade e os impulsos reprodutivos de seus participantes, trazendo ao momento de observação da morte a necessária contraparte das forças da vida.

As origens do cultivo da videira apontam para a região do Cáucaso, já nos primórdios do período Neolítico. Nos tempos antigos, esta importante árvore já poderia ser encontrada desde a Fenícia e Mesopotâmia, até as mais úmidas terras do Mediterrâneo, onde as culturas grega e romana fizeram do vinho um elemento fundamental da vida secular e religiosa. A bebida, de produção relativamente barata, poderia ser consumida por si mesma ou durante as refeições. Os gregos tinham o costume de suavizar os efeitos do vinho diluindo uma única parte da bebida em quatro de partes de água, de modo que seu teor alcoólico fosse diminuído e ela pudesse ser apreciada por mais tempo, sem provocar seus efeitos inebriantes. Para eles, a embriaguez era um sinônimo de barbárie e selvageria que não era apreciada. O vinho era, por excelência, a bebida que regava os *symposia*, os simpósios ou banquetes dos filósofos e pensadores, reuniões masculinas quando aconteciam as discussões políticas e eruditas da época. Ao naturalista romano Plínio, o Velho, foi atribuída a famosa frase *"in vino veritas"*.

Para os gregos, o vinho era um presente à humanidade, concedido por Dionísio (ou sua versão romana, Baco), o estrangeiro Deus das Videiras, da alegria e do êxtase. O romano Timóteo registrou que o vinho era considerado o sangue de Baco, e consumido em um sentido sacrificial durante as cerimônias em reverência ao Deus, que poderiam se tornar intensas e selvagens. Em determinados ritos, o vinho era consumido como a própria essência vital de Dionísio, presente no espírito do álcool, de modo a provocar um tipo de alteração de consciência conhecido como *enthusiasmós*, literalmente "trazer o Deus para dentro". Intoxicados pelos efeitos inebriantes do vinho, os participantes destas celebrações se viam tomados pelo próprio Dionísio, partilhando de sua essência sagrada e em contato com sua consciência.

EXERCÍCIO 92
Receita de Vinho Temperado para Sabbats

Você pode temperar e acrescentar sabores à sua garrafa de vinho ritual como uma maneira de abençoá-lo e personalizá-lo para as suas cerimônias. Os ingredientes usados aqui podem ser substituídos de acordo com cada estação.

Vinho Temperado

Ingredientes:

- 1/2 noz-moscada ralada
- 1/2 xícara de mel ou açúcar (branco ou mascavo)
- 1 garrafa de vinho tinto da sua preferência
- 2 paus de canela ou uma colher de chá rasa de canela em pó
- 3 maçãs descascadas cortadas em pedaços
- Cravos-da-índia
- Morangos picados
- Sementes de cardamomo

Misture em seu almofariz a canela em pó (se for usar em pau, reserve), as sementes de cardamomo, a noz-moscada e os cravos-da--índia. Misture com o pistilo até que os ingredientes estejam integrados e impregne suas intenções mágicas durante o processo.

Coloque uma panela grande em fogo baixo. Quando esquentar, acrescente o mel ou o açúcar. Com uma colher de pau, adicione a mistura do seu almofariz e misture gentilmente para que as especiarias liberem seus aromas e sabores. Se estiver usando canela em pau, quebre-a em alguns pedaços e coloque-a na panela nesse momento. Acrescente em seguida as frutas, mexendo delicadamente a mistura até que comecem a liberar seu caldo. Finalmente, acrescente o vinho e misture lentamente por ao menos dez minutos. É importante manter o fogo baixo para que o álcool não evapore e a consistência do vinho não seja alterada. O objetivo é fazer com que os sabores do mel, especiarias e frutas seja integrado ao vinho. Se perceber que vai levantar fervura, desligue o fogo imediatamente e tampe até a bebida esfriar, então retorne ao fogo e continue a mexer.

Tire do fogo e tampe a panela. Deixe esfriar naturalmente, depois misture um pouco mais para liberar o que estiver no fundo e retorne o conteúdo para a garrafa. Se quiser, alguns dos resíduos sólidos podem ser acrescentados à garrafa para trazer textura ao vinho; se necessário, pique alguns pedaços das frutas para que possam ser acrescentadas facilmente pelo gargalo sem o entupir quando o vinho for servido. Tampe e coloque na geladeira para esfriar até a hora do ritual.

Álcool e seu Uso Moderno em Rituais e Cerimônias Neopagãs

As bebidas alcoólicas como o vinho, hidromel e cerveja têm um papel relevante em diversas cerimônias Neopagãs e, como vimos, seu uso cerimonial está atestado na história de diversos povos antigos ao redor do globo. Entretanto, é importante que contextualizemos essa discussão de acordo com as questões de nosso próprio tempo, onde o alcoolismo se torna um problema crescente e que precisa ser considerado por nós, tanto em nossas práticas pessoais e comunitárias quanto em ritos públicos, confraternizações mágicas ou práticas privativas em nossos grupos.

A etiqueta para uso de bebidas alcoólicas em rituais é relativamente simples e passa pelo crivo do bom-senso: se você enfrenta qualquer tipo de dificuldade com bebidas alcoólicas, não as utilize em seu ritual. Encontre substitutos apropriados, como o suco de uva ou um tipo de cerveja não alcoólica. Caso você facilite algum tipo de atividade mágica aberta ao público em geral, também é de bom tom substituir qualquer bebida alcoólica ritual por versões sem álcool, uma vez que nem sempre conhecemos todas as pessoas que podem estar presentes. No interior de Covens, Groves e outros grupos mágicos, o vinho também deve ser substituído sempre que um membro apresentar qualquer tipo de relação difícil com bebidas alcoólicas – e isso em nada implicará em "perdas energéticas" ou em "menor eficácia" para os seus rituais. A segurança das pessoas envolvidas em nossas cerimônias – bem como a sua própria – deve vir sempre em primeiro lugar.

Como parte de um caminho de poder, o álcool consumido de maneira moderada está entre as substâncias capazes de alterar a consciência, provocando relaxamento e desinibição. Entretanto, sempre que uma técnica mágica não possa ser usada, ela deverá ser adequadamente substituída por outra que produza um efeito similar. Nem sempre poderemos fazer rituais barulhentos ao som de tambores, canto e dança; da mesma maneira, nem sempre o consumo de álcool será apropriado e os mesmos efeitos mágicos deverão ser produzidos de maneiras alternativas.

No que diz respeito ao vinho, seu relaxamento pode ser alcançado pelo aroma dos incensos para provocar efeitos sobre o corpo, ou técnicas extáticas capaz de produzir a mesma alegria e liberação que poderia ser encontrada em uma taça de vinho. Girar ao redor do Círculo em alta velocidade, ou sentar-se diante do altar de olhos fechados e passar algum tempo entoando uma palavra mântrica também pode trazer bons resultados. Mais uma vez, a consciência e responsabilidade devem ser nossas genuínas oferendas aos Deuses, e tais aspectos históricos não podem ser utilizados para incentivar ou justificar o consumo de bebidas alcoólicas por qualquer um que dela deve se abster.

Além disso, mesmo que não tenhamos uma relação difícil com o álcool, ele deverá ser evitado em grandes quantidades em nossos rituais, uma vez que é preciso estar consciente para se conduzir uma cerimônia de maneira adequada. Como bem nos informa a sabedoria esculpida no Oráculo de Delfos, os excessos deverão ser evitados.

Consagrando as Refeições

O ato de consagrar uma refeição em honra aos Deuses faz parte das cerimônias Wiccanianas, mas isso não quer dizer que essas práticas devem ser restritas ao interior do Círculo. Na verdade, como pessoas

448 | O Grimório da Magia Natural

que buscam viver uma espiritualidade centrada na Terra, todas as nossas refeições deveriam ser momentos de comunhão e confraternização com os Antigos. Criar o hábito de abençoar e sacralizar sua comida e bebida é algo que pode resgatar e alimentar um verdadeiro sentimento de conexão com o espírito da terra, nutrindo não apenas nossos corpos, mas também nossas almas. O ato de comer alimentos consagrados também sacraliza o próprio hábito da alimentação e pode ser uma técnica bastante útil, não apenas para que possamos sorver das energias de nossos Deuses e partilhar com eles uma refeição, mas também de devolver à nossa rotina alimentar a sacralidade que a comida sempre possuiu para os povos antigos. Essa pode ser uma poderosa prática para trazer mais consciência à nossa alimentação.

A seguir, você vai encontrar um exercício para consagrar Bolos e Vinho no dia a dia, fora do Círculo Mágico. Este exercício pode ser realizado com qualquer tipo de pão ou bolo e uma pequena porção de vinho, cerveja, hidromel ou mesmo suco. Adapte-o às suas necessidades e o utilize periodicamente como um pequeno rito de consagração, não apenas para os alimentos, mas também do próprio hábito de se alimentar.

EXERCÍCIO 93
Consagração de Bolos e Vinho para o Dia a Dia

Tenha diante de você o alimento e a bebida que serão consagrados, bem como um recipiente para que você possa colocar uma pequena porção de cada um em reverência aos Deuses, e também um pouco de água fresca. Lave suas mãos, simbolizando uma purificação ritual.

Tome o pão ou bolo em suas mãos, eleve-o em apresentação e diga:

SAUDAÇÕES AOS GRÃOS SAGRADOS DA FARINHA QUE DESCERAM ÀS PROFUNDEZAS DA TERRA PARA ESCUTAR O SUSSURRO MÁGICO DOS DEUSES QUE HABITAM O MUNDO INFERIOR. LIVRANDO-SE DE SUAS CASCAS, CONHECERAM OS MISTÉRIOS DA MORTE PARA ENTÃO ELEVAREM-SE, BRILHANTES, EM DIREÇÃO AO SOL. SEMENTE DOURADA PLANTADA POR MÃOS

HUMANAS, GERMINADA PELOS ANTEPASSADOS E NUTRIDA PELA ESSÊNCIA DOS DEUSES, ENSINA-ME OS POTENTES SEGREDOS QUE ESTÃO OCULTOS EM SEU INTERIOR. BLESSED BE!

Devolva o pão à sua frente, tire um pequeno pedaço e disponha no seu recipiente para libação. Pegue um segundo pedaço e coma, internalizando as palavras de consagração.

Em seguida, eleve a bebida que será consagrada com as seguintes palavras:

VINHO/SUCO/[ETC.] SAGRADO, SANGUE DA TERRA QUE CARREGA A ESSÊNCIA MAIS PURA DOS ANTIGOS DEUSES. SEJAS FONTE DE NUTRIÇÃO E SABEDORIA, E VERTA SOBRE MIM A DÁDIVA DA VIDA, DA MESMA MANEIRA QUE A CHUVA DERRAMA NO INTERIOR DA TERRA O PODER PARA DESPERTAR AS SEMENTES ADORMECIDAS. GERMINA E VIVIFICA EM MIM O QUE HÁ DE MAIS ELEVADO, PARA QUE EU TAMBÉM POSSA CRESCER EM DIREÇÃO AOS LUMINARES CELESTES, ENQUANTO MEUS PÉS PERMANECEM FIRMES E SUSTENTADOS PELA TERRA FÉRTIL. BLESSED BE!

Verta um pouco da bebida sobre o pão do seu recipiente de libações e então tome um gole, internalizando as palavras de consagração. Devolva a bebida à sua frente. Por alguns momentos, sinta os efeitos do alimento e bebida reverberando por você. Então tome a água fresca em suas mãos e verta-a sobre a libação após dizer:

ANTIGOS E PODEROSOS DEUSES QUE ALIMENTAM O MUNDO. DOU GRAÇAS A TODAS AS FORMAS DE VIDA CUJO TRABALHO E SACRIFÍCIO TORNARAM POSSÍVEL ESSA REFEIÇÃO. POR MEIO DESTE RITO SAGRADO, QUE SUAS BÊNÇÃOS E AMOR POSSAM FLUIR POR TODA A NATUREZA UMA VEZ MAIS, PARA QUE NÃO HAJA FOME OU SEDE SOBRE A TERRA. QUE SEJAM TODOS OS SEUS FILHOS NUTRIDOS, ALIMENTADOS E SUSTENTADOS POR SEU PODER. E QUANDO EU NÃO MAIS CAMINHAR SOBRE O SOLO, QUE SEJA EU TAMBÉM ALIMENTO PARA NUTRIR CORPO, MENTE, ESPÍRITO E CORAÇÃO DE TODA VIDA. DEUSES, ETERNOS E IMORTAIS, QUE FAZEM GIRAR A GRANDE RODA DO RENASCIMENTO, QUE O AMOR POSSA SEMPRE SE RENOVAR. BLESSED BE!

Você então poderá consumir o restante da refeição consagrada, fazendo dela um momento de contemplação da sua relação com os

Deuses e com a terra. Ao finalizar, leve o conteúdo da sua libação para a natureza e disponha-o aos pés de uma árvore para que a terra seja alimentada e suas bênçãos possam fluir pelo mundo.

O ALTAR DE COZINHA: SACRALIZANDO O PREPARO DAS REFEIÇÕES

A cozinha é um espaço muito sagrado em nossa casa, onde as atividades cotidianas também podem ser sacralizadas e trazidas para o contexto de nossa relação com o divino. É nela que a refeições são preparadas e partilhadas pela família, e onde encontramos o forno, cujo simbolismo remete ao ventre escuro da Grande Mãe. É na cozinha (ou na dispensa) que nossos mantimentos são armazenados, representando as dádivas da terra que sustentam a nossa vida – e que também simbolizam a nossa própria capacidade de se manter e sustentar, o que faz deste cômodo de nossas casas também um ambiente de prosperidade e abundância. É aqui que nos conectamos ao poder nutridor que vem da natureza.

Por isso, você pode optar por erigir um pequeno altar em sua cozinha para sacralizar o espaço e ancorar ali as forças da Mãe Terra, para que este seja um lugar onde as bênçãos da Grande Mãe sempre podem fluir. O altar de cozinha pode ser bastante simples e conter alguns dos itens que veremos a seguir. Ele deve estar posicionado de modo que seja visível para você enquanto estiver cozinhando – assim, ele exercerá um poderoso efeito mimético sobre você.

Além das representações e instrumentos que veremos a seguir, você pode dispor velas sobre ele, nas cores alaranjadas, vermelhas, amarelas ou verdes. Velas de cera de abelha também são excelentes opções. Incensos de perfume leve também podem ser usados, mas o verdadeiro aroma que desejamos que se eleve como uma oferenda em nossa cozinha é o odor dos pratos que ali preparamos.

O sal já foi usado de maneira medicinal como agente cicatrizante e, inclusive, no processo de mumificação, além de afastar maus espíritos. No pão, o sal controla o processo de fermentação. Dentre os povos romanos, gregos e egípcios, o sal também era uma oferenda comum aos Deuses e fazia parte de seus ritos religiosos. Também é um símbolo de prosperidade, uma vez que era um privilégio da elite. Os soldados romanos recebiam seu pagamento em porções de sal, o que deu origem ao termo "salário"; na Roma antiga, o sal também era sagrado à Salus, Deusa da saúde equivalente à grega Higeia, por suas propriedades antissépticas. Em sua associação à saúde e ao trabalho, Salus foi retratada em algumas moedas no tempo do imperador Nero. Tudo isso faz do sal um importante representante da potência do elemento Terra.

Na alquimia, o sal é aquele que é "corrosão, preservação e mais uma vez corrosão", atuando tanto como "o último agente da corrosão" quanto como o "primeiro agente da preservação". Isso é dito porquê, da mesma forma que age como uma substância corrosiva, o sal também foi usado desde tempos antigos como um agente de preservação que protege contra a putrefação.

Estátuas de deidades das colheitas podem ser apropriadas, caso já façam parte de nossas devoções pessoais. Imagens das Vênus pré-históricas ou representações da Grande Mãe também podem estar presentes, caso sejam emocionalmente significativas para você. Mel, sal e especiarias podem ser armazenados em belos potes decorativos para compor o seu altar e torná-lo mais discreto e integrado com o próprio ambiente.

Seu pilão e almofariz para o trabalho com ervas também pode estar sobre o altar de cozinha – se bem que também é mais apropriado ter um pilão e almofariz próprios para usos culinários (mágicos ou não) e outro para preparar incensos e outros itens rituais, o que pode envolver substâncias que não são apropriadas para serem ingeridas.

Antiga moeda romana com a representação da Deusa Salus, responsável pela prosperidade e bem-estar tanto em nível pessoal quanto coletivo.

Terrários também podem dar um toque de beleza ao seu altar de cozinha e trazer um elemento natural vivo a ele. Alternativamente, pequenos vasos de plantas ou ervas aromáticas podem fazer parte da composição do seu altar. Uma terceira opção é um pequeno recipiente de material natural com um pouco de solo, representando a terra que produz os alimentos que consumimos.

Vejamos outros elementos simbólicos que podem compor o seu altar de cozinha.

A Magia dos Caldeirões

Um dos grandes símbolos da Bruxaria é o Caldeirão – uma panela forjada de ferro, um metal retirado do interior do corpo da terra, e que tem a função especial de fornecer alimento. O Caldeirão é o símbolo do útero da Grande Deusa e seu poder restaurador e regenerador, que transmuta doença em saúde, ignorância em sabedoria, fome em saciedade, mortalidade em renascimento.

Na mitologia celta, o Caldeirão tem um papel especial em diversos mitos. É nele que Cerridwen prepara a poção sagrada da sabedoria para seu filho, que é erroneamente tomada por Gwion, fazendo dele o maior de todos os bardos. Também encontramos a história do Caldeirão de Dagda, o Bom Deus, sempre fornecendo alimento em abundância para alimentar todo o seu povo. Ainda, na história de Branwen, encontramos o *Pair Dadeni* – Caldeirão do Renascimento, capaz de trazer os mortos de volta à vida.

Na Bruxaria, o Caldeirão representa o nosso poder de transformar e nos lembra que tudo o que existe está em constante mutação. A imagem popular da Bruxa é aquela diante de seu Caldeirão misturando diferentes ingredientes para preparar suas poções e unguentos mágicos. Na magia do Caldeirão, somos capazes de encontrar todas as respostas que buscamos. Ele pode ser preenchido com todas as nossas necessidades para nos saciar; mas ainda nos ensina uma importante lição em nossa busca espiritual: a necessidade de aprendermos a nos esvaziar. Essa é a função primordial de um Caldeirão – sustentar um espaço vazio em seu interior, de onde algo novo pode emergir.

Quando nos esvaziamos, abrimos espaço para que algo maior possa nos preencher, e esse "algo maior" são os próprios Mistérios mostrados a nós pelos Velhos Deuses a cada noite silenciosa de Lua cheia, a cada giro das estações. A própria Lua mensalmente se preenche e se esvazia de luz, e é justamente isso que precisamos fazer.

No início do caminho, precisamos nos esvaziar e desaprender muito para sermos preenchidos pelo conhecimento de uma espiritualidade genuinamente centrada na Terra, mas depois, é esse mesmo vazio interior, esse recipiente, que nos permite comunicarmo-nos e estarmos abertos para a sabedoria dos Antigos. É claro que com o tempo aprendemos cada vez mais, dominamos conhecimentos que não estão ao alcance de todos e assim nos tornamos aptos para transmitir esse saber, mas se nos esquecermos que o Mistério sempre será o Desconhecido, fechamos o véu entre os mundos e o contato termina. Por isso a Bruxaria, assim como qualquer caminho iniciático, é uma Arte e Ofício – ela nos ensina a talhar esse espaço dentro de nós onde a alquimia interior acontece e o elixir da sabedoria é preparado.

Um Caldeirão Mágico na Cozinha

Na prática, Bruxos não costumam usar seus Caldeirões mágicos para cozinhar, uma vez que eles são usados em nossos rituais para conter água ou fogo, muitas vezes misturados com itens que não são próprios para consumo. Entretanto, se desejar, você pode ter um ou mais Caldeirões que sejam específicos para serem usados em sua cozinha – afinal, essa é sua função principal e original.

Ainda, você não precisa de um Caldeirão preto de ferro para cozinhar magicamente – seus próprios utensílios cotidianos servirão a esse propósito. Afinal, o Caldeirão era exatamente isso antigamente: apenas uma panela. Um pequeno Caldeirão sobre seu altar de cozinha serve também, não para ser utilizado no preparo de alimentos, mas como um instrumento para sacralizar o ambiente.

Você pode preencher seu Caldeirão de grãos para que sejam abençoados antes de cozinhar, por exemplo. Também pode optar por preenchê-lo lentamente com uma pequena parcela de grãos crus sempre que for cozinhar, em menção ao antigo costume de separar uma parte dos alimentos para os Deuses. Uma vez que o caldeirão esteja cheio, os grãos podem ser levados para a natureza, se apropriado, para que uma oferenda seja feita à terra em agradecimento por seus frutos abundantes em nossa vida.

Aqui, é preciso determinar uma função específica para o seu Caldeirão do altar de cozinha:

> **Caldeirão de Bênçãos:** grãos devem ser colocados em seu interior temporariamente para que sejam abençoados antes de preparados em nossas receitas. O objetivo é imbuí-los de energia para que ela seja consumida por nós em nossas refeições.
>
> **Caldeirão de Retribuição:** parte dos grãos que iremos cozinhar devem ser separados e acrescentados aqui como uma oferenda aos Deuses. Neste caso, os grãos não deverão ser consumidos por nós, mas devolvidos para terra quando o Caldeirão estiver cheio.

Se desejar, você pode até ter dois Caldeirões, um para cada função mágicas. O princípio teológico presente desta distinção é o da oferenda: significando que abrimos mão de algo; associada à noção de sacrifício. Grãos que sejam sacrificados devem ser retornados a terra e não consumidos por nós. Uma vez que desejamos consumir os grãos, então eles devem ser abençoados, e não ofertados.

Uma alternativa ao Caldeirão da Retribuição está no preenchimento do pote de grãos que anualmente pode ser usado na época de Lammas para preparar a efígie sacrificial do Rei dos Grãos, como veremos a seguir.

EXERCÍCIO 94
Ativando o Caldeirão da Abundância

Faça essa visualização de tempos em tempos para ativar a força da prosperidade em seu altar de cozinha.

Acenda as velas do altar e volte suas mãos para o Caldeirão. Respirando profundamente, comece a enviar energia para seu interior a partir das mãos, visualizando que ela preenche o Caldeirão com brilho dourado. Quando sentir que enviou energia o bastante, então visualize que ela se transforma em variados tipos de grãos, que começam a transbordar do interior do Caldeirão, cobrindo todo o altar.

Sinta a energia da abundância se espalhando por todo o ambiente e, se desejar, faça uma prece à Mãe Terra em voz alta invocando suas bênçãos.

A Efígie do Espírito dos Grãos

Outro elemento que pode ter em sua cozinha é uma representação do espírito dos grãos na forma de um boneco feito com milho ou trigo, preparada tradicionalmente, na época do Sabbat Lammas (véspera de fevereiro), a festa da primeira colheita, e abençoado em nossa cerimônia para que possa trazer abundância e prosperidade para a nossa cozinha ou dispensa.

A boneca de grãos contém em si o espírito das colheitas, capaz de trazer prosperidade e abundância. É colocada em nossas cozinhas para garantir suas bênçãos ao longo do ano.

Existem dois tipos de efígies mágicas que podem ser realizadas. Uma delas é a chamada *Corn Mother*, a Mãe dos Grãos, que representa a Deusa como Senhora da Terra e da Abundância. Sua presença em nosso altar de cozinha serve para nos lembrar diariamente das dádivas concedidas a nós pela Grande Mãe e dos valores de uma espiritualidade genuinamente Pagã.

O segundo tipo de efígie que pode ser preparada é para representar o Deus Cornífero em seu aspecto como o Rei dos Grãos. Para isso, acrescente um pequeno pote vazio em seu altar de cozinha e sempre que for cozinhar algum tipo de grão separe uma pequena quantidade para preenchê-lo. Anualmente, na época de Lammas, use palha de milho para preparar um boneco representando o Senhor das Colheitas e preencha-o com os grãos armazenados. Em seu ritual para comemorar o Sabbat, acenda uma pequena fogueira e queime a efígie para simbolizar o sacrifício anual do Rei Solar. Os restos de grãos e cinzas podem ser enterrados após o ritual.

Ainda, outra opção de trabalhar com efígies do espírito das colheitas consiste em preparar um casal delas, uma para representar a Deusa e outra para o Deus e, anualmente, queimar aquela que representa o Senhor dos Grãos durante o Lammas junto de alguns grãos do seu altar. Uma nova efígie pode ser confeccionada durante o ritual e substituída em seu altar até ser sacrificada no Lammas do ano seguinte.

EXERCÍCIO 95
Sacrificando a Efígie do Rei dos Grãos

Na época de Lammas, tome a efígie do Rei dos Grãos sobre o seu altar de cozinha ou prepare uma com palha de milho. Preencha-a de grãos que serão oferecidos e sacrificados. Prepare um pequeno fogo no interior de seu Caldeirão ritual ou de qualquer outra maneira que seja apropriada e acenda-o.

Contemple o brilho do fogo e veja o próprio sol em seu interior. Eleve a efígie do Senhor dos Grãos acima do fogo em apresentação, então volte-se a cada um dos quatro pontos cardeais por um momento. Agora, diga uma prece ou entoe um cântico, como:

> Ó DEUS DO GRÃO,
> Ó DEUS DO GRÃO,
> TRIGO CEIFADO NA PLANTAÇÃO.
>
> OUÇA A NOSSA INVOCAÇÃO,
> E NOS ABENÇOE, DEUS DO GRÃO.
>
> Ó DEUS DO GRÃO,
> Ó DEUS DO GRÃO,
> LUZ QUE CAMINHA NA ESCURIDÃO.
>
> OUÇA A NOSSA INVOCAÇÃO,
> E NOS ABENÇOE, DEUS DO GRÃO.

Lance a efígie nas chamas, e cante:

O REI E O GRÃO SE ELEVARÃO
E ENTÃO VÃO SE SACRIFICAR

NA COLHEITA SOB O LUAR
E TODOS COMERÃO DO PÃO

E A VIDA VAI CONTINUAR
NA COLHEITA SOB O LUAR

Contemple o fogo e abençoe-se em sua luz, pedindo que o Senhor da Colheitas lhe conceda abundância e sustento ao longo de todo o ano.

Um Livro Pessoal de Magia de Cozinha

Outro item que pode compor o seu altar de cozinha é um caderno ou livro onde você pode escrever e armazenar as receitas que experimenta na arte da culinária mágica. Pratos para os Sabbats, métodos para temperar o vinho ritual ou ainda receitas familiares que você coletar ao longo do tempo podem ser anotadas junto de bênçãos aos alimentos, preces de agradecimento à Grande Mãe e outras práticas ou informações que você considere apropriada.

Além disso, você pode manter um registro das ervas mágicas que cultivar para uso culinário e os resultados obtidos com seus chás, banhos e infusões. Caso adote a prática de manter um jardim mágico, algumas folhas ou ramos de suas plantas podem ser colocadas para secar no interior do seu livro, de modo que ele seja abençoado.

O seu livro mágico de receitas poderá ser usado da mesma maneira que um Livro das Sombras em um ritual formal de Bruxaria: deixe-o aberto enquanto cozinha, sentindo os aromas daquilo que prepara se elevando; consulte-o quando necessário e mantenha-o perto sempre que cozinhar com intenções mágicas. Se desejar, tenha uma caneta especial que será usada apenas para escrever em seu livro.

Fotos ou Objetos Familiares

Caso queira transformar o seu altar de cozinha em um espaço que também seja apropriado para reverenciar os seus ancestrais familiares, acrescente sobre ele fotos de parentes falecidos, listas de seus nomes ou objetos pessoais que remetam a eles. Qualquer objeto emocionalmente significativo para você poderá ser usado.

Moedas do país de origem da sua família ou a terra do lugar de onde vieram também podem compor o seu altar ancestral de cozinha. Um prato ou recipiente pode ser acrescentado sobre ele para que eventualmente você faça algumas oferendas de alimentos aos seus ancestrais, partilhando com eles sua comida. Depois de algum tempo, os alimentos ofertados podem ser colocados sobre a terra.

EXERCÍCIO 96
Cozinhando na Presença dos Ancestrais

Tenha uma vela vermelha para representar seus ancestrais sobre o seu altar de cozinha. Sempre que for preparar ou consumir uma refeição e quiser fazer isso na presença dos antepassados, acenda-a com uma prece e visualizando que eles se aproximam de você. Se desejar, faça pequenas oferendas de alimento em seu altar para partilhar com eles da refeição.

Ao encerrar, faça uma prece de agradecimento e apague a vela.

CULINÁRIA MÁGICA E A RODA DO ANO

A seguir, veja alguns dos pratos que podem ser preparados em cada Sabbat para compor refeições mágicas e fazer com que internalize a essência de cada uma das estações. Essas são apenas sugestões iniciais para que você possa se aventurar pela arte da culinária mágica. Ao longo do tempo, experimente diferentes receitas e componha o seu próprio cardápio sazonal em seu livro mágico de receitas.

PRATOS TÍPICOS PARA CADA SABBAT

Sabbat	Bebidas	Comidas
Yule Solstício de Inverno	Bebidas de inverno, como vinho quente e rum. Bebidas temperadas com especiarias. Gemada.	Bolo-tronco (rocambole decorado). Biscoitos de gengibre. Pães ou bolos com frutas cristalizadas ou nozes. Pratos com amendoim. Sopas e caldos variados. Carne assada.
Imbolc Véspera de Agosto	Leite temperado com mel e especiarias. Vinho branco.	Alimentos brancos, como frutas e pães trançados (símbolo de Brigit). Alimentos feitos à base de leite, como bolos e queijos. Pratos de carne branca. Arroz doce. Canjica.
Ostara Equinócio de Primavera	Água aromatizada com flores comestíveis ou cítricas.	Saladas verdes com folhas e legumes da estação. Receitas à base de flores. Carne de coelho. Antepastos de ervas. Doces e sobremesas açucaradas. Diferentes preparados de ovos. Ambrosia.
Beltane Véspera de Novembro	Vinho temperado com morangos e afrodisíacos. Ponche de vinho.	Pratos picantes. Afrodisíacos. Carne assada com molho de ervas da estação. Carne de caça. Receitas à base de frutas vermelhas. Bolos de aveia ou cevada. Pratos com chocolate ou morangos.
Litha Solstício de Verão	Bebidas geladas solares, como sucos de frutas amarelas ou alaranjadas. Hidromel.	Bolo de laranja. Mousse de maracujá. Pão de mel. Pão com ervas solares. Saladas de frutas. Vegetais frescos. Batatas assadas com ervas.

Lammas **Véspera de** **Fevereiro**	Bebidas à base de cevada.	Alimentos à base de grãos e cereais, como pães e bolos. Receitas com milho. Carnes temperadas com molho de castanhas. Sopa de cogumelos. Arroz de grãos.
Mabon **Equinócio de** **Outono**	Cidra. Vinho tinto ou suco de uva. Chás.	Bolo de frutas com especiarias. Receitas à base de maçã. Pratos à base de batatas. *Cinnamon rolls.* Receitas com creme de avelãs e castanhas.
Samhain **Véspera** **de Maio**	Sucos de fruta da estação. Cidra.	Bolos, tortas ou purê com abóboras ou maçãs. Sementes de abóbora torrada. Carnes vermelhas. Pratos preparados com leguminosas, como batata e cenoura. Receitas típicas dos seus ancestrais.

∽ Capítulo Treze ∾

O Inverno da Alma e as Crises Espirituais

Não pode haver renascimento sem uma
noite escura da alma, uma total aniquilação
de tudo o que você acreditava e pensava ser.

- Inayat Khan

Uma espiritualidade que abrace a totalidade da natureza não pode ser uma teologia da felicidade. Em nossa jornada espiritual, em algum momento devemos nos confrontar com a difícil pergunta: "por que estou em um caminho espiritual?". Como nos mostram as tradições religiosas e filosóficas mais variadas já criadas pela humanidade, qualquer caminho em direção à integração do ser e à elevação da consciência nos apresentará difíceis desafios para serem transpostos. É mediante às crises, medos, perdas e rupturas que a estagnação de nossa consciência pode ser rompida para que novos saberes sejam integrados. As crises não são apenas parte da jornada; elas devem ser esperadas, e até mesmo desejadas, por todo aquele que espera se desenvolver espiritualmente.

Quanto mais profundas forem nossas aspirações ao trilhar um caminho espiritual, mais densos serão os desafios encontrados – o que foi expresso mitologicamente muito bem em toda história sobre o herói que busca descer ao Submundo para encontrar seus tesouros ocultos. Um verdadeiro herói só pode ser feito por intervenção de atos de heroísmo – e, se desejamos sermos heróis de nossa própria jornada espiritual, desvelando os segredos e dádivas dos Deuses Antigos, devemos estar dispostos a passar por terríveis testes e provações. Uma alma que não cultiva certo apreço pelo sofrimento jamais poderá encontrar profundidade espiritual, pois viverá sempre na superfície luminosa e será incapaz de descer pelas vias tortuosas que apenas os aspectos mais terríveis dos Deuses são capazes de nos oferecer.

Dizer isso pode soar excessivamente negativo – cultivar apreço pelo sofrimento é algo que num primeiro momento soa muito diferente da filosofia Pagã de sacralizar o prazer, buscar pela satisfação e alegria da vida, encarar o mundo de maneira positiva e buscar no amor e no êxtase o encontro com o sagrado. Mas a Espiritualidade da Terra reconhece a sacralidade do mundo tanto nas colheitas abundantes como no terremoto; na saúde e alegrias da vida, mas também no adoecimento e nos terrores da morte. Somos ensinados a abraçar todas as etapas dos ciclos da vida, tanto as claras como as escuras, e a Roda nunca para de girar, convidando-nos a experimentar todas as possibilidades que os Deuses nos proporcionam.

Cultivar um apreço pelo sofrimento não significa desejá-lo, ou buscá-lo; não significa fugir da alegria e do prazer. Significa, na verdade, compreender que é impossível viver *apenas* a felicidade, assim como é impossível permanecer para sempre no verão. Quando nos apegamos a estes ideais, esquecemo-nos de que a mudança e a impermanência de todas as coisas é um conceito que está na base de qualquer tradição espiritual da Deusa, que vê no movimento das fases da Lua e das estações do ano os tempos de luz e escuridão. Cultivar apreço pelo sofrimento, neste sentido, é uma oportunidade de entender que tudo, até mesmo os momentos mais difíceis, são experiências que podem nos trazer mais consciência a respeito da Unidade que, para muitos de nós, é a Deusa. Saber apreciar o sofrimento é enxergar em cada dor da vida o rosto da Grande Mãe como a Iniciadora, ou do Deus de Chifres como o Guardião do Portal.

Se formos fortes o suficiente para penetrar em seus domínios e abraçar suas penosas experiências, então poderemos ser abençoados com o bálsamo da sabedoria que é capaz de curar o coração; se não formos corajosos o bastante para isso, então nossa espiritualidade se transformará em mero lazer, passatempo e distração, enquanto as dores do mundo continuarão a nos arrastar e a partir nosso coração, afinal, a vida não espera que estejamos prontos ou disponíveis para viver aquilo que a Roda tem para nós. Não temos verdadeiro controle sobre a totalidade de nosso destino, mas podemos escolher a atitude que assumimos perante as crises que a vida nos apresenta.

Um bom Pagão, alguém que busca escutar a voz da Terra e caminhar de acordo com a sua sabedoria, deve aprender a reconhecer os momentos da vida em que os Deuses Antigos nos confrontam com desafios, que devem ser encarados como oportunidades de crescimento e aprendizado; e talvez uma das mais difíceis lições que a Grande Mãe nos reserva é aprender a amá-la em seus aspectos mais terríveis também.

Se você se dedicar ao culto de Ísis, por exemplo, não vai conhecer apenas as maravilhas da Senhora da Cura ou da Deusa da Magia; mas também a profunda dor pela perda de Osíris. Vai precisar vagar pelos quatro cantos do mundo derramando lágrimas de agonia para encontrar todos os seus pedaços. Para se dedicar a qualquer culto de uma deidade do amor, é preciso também conhecer o ciúme, o amor que destrói, o amor que faz sofrer – porque todas essas também são experiências da Senhora do Amor, descartar uma delas seria negar a Totalidade.

A busca pela consciência da totalidade é incompatível com uma busca pela experiência exclusiva da felicidade – e é a nossa disposição para enfrentar os aspectos sombrios das deidades que desejamos cultuar, apesar do sofrimento que isso pode nos proporcionar, que define verdadeiramente o que é um Sacerdote ou uma Sacerdotisa, porque a raiz do termo "Sacerdócio" está em servir, e não em ser servido. O verdadeiro e mais profundo sentido do Sacerdócio não pode ser experimentado em rituais formais de iniciação ou cursos de um fim de semana para que você receba uma ordenação; ele é um exercício diário, um ato de amor e de sacrifício a algo maior, que está além de nosso próprio ego ou bem-estar.

Nenhum ritual, por mais formal ou tradicional que seja, vai proporcionar a você as experiências da verdadeira iniciação substancial da alma, que só pode ser obtida pela atitude correta perante a vida que estes rituais visam induzir – e é por isso que, em última instância, toda Bruxaria é solitária. Ninguém pode trilhar o caminho por nós.

A Deusa Negra e a Sombra da Lua

A Deusa muitas vezes é descrita como Tríplice, percebida por seus três aspectos – Donzela, Mãe e Anciã. Quando comparados à Lua, esses aspectos dizem respeito a sua porção luminosa: as Luas crescente, cheia e minguante, respectivamente. Porém, há um quarto aspecto da Deusa, menos conhecido, que chamamos de "Deusa Negra", equivalente ao momento do céu em que a Lua se torna invisível – o Novilúnio, a Lua nova ou negra. Às vezes a Deusa Negra é identificada e descrita como a própria Anciã, mas ao olharmos para as muitas mitologias pré-cristãs, onde a figura da Deusa se desenvolveu, encontraremos Donzelas Negras e Mães Negras também. Isso nos faz entender que a Deusa Negra abarca a totalidade da própria Deusa em suas três formas, como a sombra oculta que é projetada a partir de seus três aspectos luminosos.

Mas quem é a Deusa Negra? Ela é a Lua completamente obscurecida pela sombra da Terra e, por isso, Ela é a Senhora da Sombra, tanto pessoal como coletiva, que guarda a face obscura de cada um de nós, de cada povo e da própria humanidade. É a Deusa que trata de temas que nos são desagradáveis e que preferimos evitar, porque nos causam dor e sofrimento. Ela é a Senhora da morte, do adoecimento e de todas as pragas, e também da putrefação, da sexualidade, da violência, da agressividade, da vingança, do ódio, inveja e ciúme, Todos os temas que são considerados tabus, dos quais somos ensinados a fugir e reprimir (ou seja, que são retirados da luz da consciência), pertencem ao seu escuro domínio. Se a Deusa representa a totalidade da vida, seu aspecto sombrio guarda tudo aquilo que é evitado.

A Sombra também é o domínio criativo de todos os potencias rejeitados para nossas consciência. Por isso, o difícil trabalho de contemplação interior da Sombra também abre para nós um potencial energético de criatividade e potencialidades que não estariam disponíveis de outra maneira.

De um monto de vista tealógico e mitológico, chamamos pelo título de "Deusas Negras" todas aquelas deidades femininas cuja mitologia central trata de tais temáticas, ou as deidades que estão diretamente ligadas ao processo da morte e ao Mundo Inferior, conduzindo ou guardando as almas dos mortos nesse domínio. São exemplos de Deusas Negras largamente conhecidas hoje em dia Morrighan, Cailleach, Lilith, Kali, Cerridwen, Ereshkigal, Perséfone e Hécate, por exemplo.

A Deusa e os Aspectos Obscuros da Alma

É importante enfatizarmos aqui que escuridão não tem qualquer relação com o mal, e que não envolve simplesmente as experiências de sofrimento e de dor, mas também dos aspectos criativos do nosso ser que permanecem inacessíveis ou ocultos para nós. Seu título, Deusa Negra, remete à palavra *necro*, que significa "morte", e origina outros termos como "necrópole" e "necromancia". Seu principal símbolo, a escuridão, é uma referência à ausência de luz, que significa a ausência de consciência e de percepção. Os domínios da morte sempre foram descritos como escuros, e quando pensamos sobre a maioria dos mitos de Criação da humanidade, todos relatam um estado primordial de escuridão – o ventre da Deusa Negra. As histórias sobre a criação do mundo costumam envolver também o surgimento da luz – da consciência. Portanto, os domínios da Deusa Negra guardam tudo aquilo que a luz normalmente é incapaz de tocar, e que nossas mentes se esgueiram para não abraçar.

Todos temos um lugar escuro dentro de nós. Esse é o templo interior onde a Deusa Negra permanece entronizada. Externamente, ela reina em todos os lugares de isolamento, exílio e sofrimento: os cemitérios que construímos para guardar e esconder a morte, nas prisões onde colocamos todos aqueles que nos lembram do potencial sombrio de toda a humanidade, nos manicômios que abrigam os loucos e desajustados, nos orfanatos que reúnem os abandonados.

Ela é a Senhora dos Fantasmas, da Noite Escura da Alma, da dor do luto. Ouvimos o lamento da Deusa Negra no choro da mãe que assiste a morte de um filho e conhecemos sua face ao vermos nossos entes queridos serem tomados por doenças graves, sofrendo e sucumbindo até a morte. É a Deusa que vive em nossos traumas mais profundos, nas feridas da alma, em nosso desespero. Sua voz se faz ouvir em nossos choros soluçantes, quando acreditamos não haver mais esperança, quando a dor em nosso peito é maior que qualquer outra coisa. Cada lágrima derramada em segredo emerge de seus domínios sombrios. Ela é o terrível lampejo de libertação que brilha nos olhos de um suicida antes de seu ato final. Ela é cada criança que morre de fome. Você já se encontrou com a Deusa Negra? Ela nunca deixa dúvidas de sua presença.

A Deusa Negra e a Cura Interior

Mas a Deusa Negra também é fonte de muito amor, pois como Rainha dos reinos sombrios, onde há sofrimento, ela se torna também a Confortadora e nos ensina a compreender esses elementos como parte do Corpo da Deusa, que é a própria natureza, e nos desafia a enxergar o mundo para além da visão maniqueísta de bem ou mal. Entretanto, isso não torna os encontros que temos em nossa vida com a Deusa Negra mais fáceis ou menos dolorosos. Ela nos convida à aceitação de que a dor é parte da vida, e que existem ensinamentos e processos de crescimento que só podem ser provocados pelas experiências desagradáveis. Como a destruidora dos limites e barreiras, a Deusa Negra também é a desobediência e a transgressão. Todos os renegados e oprimidos são seus filhos amados, a quem ela devolve poder e liberdade nas sombras da noite. Ela também é a Deusa da magia, das profecias, do contato com mortos e da transformação profunda da realidade.

O culto à Deusa Negra é de integração, pois nos leva ao reconhecimento de nossas próprias parcelas sombrias. Ela é fundamental ao nosso trabalho de autoconhecimento, pois além de revelar aspectos desagradáveis de nós mesmos, ela nos proporciona cura profunda. A Deusa Negra é a guardiã de todas as partes de nós que são negadas, reprimidas, odiadas e esquecidas e, por isso, o caminho dela é de retorno à totalidade. Diante da luz, todas as diferenças são reveladas, mas na escuridão, nossas partes mutiladas podem ser reunidas e feitas inteiras mais uma vez – por trás do seu véu da morte, tão temido, oculta-se sua maior dádiva para nós: a regeneração. O túmulo escuro da morte que engole os cadáveres é o mesmo solo fértil que faz germinar as sementes. Ela é o vaso alquímico onde a alma pode ser curada.

A Deusa Negra também é guardiã dos portais da verdadeira iniciação da alma. Se o caminho iniciático é um processo de morte e renascimento, ele só pode acontecer por meio da experiência provocada pelo contato com a Sombra. Mas nossa personalidade luminosa é orgulhosa; ela não deseja perder seu lugar de controle e destaque, e fará de tudo para manter a sua soberania.

Em nossa busca pela Deusa e sua totalidade, não devemos fugir do confronto com os domínios sombrios da psique humana. Por isso não tentamos apaziguar a Deusa Negra e fugir dela quando se apresenta; não criamos tabus sobre o seu culto, amedrontados pela pronúncia de seus nomes. Nós nos erguemos e a encaramos, pois a Deusa Negra é a mesma Donzela que dança na primavera, a Mãe abundante que nos nutre e nos abençoa, a Anciã sábia que compartilha seus dons e sabedoria. Essa é a face da Deusa que ergue diante de nós o Espelho Negro de nossas máculas, as quais lutamos tanto para não enxergar, e de tudo em nós que lutamos para fugir. Porém, nos domínios da Deusa Negra não pode haver resistência – apenas entrega.

EXERCÍCIO 97
Contemplação da Lua Negra

Você pode fazer desta prática uma etapa de seus próprios rituais de Lua nova, ou realizá-la quando desejar saudar, honrar, harmonizar-se, contemplar ou pedir as bênçãos da Deusa Negra. Isso é melhor realizado em um ambiente escuro.

Acenda uma vela branca ou vermelha, representando a luz do luar, e contemple-a por alguns instantes. Respire profundamente e, de olhos abertos, vendo o céu noturno acima de você (se estiver em um ambiente externo) ou de olhos fechados, conecte-se à sua imensidão pela visualização (se estiver em um ambiente interno). Abra-se à presença da Deusa Negra e, mentalmente ou em voz alta, determine a sua intenção pessoal para a prática. Então, usando a luz da vela para ler, entoe a seguinte saudação:

PRESTAI ATENÇÃO, Ó FILHOS DA TERRA:
A NATUREZA ESTÁ SEMPRE COM FOME.
O TEU VENTRE A TUDO DÁ VIDA;
E TUA BOCA A TUDO CONSOME.

TERRÍVEL MÃE NEGRA DO PORTAL DA MORTE,
SILÊNCIO DO TÚMULO E ESCURIDÃO.
CAVERNA SOMBRIA, LAMENTO DA NOITE,
ÁGUAS ESCURAS NO SEU CALDEIRÃO.

TERRÍVEL MÃE NEGRA QUE ABRAÇA O MUNDO,
SENHORA DOS TÚMULOS, MÃE DO FINAL.
SENHORA DOS MORTOS E DAS DESPEDIDAS,
NO VENTRE ESCURO DA SOMBRA ABISSAL.

MÃE DAS DORES, MÃE DO SOFRIMENTO,
MÃE DO DESESPERO, MÃE DA AFLIÇÃO.
MÃE DAS LÁGRIMAS, MÃE DO LAMENTO,
SILÊNCIO PROFUNDO DA DESOLAÇÃO.

MÃE DO EGOÍSMO, A LIMITADORA,
MÃE DAS CORRENTES E DA CASTRAÇÃO.

Senhora da fome, mãe devoradora,
Mãe do abandono e da solidão.

Mãe das doenças e dos adoecidos,
Mãe da guerra e dos abandonados.
Mãe dos condenados, mãe dos feridos,
Mãe do infortúnio e dos assassinados.

Terrível mãe negra que habita em nós:
Mãe dos assombros, mãe do temor.
Mãe das perdas, mãe da mentira,
Senhora dos vícios, senhora da dor.

Sede insaciável de sangue do solo,
Faca do sacrifício, ferida fatal.
Oceano que engole o brilho do sol,
A promessa de início a cada final.

Ao finalizar a saudação, apague a chama da vela e permaneça em contemplação na escuridão, abrindo-se para as imagens, sensações, ideias, lembranças, sentimentos ou impressões que possam chegar até você no momento.

Quando desejar encerrar, acenda mais uma vez a chama da vela, contemple por alguns instantes a sua luz e abençoe-se com o seu brilho.

A Noite Escura da Alma

Oh! noite que me guiaste,
Oh! noite mais amável que a alvorada

Oh! noite que juntaste
Amado com amada,
Amada já no Amado transformada!"

João da Cruz

Algo que sempre considerei muito belo na Arte e que me fascina cada vez mais ao longo do tempo é a sua capacidade de ocultar uma profundidade inesgotável de sabedoria e conhecimento por trás de sua aparente simplicidade, fazendo com que a experiência de seus praticantes e iniciados seja definida muito mais em termos de sua própria disposição pessoal interior do que pelas expectativas pré-estabelecidas de um único caminho.

Um exemplo disso é nossa Roda do Ano, que de um ponto de vista exterior e exotérico trata dos ciclos agrários de plantio e colheita, calor e frio, luz e escuridão, ou mesmo das diferentes fases da vida humana, desde o nascimento em Yule até a morte em Samhain, e ainda de todos os aspectos psicológicos associados a cada estação do ano, que nos ensinam a viver melhor, mostrando que há um tempo para sonhar e outro para plantar, um tempo para trabalhar duro e outro para festejar, um tempo para relembrar e outro para se despedir e esquecer.

À medida que celebramos os Sabbats repetidas vezes, temos a oportunidade de nos harmonizarmos com os ritmos internos e externos da vida, que nunca se torna estagnada quando é vivida de acordo com o giro constante da própria Roda do Ano, sempre em movimento. Mas ainda, para além de tudo isso, há aspectos esotéricos, místicos e experiências espirituais poderosas que estão ocultas – mas muito bem descritas – no simbolismo de cada um de seus rituais. Nesse sentido, a escuridão caótica representada pelo período que vai do Solstício de Inverno até a festa das luzes e da purificação no Imbolc, culminando com o plantio das sementes no Equinócio de Primavera, mimetiza um difícil e doloroso processo com o qual eventualmente qualquer praticante de uma tradição espiritual vai se deparar: a *noite escura da alma*.

Quando começamos a praticar a Arte, somos apresentados a um novo mundo de mistério e magia, e uma nova realidade parece se abrir diante de nós, provocando um impulso para aprender e praticar. No início, há uma experiência de fascínio – sentimos que encontramos nosso caminho e que voltamos para casa. E também entramos em contato com nosso poder pessoal, e passamos a ganhar uma nova percepção sobre a realidade. Mas quando a Arte é vivenciada não apenas como uma atividade social ou caminho psicológico, reforçando nosso senso de identidade pessoal, mas também como um caminho místico, sua dança vai acabar fazendo com que nossos pés cruzem os limites daquilo que chamamos de "Eu" para que possamos vislumbrar a totalidade daquilo que chamamos de "Deuses". Isso pode parecer delicioso à primeira vista, mas não é bem assim.

Essa visão mística do sagrado pelos olhos humanos foi descrita por membros de todas as tradições espirituais do mundo, tanto como um êxtase arrebatador quanto como uma experiência esmagadora, destruidora e extremamente dolorosa. A mitologia Pagã dos gregos antigos, por exemplo, nos dá um indício claro dessa experiência quando nos conta que se um humano ficasse diante da verdadeira face de uma deidade, tal visão seria tão gloriosa que o fulminaria instantaneamente; as tradições iniciáticas do Tantra oriental, da mesma maneira, descrevem o despertar para a consciência divina no interior do seu praticante como *Saktipata*, "a Descida do Poder", que pode acontecer em variados graus de intensidade, sendo que o mais elevado deles provoca a morte instantânea.

Felizmente, as tradições místicas nos conduzirão paulatinamente pelas experiências de transformação da alma, e nos permitirão experimentar esses processos de maneira mais segura. Na Bruxaria, os ciclos de escuridão e luz são muito importantes e ritualmente marcados ao longo da Roda do Ano. Eles representam também os processos interiores de inconsciência e consciência, dissolução e forma, submergir e emergir, o prazer e a dor – o *solve et coagula* dos alquimistas. Da mesma maneira como a semente plantada precisa apodrecer na escuridão da terra e abandonar suas cascas para que possa crescer e se transformar em uma nova planta, nós também devemos *morrer em vida* e atravessar as limitações de nossas próprias cascas se quisermos nos elevar como uma bela planta em direção ao sol.

É essa experiência de morte em vida que é conhecida como "a noite escura da alma", um período marcado por dúvidas, isolamento e desespero. Quando nos deparamos com a noite escura da alma, vemo-nos em um período de desinteresse pelas práticas espirituais, como se elas perdessem seu significado e efeito sobre nós. Não nos sentimos mais conectados a uma força superior, muito pelo contrário; ao invés disso, somos tomados por um profundo sentimento de abandono, isolamento, descrença, aridez e esterilidade. Questionamos as motivações para continuar, e muitas vezes podemos, inclusive, ser tomados por um impulso para desistir e abandonar o caminho. Tudo isso fez com que muitos religiosos descrevessem essa experiência universal como um tipo de *depressão espiritual.*

No entanto, de modo contraintuitivo, a noite escura da alma não é um processo ruim, apesar de ser percebida como uma experiência aterrorizante para a consciência que mergulha nela pela primeira vez. Trata-se de um período necessário para que possamos continuar progredindo em nosso caminho, e acontece não apenas uma, mas diversas vezes ao longo da jornada – na verdade, é uma experiência impulsionada, com intensidades diferentes, a cada Roda do Ano por nossos rituais. Assim como cada ciclo de estações precisa de um período sombrio para renovar a potência da terra, o mesmo acontece com nossas almas. Sem um período de apodrecimento, a fertilidade – da terra e da alma – se perde. E é exatamente assim que nos sentimos ao longo desses períodos: parece que algo em nós está se desmanchando e apodrecendo.

É o nosso grau de apego àquilo que precisa morrer que vai determinar o quão doloroso esse processo será. Além disso, as diversas experiências de *noite escura* ao longo de nossa vida mágica podem vir com diferentes intensidades, mas há basicamente duas vias para o ingresso nesse estado de espírito, e que foram muito bem descritas alquimicamente como VIA SECA e VIA ÚMIDA.

A VIA SECA é uma operação do elemento Fogo, mais abrupta e potente, bastante rápida. Ela é vivenciada por nós nas grandes crises, perdas, desilusão e rompimentos da vida. São experiências que vão desafiar nossa visão de mundo e nos convocar para que possamos amadurecer nossa visão sobre os Deuses, deixando de vê-los simplesmente como figuras paternalistas amorosas e "de pura bondade", para entendê-los como potências da natureza, capazes também de destruir – afinal, a destruição causada pelo furacão, a erupção do vulcão, o terremoto e a tempestade também são os Deuses. É muito fácil amar a Deusa da Primavera ou o gentil Senhor das Colheitas. Mas somos capazes de amá-los sabendo que eles também são a doença, a destruição e a morte?

Já a VIA ÚMIDA é uma operação alquímica mais lenta, longa e controlada, que acontece no interior de um recipiente fechado (o Círculo Mágico das Bruxas?), onde a matéria-prima – a alma – é cozida lentamente. Trata-se de um processo espiritual íntimo, que começa "longe dos olhos", ou seja, sem que a própria consciência se dê conta dele. É isso que as tradições místicas visam provocar em seus adeptos: um processo de refinamento e transformação interna, que nada tem a ver com discursos pseudopsicológicos ou ferramentas de autoajuda e autossugestão do esoterismo popular.

Aqui, devemos lembrar que uma das possíveis etimologias que os praticantes de Wicca usam para definir sua religião está associada à ação de GIRAR, DOBRAR, MOLDAR – porque é isso que fazemos com nossa própria personalidade, o delicado trabalho de talhar e revelar a forma interior oculta, como faz um hábil artesão com sua matéria--prima, ou a semente ao abandonar suas cascas. Bruxaria, *Witchcraft*, é a Arte dos Sábios, e "Arte" no sentido de Ofício, manual e prático. Nosso Ofício é ilustrado tanto pela imagem do artesão quanto pela própria agricultura, a arte de trazer para o mundo a imagem interna impressa no núcleo de cada semente.

Mas para que a semente da sabedoria possa germinar, primeiro a terra deve ser feita fértil; para que o gérmen dos Deuses possa aflorar em nós, o solo da vida humana deve ser fertilizado mediante o apodrecimento de partes da nossa própria personalidade. Isso é necessário porque, como seres sociais, não vivemos nossa vida com base na verdade de nossa própria alma; desde muito cedo somos bombardeados com as expectativas do mundo, e a maneira como respondemos a elas nos trazem experiências de amor e rejeição, prazer e desprazer.

Com isso, construímos uma máscara de dois lados, externa e interna, que encobre o nosso verdadeiro rosto. Nos esquecemos de quem somos. É esse "eu" socialmente construído com base em nossas experiências com o mundo que deve apodrecer para que nossa natureza sagrada possa de fato germinar.

O caminho iniciático é um chamado para contemplarmos nossa própria essência divina, mas para que possamos nos "vestir de céu", devemos primeiro nos despir da ficção de nossa personalidade, que está estruturada ao redor de nosso nome civil. Por isso, em tantas tradições místicas diferentes ao redor do mundo, o iniciado recebe um novo nome: essa é uma maneira de criar um distanciamento entre a consciência e a máscara social da personalidade que, colada em nosso rosto, oculta nossa verdadeira face – o infinito.

Enquanto permanecemos identificados a essa máscara da personalidade, a experiência de descolamento do Eu será experimentada por nós como uma morte e aniquilação, pois ainda somos ignorantes de que, por baixo dela, há um rosto esperando para ser visto: a face dos Deuses. Isso quer dizer que seremos resistentes, e essa experiência será temida. Como toda máscara, ela tem dois lados: um que mostramos para o mundo, nossa "personalidade social", mas também uma camada mais interna, vista apenas por nós: nossa própria autopercepção, nossos pensamentos e sentimentos, aquilo que verdadeiramente acreditamos ser.

Quando Bruxos ingressam em seus Círculos usando um nome mágico, estão fazendo um esforço para descolar essa máscara ilusória de seus rostos, de modo que possam participar dos dramas divinos que acontecerão ali, ocultos do olhar curioso e profano do mundo. A noite escura da alma e as crises do caminho espiritual são, portanto, uma etapa dolorosa, porém necessária de nossa busca pelo sagrado.

E engana-se quem acredita que ela acontece apenas uma vez, ou mesmo que deixa de acontecer ao longo da vida – como somos também seres sociais, precisamos de um rosto que nos diga quem somos no mundo. Na verdade, retirar a máscara é apenas metade do caminho. Enquanto seres que vivem em um mundo físico, é impossível permanecer sem ela. O que fazemos, então, é MOLDAR, DOBRAR, GIRAR – talhar uma nova máscara, mais verdadeira e parecida com a visão interior sobre nossa própria natureza íntima. Não importa quão maravilhoso seja o verão; ele terminará, e o inverno será necessário para permitir uma nova primavera. As *noites escuras da alma* só cessam se deixarmos de viver nossa religião como um caminho genuinamente espiritual e íntimo para experimentá-la como um mero evento social, o que vai reforçar a máscara colada em nosso rosto, as cascas de nossa semente, ao invés de nos auxiliar a removê-las.

É aqui que muitas pessoas abandonam o caminho espiritual e desistem, ou optam por permanecer na superfície, longe da escuridão do interior da terra. A única maneira de se evitar os invernos da alma é deixando de girar a Roda do Ano; a prática dos nossos Sabbats é uma das ferramentas que impede que isso aconteça. Se cada *noite escura da alma* é parte do processo de transformação espiritual, ela deve ser acolhida, e não negada.

Porém, apesar de não cessarem, as *noites escuras* podem se tornar mais familiares para nós. Aprendemos a conviver com elas e entendemos os seus processos. Com o passar das Rodas do Ano, tornamo-nos "sementes mais experientes" e podemos desapegar mais rapidamente de nossas cascas, permitindo que assim a Roda gire e os momentos luminosos possam retornar. Na *noite escura*, regressamos ao útero

O Grimório da Magia Natural

sombrio da Deusa e aguardamos para um novo nascimento; e mesmo que sejamos incapazes de ali contemplar sua face, entregamo-nos ao seu abraço, como faz o Louco ao seguir seu chamado. Todo místico é um Louco; todo Bruxo deve aprender a se entregar em amor e confiança irrestritos à dança de luz e sombras da Grande Mãe.

Atravessando a Noite Escura da Alma

Não há um caminho único ou uma solução universal para se atravessar a *noite escura*. Cada um deverá encontrar a sua própria maneira de passar por ela. Mas essas são algumas sugestões que podem ajudar a dar um contorno e sentido para essa experiência:

Trabalhe com o Diário Mágico: esse é um momento de grandes questionamentos, quando diferentes aspectos da nossa vida parecem perder sentido. Diversas perguntas vêm à nossa mente, muitas vezes questionamentos para as quais não temos respostas. Use o seu Diário Mágico para registrar as perguntas, sentimentos e ideias que vierem à sua mente ao longo desse processo. Registre os seus anseios, medos, dúvidas, ou qualquer outra coisa que sinta a necessidade. Isso pode ajudar você a dar uma forma e a enxergar alguns limites para essa experiência, além de aliviar a tensão mental e emocional.

Mantenha uma prática de contemplação: é muito comum que nesses períodos experimentemos um grande sentimento de desmotivação em nosso caminho espiritual, sentindo necessidade de nos afastarmos das práticas, que muitas vezes até parecem não fazer sentido. Mas persistir nelas é algo que pode nos ajudar a trazer de volta um sentimento de integridade ao nosso ser. Quando continuamos a nos expor aos símbolos, internalizamos essas imagens e podemos integrá-las a nós. Isso faz com que não permaneçamos estagnados na paralisação temporária da noite escura – impulsionamos a Roda para que esta fase possa passar.

Se expresse criativamente quando sentir necessidade: é comum que em algum momento do processo da noite escura tenhamos uma explosão criativa, de algum modo. Isso acontece porque estamos mais receptivos às imagens produzidas pela alma, e que em um estado "comum" de consciência são menos acessíveis. Se sentir um impulso de criatividade, encontre uma maneira de colocá-lo para fora – escrevendo, desenhando, pintando, compondo, falando, ou da maneira que funcione melhor para você. Também é importante prestar atenção redobrada aos sonhos durante esse processo, que poderão se tornar exaustivamente intensos, ou então completamente escassos.

Converse sobre o processo com outras pessoas: poder dividir experiências com outras pessoas que compartilham de uma visão de mundo semelhante nos ajuda a compreender que os processos de crise também são coletivos. Podemos aprender com as vivências de outras pessoas, ou ao menos nos confortar ao saber que há um sentido nas experiências dolorosas.

Respeite o seu próprio movimento interior: quando sentir necessidade de se isolar e de tirar algum tempo para si, longe das agitações do mundo exterior, faça isso. Saiba que os processos de crise não se resolvem da noite para o dia, e não há soluções mágicas para que isso aconteça. Aprenda as lições que os sentimentos negativos têm para ensinar, e seja gentil com você mesmo.

Lembre-se do início do seu caminho: ao se sentir desmotivado, lembre-se do que trouxe você a esse caminho e do maravilhamento que sentiu nas experiências passadas. Por mais que nada pareça fazer muito sentido nesse momento, lembre-se de que nem sempre foi assim. A natureza é cíclica, nada é eterno, inclusive os períodos de crise. Conecte-se à sua busca original e aos ganhos que o caminho trouxe a você para encontrar um senso de propósito, e saiba que os processos dolorosos também são conduzidos e guiados pelos Deuses.

O que desaparece não são os Deuses, mas nossa velha compreensão sobre nós mesmos e sobre quem eles são. Faz parte da natureza humana querer explicar, rotular e definir todas as coisas, e com os

Deuses não é diferente. Apesar de a Bruxaria compreender os Deuses como imanentes e manifestados na natureza, o que eles realmente são será sempre um Mistério, o Incognoscível, e quando as nossas próprias definições sobre eles parecem perder o sentido, é como se os Deuses tivessem desaparecido da nossa vida.

Mas eles ainda estão lá – na luz pálida do luar contra o céu noturno, nos raios dourados do sol que beijam a grama verde, na semente que germina e no fruto maduro que apodrece. Eles estão lá, olhando e sorrindo para nós, para que a cada nova venda retirada dos nossos olhos, possamos encontrá-los e reconhecê-los e amá-los de outra maneira. Assim como a Lua se torna negra e se oculta do mundo para poder renascer, ou como o Sol parece deixar de existir a cada anoitecer, os Deuses também parecem nos abandonar, mas só para que possam aparecer novamente e nos ensinar mais sobre quem são. Nada é imune aos ciclos da Natureza! E assim como a Lua e o Sol retornam após um tempo de escuridão, os Deuses também reaparecerão se formos fortes o bastante para persistir no Caminho.

Que a Terra, o Sol, a Lua e as Estrelas possam ser seus companheiros de jornada nos períodos de luz e escuridão, e que neles você encontre a sabedoria dos Velhos Deuses sendo sussurrada pelo som do vento e no fluir das águas de um rio que busca fundir-se à imensidão do oceano – o ventre da Mãe.

Palavras Finais

Para finalizar este livro, deixo um texto escrito por mim em uma de minhas noites de reflexão e contemplação. Que ele possa inspirar você a caminhar com autenticidade, manifestando no mundo a sua melhor versão, aquilo que apenas você é capaz de experimentar enquanto manifestação viva dos Deuses Antigos caminhando sobre o mundo.

Oferenda aos Deuses da Natureza

Quão bela e terrível é a condição humana, tão única em sua esplendorosa essência. A mais sublime das bênçãos concedidas pelos Deuses, mas também a mais maléfica de todas as maldições lançadas sobre a Terra. Pois veja — tudo o que existe já nasceu com um caminho muito bem tecido pelas fiandeiras do destino. O Sol não tem dúvidas de que deve se levantar para anunciar o dia e se deitar para trazer a noite; os astros celestes têm seus movimentos belamente traçados através dos céus, dançando harmoniosamente ao som da música das esferas. Já sabe a semente que deve brotar e crescer, já sabe o pássaro que deve alçar voo, já sabe a abelha que deve enamorar-se da flor para produzir o mel. Mas e tu, alma humana? Que função tu tens na vastidão do Universo? A luz da tua liberdade é deleite para o teu ser, ou agonia e sofrimento para o teu coração?

E perante os Deuses da natureza, os poderosos senhores e senhoras de toda a criação, que valiosa oferenda tu trazes, alma humana, para depositar sobre o velho altar de pedra do sacrifício? Saiba que tuas flores não servirão de oferenda. É da semente o mérito de ter descido até o abismo escuro no interior do solo, deixado as velhas cascas para trás, e então se elevado na forma do broto para desabrochar como encarnação da beleza. Tampouco teus grãos maduros servem de oferenda. É da planta o mérito de captar a essência luminosa do Sol e transfigurá-la em matéria, alimento para si, e então tornar-se fruto. Não precisam os Deuses de tuas libações de água pura, não precisam os Deuses do doce perfume do incenso, não precisam os Deuses do tremeluzir da chama das velas — afinal, tudo isso vem deles, e não de ti. São presentes deles para ti, e não o contrário.

Tolos são aqueles que acreditam poder comprar os Deuses com tais presentes; pois eles tudo conhecem e, portanto, a beleza da flor não poderá encobrir a feiura do teu espírito, nem o inebriante aroma do incenso poderá esconder a sujeira dos teus pensamentos. Não poderão as águas cristalinas substituírem a pureza do teu coração,

NEM O GRÃO MADURO OCULTAR A IMATURIDADE QUE TU INSISTES EM CULTIVAR EM TEU INTERIOR. TUDO ISSO TALVEZ SEJA INVISÍVEL AOS OUTROS, MAS NUNCA É INVISÍVEL AOS DEUSES. SE É A TUA CONSCIÊNCIA QUE TE TORNAS ÚNICO PERANTE TODOS OS SERES DA NATUREZA, É APENAS DELA QUE AS GENUÍNAS OFERENDAS PODERÃO VIR. POR ISSO, CURVA-TE HUMILDEMENTE ÀS MARAVILHAS DO MUNDO AO TEU REDOR E FAZ DA ÁGUA PURA, DA BELEZA DA FLOR, DO PERFUME DO INCENSO E DA IMACULÁVEL LUZ DO FOGO OS TEUS PROFESSORES NESTA VIDA.

ALMA HUMANA, DESPERTA! É ESSA A ÚNICA E SUBLIME OFERENDA QUE TU PODES DEPOSITAR POR TEU PRÓPRIO MÉRITO SOBRE O ALTAR DOS ANTIGOS DEUSES DA FLORESTA. DESNUDA-TE DAS MENTIRAS, LIBERTA-TE DOS GRILHÕES DO MEDO, ABANDONA AS CORRENTES DA CULPA QUE FORAM IMPOSTAS SOBRE TI E DESPERTA. TORNA-TE QUEM TU ÉS! APENAS OS QUE FECHAREM OS OLHOS VERÃO. APENAS OS QUE ENSURDECEREM OS OUVIDOS ESCUTARÃO. E APENAS OS QUE OUSAREM SE LEVANTAR DAS OPRESSORAS MARÉS DO MUNDO VISLUMBRARÃO O MISTÉRIO. COMO A SEMENTE, DEIXA AS CASCAS VELHAS PARA TRÁS. COMO O BRILHANTE FOGO, FAZ DA TUA LUZ TAMBÉM INCORRUPTÍVEL. COMO A FLOR, TORNA A TUA VIDA UMA MANIFESTAÇÃO VISÍVEL DA BELEZA INVISÍVEL. E COMO O MARAVILHOSO PERFUME DO INCENSO, ELEVA A TUA MENTE E DAQUELES AO TEU REDOR NA DIREÇÃO DE TUDO AQUILO QUE É JUSTO E BOM.

FAZ DA NATUREZA A TUA SACERDOTISA, E NUNCA — NUNCA TE CONTENTA COM O POUCO, COM A ESCASSEZ DO QUE A VIDA PODE SER, POIS, ESCASSA TAMBÉM SERÁ A TUA OFERENDA. LEMBRA: TU ÉS UMA CRIANÇA DA TERRA E DO CÉU ESTRELADO, E NÃO HÁ PARTE DE TI QUE NÃO SEJA DOS DEUSES.

SÓ ENTÃO, QUANDO A TUA ALMA DESNUDA E DURAMENTE LAPIDADA FOR COLOCADA SOBRE O ALTAR DA OFERENDA, EXIBINDO O SEU MAIS EXÍMIO POLIMENTO, TU PODERÁS OLHAR PARA ELA E VER REFLETIDA A TUA VERDADEIRA IMAGEM. E QUANDO ISSO ACONTECER, ENXERGARÁ NO BRILHO DOS TEUS PRÓPRIOS OLHOS OS DEUSES ENCARANDO-TE DE VOLTA UMA VEZ MAIS.

_____. *ABC da Bruxaria*. São Paulo: Gaia, 2002.

_____. *Coven: Criando e Organizando seu Próprio Grupo*. São Paulo: Editora Alfabeto, 2018.

_____. *Ritos de Passagem*: celebrando nascimento, vida e morte na Wicca. São Paulo: Gaia, 2006.

_____. *Ritos e Mistérios da Bruxaria Moderna*. São Paulo: Gaia, 2004.

_____. *Todas as Deusas do Mundo*. São Paulo: Editora Alfabeto, 2017.

_____. *Wicca para Bruxos Solitários*. Rio de Janeiro: Nova Era, 2005.

_____. *Wicca para Todos*. 2ª. ed. São Paulo: Editora Alfabeto, 2005.

_____. *Wicca: A Religião da Deusa*. São Paulo: Editora Alfabeto, 2012.

REED, Ellen Cannon. *A Cabala das Feiticeiras*: O caminho pagão e a árvore da vida. Rio de Janeiro: Bertrand Brasil, 2001.

REGULA, deTraci . *Os Mistérios de Ísis*. São Paulo: Madras, 2004.

REICH, Wilhelm. *A Função do Orgasmo*. 9ª. ed. São Paulo: Brasiliense, 1975.

RENDEL, Peter. *O Chakras: Estrutura Psicofísica do Homem*. São Paulo: Hemus, 1983.

RUSSEL, Jefrey Burton. *A História da Feitiçaria:* feiticeiros, hereges e pagãos, São Paulo: Campus, 1993.

SLATE, Joe H. *A Energia da Aura*. 9ª. ed. São Paulo: Pensamento, 2005.

STARHAWK. *The Earth Path: Grounding your spirit in the rhythms of nature*. Harper San Francisco, 2004.

_____. *The Pagan Book of Living and Dying*. São Francisco, EUA: Harper, 1997.

_____. *The Spiral Dance: A rebirth of the ancient religion of the great goddess*. New York, EUA: Harper & Row, 1979.

_____. *Truth or Dare: Encounters with Powers, Authority and Mystery*. San Francisco, EUA: Harper, 1988.

TIRET, Colette. *Auras Humanas: Onde o abstrato se cruza com o concreto*. 9ª. ed. São Paulo: Pensamento, 1993.

VALIENTE, Doreen. *Enciclopédia de Bruxaria*. 2ª. ed. São Paulo: Madras, 2009.

_____. *Witchcraft for Tomorrow*. Ramsbury Marlborough, Reino Unido: Hale, 1978.

VINCI, Leo. *A Magia das Velas*. 10ª. ed. São Paulo: Pensamento, 1995.

_____. *Incenso: Preparo, Uso e Significado Ritual*. 4ª. ed. São Paulo: Hemus, 1984.

WALKER, Barbara G. *A Velha: Mulher de Idade, Sabedoria e Poder*. Lavras: A Senhora Editora, 2001.

WRIGHT, Dudley. *Os Ritos e Mistérios de Elêusis*. São Paulo: Madras, 2004.

GREEN, Marian. *Magia para a Era de Aquário.* 9ª. ed. São Paulo: Pensamento, 1993.

_____. *Bruxaria Hereditária.* São Paulo: Gaia, 2003.

_____. *Os Mistérios Wiccanos.* São Paulo: Gaia, 2000.

HADOT, Pierre. *O Véu de Ísis.* São Paulo: Edições Loyola, 2006.

HALL, Judy. *Conhecimento Prático com Cristais.* São Paulo: Pensamento, 2013.

HARROW, Judy. *Devoted to You.* Canadá: Citadel Press, 2003.

HIGGINBOTHAM, Joyce; HIGGINBOTHAM, River. *Paganismo*: Uma introdução da religião centrada na terra. São Paulo: Madras, 2003.

HUTTON, Ronald. *The Triumph of the Moon: a history of modern pagan witchcraft.* Oxônia, Reino Unido: Oxford, 2001.

JONES, Evan John. *Feitiçaria: a Tradição Renovada.* 2ª. ed. Rio de Janeiro: Bertrand Brasil, 1994.

KNIGHT, Gareth. *Práticas e Exercícios Ocultos:* Portas para os quatro mundos ocultos. São Paulo: Hemus, 1984.

LASCARIZ, Gilberto de. *Ritos e Mistérios Secretos do Wicca.* São Paulo: Madras, 2010.

LELAND, Charles. *Aradia: O Evangelho das Bruxas.* 2ª. Ed. São Paulo: Madras, 2016.

LEVI, Eliphas. *Dogma e Ritual da Alta Magia.* São Paulo: Pensamento, 2017.

LIPP, Deborah. *Elements of Ritual.* Woodbury, EUA: Llewellyn, 2003.

_____. *O Poder Mágico.* São Paulo: Editora Alfabeto, 2018.

_____. *The Way of Four.* Woodbury, EUA: Llewellyn, 2004.

MAKHOUL, Georges A. *A Dimensão Misteriosa do Homem.* São Paulo: Hemus, 1987.

MARKHAM, Ursula. *Elementos da Visualização.* Rio de Janeiro: Ediouro, 1994.

MORRISON, Dorothy. *A Arte: O livro das sombras de uma Bruxa.* 2ª. ed. Rio de Janeiro: Bertrand Brasil, 2010.

MURRAY, Margaret. *O Culto das Bruxas na Europa Ocidental.* São Paulo: Madras, 2003.

_____. *O Deus das Feiticeiras.* São Paulo: Gaia, 2002.

NOWICKI, Dolores Ashcroft. *A Árvore do Êxtase*: Rituais de Magia Sexual. Rio de Janeiro: Bertrand Brasil, 1994.

_____. *Manual Prático de Magia Ritual.* São Paulo: Siciliano, 1989.

_____. *O Ritual na Magia e no Ocultismo.* São Paulo: Pensamento, 1990.

PAPUS, Gerard Anaclet Vincent Encausse. *Tratado elementar de magia prática.* São Paulo: Pensamento, 1995.

PENCZAK, Christopher. *Os Portais da Bruxaria.* São Paulo: Editora Alfabeto, 2021.

PRIETO, Claudiney. *A Arte da Invocação.* São Paulo: Editora Alfabeto, 2018.

CUNNINGHAM, Scott. *A Casa Mágica*. São Paulo: Gaia, 1999.

_____. *A Verdade sobre a Bruxaria Moderna*, São Paulo: Gaia, 1998.

_____. *Guia Essencial da Bruxa Solitária*, São Paulo: Gaia, 1998.

_____. *Magia Natural*, São Paulo: Gaia, 1997.

_____. *Spell Crafts*. Woodbury, EUA: Llewellyn, 2001.

_____. *The Magical Household*. Woodbury, EUA: Llewellyn Publications, 1996.

_____. *Vivendo a Wicca*, São Paulo: Gaia, 2003.

D`ESTE, Sorita; RANKINE, David. *Practical Elemental Magick*. Londres, Reino Unido: Avalonia, 2008.

_____. *Origens Mágicas da Wicca*. São Paulo: Editora Alfabeto, 2019.

DAVID, Rosalie. *Religião e Magia no Antigo Egito*. Rio de Janeiro: Difel, 2009.

DUNWICH, Gerina. *Os Segredos da Magia do Amor*. Rio de Janeiro: Bertrand Brasil, 1994.

_____. *Wicca: a feitiçaria moderna*. Rio de Janeiro: Bertrand Brasil, 2002.

EISLER, Riane. *O Cálice e a Espada: Nosso passado, nosso futuro*. São Paulo: Palas Athena. 2008.

ELIADE, Mircea. *O Sagrado e o Profano: a essência das religiões*. São Paulo: WMF Martins Fontes, 2008.

FARRAR, Janet; FARRAR, Stewart. *A Bíblia das Bruxas*. São Paulo: Editora Alfabeto, 2017.

_____. *A Deusa das Bruxas*. São Paulo: Editora Alfabeto, 2018.

_____. *O Deus das Bruxas*. São Paulo: Editora Alfabeto, 2018.

FAUR, Mirella. *Anuário da grande Mãe*. São Paulo: Editora Alfabeto, 2015.

_____. *O Legado da Deusa*. São Paulo: Editora Alfabeto, 2016.

FEDERICI, Silvia. *Calibã e a Bruxa*. São Paulo: Elefante, 2017.

FORTUNE, Dion. *A Cabala Mística*. São Paulo: Pensamento, 1985.

_____. *Autodefesa Psíquica*. São Paulo: Pensamento, 1983.

FRAZER, Sir James George. *O Ramo de Ouro*. São Paulo: Guanabara Koogan, 1982.

GARDNER, Gerald. *A Bruxaria Hoje*. São Paulo: Madras, 2003.

_____. *Com o Auxílio da Alta Magia*. São Paulo: Madras, 2009.

_____. *O Significado da Bruxaria*. São Paulo: Madras, 2004.

GINZBURG, Carlo. *História Noturna: Decifrando o Sabá*. São Paulo: Companhia das Letras, 1991.

GRAVES, Robert. *A Deusa Branca: uma gramática do mito poético*. Rio de Janeiro: Bertrand Brasil, 2004.

BIBLIOGRAFIA

ATKINSON, William Walker. *O Caibalion*: edição definitiva comentada. 2ª. ed. São Paulo: Pensamento, 2018.

BARRET, Francis. *The Magus*. Kobo Editions, 2016.

BETH, Rae. *A Bruxa Solitária*. Rio de Janeiro: Bertrand Brasil, 1997.

_____. *A Magia das Bruxas Solitárias*. Rio de Janeiro: Bertrand Brasil, 2006.

BOURNE, Lois, *Autobiografia de uma Feiticeira*. 3ª. ed. Rio de Janeiro: Bertrand Brasil, 1996.

_____. *Conversas com uma Feiticeira*. 2ª. ed. Rio de Janeiro: Bertrand Brasil, 1995.

_____. *Dançando com Feiticeiras*. Rio de Janeiro: Bertrand Brasil, 2000.

BUCKLAND, Raymond. *O Guia da Tradição Wicca para Bruxos Solitários*. São Paulo: Pensamento, 2006.

_____. *O Livro Completo de Bruxaria do Buckland*. São Paulo: Gaia, 2003.

_____. *Wicca: um estilo de vida, religião e arte*. Rio de Janeiro: Nova Era, 2003.

CABOT, Laurie. *O Amor Mágico*. 3ª. ed. São Paulo: Campus, 1993.

_____. *O Livro dos Feitiços e Encantamentos de Laurie Cabot*. São Paulo: Ardane, 2015.

_____. *O Poder da Bruxa*. 4ª. ed. São Paulo: Campus, 1992.

CAMPBELL, Joseph. *As Máscaras de Deus*: Mitologia primitiva. 10ª. São Paulo: Palas Athena, 2014.

CONWAY, D. J. *Livro Mágico da Lua*. São Paulo: Gaia, 2003.

CROWLEY, Viviane. *Wicca: The Old Religion in The New Age*. The Aquarian Press, 1989.

CROWTHER, Patricia. *Alto Astral: Uma iniciação conhecimento zodiacal*. São Paulo: Gente, 1993.

_____. *O Mundo de uma Bruxa*. Rio de Janeiro: Bertrand Brasil, 2000.